Ulrich Gonschorrek
Emotionales Management

Ulrich Gonschorrek

Emotionales Management

Erfolgsfaktoren sozial kompetenter Führung

Unter Mitarbeit von Esther Berg

Frankfurter Allgemeine Buch

Die Deutsche Bibliothek – CIP-Einheitsaufnahme

Ein Titeldatensatz für diese Publikation ist bei
Der Deutschen Bibliothek erhältlich

Frankfurter Allgemeine Zeitung
Verlagsbereich Buch

60267 Frankfurt am Main

Gestaltung: F.A.Z.-Marketing/Grafik
Druck: Druckwerkstätten Stollberg GmbH, Stollberg
Erste Auflage 2002

ISBN 3-89843-049-9

Inhalt

Vorwort

Beständig ist zur Zeit nur der Wandel: Das ist der vorherrschende Glaube am globalisierten Markt und in der New Economy. Aber das Wort »Wandel« ist eine Verharmlosung des Vorgangs. Ist es nicht eher ein Paradigmenwechsel, also eine grundlegende Änderung der Denk- und Handlungsmuster, den wir zur Zeit erleben? Die neuen Marktverhältnisse mit dem radikal verschärften Wettbewerb und völlig neuen Kundenansprüchen lösten eine Revolution im Management aus. Eine »Unzahl« neuer, unterschiedlich gut durchdachter Managementkonzepte und ein Heer unterschiedlich professioneller Berater bieten vor allem Hoffnungen. Oft läuft der Reformprozeß auf einfallslose Sparkonzepte hinaus, die mittelfristig zu herben Enttäuschungen führen. Warum? Weil neben Personaleinsparungen nur die äußeren Formen geändert werden, die ineffektiven Inhalte jedoch dieselben bleiben, und zwar die Denkweisen, Handlungsprinzipien und Organisationsideologien.

Parallel zum Wandel im Management gibt es ein Umdenken in den Human- und Sozialwissenschaften. Im »Emotionalen« entdeckte man vergessene, vernachlässigte Potentiale wieder. Der Irrweg des klassischen »Reparaturbetriebs Weiterbildung« wird schrittweise durch umfassende (ganzheitliche) Bildungsangebote ersetzt; statt *Skills* werden *Kompetenzen* vermittelt. Im Mittelpunkt stehen dabei die personale, emotionale und soziale Kompetenz. Der *Kapitalbegriff* wurde um das humane, soziale und symbolische Kapital erweitert. Damit sollen möglichst viele individuelle Potentiale und kollektive (systemeigene) Ressourcen einer Organisation aktiviert und sinnvoll genutzt werden.

Wir leben in Zeiten neuer Unübersichtlichkeit. Alles wird komplexer. Immer mehr Arbeits- und Lebensbereiche verlangen den Experten; aber Spezialisten erweisen sich zunehmend als hilflos. In erfolgreichen Bemühungen entdeckt man ein verbindendes, gemeinsames Prinzip: das Streben nach *Ganzheitlichkeit*, nach Zusammenhang und Sinn, nach dem effektiveren Nutzen aller Faktoren – durch Synergieförderung. Das ist die Reaktion auf den Überdruß an der durchgängigen Spezialisierung, der Arbeits- und Verantwortungsteilung und dem daraus folgenden Sinnverlust am Arbeitsplatz und anderswo.

Es gibt noch einen dritten Trend, der hierbei zu berücksichtigen ist. Er wird meist *Individualisierung* genannt. Kognitions- und Gehirnforscher stellen fest: Wir sind infolge der komplexer werdenden Umwelt immer mehr zu Aspektepersönlichkeiten geworden. Ein solcher »Verlust der Mitte« ist die beste Voraussetzung für narzistische Einzelwesen, die unter den immer zahlreicher werdenden Wahlakten leiden, die ihnen die Medien und die vielen Märkte zumuten, und die es als Defizit erleben, daß ihre Bindungsfähigkeiten abnehmen. Auch dieser Trend löst eine Suche nach Ganzheitlichkeit aus. Das Management muß hierauf eine »sinnvolle« Antwort finden.

Dem einzelnen in der Sorge um die eigene Person und dem Management im Streben nach Produktivität stellt sich die Frage: Wie kommt man mit so viel Änderungsdruck zurecht? Eine Lösung heißt: *Bedingungsmanagement*. Man muß die vielfältigen und miteinander verflochtenen (komplexen) Bedingungen des menschlichen Handelns im Betrieb oder in der Behörde besser verstehen lernen, um für neue Potentiale und daraus fließende Fähigkeiten die optimalen Entfaltungsvoraussetzungen zu schaffen. Alles andere ergibt sich dann fast von alleine. Der Manager der (umfassend verstandenen) New Economy ist nicht mehr der harte, kühle, meist einsame Entscheider, sondern der einfühlsame (empathische) Moderator, Coach, Visionär und Mentor von hoher emotional-sozialer Professionalität. Er wird sich bereits mittelfristig dem bedenkenlos nach kurzfristiger Effizienz strebenden Manager als überlegen erweisen.

Was sind die Schlußfolgerungen für das Management? Der Erfolgsfaktor der Zukunft – damit wir eine Zukunft haben! – ist die Achtsamkeit auf das Emotional-Soziale in Organisationen. Mitarbeiter besitzen ein kaum genutztes emotionales Potential, das es zu entdecken und zu aktivieren gilt. Je mehr davon in Fähigkeiten verwandelt wird,

- desto konfliktfreier, sozialverträglicher und leistungsfähiger werden Gruppen und Teams sowie das gesamte Sozialklima, und
- desto »sinnvoller« (im Wortsinne) wird die Organisationskultur.
- Kundenzufriedenheit, Kundenbindung und Öffentlichkeitsaufmerksamkeit (Firmenimage) nehmen zu,
- die Organisation trägt zur gesellschaftlichen Gesamtzufriedenheit bei und verbessert damit zugleich die vielberufene Standortqualität.

Dazu bedarf es jedoch einiger unumgänglicher Voraussetzungen, vor allem

- eines emotional-sozial sensiblen und kompetenten »Leaders«,

- der Umwandlung der gesamten Organisation in ein lernfähiges System,
- der Entwicklung eines Anreizsystems, damit sich alle an diesem Wettbewerb um die Optimierung der Gesamtkompetenz aktiv beteiligen.

Gesamtkompetenz meint den Aspekt Ganzheitlichkeit. Nur wenn alle produktiven Möglichkeiten ausgeschöpft werden, wenn neben der *Managementkompetenz* auch die *Führungskompetenz* ständig wächst, wird das schlummernde Kapital einer Organisation genutzt. Nur auf diese Weise lassen sich die zahlreichen kostenträchtigen Schnittstellen in Synergiepotentiale umwandeln. Die Systemverwandlung beginnt im Topmanagement. Ganzheitlichkeit muß zum Grundprinzip der Organisationsphilosophie werden und sich in sinngebenden Visionen und konkreten Zielen wiederfinden, damit sie ihre Wirkung entfalten kann. *Das Ernstnehmen des Emotional-Sozialen ist keine weitere Managementmode, sondern eine ganz neue Art zu denken, strategisch zu planen und zu führen.*

Eine Einführung in dieses neue Denken und Handeln, eine Hilfe, die erforderlichen Fähigkeiten zu entwickeln, und eine kleine Führungslehre für den »globalisierten« Manager der New Economy (New Economy im weiteren Sinne verstanden) will dieses Buch bieten.

Lesehinweis: Wir stellen Ihnen zunächst die Entwicklung vor, die zu der erhöhten Aufmerksamkeit auf die bisher vernachlässigten emotional-sozialen Potentiale geführt hat (Kapitel 1 und 2). Danach gehen wir kurz darauf ein, wie sich entsprechende Anforderungen herausgebildet haben (Kapitel 3). In Kapitel 4 behandeln wir dann die wesentlichen Führungssituationen und -aufgaben, in denen diese Potentiale und Kompetenzen zu den entscheidenden Erfolgsfaktoren wurden. Zum vollen Verständnis dieser Entwicklung gehören Hintergrundkenntnisse über

- das aktuelle »Bild von der Person« (dem Ich) aus den Neurowissenschaften und der Kognitionswissenschaft (Kapitel 5),
- das vieldiskutierte »Konzept Ganzheitlichkeit« mit den Stichworten Interdisziplinarität und Systemtheorie (Kapitel 6),
- die Wirklichkeitsmodelle des »Konstruktivismus« (Kapitel 7),
- die Schlußfolgerungen aus diesen Neuansätzen, d.h., die Bedingun-

gen, die man schaffen (organisieren) muß, um erfolgsentscheidende Potentiale zu aktivieren und darauf beruhende Kompetenzen zu entwickeln (Kapitel 8),
- die passenden Schritte im Qualitätsmanagement, die das alles »evaluieren« und ständig prozeßbegleitend unterstützen müssen (Kapitel 9), und
- das darauf beruhende »systemische Denken und Tun«, das erst ein realistisches Bild von der betrieblichen Wirklichkeit ermöglicht (Kapitel 10).

Die *Fallbeispiele* sind nicht erfunden, wenn auch aus Gründen des Personenschutzes leicht »verfremdet«; sie sollen punktuell zeigen, wie sich Theorie in der Praxis auswirkt – vor allem fehlende Theorie und fehlende Kompetenz.

Wichtige Hintergrundinformationen, die den Textfluß unterbrechen könnten, sind in kleiner Schrifttype gesetzt; umfangreichere Hintergrundinformationen finden Sie jeweils am Schluß eines Kapitels. Sie lassen (hoffentlich) erkennen, daß auch die neuen Konzepte nur ganzheitlich voll verständlich (und wirksam) sind. Hintergrundinformationen haben es leider so an sich, daß ihr Schwierigkeitsgrad wegen der platzbedingten »Verdichtungen« etwas größer ist als bei dem laufenden Text. Wir bitten das in Rechnung zu stellen – und wir bitten um wohlwollendes Verständnis.

Zu jeder wichtigen Teilfrage finden Sie die *aktuelle Buch- und Zeitschriftenliteratur* am Ende des Buches unter dem entsprechenden Stichwort.

Unter *»Fazit«* stehen wichtige Kernaussagen des jeweiligen Abschnitts. Nicht bei allen Bonmots, die wir den Überschriften voranstellen, konnten wir die Urheber ermitteln. Meist handelt es sich dabei um solche, die inzwischen zu »stehenden Redensarten« geworden sind. Wir bitten um Nachsicht.

Überblick: Kapitel 1

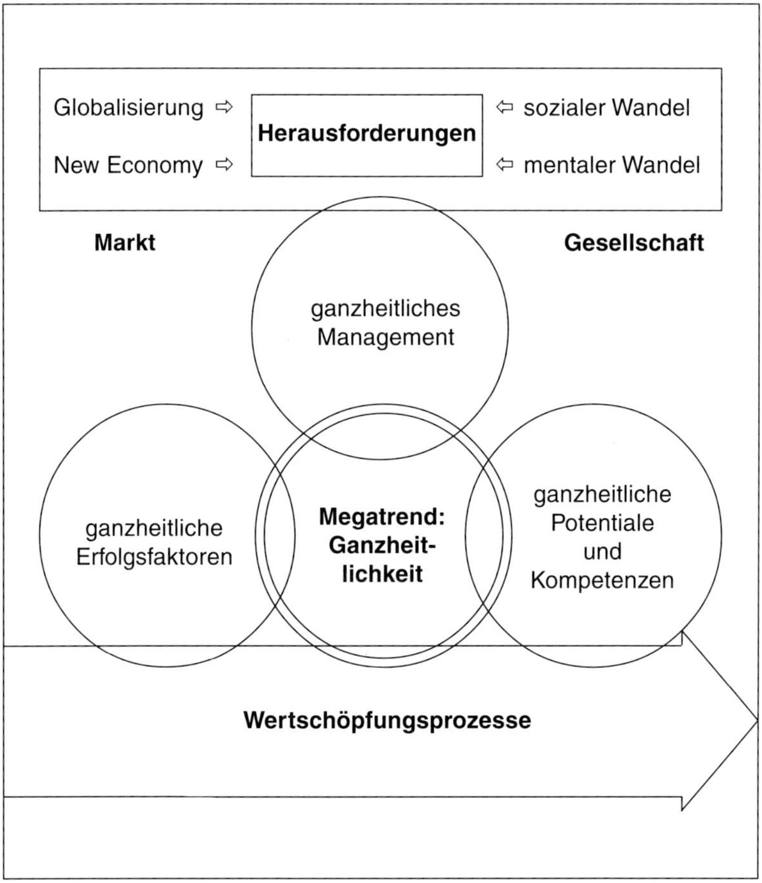

1 Herausforderung »emotional-sozial kompetente Führung«

Psychisch-soziale Sicht:
In Unternehmen und Verwaltungen gibt es Verhaltensweisen,
die zu pathologischer Organisation führen – es gibt auch Strukturen,
die zu pathologischem Verhalten (ver-)führen!

Ethisch-moralische Sicht:
»Ich wünsche mir für das neue Jahrhundert ...
weniger reine Technokraten und mehr Menschen
mit ethischem Impetus, mit moralischer Energie.«
Hans Küng, Weltethos

Dieser Abschnitt gibt einen Überblick über die Ursachen, aus denen sich jene neuen Anforderungen ergeben, die ein Umdenken im Management erzwingen.

1.1 Managen mit Gefühl

Die Wiederentdeckung der Tatsache, daß Intelligenz »multipel« ist, fällt nicht zufällig zusammen mit einer neuen Ära im Management. Sie wurde ausgelöst durch Globalisierungsprozesse und das vieldeutige Phänomen »New Economy«. Mehrere Tendenzen, die alle in dieselbe Richtung weisen, stützen diese Sicht:
- der dramatisch verschärfte Wettbewerb durch die globalisierten Märkte,
- der beschleunigte soziale und mentale Wandel,
- die Entdeckung neuer Ressourcen (Sozialkapital, Humankapital) und
- der Trend zum Ganzheitlichen in vielen Ausprägungen sowie der soziale (und radikale) Konstruktivismus und die systemische Sicht.

Im Management diskutiert man bisher nicht genutzte Potentiale und neue Fähigkeiten, mit denen sich die aktuellen Herausforderungen bewältigen ließen und mit denen man der Konkurrenz vorauseilen könnte. Das sind konkret

- »neue Intelligenzen«: die multiplen Intelligenzen, die emotionale und die Erfolgsintelligenz,
- ganzheitliche Kompetenzen und Schlüsselfähigkeiten sowie
- weiche Kapitalressourcen und weiche Faktoren generell.

Bezugspunkt ist die neuentdeckte »emotional-soziale *Intelligenz*« (»Beziehungsintelligenz«). Sie wirkt sich praktisch aus, wenn sie durch geschickt arrangierte Lernprozesse zu emotional-sozialer *Kompetenz* wird. Das Intelligenzniveau einer Organisation bemißt sich nach dem Grad des aktivierten sozialen, humanen und kulturell-symbolischen Kapitals und dem daraus folgenden Kompetenzstandard seiner Mitglieder, vor allem der »führenden«. Eine emotional-sozial lernende Organisation ist erfolgreicher als eine bloß in herkömmlichem Sinne organisatorisch und strategisch perfekte.

Die emotional-sozialen Neuentdeckungen und die ökonomischen Trends stehen in engem Zusammenhang. Erst eine ganzheitliche Sicht erlaubt einen »sinnvollen« Zugang zu der komplexen Realität »aktuelles Management«. Nur ein ganzheitliches Vorgehen gewährleistet die optimale Nutzung der wettbewerbsentscheidenden Erfolgsfaktoren.

Wir versuchen in diesem Buch, die aktuellen Blickrichtungen, Denkweisen und Wirkungsgrößen in einen sinnvollen Zusammenhang zu bringen, aus dem heraus die jeweilige Erfolgsbedeutung der Elemente verständlich wird. Unser Schlüsselbegriff heißt daher Ganzheitlichkeit. Den wesentlichen Zusammenhang verdeutlicht Abbildung 1.

Ganzheitliches Denken und Handeln als neues Paradigma

- Komplexe Systeme stellen ganzheitliche Anforderungen und verlangen ganzheitliche Fähigkeiten:
  Kompetenzen – komplexere Niveaustufen – Schlüsselqualifikationen.
  IQ + EQ = Erfolgsintelligenz (EQ2)/Erfolgsquotient EQ^2 und eQ oder
  Die andere Art von Klugheit *(Daniel Goleman)*

  IQ = klassische Intelligenz;
  EQ = emotionale Intelligenz;
  EQ2 = Erfolgsintelligenz (als Summe);
  eQ = existentielle oder Lebensintelligenz (ganzheitliche Intelligenz).

- Wissenschaft verlangt wegen der zunehmenden Komplexität und Vernetzung: Ganzheitlichkeit erfassende Interdisziplinarität und qualitative Methoden.
- Der vollständige, ganzheitliche Ressourcen- oder Kapitalbegriff umfaßt: ökonomisches – soziales – humanes – symbolisches (kulturelles) Kapital.
- Der Individualität komplexer Systeme gerecht werdende (ganzheitliche) Interventionsverfahren sind:
  Coaching – Supervision – Prozeßmanagement – umfassendes Controlling.

↑

- Realitätsgerechte, Ganzheitlichkeit erfassende Analyseverfahren und Verhaltenstherapien:
  systemische interne und externe Beratung –
  systemische Interventionen und
  systemische Vorgehensweisen im Management.

Abbildung 1: Das neue Paradigma im Management

1.2 Umdenken im Management: Zentrale Managementfunktionen am globalisierten Markt und in der New Economy

Jedes Unternehmen, das sich die Zukunft nicht vorstellen kann, wird sich auch nicht an ihr erfreuen können!
Gary Hamel/C. K. Prahalad

1.2.1 Die Globalisierungsdebatte und die New Economy

Die Globalisierungsdebatte und die New Economy brachten Unruhe in das Weltbild der Ökonomen. Ihre Folgen entwerten liebgewordene Modellvorstellungen. Sie beschädigten auch die Selbstsicherheit durchsetzungsfähiger Manager. Eine ständig wachsende Zahl neuer Managementkonzepte und der sprunghafte Anstieg der Beraterleistungen zeigen deutlich die allgemeine Verunsicherung.

Welche Überlebensstrategie hilft aus dem Dilemma? Die einen greifen zur unbarmherzigen Steigerung der Effizienz, nach dem bekannten Mißerfolgsmotto: »Sparen, koste es (an Akzeptanz, Loyalität und Motivation), was es wolle!« Andere kümmern sich um die neuen Erfolgsfaktoren, nach dem Motto: »Grow to be great!« (Wachse, um groß zu werden!) Darin unterscheidet sich hektisch-aktivistisches von professionellem Management.

Immer wieder stellt man dabei New Economy und Old Economy gegenüber. Was genau ist New Economy? Nach enger Definition ist *New Economy* nur das neue Marktsegment der elektronischen Wirtschaft, die neuen Gesetzen gehorcht. Nach erweiterter Sicht hat sie die Wirkungen einer neuen Wirtschaftsform *(Roland Berger/Joachim Rupp):* Jeder wird langfristig zum Unternehmer seiner eigenen Fähigkeiten und Möglichkeiten am Markt. Damit ändern sich bisherige Denkweisen und Zusammenarbeitsformen im Management (Näheres hierzu unter Überblick und Hintergrundinformationen am Schluß dieses Kapitels).

Im Wissenschaftszentrum Berlin gibt es dazu einen Forschungsbereich *(Ulrich Jürgens),* das Corporate Governance-Projekt, weil sich damit die grundlegenden Unternehmer-Mitarbeiter-Beziehungen ändern. Es entstehen neue Machtverhältnisse, und damit versagen traditionelle Managementkonzepte. Quelle: Aus Politik und Zeitgeschichte. Beilage zur Wochenzeitung *Das Parlament* vom 23.2.01 (B9/2001, Autoren *Joachim Rupp* u.a.)

Die neue Ökonomie birgt Chancen, aber auch Risiken. Zum Fatalismus besteht kein Anlaß. Es gibt Möglichkeiten, die Herausforderungen des Weltmarktes zu bestehen, ohne dabei die kulturelle Basis aufzugeben, die allein ein human-soziales Leben zu garantieren vermag. Die zahlreichen Kampfschriften gegen die Globalisierung *(Martin/Schumann, Forester* u.a.), die vor ernst zu nehmenden Gefahren warnen, stellen übereinstimmend fest, daß eine totale (totalitäre) Ökonomisierung aller Lebenssphären droht, die unsere kulturellen Fundamente gefährdet. Es bedarf daher neben Strategien, die Unternehmen weltmarktfähig bleiben lassen, solcher, die Sozialsysteme dabei überlebensfähig erhalten. Auch Unternehmen sind im Kern Sozialsysteme. Ihre Leistungskraft stammt vor allem von den Menschen, die sich nicht auf Dauer zu bloß ökonomischen Zwecken mißbrauchen lassen werden. Wie man das verhindert, wird im Folgenden vorgestellt.

Die Verbindung zur *Globalisierung* besteht darin, daß der technische Fortschritt, die zunehmende Vernetzung der Welt und der damit einhergehende Rückgang der Transaktionskosten einen dramatischen Anstieg der Produktivität zur Folge haben; gleichzeitig nimmt der Wettbewerb sprunghaft zu. Weil die Barrieren zum Markteintritt sinken, nähert er sich auf den Gütermärkten dem klassischen Ideal des perfekten Wettbewerbs immer mehr an. *New Economy in Verbindung mit Globalisierungsprozessen – das ist die neue Herausforderung!*

Die fünf Dimensionen der New Economy:

1. *Branchenzuordnung:* Wirtschaftszweige und Unternehmen, die auf das Internet bezogene Informationstechnologien entwickeln, herstellen oder anwenden.
2. *Makroökonomische Ebene:* Zusammenhang zwischen dem zunehmenden Einsatz von Informationstechnologien und der daraus resultierenden Produktivitätssteigerung mit dauerhaft hohem und inflationsneutralen Wirtschaftswachstum.
3. *Kapitalmarktbezug:* Neuer Unternehmenstyp, der sich auf »neuen Märkten« finanziert und sich in der Unternehmensbewertung herkömmlichen Kategorien entzieht.
4. *Arbeitsmarktbezug:* Neue Entlohnungs- und Arbeitsformen.
5. *Gesellschaftsbezug:* Zunehmende Bedeutung von Information und Wissen. (Quelle: Prokla 122, S. 2ff.)

Der Unterschied: Die Old Economy ist hierarchie-, die New Economy wissensorientiert *(Siegmar Mosdorf).*

Zentrale These: Die nachhaltige Nutzung aller im Unternehmen (in Verwaltungen, Non-Profit-Organisationen) vorhandenen und aktivierbaren Potentiale und deren systematische und systemverträgliche Umwandlung in Kompetenzen und damit in Human-, Sozial-, kulturelles und symbolisches Kapital wird auf Dauer dem kurzfristig effizienzorientierten Management auch ökonomisch überlegen sein. Diese These soll im folgenden begründet werden.

Es gibt immer mehr Agenturen, die Unternehmen nach ökologischen und sozialen Kriterien durchleuchten und den ethischen Wert sowie die soziale Führungskompetenz von Unternehmen bewerten. Schlechte Noten beim Rating drücken die Kurse (Die Zeit vom 7.12.2000, S. 39).

Fazit: Am neuen, globalen Markt gewinnt, wer die besseren Manager hat und wer mehr Manager (bezogen auf den Personalbestand) besitzt. Das heißt, je stärker sich das Intrapreneuring durchsetzt, also je konsequenter das unternehmerische Denken bei *allen* Mitarbeitern gefördert wird. Es gilt künftig:
- Über den Aktienkurs entscheidet vor allem die Qualität der Mitarbeiter!
- Die Qualität der Mitarbeiter ist stets eine Konsequenz der Führung!

»Wenn betriebswirtschaftliche Kennzahlen nicht weiterhelfen, werden Faktoren wichtig, die in keiner Bilanz stehen«. Die Güte eines Unternehmens mißt *Stefan Borscheid,* Internet-Spezialist der Hypo-Vereinsbank,
- »zuerst an der Managementleistung,
- dann an der Fähigkeit des Unternehmens, Mitarbeiter zu integrieren,
- und dann erst am Geschäftsmodell«.

(Götz Hamann/Mark Schieritz, in: Die Zeit vom 30.11.2000, S. 49.)

1.2.2 Effektivität rangiert im professionellen Management vor Effizienz!

Überall ringen die Nichtlösungen von gestern mit den Nichtlösungen von vorgestern um die Bewältigung einer ganz und gar aus der Art geschlagenen Zukunft (Ulrich Beck).

Das gewohnte lineare Denken neigt zu reinen Effizienzstrategien, also zum (oft unbedarften) Kostensparen. Kurzfristige Gewinne, überfordertes Management, frustrierte Mitarbeiter und langfristig unzufriedene Kunden sind die Folgen (= die meist nicht kalkulierten Kosten). Professionelles Management im hier gemeinten Sinne setzt dagegen auf »Nachhaltigkeit«. Es nutzt alle produktiven Potentiale und Kräfte des Unternehmens, aktiviert neben dem ökonomischen, das soziale und das kulturelle Kapital, und verbessert damit kontinuierlich das Humankapital und den Intelligenzgrad der Organisation – und zwar nachhaltig. Während die im Herkömmlichen bleibenden Manager eher schematische Strategien einsetzen (sogenannte Managementtechniken), denen sie lediglich wohlklingendere neue Namen geben, richtet sich das professionelle Management nach den jeweiligen Besonderheiten des Systems und den individuellen Stärken und Schwächen der Mitarbeiter. Statt an Symptomen zu kurieren, geht der Professionelle »ganzheitlich« vor. Das heißt, er folgt den wahren Ursachen der Probleme – und das sind meist viele Faktoren, die, zudem miteinander vernetzt, wechselseitige Wirkungen entfalten. Vernetztes, systemisches, ganzheitliches Vorgehen ist daher die Erfolgsvoraussetzung im neuen Management.

Nach der bewährten Erkenntnis, daß auch intelligente und motivierte Menschen in »dummen Systemen« nichts Gutes bewirken können, müssen sich Organisation und Führungsform grundlegend ändern. Der »Führungsstil« muß sich vom Grundtyp »organisieren – anweisen – kontrollieren – disziplinieren« zum Typ »initiieren – moderieren – aktivieren« entwickeln. Letzteres stellt bedeutend höhere Anforderungen an Manager und Mitarbeiter. Voraussetzung hierfür sind das Aktivieren aller Potentiale und das Entwickeln bisher ungenutzter emotional-sozialer Kompetenzen. Und es muß sich die Erkenntnis durchsetzen, daß intelligente Führung von den Führenden *und* von den Geführten Professionalität verlangt. Daher muß konsequente, umfassende Mitarbeiterentwicklung die (bloße) Managemententwicklung ergänzen.

1.2.3 Die soziale, die psychische und die humane Dimension des Managements

In der Arbeits- und Organisationspsychologie werden diese »weichen Probleme« (analog zu weichen Faktoren) seit den späten sechziger Jahren diskutiert. Die Betriebswirtschaftslehre berücksichtigt sie in der verhaltensorientierten Variante (Pionier: *Hans Ulrich).* Sie zählt seitdem zu den Sozialwissenschaften, denn die neue Betriebswirtschaftslehre kümmert sich um das Handeln von Menschen in ökonomisch definierten Situationen. Die interessante Frage ist dabei: Warum handeln Manager oft schmalspurig und eindimensional – obwohl sie wissen müßten, was sie damit psychisch, sozial, human und in der Konsequenz ökonomisch anrichten? Das hat gesellschaftliche und organisatorische (systemische) Gründe: Die Gesellschaft honoriert insgeheim immer noch (oder schon wieder) den durchsetzungsfähigen Manager, der notfalls über (psychische, soziale) »Leichen« geht – aber: Menschen (in derselben Gesellschaft) klagen über eine psychisch-sozial unbedarfte Führung – jedenfalls, wenn sie selbst davon betroffen sind.

Wie erklärt sich dieser Widerspruch zwischen »gesellschaftlich vereinbarter« Achtung vor Härte und Machtanbetung und dem sensiblen Wehklagen über selbst erlittene inkompetente, rüde Führung?

Der Regulator Markt belohnt humane und weitsichtige Führung *zu spät!* Kurzfristig weist die »unsichtbare Hand« oft den Skrupelloseren (Prinzipienloseren) auf den Märkten die Erfolge zu.

Der Regulator Gesellschaft (soziale Kontrolle): Die wichtigsten psychisch-sozialen Gesetzmäßigkeiten lernt man im Laufe seiner Sozialisation. Es kommt auf die sozialisierende Kultur an; honoriert sie eher sozialverträgliche oder sozialschädliche Verhaltensweisen? Es ist wie mit den zehn Geboten und den erweiterten Forderungen der Bergpredigt. Jeder kennt sie, aber man beachtet sie meist nur, wenn das Beachten honoriert wird.

F.A.Z. vom 27.2.01, S. 16: »Etliche Schülergenerationen sind mit einer Pädagogik aufgewachsen, die die Vermittlung elementarer Anstandsregeln für überholt hielt. Gebote und Verbote waren nach vorherrschender Lehre ursächlich für Untertanengeist und Autoritätsgläubigkeit ...«

Shareholder Value oder Stakeholder? – Wem ist das Management verpflichtet? Folgt man der aktuellen Literatur im Management, dann ist die Frage eindeutig zu beantworten. Unternehmen müssen Gewinne machen; das ist ihr Zweck. *Milton Friedman* hält das für ihre einzige »soziale Verantwortung«. Kein Vernünftiger bezweifelt dieses ökonomische Axiom. Die zentrale Managementfrage aber lautet: *Wie* gelingt das am zuverlässigsten? Die Antwort kann, wenn man alle relevanten Erkenntnisse einbezieht, nur lauten: Indem man *alle* Beteiligten dazu bringt,

- daß sie eigenverantwortlich und bereitwillig diesen Zweck anerkennen (Loyalitätsproblem),
- daß sie ihn guten Gewissens akzeptieren können (Legitimationsproblem), und
- daß sie sich konsequent und selbstverantwortlich dafür einsetzen (Motivationsproblem).

Gerd Würzburg (Unternehmensberater und Professor für Medientheorie und Kommunikationswissenschaften, Universität Dortmund): »Die Shareholder-value-Orientierung hat sich durchgesetzt.« (Die Zeit vom 1.2.2001, S. 21.) »Aber: Es gibt keine logischen Gegensätze hierin zwischen Unternehmensleitung und Mitarbeitern; alle müssen den Erfolg im Eigeninteresse wollen. Der Unternehmenswert (der shareholder value) kann gar nicht gegen die Stakeholder maximiert werden.« *(Roland Berger)*

1.2.4 Erfolgsfaktor »weiche Faktoren«

Die moralische Rechtfertigung für Ökonomen liegt in der Frage,
ob sie die Welt verbessern können, in der sie leben!
Ich glaube nicht, daß jemand, der nur Ökonom ist ...,
irgendeine Bedeutung für die reale Welt hat!
John Kenneth Galbraith

Einen wesentlichen Teil des *Unternehmenswertes* machen das intellektuelle Kapital sowie die soziale und kommunikative Kompetenz der Mitarbeiter aus. Viele ignorieren das noch; denn *weiche Faktoren* lassen sich angeblich schlecht messen. »Meine These *(Gerd Würzburg,* a.a.O.) ist: Die Schwierigkeiten mit der Messung weicher Faktoren sind nur vorgeschoben, um sich Unbequemes so lange wie möglich vom Leib zu halten. Schließlich sind auch nicht alle Messungen der harten Faktoren wirklich plausibel. Meßbarkeit ist kein überzeugender Grund, um kulturelle Faktoren auszublenden. Ich vermute eine andere Ursache: Immaterielle Wertfaktoren zu berücksichtigen bedeutet für die Unternehmensführung die unbequemste Denkoperation überhaupt, nämlich herrschende kulturelle Muster infrage zu stellen.«

Fallbeispiel: In einer Behörde wurde eine Einheit (ein »Amt«) von einem sozial Inkompetenten völlig heruntergewirtschaftet. Die Auswirkungen der zunächst rücksichtslosen und dann permissiven Führung hatten zur Desorientierung der Mitarbeiter und zu einer allgemeinen Demotivation geführt. Der »Manager« wurde abgelöst. Man suchte einen Sanierer. Ein Bewerber weist auf die Mängel hin, die eindeutig in systemischen Fehlern lagen, z.B. im Nichteinbeziehen der Mitarbeiter in die wichtigsten Prozesse. Er beschreibt vorsichtig die Problemlage und nennt plausible Abhilfemöglichkeiten. Hart wird zurückgefragt, ob er denn eine »weiche Tour« fahren wolle – irritierender Weise am härtesten von den weiblichen Teilnehmern der Runde. Er wird, gerade weil er erkennbar sozial kompetent ist, als zu wenig durchsetzungsfähig abgelehnt. Alle waren noch zu sehr in ihrem System und dessen Alltagsphilosophie befangen; systemisches Lernen hatte noch nicht stattgefunden. Jeder Hinweis auf die Gründe der Misere tat noch zu weh – so wird man denselben Fehler immer wieder machen. Hier könnte nur eine konsequent systemische Analyse die Augen öffnen helfen (siehe hierzu Abschnitt 10).

1.3 Herkömmliche und aktuelle Vorstellungen von kompetentem Management

Es gibt durch kaltblütige Professionalität ermordete Unternehmen.

1.3.1 Management oder Führung – IQ oder EQ?

Was verursacht Managementerfolge? In vielen Köpfen herrscht immer noch die Vorstellung, Manager wirkten vor allem über Organigramme, Strategien, Ressourcenzuweisung, Positionsautorität und Führungstechniken produktivitätssteigernd. Ihre bewährten Instrumente sind Planung, Organisation, Kontrolle und »Führung«. Manager sind Problemlöser und Menschenführer. Als Führungsperson muß der Manager vor allem durchsetzungsfähig und selbstsicher sein, und er muß von fremden Meinungen und Vorschlägen unbeirrt seinen Weg gehen: »Ein Geist genügt für tausend Hände!«

Das funktioniert zwar in der komplexer werdenden Wirklichkeit schon lange nicht mehr, blieb aber ein Glaubenssatz aus der Managementideologie des Taylorismus, der dem Management sein Prestige verlieh, das Bewußtsein der eigenen Bedeutung stabilisierte und gegen Einwände mangelnder Professionalität immunisierte. Solange jede Chefposition eine solche Aura umgab und der Glaube an die zentrale Bedeutung »großer Männer« *(great man theory)* ungebrochen war, konnten darauf beruhende Erfolgslegenden in sozialen Systemen ihre stabilisierende Wirkung entfalten. Inzwischen sind jedoch grundlegende (die ganze Glaubensbasis verunsichernde) Änderungen eingetreten; sie machen solche Mythen zum Überlebensrisiko für Unternehmen, Verwaltungen und jede andere soziale Organisation.

1.3.2 Die Zeit des Taylorismus ist abgelaufen!

Der Ingenieur *Frederic Winslow Taylor* entwarf 1911 erstmals ein konsequent durchdachtes Managementsystem. Er nannte es »wissenschaftliche Betriebsführung«. Es beruhte auf einer durchgängigen Arbeitsteilung, straffen Kontrollen (Funktionsmeistersystem) und einem leistungsbezogenen Entlohnungssystem. Später haben Arbeitsorganisatoren die Arbeitsabläufe im taylorschen Sinne weiter »rationalisiert« (Administratives Management).

Die zugrunde liegende Persönlichkeitstheorie war der Typ X (nach *McGregor*), der anpassungsbereite, nur auf materiellen Gewinn ausgerichtete, aufsichtsbedürftige, von seinem Vorgesetzten abhängige Untergebene ohne eigene Initiative. Er wurde über strenge Vorgaben, Kontrollen und Akkordlöhne auf die Unternehmensziele hin konditioniert. Dieses Modell (»Der Mensch als Arbeitstier« – *Friedhelm Hengsbach* SJ) war während der Industrialisierungsprozesse ökonomisch äußerst erfolgreich.

Aber die New Economy entwertet alte Erfolgsrezepte. Das wird deutlicher, wenn man sich die zentralen Merkmale des Wandels näher anschaut:

- Die radikale, unnachsichtig fortschreitende *Globalisierung* der Märkte mit dem weltweit, verschärften Wettbewerb erzwingt bestimmte Mindeststandards. Manche Manager deuten die Signale des Marktes jedoch im herkömmlichen Verständnis. Sie neigen dazu, noch kurzfristiger gewinnorientiert zu denken, die langfristig wirkenden Ressourcen und Strategien zu vernachlässigen und damit von der Substanz zu leben. Ganz »Geschickte« verlassen rechtzeitig, als »erfolgreiche Manager« verherrlicht und hoch abgefunden, das von ihnen auf Dauer ruinierte Unternehmen.
- *Unternehmenszusammenschlüsse* mit anschließenden Massenentlassungen und dem Zusammenführen von Firmenkulturen, die miteinander nicht vereinbar sind, führen zu abnehmenden Loyalitäten auf beiden Seiten – aber auch zu drastischen Einkommenszuwächsen

beim Topmanagement. Rund 60 Prozent aller Unternehmenszusammenschlüsse scheitern, die Tendenz ist steigend. *Ein* wichtiger Grund besteht darin: Es gelingt häufig nicht, die unterschiedlichen bis gegensätzlichen Unternehmenskulturen miteinander in Übereinstimmung zu bringen. Dadurch steigt in dem Gesamtunternehmen das Stör- und Konfliktpotential bis zur Unproduktivität an. Manager des herkömmlichen Typs widmen diesen »weichen« Risiken jedoch wenig Aufmerksamkeit. Aktuelles Beispiel: Die in der Wirtschaftspresse diskutierten Probleme bei Daimler-Chrysler, aber auch bei vielen anderen Großkonzernen.

- Herkömmliche *Arbeitsbedingungen* lösen sich auf. Lebenslang sichere Arbeitsplätze werden zur Ausnahme; berufliche Flexibilität und Mobilität werden immer mehr zur Selbstverständlichkeit; neue Formen der Berufsarbeit (Telearbeit, Zeitarbeit, »Ich-AGs«) bilden sich heraus. Führung muß sich auf ganz neue Beziehungs- und Führungsformen einstellen. Zunehmende soziale *Mobilität,* und funktional geforderte *Flexibilität* mit deutlichen Erosionserscheinungen bei vertrauten Weltbildern und stabilisierenden Institutionen (Familie, Ehe, Autorität, Loyalität (Firmenbindung, Ortsbindung usw.) entwerten gewohnte Ordnungen und bewährte Anreize.
- Der *Mentalitätenwandel* wirkt sich auf den Umgang mit Mitarbeitern in vielerlei Hinsicht aus. Individualisierungs- und Entsolidarisierungstendenzen nehmen zu. Menschen »fächern sich mental immer mehr auf«,
  - Kundensegmente müssen immer feiner geschnitten werden,
  - Mitarbeiter erwarten eine individuellere Behandlung,
  - das berufliche Bildungswesen steht in der sich herausbildenden Wissensgesellschaft vor völlig neuen Herausforderungen,
  - Menschen empfinden zunehmend »soziale Kälte«. Sie sind ständig auf der Suche nach befriedigenden Sozialkontakten und nach Sinn.

Fazit: Im Zentrum der mentalen Entwicklung steht die vieldiskutierte Individualisierung. Sie bedeutet nicht unbedingt eine Zunahme von Egoismus und Bindungsverlust; aber sie macht pauschale, mechanistische Führungsformen (Führungstechniken) zunehmend unwirksam.
Jeder Mensch (auch als Mitarbeiter/Mitarbeiterin) verlangt die ihm gemäße individuelle Behandlung!

1.3.3 Der Megatrend: Individualisierung und das Umfeld

Die immer wieder genannten *Megatrends* sind
- *Fragmentierung* (Erfahrungen werden entwertet – ein Gesamtbild der Wirklichkeit entsteht in den Köpfen der Menschen nicht mehr!),
- *Pluralisierung* (Milieus gliedern die Gesellschaft in ein Konglomerat nebeneinander herlebender »kultureller Milieus« – »die Gesellschaft« gibt es nicht mehr!),
- *Enttraditionalisierung* (Deutungsmuster verlieren an Akzeptanz und damit an Bindewirkung; Nationalgeschichte, Religion, kultureller [Bildungs-] Kanon),
- *Individualisierung*. Diese mentale Tendenz ist für das Management zunächst die praxisbedeutsamste.

Individualisierung hat zahlreiche Aspekte:
- Mehr Selbstentscheidung – weniger Bereitschaft, Fremdeinwirkungen hinzunehmen. Das entspricht dem Trend, den *Helmut Klages* als Selbstentfaltungsbedürfnis bei gleichzeitigem Akzeptanzverlust beschrieben hat (Wertorientierungen im Wandel. Frankfurt/M. 1985 [2. Aufl.];
- mehr Bereitschaft zur Selbstkontrolle, Selbstverantwortung, Selbststeuerung (vgl. z.B. »Die *Ich-Aktie*« von *Werner Lanthaler/Johanna Zugmann*. Frankfurt/M. 2000). Biographien werden damit konstruierbar, entscheidungsabhängig und zugleich weniger abhängig von Institutionen;
- Emanzipation von »der Gesellschaft«. Damit werden soziale Institutionen entwertet. Verbindlichkeiten nehmen ab; »soziale Kälte« nimmt zu. (Näheres dazu im Überblick am Schluß dieses Kapitels.)

Die positive Konsequenz: Endlich tritt, ökonomisch erzwungen, der ganze Mensch in den Mittelpunkt des Managements!

Mit diesen (und anderen) »Megatrends«, die vertraute Orientierungen entwerten, müssen Mitarbeiter und Management zurechtkommen. Neue Chancen sind zu nutzen, neuen Risiken ist entgegenzuwirken. Die entsprechenden Kompetenzen müssen noch entwickelt werden. Damit erhält das Konzept »Lernende Organisation« eine ganz neue Bedeutung. Es umfaßt auch emotional-soziale Lernprozesse und Kompeten-

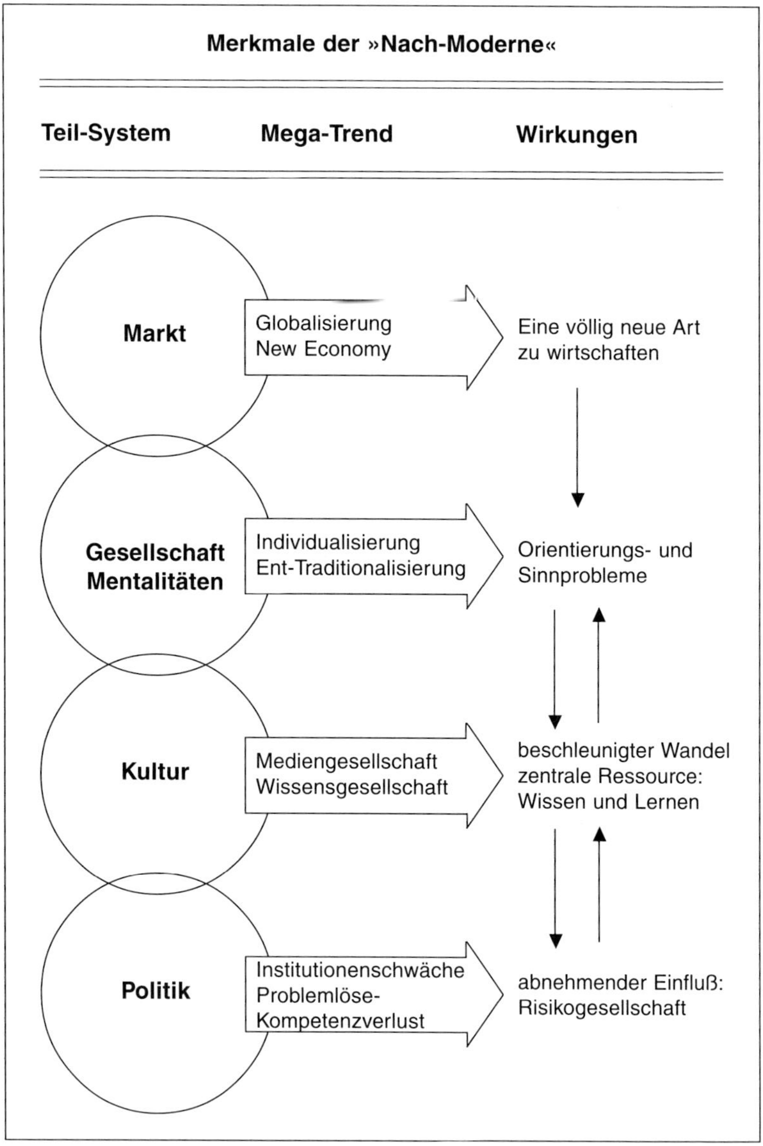

Abbildung 2: Gründe für die generelle Ökonomisierung aller Lebensbereiche

zen und beschränkt sich nicht länger auf Informationsverarbeitung und Wissensgewinn.

Aus ökonomischen Überlebensgründen muß sich auch der Manager zu einem neuen Denken durchringen und neue Kompetenzen erwerben. Er muß

- sich für die *Menschen* verantwortlich fühlen, die die Wertschöpfungen (und damit den gesellschaftlichen Wohlstand) erarbeiten, um deren Leistungsbereitschaft und Loyalität zu erhalten,
- sich daran beteiligen, die Qualität der *Gesellschaft* zu fördern, die die sozialen Rahmenbedingungen für die Gewinne bereitstellt, um deren Akzeptanz nicht einzubüßen, und er muß
- etwas für die *Zukunft* des politischen Systems tun, das seine Erfolge durch entsprechende rechtliche Regelungen erst ermöglicht.

Hier setzt das Konzept »reflexive Modernisierung« (von *Ulrich Beck* und *Anthony Giddens)* an. Statt die Folgen der globalen und alle Lebensbereiche durchdringenden Ökonomisierung und Globalisierung einfach fatalistisch hinzunehmen, sollten sich die Betroffenen wirksam wehren, und ihre Freiheit und Würde nicht bedenkenlos dem Markt opfern. Unternehmen sollten lernen, sich am Markt auch unter den neuen Bedingungen aktiv unter Wahrung ihrer Eigenart und der Individualität ihrer Mitarbeiter zu behaupten. Wirksame Maßnahmen der Selbstbehauptung könnten sein:

- So viele Ressourcen wie möglich aktivieren (z.B. durch konsequentes Coaching und Selbstmanagement),
- so viele Ideen wie möglich zur Innovation nutzen,
- Änderungsängste durch bessere Orientierung vermindern und fatalistischem Verhalten entgegenwirken,
- konzeptionelle und emotional-soziale Hilfen zur persönlichen und beruflichen Stabilisierung anbieten.

Die dazu passende Führungsphilosophie: Die Mitarbeiter als interne Kunden sehen und professionell auch mit hochwertigen psychisch-sozialen Leistungen bedienen; und die generelle Empfehlung für alle Aufgaben- und Lebensbereiche: *Task Force statt Jammerzirkel!*

Fazit: Manager haben neben der ökonomischen eine humane, soziale und politische Verantwortung; sie müssen ganzheitlich denken und handeln.

1.4 Klassische und aktuelle Vorstellungen von den Managementfunktionen

Der Kapitalismus lebt von Voraussetzungen, die er nicht schafft!
Joseph A. Schumpeter

1.4.1 Was tun Manager wirklich?

Es gibt in der klassischen Betriebswirtschaftslehre und in der neuen Managementlehre (MBA) unterschiedliche Funktionsbeschreibungen für das Management. Die meisten orientieren sich in der Praxis trotz aller Lippenbekenntnisse immer noch ausschließlich an »harten Faktoren«: Ordnung, Anordnung, Unterordnung, materielle Ressourcen und Kontrolle. (Vgl. hierzu: Mastering Management. Das MBA-Buch. Die Studieninhalte führender Business Schools. Stuttgart 1998 und die Literatur zum Modell Neue Steuerung/Verwaltungssteuerung: Diese Tendenzen sind immer noch vorherrschend.)

Johnson/Kaplan stellten bereits 1987 fest, daß an Finanzkennziffern orientierte Steuerungskonzepte an Bedeutung gewinnen (Neue Verwaltungssteuerung, Budgetierung), obwohl die Relevanz des betrieblichen Rechnungswesens wegen der zunehmenden Komplexität immer fragwürdiger wurde. Andere Wirkungsfaktoren hat man im Glauben an die Alleinwirksamkeit finanzieller Faktoren zum Schaden der Produktivität ignoriert (siehe auch *Thomas Sablowski/ Joachim Rupp* in: Prokla 122, S. 57).

Wie können die weichen Resourcen sowie die neuen Intelligenzen und Kompetenzen im Managementprozeß zu Erfolgsfaktoren werden? Zunächst sind die erfolgswirksamsten Funktionen zu ermitteln! Managementsysteme bestehen auch unter den Anforderungen von Globalisierung und New Economy aus den produktiven Kernfunktionen oder -elementen:
- Zwecke, Ziele setzen (Zielsystem),
- Ressourcen (die »Quellen« oder Mittel) und Aktivitäten zum Erreichen der Ziele bereitstellen,
- Umfeld- oder Rahmenbedingungen berücksichtigen bzw. beeinflussen, in denen sich die Aktivitäten bewegen.
- Alle Aktivitäten werden heute als prozeßhaft eingebunden verstanden. Alle Prozesse sollen zur Wertschöpfung meßbar beitragen.

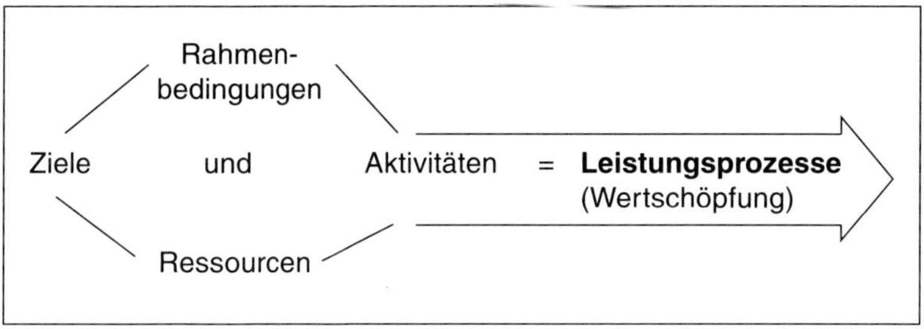

Abbildung 3: Die Kernmerkmale im Managementprozeß (vereinfacht)

Der Begriff **»Wertschöpfungsprozeß«** meint die Gesamtheit der Vorgänge, die zu den gewünschten Endergebnissen und den damit verbundenen »Nebenwirkungen« führen. Betriebswirtschaftlich gesehen handelt es sich im Kern um den Prozeß der »Produktion« (»Produktionswirtschaft«). Der Klassiker *Erich Gutenberg* definierte Produktionsfaktoren als Elementarfaktoren (objektbezogene Arbeit, Werkstoffe, Betriebsmittel) und dispositiver Faktor. Letzterer wirkt auf den Produktionsprozeß gestaltend ein. Er muß (als Management, Führung) dafür sorgen, daß die erforderlichen Produktionsfaktoren zu günstigen Bedingungen und in angemessener Qualität zeitgerecht zur Verfügung stehen (Beschaffung) und effektiv (= zielführend) sowie effizient (= wirtschaftlich) miteinander kombiniert werden. Dabei hat sich die Erfolgsbedeutung der Produktionsfaktoren Arbeit und dispositiver Faktor am meisten verändert. Das Schema stimmt nur noch formal mit der Denkweise *Gutenbergs* überein. Der Prozeß stellt sich so dar:

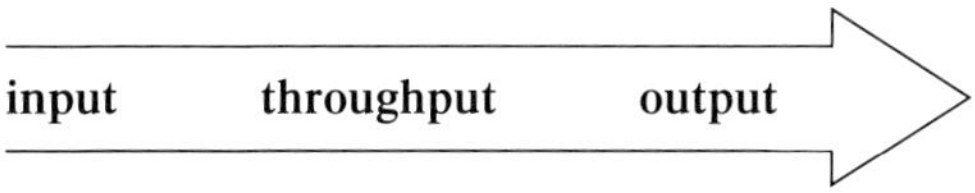

Eine Kombination (throughput) von Produktionsfaktoren (input) erfolgt, um Güter (oder Dienstleistungen) (output) marktgerecht hervorzubringen.

Die **Aktivitätsrichtungen** (throughput) sind (neben der Produktion oder Dienstleistung, also den »Wertschöpfungsprozessen«):

- Erhaltung (Stabilisierung, Integration, Koordination: »Kohäsion«),
- Gestaltung (systemische Bedingungsgestaltung: arbeitsplatzbezogen, sozial, sinnbezogen) und
- Entwicklung (Organisations-, Personalentwicklung, Change Management, Innovation, Implementierung).

Die **Handlungsdimensionen** im Management sind (Modell *Knut Bleicher:* Integriertes [ganzheitliches] Management):
- normatives (sinn- und zielgebendes, visionäres),
- strategisches (langfristig planendes, ressourcenpflegendes) und
- operatives (unmittelbar wirkendes, kundenbezogenes) Management.

Das ist, selbst in dieser vereinfachten Sicht, ein recht komplexes System. Lassen sich diese komplexen Managementleistungen überhaupt exakt bewerten? Die genannten Aktivitäten vollziehen sich in Abhängigkeit voneinander und bilden insgesamt den *Leistungsprozeß*, der bei wirtschaftlicher Handhabung zu einem bewertbaren Ergebnis (= der Wertschöpfung) führt. Der Wertschöpfungsprozeß besteht aus zahlreichen Teilprozessen und kann nur so gut sein, wie diese in der Summe sind. Nach dem Gesetz des Minimums *(Justus von Liebig)* richtet sich die Qualität des Leistungsprozesses nach der Qualität des schwächsten Gliedes. Recht verstandenes Qualitätsmanagement muß daher auch die weichen Faktoren im Führungsprozeß erfassen (Näheres in Kapitel 9).

Leistungsprozesse und -ergebnisse lassen sich im einzelnen nach *Kennzahlen* bewerten. Bewertungskriterien sind neben ökonomischen Größen soziale, ökologische und humane sowie generell professionelle Standards. Alle erfaßten Größen haben bei vernünftiger (!) Handhabung langfristige positive ökonomische Wirkungen. Umgekehrt führt die Vernachlässigung auch nur eines Faktors mittelfristig zur Unwirtschaftlichkeit. Man nennt diese ganzheitliche, zukunftorientierte Sichtweise auch »Nachhaltigkeit«.

Der Begriff Nachhaltigkeit stammt aus der Forstwirtschaft (erstmals erwähnt in der Forstordnung des Klosters Mauermünster/Elsass 1144). Förster waren immer schon gezwungen, in Jahrhunderten zu denken. Der Förster, der einen neuen Wald pflanzt, erlebt nur selten seine Reife, aber er denkt an die kommenden Generationen. Die Forstwirtschaft war auch der erste Unternehmenszweig, der langfristig ökologisch dachte. Der Grund dafür wird in einem breit angelegten (interdisziplinären) Studium gelegt. Diese Ausbildung macht Menschen für neue, ganzheitlich orientierte Denkweisen aufgeschlossener als schmalspurig ausgebildete Spezialisten.
Im 17. Jahrhundert schrieb *Hannß Carl von Carlowitz* (1645–1714) sein Sylvicultura oeconomica (Anweisung zur wilden Baum-Zucht). Es gilt als das Ur-

buch der neuen Wissenschaft »Nachhaltigkeit« (Nachdruck bei der Freiberger Akademischen Buchhandlung. 2000). Nachhaltigkeit (sustainable development) gilt seit dem ersten Bericht des Club of Rome *(Dennis Meadows)* als Ideal einer der Zukunft verantwortlichen Wirtschaft.
(Vgl. *Ralf Antes/Bernd Siebenhüner:* Trendwende zur Nachhaltigkeit, in: DBW, 1/01, S. 97-120: Sammelrezension neuer Studien zur ökologischen Verträglichkeit [vor allem S. 115 u. 116]).

1.4.2 Neue Vorstellungen von Steuerung und Führung: Ganzheitliches Controlling – Ein Integrationsfaktor!

Das Steuern, Regeln und Evaluieren des Leistungsprozesses nach ganzheitlichen Kriterien ist im Management die zentrale Funktion; heute bedient man sich dazu des umfassenden *Controlling* mit konsequenter Evaluation. Dieser Verbund garantiert, daß mit dem Steuern und Regeln ein kontinuierliches Bewerten aller Maßnahmen und ein ständiges Rückmelden aller zur Steuerung wichtigen Daten an die Handelnden und an die Entscheidenden einhergeht. Damit werden die Prozesse bereits im Verlauf ständig optimiert.

Ganzheitliches Controlling – Der Mensch hinter den Zahlen! Controlling schaut auf die Erfolgsfaktoren. Bisher werden hierbei nur die finanziellen Daten erfaßt. Man weiß dann zwar, welchen Erfolg man hatte, kennt jedoch weder den genauen Einfluß der Größen, die diesen Erfolg verursacht haben, noch die organisatorischen (qualitativen und systemischen) und gesamtgesellschaftlichen Nebenwirkungen. Daher die aktuelle Forderung: Neben den harten auch die weichen (die ökologischen, gesellschaftlichen, aber auch die emotionalen, sozialen und sinnbildenden) Faktoren in das Controlling einzubeziehen. Andernfalls entstehen laufend beachtliche Opportunitätskosten (= Kosten der Nichtbeachtung).

Die *Qualität des Controlling* bemißt sich nach der Methoden-, Daten- und Regelungsqualität. Man unterscheidet (neben dem herkömmlichen ausschließlich finanzdatenorientierten Controlling)

– social control, das Steuern über Strategien, Leitbilder, Visionen, Systempflege,
– group control, das Steuern über Gruppennormen, Teamgeist, Team-Leistungsstandards,

– self control, individualisiertes Steuern über das Beeinflussen der Meinungen, Einstellungen, Wertvorstellungen, der inneren Standards, konsequente Personalentwicklung mit Interventionen in die einzelne Person (z.B. Coaching).

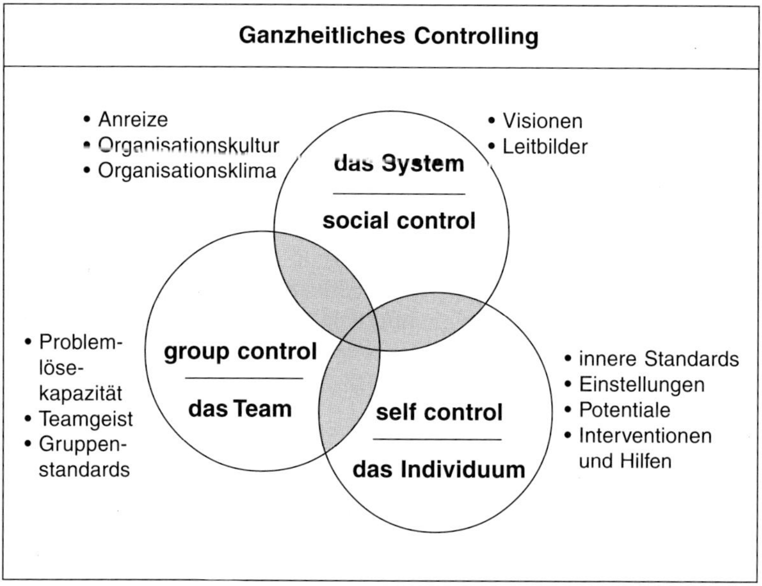

Abbildung 4: Management/Führung über konsequentes Controlling

Optimal ist ein Steuerungsverbund aus normativen, systemischen (social control), netzwerkbezogenen (group control) und individuellen (self control) Elementen. Dieses ganzheitliche Controlling ermöglicht *den Übergang* vom Steuern zum Regeln, d.h. *von der direkten zur indirekten Führung,* der Führung vor allem über das Optimieren der Bedingungen. Erforderlich ist ein Methodenarsenal, das auch Qualitäten, nicht nur Quantitäten erfaßt.

1.4.3 Management – Führung – Leadership

Wir haben zu viel Management und zu wenig Führung! – so lautet ein bekannter Einwand. Das heißt, wir gehen noch zu wenig auf die Menschen ein, die den Erfolg herbeiführen sollen – meist aus Unkenntnis über »die Gesetze des Verhaltens«.

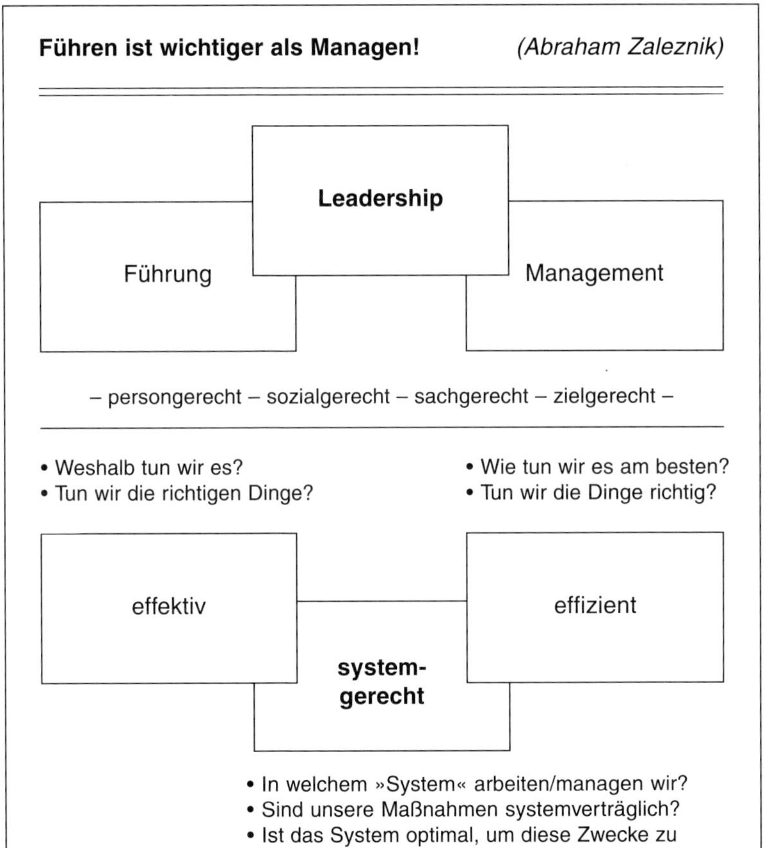

Abbildung 5: Führung – Management – Leadership

Weil sich im Managementprozeß Sachliches, Formales, Soziales und Personales mischt, gibt es begrifflich keine sinnvolle Trennung mehr zwischen *Management und Führung;* einleuchtend ist daher die Zusammenfassung aller Funktionen unter der noch etwas ungewohnten Bezeichnung »Leadership«. Die analytische Scheidung der Wirkungen verläuft eher zwischen unmittelbarer und mittelbarer Einwirkung. Jede unmittelbare Einwirkung auf ein Element hat auf die anderen Elemente mittelbare Wirkungen (Näheres in Abschnitt 1.5).

Führung geschieht weitgehend noch ohne Professionalität! Während sich die Funktionen, die wir unter »Management« zusammenfassen, ständig weiter professionalisiert haben und man von Managern heute ein einschlägiges Studium erwartet, gibt es das »Auslaufmodell Führungskraft«. Aus vier Hauptgründen ist die herkömmliche »Führungskraft« funktionslos geworden:

- Der Einbruch des *Lean Management* verringerte ihre Zahl erheblich. Nicht überall wurde gleichzeitig mit »flachen Hierarchien« eine Funktionsreform durchgeführt. Das brachte Überforderungen und Unsicherheit in die Führungsebenen. Oft wurde gar nicht bewußt gemacht, weshalb diese Ausdünnung geschah; nach bewährtem Muster glaubte man an Kostengründe. In der Führungswirklichkeit hatte sich jedoch ein Paradigmenwandel vollzogen, den man ungern zur Kenntnis nahm.
- Einer der Gründe hierfür wiederum lag in der zunehmenden *Aufgabenkomplexität,* die sich aus technologischen Gründen, kürzeren Produktzyklen, höheren Ansprüchen der Mitarbeiter und Kunden und aus einer zunehmenden kommunikativen Vernetzung ergab.
- Ein weiterer Grund war die schleichende Umwandlung der betrieblichen Abläufe aus dem gewohnten »Einzelkämpfertum« in *Team-, Projekt- und Prozeßstrukturen.* Die Intensität der Zusammenarbeit nahm aus Wettbewerbsgründen extrem zu.
- Der entscheidende Grund lag jedoch im *mentalen Wandel.* Schon der vieldiskutierte (und zu Unrecht beklagte) Wertewandel verlief weg von rein materiellen Werten (»harten« Wertvorstellungen) zu Selbstentfaltungs- und Selbstbestimmungsansprüchen. Pflichtwerte nahmen ab – Anspruchswerte nahmen zu *(Helmut Klages).* Man hätte es seit den siebziger Jahren kommen sehen können. Folgerichtig führte dieser Wertewandel zu einem Bedeutungswandel und zur Hochschätzung »weicher« Potentiale und Fähigkeiten. Kein Wunder, daß sich

parallel dazu eine Umwertung dessen vollzog, was man unter »vernünftig« zu betrachten hat: Neben die Intelligenz im herkömmlichen Sinne traten das Emotionale (EQ) und das Ganzheitliche (eQ und EQ2).

Führen als Funktionsbündel mußte daher neu definiert werden. Führungspositionen werden in diesem Verständnis nicht vergeben, damit der Positionsinhaber mehr Macht erhält, sondern damit ein Fachmann (eine Fachfrau) mit den kostbarer werdenden weichen Ressourcen geschickter und damit produktiver umgeht. Die flacher werdende Hierarchie sollte zugleich das hierarchische Denken durch ein professionelles ersetzen helfen. Orientierungspunkt ist das Prinzip Subsidiarität. Führen ist als professionelle Aufgabe in diesem Verständnis das Optimieren der Selbstentwicklungskräfte, der Ideenvielfalt und der Kreativität, die in den Menschen steckt, *für die* man »führt« (nicht: *die* man führt!). Für diese neuen Zwecke wurden neue »Führungs«methoden (Moderation, Coaching, Mediation usw.) entwickelt; sie sollen dazu beitragen, wettbewerbswirksame Synergien zu erzeugen.

Daraus ergibt sich ein völlig neues Profil für den Aufgabenkomplex Koordination. Und dafür sucht man nun nach einer neuen, treffenderen Bezeichnung: »Leader« statt »Führungskraft«. Wir werden im folgenden dennoch die bisher gebräuchliche Bezeichnung verwenden, um keine Verwirrung zu stiften und weil sich die neue Bezeichnung noch nicht durchgesetzt hat.

Der »Leader« verbindet Strategie (harter Faktor) mit Visionen (weicher Faktor). Das heißt, er vermag durch symbolische Führung, allen Beteiligten den Sinn der »harten Maßnahmen« zu vermitteln. Damit erzeugt er zugleich Leistungsmotive und Zuwendungsbereitschaft (Motivation und Loyalität). Den Mitwirkenden wird damit neben dem *Was* und dem *Wie* auch das *Warum* vermittelt. Nur so wächst Vertrauen in die Maßnahmen der Unternehmensführung. Vertrauen wird zunehmend zu einem zentralen Erfolgsfaktor – inzwischen auch am Aktienmarkt. Voraussetzung ist ein professionelles Bedingungsmanagement (siehe Kapitel 8). Das kompetente Organisieren der Arbeits-, Sozial- und kommunikativen Bedingungen ist die neue indirekte Führung. Auch das zeigt, daß die alte Bezeichnung diese neuen Funktionen nicht mehr zutreffend auszudrücken vermag.

1.4.4 Neue Managementkonzepte für eine veränderte Wirklichkeit

Aus diesen Erkenntnissen heraus entstanden zahlreiche Managementkonzepte und Neuansätze, die zum Ziel haben,
- die Qualität von Management und Führung laufend zu verbessern (Benchmarking, Qualitätsmanagement, Wissensmanagement),
- dem Änderungsdruck elastisch Rechnung zu tragen (systemverträgliches Change Management, permanente Personal- und Organisationsentwicklung mit Coaching und Supervision als »weichem« Methodenarsenal der neuen Führung),
- Neuerungen sozial- und humanverträglich einzuführen (systemische Beratungs- und Implementierungsverfahren),
- die Organisation lernfähiger zu machen (Bildungsmanagement mit dem Ziel einer ständig lernenden Organisation und selbstbestimmten Lernprozessen),
- Mitarbeiter aus ihren Fesseln zu befreien (Empowerment, Delegation),
- sie als Mitunternehmern an sich zu binden (Intrapreneurship, Commitment) und
- alle Faktoren, die am Erfolg beteiligt sind, in der Förderung entsprechend ihren Wirkungen zu erfassen (ganzheitliches Management (St. Galler Modell) und alle wirksamen Faktoren im Controlling zu berücksichtigen (ganzheitliches Controlling, das auch sozial, kulturell und human bedingte Transaktions- und Opportunitätskosten erfaßt).

Einige Führungsempfehlungen hierzu:
George Binney empfiehlt eine Führung, die
- zuhören kann und damit Akzeptanz und wertvolle Informationen gewinnt,
- den Wandel nicht erzwingt (aufzwingt), sondern hervorruft,
- alle in das Geschehen einbindet, und jedem die Chance gibt, sich als wichtig zu erleben,
- learning by doing unterstützt und belohnt.

Warren Bennis fordert
- glaubwürdige und realistische Visionen, die die Aufmerksamkeit fokussieren,
- Sinn, der über gelingende Kommunikation ständig neu gebildet wird,

- Vertrauen, das aus klarer Führung mit festen Prinzipien fließt,
- Selbstwertgefühl bei den Führenden, damit sie auch selbstbewußte Mitarbeiter ertragen können.

Ken Blanchard gibt zu bedenken:
- Man muß nicht nur auf das stolz sein können, *was* man erreicht hat, sondern auch darauf, *wie* man es erreicht hat!
- Führungskräfte können keine sinnvolle Arbeit tun, wenn nicht jeder in der Organisation auf ein gemeinsames Ziel hinarbeitet, das er vollkommen versteht (und damit akzeptieren kann)!
- Nur eines ist schlimmer als ein Chef, der dauernd den Chef spielt – ein Kollege, der unbedingt Chef sein möchte!
- Um ohne Chefallüren zu sein, muß man viel Selbstbewußtsein (Selbstwertgefühl) besitzen. Manche Chefs können sich (mangels eines solchen) nur gut fühlen, wenn es anderen schlecht geht!

Es sind mehrere Faktoren, die dazu führten, daß sich Menschen heute eher als früher über **inkompetente Führung** erregen und daß schlechte Führung daher zu einem Mißerfolgsfaktor wurde:
- Seitdem Arbeitsplätze knapp geworden sind, ist es längst nicht mehr so einfach, das »Feld zu räumen«. Damit gibt es nicht mehr die psychisch entlastend wirkende Vorstellung: Ich kann ja jederzeit woanders hingehen! (Arbeitsmarktproblem)
- Seitdem die allgemeine Bildung sich verbreitert hat, ist der Abstand zwischen Chefs und Mitarbeitern geschmolzen. Das Entlastungsargument: ›Er/sie hat eine bessere (höhere) Bildung und wird es schon wissen!‹, gilt nicht mehr (Kompetenzproblem).
- Die Rollenerwartungen an Führende haben sich verschärft. Jedes Privileg soll durch Leistung gerechtfertigt werden (Legitimationsproblem).

Fallbeispiel – Das generelle Unbehagen an unsensibler Führung: Kürzlich saßen bei einer Familienfeier fünf meist jüngere Frauen und Männer beisammen, die in unterschiedlichen Berufen und Organisationen tätig sind. Zufällig kam das Gespräch auf einen erschreckenden Fall von Unsensibilität. Die (ältere, erfahrene) Protokollführerin, die ihr Laptop bediente, wurde bei einem Strafprozeß von dem Vorsitzenden Richter vor dem Plenum »aus heiterem Himmel« angeherrscht, wieso jetzt »so etwas« schon in Gerichtssitzungen möglich sei. Ihr wurde – ohne daß sie sich rechtfertigen durfte – etwas vorgeworfen, was zu ihren (modernen) »Dienstobliegenheiten« gehört. Dieser an sich banale Vorgang hatte sie (zu Recht) tief verletzt, denn sie durfte sich wie der berüchtigte »begossene Pudel« fühlen – und das sollte sie wohl auch; vielleicht aus Gründen

einer fälligen Machtdemonstration? Anders wäre es aufgenommen worden, wenn der »Funktionsvorgesetzte« sie in einer Pause darauf angesprochen hätte, oder wenn er nach der Sitzung (ohne Publikum) gerügt hätte. Verletzend wirkte nicht der Vorgang als solcher, sondern die »dümmliche« Art der »Führung«.
Der Bericht hatte bei den vier anderen eine Quelle freigelegt. Jetzt sprudelte es nur so von im Einzelfall unbedeutenden, in ihrer Gesamtheit jedoch erschrekkend unsensiblen Vorkommnissen. Fast alle drehten sich um einfache Beziehungsvorfälle.
Ähnlich erlebt man es in Pausengesprächen auf Seminaren oder nach Vorträgen über Führungsprobleme. Offensichtlich sind es nicht die bedeutenden Vorfälle, in denen es um Millionen geht, die Menschen (oft lebenslang) speichern und die sie unablässig emotional beschäftigen. Unnötige Kränkungen (soziale Un-Kosten) gehen eher von alltäglichem, beiläufigem Fehlverhalten einer Führung aus, die in erschreckend hohem Maße emotional-soziale Kompetenz vermissen läßt.

Fazit: Unter den neuen Managementkonzepten ist das revolutionärste das konsequente Einbeziehen der weichen Faktoren, also das Entwickeln und Nutzen der noch verborgenen emotionalen und sozialen Potentiale (der Erlebnisfähigkeiten, Sinnbedürfnisse, der sozialen Zufriedenheit, des motivierenden »Flow«). »Gefühlsmanagement« klingt auf dem Hintergrund überkommener Vorstellungen vom Management abwertend. Das wird sich ändern, sobald man die ökonomische Bedeutung der weichen Erfolgsfaktoren erkannt hat. Dann wird ein wichtiges Führungsprinzip lauten:
Geben Sie den Gefühlen im Managementprozeß den ihnen gebührenden Platz!

1.5 Realistische Vorstellungen von den zentralen Erfolgsfaktoren

Um sich die Erfolgsbedeutung der emotional-sozialen (also der weichen Faktoren) konkret vorstellen zu können, muß man zunächst einige grundlegende Fragen beantworten:

1. Wodurch macht ein Unternehmen Gewinne – was macht Verwaltungen und Non-Profit-Organisationen effektiv?
2. Welche Art und Weise der Unternehmens- und Verwaltungsführung ist daher am erfolgreichsten?
3. Welche Arbeits- und welche Führungstugenden sollten (daher) gefördert werden?

Das Management im Zeitalter zunehmender Globalisierung und der New Economy wird von der Diskussion über die zentralen Erfolgsfaktoren beherrscht. Dabei stellt man sich noch einmal die (vieldiskutierte) Frage: Brauchen wir (modellhaft verstanden) den Manager oder die Führungskraft? Unabhängig von der Feststellung, daß sich diese beiden Funktionsbündel nur schwer trennen lassen (vgl. Abschnitt 1.4), ist damit gemeint, was oder wer von beiden den größeren Nutzen stiftet: Ist es

- der (idealtypisch) kühle, clevere und unternehmende Manager, der Herr der »harten Faktoren«, oder
- der einfühlsame, faire Führer, der auch die »weichen Faktoren« ernst nimmt, innerhalb der natürlichen Grenzen zu beeinflussen weiß, der möglichst viele Potentiale weckt, so viele Kräfte wie möglich aktiviert, am aktiven Geschehen beteiligt ist und damit Synergieeffekte erzielt?

Wenn man diese *Eigenschaften* näher betrachtet, bedeuten sie im Alltagsverständnis:

- Kühl sein = sorgfältig bedenkend, sich nicht durch Emotionen beeinflussen lassen, nüchtern abwägen (Prototyp: Pokerspieler) = *rationell handeln.*
- Clever sein = sich nicht übervorteilen lassen, Chancen früher erkennen als andere, aber auch: alle gerade noch legalen Tricks nutzen, um zum Erfolg zu gelangen (Prototyp: Machiavellist) = *machtbewußt handeln.*
- Unternehmend sein = bereit sein zum Wagnis, Wagnisse kalkulieren können, immer etwas besser sein als die Konkurrenz = *wirtschaftlich handeln.*
- Einfühlsamkeit ist dagegen ein »weiches« Verhalten = sich in andere hineinversetzen können, Fehlverhalten in seinen Faktoren verstehen, verzeihen und Fehler als wertvolle Informationen zur Optimierung nutzen können; akzeptieren, daß es verschiedene Sichtweisen in derselben Situation gibt = *emotional-sozial kompetent handeln.*
- Fairneß vorleben = andere auch dann nicht übervorteilen, wenn es leicht möglich wäre. Prinzipien der Gerechtigkeit sind wichtiger als der eigene Vorteil. Regeln sind auch dann einzuhalten, wenn man dabei einmal verliert = *ethisch kompetent handeln.*

Statt von Führung oder Management spricht man heute daher von *Leadership* (vgl. Abschnitt 1.4.3)*;* gemeint ist damit, daß beides nur organisch verbunden sinnvoll ist.

Das Ideal: Zehn Regeln für den Leader (Reinhard Carl/Mark Letzing: Führung zu Herzen genommen. In: F.A.Z. vom 6.11.2000, S. 32):

1. Ein Leader muß *gleichermaßen selbstbewußt und bescheiden* sein: Er sollte nicht danach streben, selbst mächtiger zu werden, sondern seine Mitarbeiter mit mehr Macht auszustatten.
2. Ein Leader ist *authentisch:* Er glaubt an sich selbst, und deswegen glauben auch seine Mitarbeiter an ihn.
3. Ein Leader ist *ein guter Zuhörer:* Er ist neugierig darauf, was seine Mitarbeiter denken, und glaubt nicht, alles selber richtigmachen zu können.
4. Ein Leader wird niemals müde, seine *Mitarbeiter* zu *mobilisieren:* Er steckt die Ziele für sich selbst und seine Mitarbeiter immer wieder höher, wobei er die Grenzen der Begeisterungsfähigkeit auslotet und das Durchhaltevermögen stärkt.
5. Ein Leader gibt die Richtung an: Dazu *stellt er die richtigen Fragen* und beharrt nicht darauf, allein über die richtigen Antworten zu verfügen.
6. Ein Leader *schützt seine Mitarbeiter* vor Fehlentwicklungen und bringt sie immer wieder auf den Boden der Realität zurück. Dabei ist ihm bewußt, daß die Mitarbeiter im Grunde genommen lieber von Veränderungen verschont als für Veränderungen mobilisiert werden wollen.
7. Ein Leader *betreibt aktiv den Wandel* und *verteidigt* zugleich *die Kernwerte,* ohne die das Unternehmen seine Identität verlöre.
8. Ein Leader ist für seine Mitarbeiter *ein Vorbild,* und er steht so im Mittelpunkt des Interesses, daß er bereits durch kleine Gesten große Botschaften übermitteln kann.
9. Ein Leader *kritisiert nicht nur* die Fehler seiner Mitarbeiter, *sondern* er lernt daraus und zeigt eine positive Einstellung zum Experimentieren.
10. *Ein Leader macht mehr Leader,* weil angesichts von Wandel und Wettbewerb das Team mit den meisten und besten Führungskräften gewinnt.

Spätestens jetzt muß man die »harte« Frage stellen: *Kann man mit Gefühlen Gewinne machen – Mehr Gewinn durch mehr Gefühl?* Unter den ehernen Prinzipien des Shareholder Value muß man sich bei diesen »blauäugigen Vorstellungen« schon fragen: Welches Unternehmen kann sich Führungskräfte dieses »weichen Typs« leisten? Das immer noch vorherrschende, linear denkende und handelnde Management wird von zahlreichen aus der Erfahrung stammenden Vorurteilen in seinen Prinzipien immer wieder bestätigt; es gibt diesen fatalen Mechanismus der »self-fulfilling-prophecy«. Die kurzfristig wirksamen Erfolge, vor allem am Aktienmarkt und in der Einkommensentwicklung der Top-Manager bestärken Manager darin. Dies ändert sich zur Zeit durch den Einbezug »weicher« Bewertungskriterien – sogar an den Aktienmärkten.

Neuere ökonomische Erkenntnisse lehren eindeutig: Kurzfristig sind Manager des »harten« Typs erfolgreicher – auf längere Sicht sind es die Führungspersönlichkeiten mit den beschriebenen »weichen« Eigenschaften, weil sie das human-soziale Kapital mehren, aus dem sie dann langfristigen Nutzen ziehen. (Wir gehen in Kapitel 4 auf die wesentlichen weichen Faktoren im Management ein.) Der herkömmliche, rein ökonomisch geprägte Kapitalbegriff wird also ebenfalls zu überdenken sein (vgl. Abschnitt 4.1).

Fallbeispiel: Der junge, dynamische Naturwissenschaftler N wird gleich nach seiner Promotion als Leiter einer Produktionseinheit eingesetzt. Er sorgt akribisch für Ordnung und Disziplin sowie für die Qualitätssteigerung in den produktiven Prozessen. Trotzdem stellen sich bald schon ungeahnte Probleme. Mitarbeiter kündigen offensichtlich innerlich, die soziale Unzufriedenheit nimmt trotz der Produktionssteigerung zu. N sieht seine Chefposition in Gefahr; er greift daher härter durch und duldet keine Eigenmächtigkeiten mehr. Urlaubsanträgen kommt er nur noch im strengen Blick auf die betrieblichen Erfordernisse nach. Er meint, seine Autorität einzubüßen, wenn er darin und in anderen Fragen den Wünschen des Personals (der Untergebenen) zu sehr entgegenkäme. Das Unternehmen versetzt ihn überraschend in eine Stelle ohne Personalverantwortung, in der er seine Fachkenntnisse jedoch weiterhin gut anwenden kann.
N ist enttäuscht und versteht das nicht. Er kann es auch gar nicht verstehen, denn im Studium hat er niemals gelernt, wie man führt. Er braucht einen guten Supervisor (einen Fachmann für weiche Faktoren), der ihm hilft, seine Defizite zu verstehen, ohne daß sein Selbstwertgefühl daran zerbricht. Viele Manager benötigen bei dem radikalen Wandel des Führungsparadigmas solche Interventionen.

1.6 Klassische und aktuelle Vorstellungen von den Marktfunktionen

1.6.1 Management leidet unter zu hohen Transaktionskosten!

Man wird bei der zunehmenden Bedeutung der Managementfunktionen für das Ganze stärker als bisher nach den Transaktionskosten des Managements fragen. Also nach den Kosten, die dieser Berufszweig im Verhältnis zu seiner Leistung organisationsbezogen und gesamtgesellschaftlich gesehen verursacht. Transaktionskosten entstehen je nach Regelungsart in unterschiedlicher Höhe. Wirtschaftlich denken bedeutet auch, zu prüfen, ob die Funktionseliten bei der bisherigen Art ihrer Aufgabenwahrnehmung, ihres Gehaltsgebarens und offensichtlich wachsender Korruptionsanfälligkeit ihren (volkswirtschaftlichen und sozialen) Preis wert ist. Dies ist zugleich ein neuartiges Legitimitätsproblem (Vgl. *Vito Tanzi:* Policies, Institutions and the Dark Side of Economics. Cheltenham 2000).

Transaktionskosten: Der Volkswirt *Ronald Coase* erhielt 1991 den Nobelpreis für die empirische Beschreibung einer Kostenart, die bis dahin vernachlässigt worden war. Das Grundproblem: Warum gibt es überhaupt Firmen (und andere Organisationen)? Die Antwort: Weil sie (Transaktions-)Kosten verringern, die durch viele Einzelakte entstünden. Ihr zentraler Zweck: Sie bündeln Aktivitäten kostengünstig. Vereinfacht ausgedrückt: Man muß nicht für jeden Geschäftsbrief nach der preisgünstigsten Sekretärin suchen. Ein zentrales Managementproblem besteht darin, diese Kosten zu optimieren. Vor allem Verwaltungen tun dies selten konsequent. (*Steven G. Medema* (Ed.): The Legacy of Ronald Coase in Economic Theory. Aldershot 1995 [2 Bd.]).

Zu hohe Transaktionskosten entstehen vor allem durch organisatorische Widersprüche. Organisationszwecke werden in Sollbeschreibungen (Leitbildern, Unternehmensgrundsätzen, Führungsleitlinien) behauptet, aber nicht eingelöst, weil geheime Organisationsziele oder eine emotional-sozial unprofessionelle Führung dem entgegenstehen. Zum Beispiel wird die Leistungsfähigkeit der Menschen

- durch übertriebene Arbeitsteilung, unklare Ziele und offensichtliche Ungerechtigkeiten in der Personalbehandlung eingeschränkt;
- Koordinierungsgrenzen und schädliche Schnittstellen entstehen, weil die Möglichkeiten indirekter Führung und der Prozeßorganisation nicht ausreichend genutzt werden;

– bei der Hierarchie rangiert Ordnung vor Leistung; alle Mitarbeiter haben diese Wertung verinnerlicht: sie verhalten sich systemkonform, aber nicht immer produktiv (»wirtschaftlich«).

Beispiele: Ein im Zusammenhang mit einer Fusion ausscheidender Topmanager, der offensichtlich weder einen gesellschaftlichen noch einen bemerkenswerten ökonomischen Nutzen stiftete, erhält 60 Millionen DM Abfindung. Ein (politisch bestellter) Bankmanager, der einen Milliardenverlust mitzuverantworten hat, erhält ein »Übergangsgeld« von jährlich über 700.000 DM. Diese Beträge zahlt – zu Ende gedacht – die Volkswirtschaft.
Solche Vorfälle und die Tatsache, daß rund 60 Prozent der Zusammenschlüsse scheitern – mit all den negativen Folgen für das Sozialgefüge des Unternehmens, die Arbeitsplätze und die emotionale Befindlichkeit der Betroffenen –, lösen wirtschaftsethische Grundsatzdiskussionen aus. Eine davon hat zum Thema: Lassen sich Neo-Liberalismus und Sozialethik miteinander in Einklang bringen, oder muß man z.B. wählen zwischen materiellem Wohlstand und sozialem Frieden? Die vorweggenommene Antwort: Es wird sich schnell zeigen, daß es ohne emotional-soziale Rücksichten und entsprechende Kompetenzen in der Gesellschaft langfristig keinen qualitativ sinnvollen Wohlstand geben kann. Dasselbe gilt für die Effektivität von Betrieben, Behörden und anderen Organisationen.
Der Unternehmensberater *Tom Voltz* fragt daher (in: Die Zeit vom 29.12.1999, S. 25): »Wie kommt es, daß selbst bei miserabelsten Managementleistungen die Verantwortlichen beim Abflug noch mit goldenen Fallschirmen ausgestattet werden?« Dieser Systemfehler scheint der näheren Aufmerksamkeit wert.

1.6.2 Der Markt löst nicht alle ökonomischen Probleme!

Neoliberalismus darf nicht in einen wilden Kampfdarwinismus ausarten.
Wir brauchen einen demokratieverträglichen Kapitalismus.
Friedhelm Hengsbach SJ

Die Diskussion über die wiederentdeckten emotional-sozialen Erfolgsfaktoren hängt eng mit aktuellen sozialen und politischen Problemen zusammen. Das gilt generell für die »weichen Faktoren«. Der Standardeinwand gegen kritische ordnungspolitische und wirtschaftsethische (meta-ökonomische) Überlegungen lautet: Wir haben doch als Regulator den freien Markt! Aber: Der »freie Markt« ist ebenso schwer zu definieren wie »soziale Gerechtigkeit«!

In demokratischen Gesellschaften gibt es keine reinen (»freien«) Märkte! Märkte sind von Institutionen und Regeln durchsetzt. Gesellschaftliche Kräfte und Politik wirken in den Markt hinein. Die *Institutionentheorie* erklärt diese »unsauberen Märkte«: Mit jedem Handlungsschritt eines Marktteilnehmers entstehen Transaktionskosten. Institutionen und Regeln dienen ihrer Verminderung. Das Auftauchen neuer Transaktionskosten wird mit der Bildung neuer Institutionen oder der Vereinbarung weiterer Regeln beantwortet. Nicht immer sind diese ökonomisch zielführend, aber marktwirksam sind sie meistens.

Ein ganz einfaches **Beispiel:** Mit der Ausbreitung des Straßenverkehrs wurden Verkehrsregeln notwendig; diese zogen eine neue Polizeigattung nach sich, deren Tätigkeit wiederum indirekt neue Richterstellen schuf; jeder Unfall geht als positiver Wert in die Berechnung des Bruttosozialprodukts ein usw. Ähnliches gilt für Firmen oder Verwaltungen. Allein ihre Vergrößerung vermehrt die Transaktionskosten der Organisation und Koordinierung. Das abschreckendste Beispiel für eine Transaktionskostenmaximierung ist die Agrarpolitik der EU.

Transaktionskosten lassen sich (wie alle Kosten) optimieren. Dies ist eine der wesentlichen Managementaufgaben in Staat, Verwaltung und Wirtschaft (vgl. die Diskussion »Schlanker Staat«, »lean production«, »Lean Management«).

Die demokratietheoretische Sicht: Ein eingriffsfreier Markt entzöge sich dem demokratischen Prozeß. Damit gingen die Gestaltungsmöglichkeiten der Bürger in einem wesentlichen Lebensbereich verloren. Durch die Politik und die »Zivilgesellschaft« (hier vor allem durch die Nichtregierungsorganisationen [NGOs]) bekommen die Marktkräfte (und das Top-Management) eine ausgleichende Konkurrenz. Sie sorgen dafür, daß neben Effizienzkriterien auch human-soziale Gesichtspunkte in Entscheidungen und Handlungen einfließen. Aber es gilt auch, daß Politik ohne ökonomische Beratung wirtschaftlich relevante Probleme unterkomplex zu lösen pflegt. Realitätsverlust und damit verbundene Kosten drohen in komplexen Gesellschaften überall (vgl. *Birger P. Pridat,* in: Die Zeit vom 11.1.01, S. 21).
Das jüngste **Beispiel** ist die BSE-Krise. Hierbei zeigt sich deutlich, daß eine ökonomische Beratung allein, ohne Einbezug der ökologischen und der naturwissenschaftlichen Sicht, das Desaster nicht verhindert hätte. Wenn das Prinzip Ganzheitlichkeit (hier im Sinne einer interdisziplinären Sicht) vernachlässigt wird, können selbst viele Spezialisten nur wenig bewirken!

Sorgt der Markt für soziale (Leistungs-)Gerechtigkeit? In dem Idealmodell von Adam Smith bewirken, durch eine unsichtbare Hand gelenkt, die vielen kleinen (und kleinlichen) Egoismen den gesellschaftlichen Wohlstand. Dieses auf den ersten Blick widersinnige Prinzip gilt, weil durch die Marktkräfte (Preismechanismen) idealtypisch gesehen alle Ressourcen »zu dem besten Wirt« gelenkt werden. Alle Ressourcen einer Volkswirtschaft (und unter dem Prinzip Globalisierung der Weltwirtschaft) entfalten dadurch ihr Optimum an Wirkung. Ungelöste Probleme bleiben

- eine adäquate Ordnungspolitik, die dem Modell in einem komplexen Umfeld erst zur vollen Wirkung verhilft und schädliche Modell-Nebenwirkungen verhindert,
- eine »gerechte« Verteilung der Ergebnisse und
- die negativen Nebenwirkungen der wirtschaftlichen Egoismen in einem »reinen« neo-liberalen Modell.

Bereits aus der »Natur der Sache Markt« ergeben sich Grenzen. Der Markt kann gar nicht alle Bedürfnisse erfüllen *(Theorie vom Marktversagen)*. Er versagt z.B.

1. bei der Distribution (= Einkommensverteilung) – vgl. den Armutsbericht 2001 –;
2. bei der Stabilisierung; er kann z.B. keine Vollbeschäftigung und damit die Nutzung aller Ressourcen gewährleisten;
3. bei der »allokativen« Funktion. Er ist unfähig, bestimmte Güter von sich aus zu entwickeln und bereitzustellen (Umweltschutz, medizinische Grundlagenforschung und vieles andere mehr).

Der Markt allein löst Produktions- und Verteilungsprobleme in einem komplexer werdenden Umfeld ebenfalls unterkomplex. Je mehr gesellschaftlich unkontrollierte Marktmechanismen

- zu schnellem Geld für wenige auf Kosten der anderen und des Ganzen führen,
- je mehr sich Wirtschaftsgesellschaften in Modernisierungsgewinner und -verlierer zu spalten drohen – und bereit sind, eine Zwei-Drittel-Gesellschaft hinzunehmen –,
- je deutlicher die sozialen (kulturellen, mentalen) Kosten einer ausschließlich gewinnorientierten Gesellschaft (oder Kultur) werden,
- desto stärker wird der Ruf nach Regelungen, die das Geschehen im Interesse aller steuern.

Der Markt kann die Welt nicht regieren! (Gruppe von Lissabon) – Der Markt sollte die Welt nicht regieren dürfen! Aber es gilt auch: Die (soziale) Marktwirtschaft ist die schlechteste Lösung – ausgenommen all die anderen, die man bisher probiert hat!

Kritisches zum »*Mythos Zwei-Drittel-Gesellschaft*« in: WISU, 8-9/00, S. 1065. Dort finden Sie auch die aktuelle Literatur. Das *Fazit:* Das Drittel der Modernisierungsverlierer »befindet sich in einem Omnibus, der zwar immer besetzt ist, aber niemals mit denselben Leuten fährt« *(Joseph Schumpeter).* Menschen leben künftig in verschiedenen Reichtums- und Armutsphasen. Die Tatsache, daß die Zahl der Modernisierungsverlierer zunimmt, wird nicht bestritten.

Ausgleichende Regelungen sind auf dreierlei Art vorstellbar:
- Entweder durch *staatliche Eingriffe:* Regulierungen (Politikmodell der 60er und 70er Jahre) oder anreizgestützte Rahmenbedingungen, also durch »macht- und anreizgestützte *Ordnungspolitik*«. Die (nationale) Politik verliert jedoch (globalisierungsbedingt) immer mehr an Einfluß auf das ökonomische Geschehen.
- Oder durch eine zeitgemäße *Wirtschaftsethik;* ethisches Handeln hat etwas mit psychischen und sozialen Bedingungen und Prozessen zu tun. Hier ist auch im Management anzusetzen. Ethik ist (wie alle Wahrheit) konkret: »Es gibt nichts Gutes, außer man tut es!« *(Erich Kästner).*
- Und: Durch eine bessere Nutzung bisher vernachlässigter humaner, kultureller und sozialer *Potentiale* und die Entwicklung entsprechender *Kompetenzen* bei Führenden und Mitarbeitenden – und bei allen Menschen (»Zivilgesellschaft«).

Wir erweitern daher unsere **These:**

Nur ein emotional-sozial professionelles Management kann wirtschaftsethisch kompetent sein. Und nur ein solches (»ganzheitlich kompetentes«) Management garantiert nachhaltig den qualitativ verstandenen ökonomischen Erfolg. Nur eine Gesellschaft, die ihr verfügbares Kapital (das humane, soziale, kulturelle und symbolische) nutzt und fördert, bleibt auf Dauer sozialverträglich und vermag eine sinngebende Kultur den Zeiterfordernissen entsprechend weiterzuentwickeln.

Gunther Schmidt (Unternehmensberater, Volkswirt, Arzt, Psychotherapeut. Milton Erickson-Institut, Heidelberg) meint (in: Die Zeit): »Eine Zeitlang haben diverse Firmen gerne Blender in den Vordergrund geschoben. Inzwischen erkennen viele Entscheider in Unternehmen, daß die Zusammenarbeit mit anderen entscheidend ist. Diesem Ziel muß sich das Präsentieren unterordnen. Mein Eindruck ist, daß immer mehr Firmen das begriffen haben«.

Ethisch kompetentes Führen heißt, »eine Welt zu bauen, der Menschen zugehören wollen«.

Fazit: Eine erfolgversprechende Managementreform beginnt an der Basis!
Es bedarf dazu bei Unternehmen und Verwaltungen sowie bei Non-Profit-Organisationen zunächst einiger organisatorischer Voraussetzungen, und zwar
- einer entsprechenden Organisationskultur, die solchen Ideen Raum gibt,
- eines Sozialklimas, das entsprechende Lernprozesse begünstigt, und akzeptierte Verhaltensmodelle bereitstellt, an denen man das gewünschte Verhalten modellhaft (vorbildwirksam) vorfindet, und
- eines insgesamt ideenfördernden Systems, das bereit ist, ständig dazu- und umzulernen (einer »lernenden Organisation«).

1.7 Neue Vorstellungen von den menschlichen Potentialen, die dem Erfolg zugrunde liegen

1.7.1 Neue Kompetenzen braucht das Management!

Erfolgsfaktor »ganzheitliche Intelligenz«! Überlegungen im Zusammenhang mit der neuesten Entwicklung auf dem »Markt der Intelligenzen« zeigen deutlich, daß die bisherige Intelligenz- und Kompetenzdiskussion zu kurz griff und vieles Bedeutsame übersah. Die sozialmentalen Ansprüche haben sich gewandelt. Viele Menschen schätzen Erlebnismöglichkeiten höher als Gehaltszulagen. Sie erwarten von ihrer Führung neben Macht- und Rechenfähigkeit »soziale und personale Kompetenz«. Damit ändert sich die Bedeutung der Erfolgsfaktoren in Unternehmen. Zunehmend bewähren sich Sozialkompetenz, Kulturfähigkeit, Sinnangebote und Loyalität als Gewinnbringer. Sie ergänzen und vervollständigen die harten Faktoren (Kapital, Technologie, Organisation). Genauer: Sie lassen diese erst zur vollen Wirkung kommen. *Das neue Credo lautet:* Ökomomisch denkt, wer ganzheitlich denkt! Wirtschaftlich handelt, wer alle relevanten Erfolgsfaktoren berücksichtigt!

Die aktuelle politische Diskussion zeigt, daß auch die öffentliche Meinung Politiker immer weniger achtet, deren Kompetenz ausschließlich im Bekämpfen politischer Gegner besteht (frei nach *Richard von Weizsäcker)*, und vielmehr Politiker schätzt, die emotional und sozial kompetent und damit glaub- und vertrauenswürdig sind.
Für das Dienstleistungsmanagement kennt man längst die Bedeutung »emotionaler Erlebniswerte« (vgl. z.B. Die Unternehmung, 4/00, S. 309ff.).

1.7.2 Neues Denken braucht das Management!

Erfolgsfaktor »ganzheitliches Denken«! Seit zehn Jahren fordern aus diesen Gründen Eingeweihte ein grundlegendes Umdenken: weg vom linearen, hin zum vernetzten, systemischen, ganzheitlichen Denken und Tun . Vor allem *John Naisbitt* beschrieb bereits 1991 »Megatrends« in der Gesellschaft und im Management, die alle in die genannte Richtung weisen (Näheres hierzu in Kapitel 6).

Welches Denken braucht das Management? Manager managen »ganzheitliche« soziale Systeme. Mit dem bloßen Einbeziehen der Gefühlsdimension in das Management ist es nicht getan. Zuerst müssen die Voraussetzungen für deren Entwicklung und Wirkung geschaffen werden. Soziale Systeme bestehen aus mehreren Dimensionen:

- einer sozialen (Betriebsklima),
- einer symbolischen, sinnhaften (Organisationskultur),
- einer humanen (Qualität der Arbeit, der Arbeitsplätze und der Arbeitsbeziehungen) und
- einer ökonomischen im engeren Sinne (Kosten-Nutzen-Kalkulation).

(Näheres hierzu in Kapitel 8: Ganzheitliche Bedingungsfelder.)

Systeme werden heute in Analogie zu »lebenden Wesen« betrachtet. Sie entwickeln durch Selbstbildungskräfte ein eigenes Profil und eine Identität durch systemeigene Wirklichkeitsinterpretationen. Ihre Handhabung gelingt daher weder dem Macher noch dem Sozialmechaniker. Sie erfordern den einfühlsamen, kreativen und flexiblen (emotional intelligenten) und sozialverträglich handelnden (sozial kompetenten) Manager weicher Faktoren, den »Leader«. Mit einem neuen emotional-sozialen Rezeptbuch für Management und Führung wäre daher wegen der systemischen Vielfalt niemandem gedient (Näheres hierzu in Kapitel 10).

Die Megatrends haben ganzheitlichen Charakter: Es gibt ganz offensichtlich einen engen (überzufälligen) Zusammenhang zwischen
- den Ergebnissen der Neuro- und der Kognitionswissenschaften,
- den Umbrüchen am Markt und
- dem radikalen Mentalitäten- und Wertewandel.

Man muß diese Entwicklungsbündel »ganzheitlich« sehen, um sie zu verstehen und die richtigen Konsequenzen daraus ziehen zu können. Ganzheitliche Sicht heißt vor allem, möglichst viele Wechselwirkungen, Nebenwirkungen und Teilaspekte zu erfassen, um so der Wirklichkeit des Systems näherzukommen.

Die konkreten Megatrends: Welche praktischen Schlußfolgerungen sich aus dieser Entwicklung ergeben, das soll im folgenden gezeigt werden. Die Managementwissenschaften jedenfalls werden über weite Strecken neu zu schreiben sein. Weitsichtige sind bereits dabei. Das gilt für Forschung, Lehre und Praxis. Zudem ändern sich die Denkweisen generell (in Wissenschaft und Gesellschaft) in eine deutlich erkennbare Richtung:
- Vom Linearen zum Ganzheitlichen *(St. Galler Schule: G. Probst, F. Malik, K. Bleicher: Integriertes Management).*
- Vom Speziellen zum Interdiszipliären *(Hans Ulrich, Christian Scholz: Verhaltensorientierte Betriebswirtschaftslehre, verhaltensorientiertes Personalmanagement).*
- Vom Erfassen der Oberfläche zum Beachten der Tiefendimension *(Theorieansätze: Chaos-Management, Evolutionäre Ökonomie, Institutionenökonomik, Prinzipal-Agent-Theorie, Konstruktivismus, systemische Organisationstheorie).*
- Vom fremdbestimmten Tun zum selbstorganisierten, selbstverantwortlichen Handeln *(Managementkonzepte: Delegation, Intrapreneurship, Empowerment, selbstgesteuertes Lernen).*

1.7.3 Erfolgsfaktor »ganzheitliche Rationalität«!

Generell läßt sich dabei beobachten, daß Erklärungskraft und Erfolgswirksamkeit des »rein Rationalen« (eigentlich: des rationellen, also der ausschließlich funktionalen, instrumentellen Rationalität) zunehmend angezweifelt werden. Damit wird nicht etwa einer neuen Irrationalität das Wort geredet, vielmehr wird ein Erfassen der Dimensionen und Faktoren gefordert, die bisher vernachlässigt wurden. Mit der Ganzheitlichkeit soll die ganze Rationalität (die Vernunft im ursprünglichen, kantischen Sinne) wieder zu ihrem Recht kommen. Das zeigt sich in Ansätzen und Konzepten wie

- »systemische Unternehmensberatung«,
- Intervention in die ganze, nicht nur in die »Berufsperson« (Coaching),
- Nachhaltigkeit als ökonomisches Prinzip,
- Chaos(theorie) als Metapher für die Komplexität der Realität.

(Vgl. *Stefan Gosepath* [Hrsg.]: Motive, Gründe, Zwecke. Theorien praktischer Rationalität. Frankfurt/M. 1999: Über die Reichweite rationaler Handlungserklärungen und die Grenzen praktischer Rationalität generell.)

Der Akzeptanzverlust des rein Rationellen zeigt sich auch in neuen Begriffen wie emotionale Intelligenz, Kompetenzen statt Fertigkeiten, Schlüsselfähigkeiten und Interdisziplinarität. Diese Überlegungen verdeutlichen, daß man den Faktor EQ (emotionale Intelligenz), der in allem steckt, in größere Zusammenhänge stellen muß, wenn man seine Bedeutung und seine Wirkung verstehen will.

Unsere Welt wird immer unübersichtlicher, aber: Vor »schrecklichen Vereinfachern« ist zu warnen! Manchmal führt die damit zusammenhängende »neue Unübersichtlichkeit« zu einer vorschnellen Flucht in esoterische Sichtweisen und Praktiken. Diese führen dann wieder zu einem anders gearteten Reduktionismus; ebenso wie die herkömmliche reduktive Ökonomie, die wir gerade zu verlassen begonnen haben. Ihre schlichten Heilslehren lauten: »Positiv denken«, »kreativ sein«, »innovativ und flexibler werden«, »spontan sein«. Sie können der Beruhigung und dem vordergründigen Wiedergewinn verlorener Sicherheit dienen, als Erfolgsverheißungen führen sie erneut in die Irre. Managementtrainer und -berater haben damit zur Zeit jedoch beachtliche Erfolge, verständlicherweise vor allem bei Managern des herkömmlichen

Typs. In Zeiten der Unübersichtlichkeit fliehen Menschen vor der Wirklichkeit gern in ganzheitliche New-Age-Idyllik. (Vgl. z.B. *Schwertfeger, Bärbel:* Der Griff nach der Psyche. Frankfurt/M. 1998.)

1.7.4 Mißerfolgsfaktor Totalökonomisierung

Zur Zeit entsteht eine neue »Gesellschaftstheorie« oder Ideologie mit dem Modell einer erfolgreichen Gesellschaft, vor der viele warnen und einige sich fürchten; man nennt sie wohlwollend »neoliberal«, abwertend »Totalökonomisierung«. Das Gesellschaftsmodell, das uns das herrschende Weltwirtschaftsregime andient, ist durch vier Momente geprägt:

- *Der Mensch* ist ein rational entscheidender Unternehmer (eine Ich-AG), der seine eigene Arbeitskraft ausbeutet (und damit seine Persönlichkeit verkauft!).
- *Die neue Gesellschaft* ist nachegalitär. Sie erträgt sozialmoralisch große Unterschiede zwischen Menschen (... und nimmt in Kauf, daß Menschen keinen Zugang zu dieser Gesellschaft finden und dadurch zugrunde gehen. *Robert Castel* nennt sie »die Überzähligen«. Es ist der Standpunkt des radikalen Sozialdarwinismus!).
- *Demokratie* wird ökonomisch definiert. Aus Staatsbürgern werden Mitglieder einer Marktgesellschaft. (Alles Denken richtet sich aufs Ökonomische, und die ökonomische Rationalität setzt sich in allen Lebensbereichen durch!)
- Es gibt keine bessere *Politik* als jene, die sich selbst überflüssig macht. (Die reine Marktgesellschaft erträgt keinen handlungsfähigen Staat als »moralisierenden« Schiedsrichter!)

(In Anlehnung an *Jürgen Habermas*: Vortrag im Rahmen der achten »Hamburg Lecture« am 26.6.2001; die Klammerzusätze wurden vom Verfasser interpretierend eingefügt.)

Gutes Management besteht aus erfolgreichen Strategien, die eine Totalökonomisierung überflüssig machen und dennoch den Wirtschaftsstandort sichern und Wohlstand schaffen – auf menschliche Weise!

Hintergrundinformationen zu Kapitel 1

Ökonomische Problemlagen
New Economy (Herkunft): Das »neue Paradigma« entwickelt sich seit 1994 in den USA (Bezeichnungen: New, Digital, Network, Virtual, Weightless, Knowledge Economy oder Information Society). Aus der New Economy folgen gesamtwirtschaftliche Effekte mit Produktionssprüngen infolge der neuen Informationsverarbeitungs- und -vermittlungsmöglichkeiten. Wachstum, Löhne und Produktivität nehmen zu, Arbeitslosigkeit und Inflationsraten nehmen (wegen der konstanten Stückkosten) ab. 1996 wurde New Economy allgemein bekannt durch eine Rede von *Alan Greenspan* vor dem US-amerikanischen Kongreß.

New Economy im engeren Sinne: Zentraler Marktbereich in der New Economy sind die elektronischen Güter. Im Kern meint der Begriff, daß die Investitionen in neue Informationstechnologien mit einer erheblichen Produktivitätssteigerung belohnt werden. Mit dem Internet verbundene Netzwerkexternalitäten entstehen dadurch, daß sich der Nutzen für alle erhöht, je mehr daran teilnehmen. Aber: Herkömmliche ökonomische Regeln behindern den Erfolg. Autopoietische (= selbststeuernde) Vorgänge in den Systemen führen zu erhöhter Selbstaufmerksamkeit. Systeme sind vor allem durch ihre operative Geschlossenheit (durch ihre eigene Struktur) definiert. »Klassische« Veränderungsmethoden unterschätzen das »Systemische«. Daher führen die Investitionen in die Computertechnologie oft nicht zu dem erwarteten Erfolg (ein »Produktivitätsparadoxon«). Weite Teile der traditionellen Wirtschaftstheorie und die klassische Managementlehre stoßen damit an ihre Grenzen. Völlig neue Ressourcen, Bedingungen und Mentalitäten treten auf. Sie verlangen ein neues Methodenbewußtsein. Und sie verlangen ein Umdenken in den ökonomischen Prioritäten. *Nicht mehr das Produzieren und Verkaufen, sondern die Kunden- und Mitarbeiterbindung werden künftig im Vordergrund des Managements stehen* (so auch: *Hanno Beck* in: F.A.Z. vom 13.5.2000).

Skeptiker meinen, die neue Ökonomie vermindert durch Produktivitätssteigerung den Bedarf an Arbeitskräften, vermehrt die Unterschiede zwischen Modernisierungsgewinnern und -verlierern und gefährdet damit langfristig den sozialen Frieden. *Romano Prodi*, Präsident der EU-Kommission, nennt als Kosten wachsende Kriminalität und zunehmende Krankheiten infolge steigender Arbeitslosigkeit und Armut (Die Zeit, 16.3.2000, S. 23). *Jeremy Rifkin* konstatiert, daß die kapitalistische Marktwirtschaft von hyperkapitalistischen Netzwerken abgelöst wird; Käufer verwandeln sich in Nutzer. Und: Bei abnehmender Macht der Politik und des regulierenden, ausgleichenden Staates entsteht ein privatwirtschaftlich perfektionierter Totalitarismus. Kommerz wird schließlich zum alleinigen Kitt der Zivilisation. Der (neue) Markt wird die Macht, die unser ganzes Leben durchdringt. Die Ressourcenbedeutung ändert sich: Reichtum wird nicht länger in Geldkapital und Eigentum bestehen, sondern in Wissen, menschlicher Vorstellungskraft und Kreativität. *Die Produktökonomie wandelt sich über eine Dienstleistungs- zu einer Erlebnisökonomie.* Erlebnisse werden nur noch käuflich zu haben sein. Wir treten damit in den Hyperkapitalismus ein.

Schlußfolgerungen: Aus ökonomischen Zwängen heraus denken Unternehmen immer kurzfristiger! Verantwortlich hierfür sind neben Kompetenzmängeln und einer verfehlten »geheimen Unternehmensphilosophie« auch die Shareholder Value-Orientierungen sowie die Erwartungen der Finanzmärkte. Der schnelle Wiederverkauf erworbener Unternehmen mit möglichst hoher Rendite erfordert radikale Maßnahmen, die der kurzfristigen Renditesteigerung dienen (Boston Consulting Group: F.A.Z. vom 23.5.01, S. 27). Damit wird ständig bei hohem privatem Gewinn wertvolles volkswirtschaftliches Vermögen vernichtet. *Synergiegewinn verlangt dagegen, daß Zukunftsstrategien entwickelt werden, die »Unternehmenswerte von innen heraus« steigern.*

In welche Welt führt uns die New Economy?
Über die Folgen der New Economy gibt es einen heftigen Streit zwischen Globalisierungsgegnern und -befürwortern bzw. Globalisierungsoptimisten und -pessimisten. Zu den erklärten Gegnern gehört *Jeremy Rifkin* (Access. Frankfurt/M., New York 2000). Er malt ein Umbruchszenario, in dem eine kompetente Führung im hier behandelten Sinne keine Chancen hätte:
Organisationszentren entwickeln Produktideen, Geschäftskonzepte und Blaupausen. Bei ihnen sammeln sich die Profite. Die Ausführung wird vergeben. Franchisenehmer zahlen für Ideen und tragen die Risiken. Marktschwerpunkte sind neben der Verteilung, die Lizenzierungen und Vermietungen. Auch Kunden leasen statt zu kaufen. Die Kundenautonomie nimmt dabei laufend ab, die Macht der Organisationszentren nimmt gleichzeitig zu.
Die Produktion wandert in Niedriglohnregionen mit Kinderarbeit, hohem Verbrauch natürlicher Ressourcen (»freier Güter«) ohne ökologische Rücksicht und mit »weichen Gesetzen«. Sie haben die entscheidenden Standortvorteile. Mitarbeiter geraten unter hohen Konkurrenzdruck; sie müssen mobil und flexibel sein – um jeden und zu jedem Preis. Rücksichten auf individuelle Bedürfnisse spielen im Management keine Rolle mehr.
Da auch die **Massenmedien** zum Markt gehören und das Deutungsmonopol ausbauen, entsteht eine neoliberale Einheitskultur. Aus einer Kultur der Würde wird eine Kultur der Leistungs-Ergebnis-Erwartung. Das unbedingte (lebens-

notwendige) Bekenntnis zur Leistungskultur honoriert den absoluten Selbstbezug (den nüchtern kalkulierten Egoismus) und läßt soziale Verantwortung verkümmern.Menschen im Arbeitsleben werden eigentumslos, kulturlos, eigenschaftslos, wertlos. Es entsteht ein »befreiter Kapitalismus« – befreit von den sozialen, ethischen und kulturellen Fesseln…
Aber es gibt auch Tröstliches: Die Soziologin *Saskia Sassen* (Universität Chicago) meint, daß sich bereits als Gegengewicht ein System von **Global Governance** bildet. Nicht-Regierungs-Organisationen (NGOs) wie der Währungsfonds, die Weltbank, die BIZ und die Welthandelsorganisation, aber auch kleinere, wie Global Environmental Facility, Unctad und die Internationale Arbeitsorganisation werden Konzerne und Großbanken dazu zwingen, Steuergesetze, Umweltstandards und Arbeitsstandards einzuhalten. Sie bilden eine wachsende dritte Säule neben der mächtiger werdenden Wirtschaft und dem schwächer werdenden Staat. Um das zu unterstützen, ist jedoch eine soziale Demokratie erforderlich mit Zügen der Zivilgesellschaft, die sich von einer Machtelite nicht alles bieten läßt.
Neue Knappheiten: Die Entwicklung in der Gesellschaft hängt eng mit der Entwicklung der Standards und Prinzipien in der Wirtschaft zusammen. Eines bedingt das andere. Die Forderung nach einer umfassenderen emotionalen, sozialen und ästhetischen Bildung bezieht sich nicht nur auf die organisationseigenen Bildungseinrichtungen, sondern auch auf die gesellschaftlich-staatlichen.
Das Szenario läßt sich daher optimistischer fassen: Das ökonomische Kalkül gewinnt zwar an Gewicht, aber es entstehen gleichzeitig neue Knappheiten in bisher vernachlässigten Bereichen. Emotionales, Soziales und Ästhetisches werden knapper und damit begehrter und wertvoller. Unternehmen werden diese Knappheiten spüren; sie werden in die Kalkulation eingehen und damit ökonomisch wertvoll. Menschen werden (bei entsprechenden Rahmenbedingungen) als Arbeitskraftanbietende gemäß den Marktgesetzen zum »besseren Wirt« abwandern. Vorausblickende Organisationen werden wiederum diejenigen sein, die den Wettbewerbsfaktor »Kapitalismus mit (Mit-)Gefühl!« zuerst entdecken und ihre Organisation sowie ihre Geschäftsstrategien daran orientieren. Auch hierbei winken den Schnellsten die Marktvorteile.

Gesellschaftliche Problemlagen

Soziale Kälte ist eine beliebte Metapher für die noch unklaren Konsequenzen. Der Ursprung des Phänomens liegt in der bekannten Fabel von den Stachelschweinen (nach *Arthur Schopenhauer):* Sie möchten sich aneinander wärmen, daran hindern sie ihre Stacheln. Die Bedürfnisse nach Wärme und Abstand lassen sich nur durch einen Kompromiß zwischen beiden optimieren. Er schlägt sich in Umgangsformen und Normen (in »Gesellschaft«) nieder. Einige aktuelle Sichtweisen, die zentrale Merkmale hervorheben:

- Der Pädagoge *Andreas Gruschka* beschreibt das Phänomen »soziale Kälte« am Beispiel der Schule als »Büchse der Pandora« (Bürgerliche Kälte und Pädagogik. Wetzlar 1994).
- Der Essener Trendforscher *Peter Wippermann* prognostiziert die Gesellschaft der Zukunft als einen Zusammenschluß vieler *»Ich-AGs«:* Jeder ist für sich selbst verantwortlich und gestaltet sein Leben individuell wie ein Unternehmer. Das vom Staat und seinen Sozialsystemen abgesicherte Leben mit geregelter Arbeit hält *Wippermann* für ein Auslaufmodell; ebenso denkt die New Economy.
- *Charles Leadbeater* meint, daß an die Stelle von Maschinen, Rohstoffen und Technologie als Produktivitätsfaktoren Wissen, Kreativität, Scharfsinn und Phantasie treten. Damit werden die entscheidenden Faktoren nicht mehr institutionell oder organisatorisch beherrschbar; ihre Träger werden mächtiger, selbstverantwortlich und auch in der Verwertung ihrer Potentiale auf sich selbst gestellt (DAS vom 19.5.2000, S. 6).
- *Andreas Kießling:* »Die eigenen Lebensinteressen werden zur einzigen Leitinstanz für Orientierung, Handlung, Moral ... (für Denken und Fühlen).« (In: Beilage zur Wochenzeitschrift Das Parlament, B 10/01, S. 31).
- *Franz Walter:* »... die hochmobile, säkularisierte und hedonistische Single-Individualität, der weder Heimat noch Gott oder Nation etwas bedeuten« (a.a.O., S. 5), könnte zur Normal-Mentalität werden.
- Eine Allensbach-Umfrage (F.A.Z. vom 16.8.2000) ergab: 71 Prozent der Bevölkerung haben die Sorge, daß die Gesellschaft kälter und egoistischer wird und daß die Starken sich immer durchsetzen – zu Lasten der Aufrichtigen.

Ende der Fortschrittshoffnungen?
Die evolutionäre Erkenntnistheorie, der z.Zt. die meisten Managementkonzepte folgen, unterstellt eine »vernünftige« Selbstorganisation in allen Lebensbereichen. Alles entwickelt sich zum »Fitteren«. Man kann den Selbstentwicklungsprozessen danach blind vertrauen. Der Ethnologe *Konrad Lorenz* gießt Wasser in den Wein: Es kann auch zur *Involution* (von Evolution!) kommen, d. h. Prozesse können auch zur Rückentwicklung führen. Einmal Erreichtes wird wieder aufgegeben, wenn es stört (Regression). Im Falle einer totalen Ökonomisierung können moralische Standards und erreichte Kultur sich wieder verlieren, um dem zentralen Bedürfnis der Marktgerechtigkeit zu genügen. »Die Involution ist das wirklich Böse!«.

Überblick: Kapitel 2

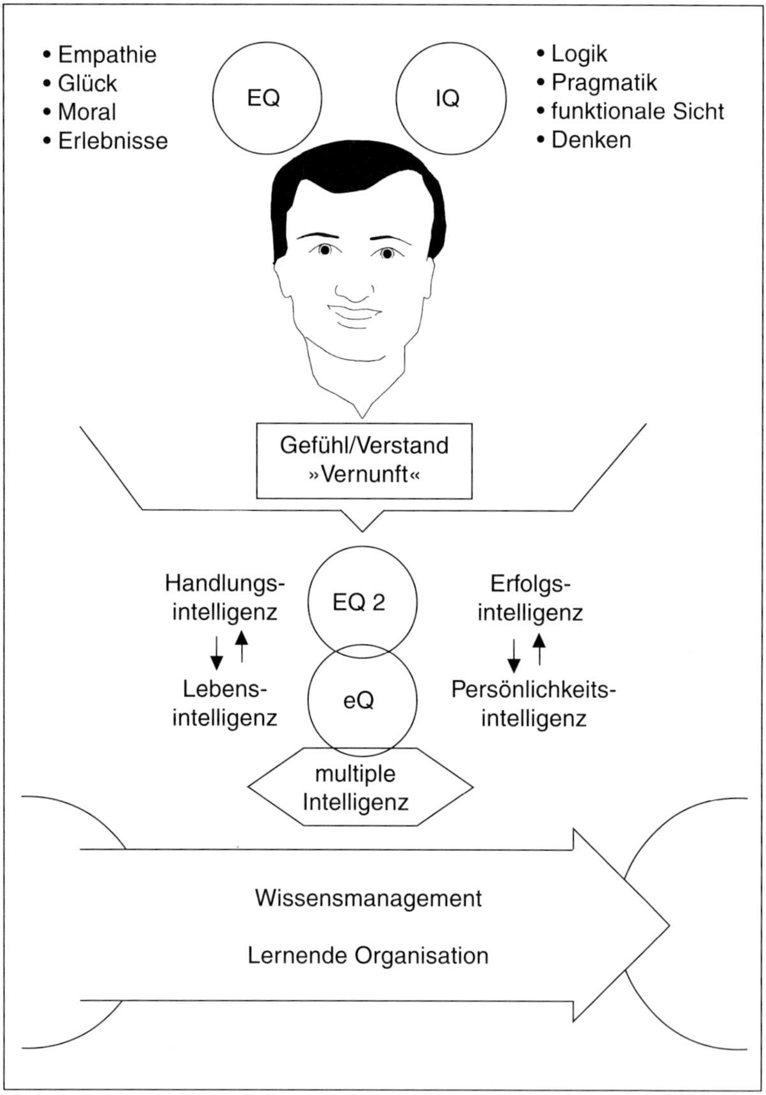

2 Die emotionale Intelligenz: Das erfolgsbedeutsame Schlüsselpotential

»Glauben Sie, ich weiß nicht, daß Verantwortung auch etwas mit Emotionen zu tun hat?«
Henning Schulte-Noelle, Allianz
(In: Die Zeit vom 14.12.2000, S. 26)

In diesem Abschnitt stellen wir Ihnen den Stand der Diskussion und die Anwendungsmöglichkeiten vor. Wir nehmen dabei einen ganzheitlichen Standpunkt ein, unter dem wir auch die Einzelergebnisse interpretieren und werten. Im Mittelpunkt stehen die »multiple Intelligenz« und die »emotionale Intelligenz«, zwei neue Ansätze zur Weiterentwicklung des Intelligenzbegriffs, die jede für sich eine managementpraktische Bedeutung erlangten. Wir folgen dem üblichen Sprachgebrauch; obwohl man im Grunde jeweils unterscheiden müßte zwischen
- Potentialen (Intelligenzen) und
- Kompetenzen (Fähigkeiten im weiteren Sinne).

Wir beschreiben in diesem Abschnitt erfolgsbedeutsame Situationen und Handlungsweisen, in denen sich das Kernelement »emotionale Intelligenz« wiederfindet. Wir wählen dazu Alltagsvorgänge; in Kapitel 4 behandeln wir dann die Anwendung im Management. Überschneidungen haben wir der Vollständigkeit wegen in Kauf genommen. Der Abschnitt hat die folgende Struktur:
- Emotionale Intelligenz (als Kernelement) mit den wichtigsten aktuellen Vorstellungen.
- Die Wissenschaft von der Intelligenz (Neuansätze).
- Multiple Intelligenz in den aktuellen Ausprägungen (einschließlich moralischer und »Glücksintelligenz«).
- Erfolgsintelligenz (und existentielle Intelligenz) als Summe der Intelligenzen.
- Konsequenz: emotional-sozial intelligente Führung.

Vor einem Mißverständnis muß jetzt schon gewarnt werden: Emotionalsozial intelligentes Management hat nichts zu tun mit »weicher, permissiver Führung« – es ist geradezu das Gegenteil davon. Es ist Management, das sich nicht nur technisch und finanziell intelligent zeigt, sondern das auch im Umgang mit den Ressourcen Mensch und System professionell umzugehen vermag: Es ist ganzheitliches Management.

Gardners, Golemans und Sternbergs zentrale Botschaft: Die Intelligenz der klassischen Psychologie betrifft lediglich den leicht meßbaren Teil eines sehr viel umfassenderen und komplexeren Spektrums der menschlichen Potentiale!

Der IQ (allein!) ist ein ziemlich miserabler Indikator für den Erfolg im Leben!

2.1 Allzweckwaffe »emotionale Intelligenz«?

Das Gegenteil von emotionaler Intelligenz ist nicht nur deren Fehlen, sondern auch deren unkontrolliertes Zuviel. *Emotionalität ist noch keine emotionale Intelligenz!*

2.1.1 Emotionsmangel

Bei jüngeren Straftätern stellen Richter immer häufiger eine emotionale Leere fest. Solche gravierenden Versäumnisse aus Erziehung und Sozialisation lassen sich auch über »Resozialisierung« nur schwer ausgleichen. Resozialisierung heißt eigentlich: Da wurde schon etwas sozialisiert, das danach verlorenging. Hier müßte es heißen: Nachsozialisierung, verspätete (nachgeholte) Basiserziehung. Wie weit das in fortgeschrittenem Alter psychologisch gelingen kann, ist noch nicht ausreichend erforscht. Auch der aktuelle Leitwert »Coolness« läßt auf solche Versäumnisse schließen, die völlig zu Unrecht zu Vorzügen stilisiert werden. Coolness ist heute positiv besetzt; früher nannte man dieses Verhalten treffender »blasiert«.

Vieles, was von und in den Medien hochgejubelt wird, gilt als »Kult«. Das heißt konkret, daß man seine Sinnfindung und seine Vorbilder aus den Leitmedien bezieht. Damit wird man selbst jedoch emotional zunehmend unfähig, eigenen Sinn zu entwickeln. Aus innerer Leere gerät man leicht in eine ungesunde soziale (Moden-) Abhängigkeit. »Außengelenkte Menschen« (nach *David Riesman)* sind das Gegenteil von emotional kompetenten.

Außen- und innengelenkte Menschen. Der amerikanische Soziologe *David Riesman* beschrieb Menschen der Moderne (Die einsame Masse. Reinbek 1958) über zwei idealtypische Sozialcharaktere: Den innengelenkten (traditionsgelenkten) und den außengelenkten (gesellschaftsgelenkten, heute: mediengelenkten) Menschen. Er beobachtete einen generellen Wandel vom ersten zum zweiten Typ. Den Wandel deutete er so: vom prinzipiellen (prinzipiengestützten) individuellen zum »sozialen« (opportunistischen) Gewissen.
Aber: Menschen können sich auch unter den medialen Bedingungen der Nach-Moderne wieder individueller selbst bestimmen lernen, wenn sie ihre emotionalen Potentiale besser nutzen, wenn sie sich gegen die Enteignung ihrer inneren Kräfte durch Anpassungszwänge der Massenmedien und der neuen Ökonomie aktiv wehren. Empfehlungen kommen aus verschiedenen humanistischen Ansätzen: *Carl Rogers, Viktor Frankl, Helm Stierlin, Fritjof Capra u.a.*

2.1.2 Unkontrollierte Emotionen

Das andere Extrem sind zu viele und unkontrollierte Emotionen; Erziehung kann es auch versäumen, Strategien zu vermitteln, mit denen man aktivierte Emotionen zu kontrollieren vermag. Aggressivität und Wut sind (unabhängig von ihrer Herkunft) gefährliche und andere gefährdende Emotionslagen; ebenso wie Langeweile, »Gefühlsduselei«, diffuse »Betroffenheit«, also das neuartige Phänomen, das man mit den Worten charakterisiert hat: »Zu viel Güte (oder Gefühl) bei zu wenig Verstand«. Solche Menschen sind das typische Rattenfängerpublikum – der Politik, der Ideologien, der Werbung und der Medien. Man sollte nicht aus Schwäche gut sein, sondern aus begründbaren Prinzipien. Naive »Gutmenschen« sind ebenso gefährlich wie ideologisch geprägte Fanatiker.

Vorstellungen aus der Wissenschaft: Der Gefängnispsychologe *Götz Eisenberg* schreibt in seinem Buch: Amok – Kinder der Kälte. Über die Wurzeln von Wut und Haß (Reinbek 2000), daß die generelle »emotionale Unterernährung« und die vernachlässigte Sozialisation in der »vaterlosen Gesellschaft« (nach *Alexander Mitscherlich)* vor allem auf dem Fehlen klar und verläßlich geordneter Lebensverläufe beruhen. Fragmentarische Identitäten sind mit einer fragilen psychischen Struktur verbunden. Die Folge sind Lernunfähigkeit und unkontrollierte Emotionen, die in Haß und Wut ausgelebt werden. Dies dürfte auch der soziale Kern der aktuellen links- (»Autonome«) und rechtsradikalen (»Glatzen«) Gewalt sein – neben dem zunehmenden Frust, zu den Modernisierungsverlierern zu gehören, die das Wegbrechen gewohnter Stabilisatoren nicht durch Geltungskonsum kompensieren können. – Dies ist selbstverständlich nur eine Hypothese!

2.1.3 Emotionaler Analphabetismus – emotionale »Professionalität«

Breitet sich ein emotionaler Analphabetismus aus? Alles spricht z.Zt. von der »emotionalen Intelligenz«; manche halten sie für ein Allheilmittel gegen alle Schäden in der Gesellschaft und im Management. Das ist sie, isoliert betrachtet, zweifellos nicht. Außerdem handelt es sich dabei eher um eine Kompetenz, die man nur in einem längeren Sozialisationsprozeß ordentlich erlernt, und deren Erwerb und Handhabung unter ungünstigen Bedingungen schwierig ist. Sie enthält jedoch ein beachtliches Erfolgspotential für den sozialen Umgang im privaten Alltag, im Berufsleben sowie für den ökonomischen Erfolg generell – und für ein humaneres Zusammenleben und das eigene Wohlbefinden.

Emotionale Defizite: *Daniel Goleman* stellte in seinem Bestseller (Emotionale Intelligenz. 1995) einen bedenklichen generellen Mangel an emotional-sozialen Grundfähigkeiten fest. Er entdeckte bei Untersuchungen in seinem Umfeld eine generelle »emotionale Unbildung«, ein »emotionales Elend«, einen »emotionalen Analphabethismus«. Welche Gründe rechtfertigten sein hartes Urteil?

2.1.4 Die Gründe für emotionale Defizite

Man findet in der Literatur folgende Annahmen bzw. Feststellungen:

- Durch gesellschaftlich bedingte *Individualisierungsprozesse* verlieren emotional stützende Institutionen (stabile Familie, sinngebende Glaubensgemeinschaften, als glaubwürdig erlebte Politik, »Patriotismus«, nationale Bindung) ihre stabilisierende Funktion. Wahlmöglichkeiten *und* Wahlzwänge nehmen zu (*A. Etzioni, Wilh. Heitmeyer*).

Ein Buch beginnt mit dem Selbstbekenntnis: »Ich bin jung und reich und gebildet; und ich bin unglücklich, neurotisch und allein.« *(Fritz Zorn* 1979)

- Zunehmender *Wettbewerb* und *Vereinzelung* (Einzelkämpfer im Konkurrenzkampf) beeinträchtigen Solidarität, soziale Integration, Höflichkeit und Selbstsicherheit. »Bürgerliche Tugenden« wurden seit

	Definition	Kennzeichen
Selbstreflexion	Die Fähigkeit, die eigenen Stimmungen, Gefühle und Antriebe sowie ihre Wirkung auf andere zu erkennen und zu verstehen.	Selbstvertrauen; realistische Selbsteinschätzung; selbstkritischer Sinn für Humor.
Selbstkontrolle	Die Fähigkeit, plötzliche Impulse und Stimmungen zu beherrschen oder in eine andere Richtung zu lenken; der Hang, vorschnelle Urteile zu vermeiden – erst denken, dann handeln.	Vertrauenswürdigkeit und Integrität; mit Mehrdeutigkeiten fertig werden; Offenheit gegenüber Veränderungen.
Motivation	Hingabe an die Arbeit aus Gründen, die über Geld oder Status hinausgehen; eine Neigung, Ziele mit Energie und Ausdauer zu verfolgen.	Starker Wille zum Erfolg; Optimismus selbst bei Rückschlägen; betriebliches Engagement.
Empathie	Die Fähigkeit, sich in die Gefühlswelt anderer Menschen hineinzuversetzen; das Geschick, Leute mit Rücksicht auf deren Gefühle zu behandeln.	Erfahrung im Fördern und Weiterentwickeln von Begabungen; interkulturelle Sensibilität; Kundenorientiertheit.
Soziale Kompetenz	Das Können, Beziehungen zu unterhalten und Netzwerke aufzubauen; die Fähigkeit, eine gemeinsame Basis zu schaffen und enge Beziehungen zu knüpfen.	Effektivität im Herbeiführen von Veränderungen; Überzeugungskraft; Erfahrung im Aufbauen und Leiten von Teams.

Abbildung 6: Die fünf Komponenten der emotionalen Intelligenz (Quelle: Daniel Goleman. In: Harvard Business Manager, 3/1999, S. 29)

der Vorherrschaft der 68er Ideen (Emanzipation, Selbstverwirklichung, Antibürgerlichkeit, antiautoritäre Erziehung) abgewertet; Egoismus, Gewalt und »Niedertracht« *(Goleman)* setzen sich im Konkurrenzkampf durch.
- Frühkindliche *Erziehungsversäumnisse* führen zu lebenslang wirksamen Sozialisierungsschäden; es fehlen die emotionalen Fundamente. Damit gehen verloren:
  • das Vertrauen in die sozial-kulturelle Umwelt generell und vor allem
  • Sicherheit und Verläßlichkeit der interpersonalen (sozialen) Wirklichkeit.

Diese Ansichten findet man vor allem bei den sogenannten **Kommunitaristen,** einer Bewegung in den USA, die sich um diese Entwicklung sorgt. Hauptvertreter sind: *Amitai Etzioni, Charles Taylor, Robert N. Bellah, Alasdair MacIntyre, Michael Walzer, William Galston.* Aber auch Liberale, die eigentlich eine Gegenposition vertreten, wie der ehemalige Bundesverfassungsrichter *Paul Kirchhof,* stellen fest, daß die »Freiheit in der individuellen Begegnung« nur gewährleistet werden kann, wenn Freiheitsfähigkeit *und* Bindungsfähigkeit erhalten bleiben. Emotional-sozial Gestörte werden *»freiheitsunmündig«.* (F.A.Z. vom 30.12.00, S. 8.)

2.1.5 Gegenstrategien und emotionale Hilfen

Erziehung (und Sozialisation) muß Grenzen setzen! Die neue Pädagogik, die auf die gesellschaftlichen Verwerfungen antwortet, empfiehlt:
- Grenzen setzen, wo die Rechte anderer beginnen!
- Werte vermitteln, auf denen Humanität beruht.
- Lebenslanges emotional-soziales Lernen ermöglichen (so *John T. Bruer).*

Und vor allem:
- die richtigen Fragen stellen lernen – im Blick auf die Befindlichkeit des anderen (die individuelle und die systemische [vgl. Kapitel 10]).
- die richtigen Einstellungen zum anderen gewinnen, deren Kern aus Wohlwollen und Vertrauen bestehen sollte.

Erziehungs- und Sozialisationshilfen: Im Vordergrund stehen: soziales Lernen gegen Disziplinlosigkeit; emotionales Lernen gegen Gewalt – nicht nur in der Schule. Das Projekt »antiautoritäre Erziehung« mit der bekannten Kernfrustration: »Fräulein, müssen wir heute wieder tun, was wir wollen?«, ist gescheitert. Neuere Erziehungsliteratur gibt wieder konkrete Erziehungshilfen (siehe Literaturverzeichnis). Vieles davon läßt sich auch für die berufliche Sozialisation nutzen.

2.1.6 Die neuen »emotionsbasierten« Managementkonzepte

Im Zusammenhang mit dem grundlegenden Wandel im Management sind zahlreiche neue Managementkonzepte entstanden, die Rat und Hilfe anbieten. Vor allem solche,
- die auf *Selbstverantwortung* und *»Entfesselung«* der Mitarbeiter setzen (Empowerment, Delegation, selbstgesteuertes Lernen, internes Kundenmanagement, Intrapreneurship),
- die sich um den Erhalt der *Bindekräfte* bemühen (Commitment, Organisationskultur, Arbeitsethik) und
- die *Synergien* nutzen (Team- und Projektarbeit, Workshop-Verfahren, Netzwerkorganisation) – um nur einige der bekanntesten zu nennen.

Nicht alle halten, was sie versprechen. Inzwischen gibt es daher eine Literaturgattung, die alles Neue grundsätzlich verwirft, an die herkömmlichen Wahrheiten erinnert und an den »gesunden Menschenverstand« in jedem Manager appelliert. Die Lektüre solcher Ratgeber hat auf das verunsicherte Management eine beruhigende Wirkung; sie werden (wie die Verkaufszahlen zeigen) als Trost bereitwillig und dankbar begrüßt. Oft kommt solcher Trost aus verkürzt publizierten (und in diesem Fall sicher mißverstandenen) Forschungsergebnissen.

Ein Beispiel: *Simone Kauffeld, Sven Grote* und *Ekkehard Frieling* haben Gruppenarbeit analysiert und dabei eine »negative Sozialkompetenz« festgestellt, die als Innovationsbremse wirke. So lautet das (verkürzte Urteil) in einer Zeitung (vom 10./11.3.01). Die »neue Erkenntnis«:
- Gruppensitzungen würden leicht zu Lästerrunden, so daß der eigentliche Auftrag nur noch am Rande interessiere.
- Persönlichkeitseigenschaften hätten mit Handlungskompetenz wenig zu tun. Effektive Gruppen (und Teams) wiesen eine hohe Fach- und Methodenkompetenz auf. Sozialkompetenz spiele dabei keine Rolle.

Die erste Schlußfolgerung ist banal. Wenn es keinen sozial kompetenten Moderator gibt, der die vorhandene Fach- und Methodenkompetenz effektiv zusammenzuführen vermag, kommt es immer zu solchen Fehlentwicklungen. Die zweite Schlußfolgerung enthält ein (typisches) Mißverständnis. Effektiven Gruppen und Teams ist gemeinsam, daß sie eine hohe Fach- und Methodenkompetenz aufweisen, die jedoch erst dann erfolgswirksam wird, *wenn* emotional-soziale Kompetenz hinzukommt. Bei der Teamarbeit ist Sozialkompetenz die wesentliche basale Methodenkompetenz! *Oder: Sozialkompetenz (allein) ist eine notwendige, jedoch nicht hinreichende Bedingung für jede erfolgreiche (effektive und effiziente) Interaktion.*

Vor zwei populären Mißverständnissen soll diese Darstellung schützen.

1. Der Rückfall in alte (individuell bewährte) Managementpraktiken schützt zwar kurzfristig vor der Erkenntnis, sich ändern zu müssen, verhindert jedoch langfristig jeden Erfolg.
2. Wer nicht ein Mindestmaß an emotional-sozialer Kompetenz in die heikle Gruppen- und Teamarbeit einbringt, wird als Mitglied wenig, als Moderator gar nichts bewirken!

Fazit: Emotionale Intelligenz ist generell vorhanden, das Problem besteht in ihrer Aktivierung und Förderung. Defizite wirken sich auf Leistungen und Sozialverhalten aus. Sie bestehen entweder in einem Zuwenig an Emotionen oder in mangelnder Emotionskontrolle.

Allerdings ist wirksame emotional-soziale Kompetenz ein nur auf »harte« Weise zu erwerbender »weicher« Faktor – wie die nächsten Abschnitte zeigen werden.

2.2 Was sagt die Wissenschaft zur »neuen Intelligenz?«

Ideen werden nur wirklich, wenn sie sich mit Emotionen verbinden!

2.2.1 Die Gehirnwissenschaften

Um sich emotionale Intelligenz praktisch verfügbar zu machen, muß man sich zuvor klar macht, wie es mit der Intelligenz als Forschungsproblem und als Praxisfrage z.Zt. bestellt ist. Das sollte man schon aus zwei Gründen tun,

1. weil im Arbeitsleben immer noch herkömmliche Intelligenztests zur Personalauswahl eingesetzt werden und eine damit verbundene tiefe Testgläubigkeit (bei gleichzeitiger diffuser Test-Aversion) vorherrscht, und
2. weil das letzte Jahrzehnt von vielen als das Jahrzehnt der Gehirnwissenschaften ausgerufen worden ist – und es ist noch nicht zu Ende; fast täglich wird über neue Ergebnisse berichtet. Es geht dabei um Fragen, die jeden angehen, wie:
   - Was ist und wie funktioniert unser Bewußtsein?
   - Wie hängen Denken und Sprache miteinander zusammen?
   - Mit welchem Recht sprechen wir von unserem Ich und unserem Selbst (vgl. Kapitel 5)?
   - Wie entsteht unser Bild von der Welt und von der alltäglichen Wirklichkeit (vgl. Kapitel 7)?
   - Welche Praxisbedeutung haben Emotionen/Gefühle/Affekte für unser Befinden, Denken und Handeln?

Theorie und Praxis: Führung/Management hat es in immer größerem Maße mit Problemen zu tun, die unmittelbar mit solchen Fragen zusammenhängen. Je mehr der einzelne Mitarbeiter zum selbstverantwortlichen Mitgestalter wird, desto wichtiger werden diese Erkenntnisse für die Alltagspraxis. Ein Manager, der nicht einmal die Problematik kennt, wirkt zumindest unbedarft. Möglicherweise überzeugen ihn Zahlen: Der amerikanische Betriebspsychologe *David McClelland* stellte 1998 bei Betriebsuntersuchungen fest, daß Mitarbeiter mit hohem EQ rund 20 Prozent mehr Umsatz erwirtschaften als andere. (Quelle: Harvard Business Manager, 3/1999, S. 28.)

Ergebnisse aus der Gehirn- und Kognitionswissenschaft sowie Erkenntnisse aus psychologischer Forschung dringen in den Alltag ein; manchmal werden sie in ihrer Erklärungskraft überschätzt. Sie können jedoch als Richtschnur für ein neues Denken über menschliches Empfinden und Verhalten dienen und damit Organisationskulturen, Motivationsprozesse und Kommunikationsverfahren auf eine neue Grundlage stellen.

2.2.2 Eine einfache (populäre) Vorstellung: Das Links-rechts-Modell des Gehirns

Die linkslastige Managementkultur bremst Erfolge!

Einen ersten Zugang zur Bedeutung des Zusammenspiels aller Intelligenzpotentiale bietet das bekannte Links-rechts-Modell der Gehirnwissenschaften. Es lautet (vereinfacht): »Links denken, rechts empfinden wir!«

Man nimmt an, daß in den westlichen Gesellschaften in Erziehung, Sozialisation und Schulbildung Menschen bisher generell »linkslastig« geformt (verformt?) wurden. Es zählte nur das Logische, Lineare und damit »Einseitige«. Die Berücksichtigung der vielfältigen Potentiale der rechten Gehirnhälfte, also das Emotionale, Erlebnisbezogene, Emphatische, Sprachästhetische, wurde als »Herzensbildung« verniedlicht. Es war etwas für »höhere Töchter«, die sich früher bekanntlich dem harten Leben nicht aussetzen mußten.

Kernaussagen zum sogenannten Zweisphärenmodell: Die linke Gehirnhälfte (-sphäre) ist für die Sprache und die logischen Denkvorgänge zuständig, die rechte für die affektiven, gefühlsgesteuerten, das Erleben ermöglichenden Vorgänge. Links denken wir digital, rechts analog. Der klassische Intelligenzbegriff bezieht sich ausschließlich auf die linke Seite.
Pioniere der Forschung: *Paul Broca,* 1861 (Broca-Zentrum = Sitz der motorischen Sprachfähigkeit); *Carl Wernicke* (Wortbildungszentrum).
Erst durch die ständige Nutzung der Potentiale beider Sphären (Hälften) erreicht man die Synergiegewinne der »ganzheitlichen Intelligenz« (Erfolgs- oder Handlungsintelligenz). Synergie ist der »Geniefaktor«. Diese Überlegungen liegen auch dem bekannten Mind-Mapping-Verfahren (nach *Tony Buzan)* zugrunde. (Erstmals vorgestellt in: zfo 1/1992, S. 48ff. Zu diesem Thema gibt es eine Fülle an Literatur.)

Die Funktion der Gehirnhälften kann man sich (stark vereinfacht) wie in Abbildung 7 skizziert vorstellen.

Beispiel: Wenn wir Musik hören, verarbeiten die beiden Sphären die Eindrücke unterschiedlich. Die rechte erkennt Töne und Melodien wieder, die linke Takte, Noten, Zeitabstände, also die eher mathematische Dimension. Aber: Musik wird im Gehirn wie Sprache verarbeitet, und offensichtlich haben wir ein implizites Wissen darüber, ob aufeinander folgende Akkorde harmonisch zueinander passen oder nicht. Musik war wohl ursprünglich ein Kommunikations-

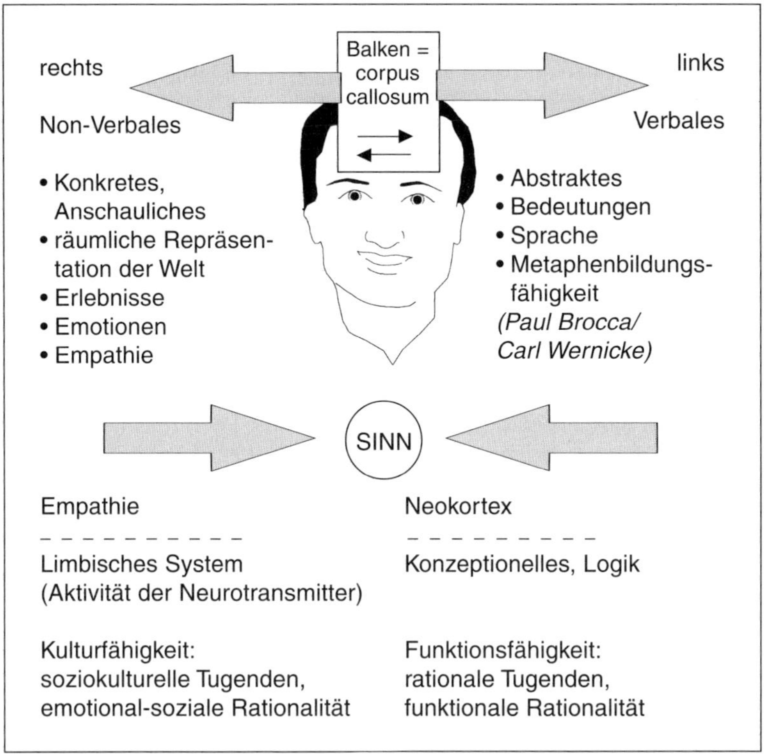

Abbildung 7: Die beiden Sphären des Gehirns

mittel, wie die Sprache. Die Harmonielehre beschreibt wie die Grammatik einer Sprache auch ein syntaktisches Regelwerk. Die ursprüngliche Modellannahme, daß Sprache links, Musik rechts verarbeitet werde, trifft damit in dieser Strenge nicht zu – es sei denn, man betrachtet ausschließlich die emotionalen Wirkungen der Musik!
(Nature Neuroscience, Bd. 4, S. 540: Max-Planck-Institut für Neuropsychologie, Leipzig; eine Einführung: *Marilee Zdenek:* Die Entdeckung des rechten Gehirns. Berlin 1988.)

Was sagt die kritische Wissenschaft zu dem Modell? Es gibt inzwischen zahlreiche beachtenswerte Einwände gegen dieses vereinfachende Modell unseres Gehirns; und es gibt viele Ergänzungen.

Beispiel: Man hat zahlreiche Experimente mit Patienten durchgeführt, bei denen der Balken zwischen den beiden Hemisphären durchtrennt werden mußte (sogenannte Split-Brain-Forschung). Das wichtigste Ergebnis: Die beiden Einheiten arbeiten parallel. Das Ergebnis ist Bewußtsein (Bewußtsein ist der output eines Prozesses!). So wird zwischen widersprüchlichen Daten (aus beiden Sphären) immer wieder Kohärenz und Konsistenz hergestellt *(Gazzaniga, J. Fodor, H. Lenk).*

Die Kernaussage bleibt gültig: Wir besitzen zwei Potentialbündel, die wir bisher nicht in gleicher Weise ausgebildet haben. In Schule, Hochschule und Berufsausbildung wurde vor allem das Potential der linken Seite gefördert. Man kann es leicht daran erkennen, daß im herkömmlichen Sinne »hochintelligente« und sehr erfolgreiche Menschen manchmal im sozialen Umgang und in heiklen und diffizilen Situationen ungelenk und unsensibel wirken. Der Begriff High Potentials wird neu zu definieren sein! Je bedeutsamer richtiges Verhalten in solchen Situationen für den Unternehmenserfolg wurde, desto mehr wuchs in manchen Chefetagen das Gespür für den weichen Erfolgsfaktor – wenn er hier auch ausschließlich unter dem ökonomischen Verwertungsaspekt betrachtet wird.

Erfolgsintelligenz (EQ2/EQ^2) *entsteht aus dem Zusammenwirken der beiden Spären!* Das hat zuerst *Robert J. Sternberg* anschaulich beschrieben. Er meint damit die geschickte (intelligente) Nutzung der Potentiale beider Gehirnsphären, also die ganzheitliche Intelligenz = das Synergieprinzip! (Näheres dazu in Abschnitt 2.8.)

Fazit: Der überkommene Standpunkt, daß man Intelligenz nicht entwickeln könne, wird damit endgültig verlassen. Seit den Forschungen *Jean Piagets* glaubten ohnehin nur noch »Strukturkonservative« daran. Versäumnisse der Erziehung und der Bildung in Schule, Hochschule und Beruf betreffen vor allem die Entwicklung der »rechten Potentiale«. Damit wird zu wenig Erfolgsintelligenz (ganzheitliche Intelligenz) gebildet.
Selbstverständlich ist das Links-rechts-Modell eine Vereinfachung der komplexen neuronalen und geistigen Vorgänge (falls man beide trennen darf!). Es erklärt jedoch anschaulich und im Ergebnis zutreffend das zugrunde liegende Problem.

2.2.3 Neue Intelligenzen werden entdeckt

Welche Folgerungen wurden aus dem Zweisphärenmodell des Gehirns gezogen?

Der lange Weg zum vollständigen Intelligenzkonzept: 1983 nahm
- *Howard Gardner* »Abschied vom IQ«, 1995 rückten dann
- *David Goleman* mit seinem Bestseller »Emotionale Intelligenz« und
- *Mihalyi Csikszentmihalyi* mit dem Erfolgsbuch »Flow«

die Potentiale der rechten Gehirnhälfte in den Mittelpunkt der allgemeinen Aufmerksamkeit. Inzwischen gibt es eine Vielzahl an Erweiterungsvorschlägen. Sie laufen darauf hinaus, auch anderen Handlungsanforderungen einen eigenen Intelligenzfaktor zuzugestehen. Ihnen gemeinsam ist die Überlegung, daß die Anforderungen unserer Zeit allein durch (die »instrumentelle Vernunft«) nicht angemessen zu bewältigen sind.

Wenn auch gegen die manchmal populäre und überzogene Darstellung (vor allem bei *Sternberg* und *Goleman)* Bedenken erhoben wurden, so bleibt ihnen doch das Verdienst, auf diese Defizite deutlich (und offenbar erfolgreich) hingewiesen zu haben. Außerdem: Die meisten Schlußfolgerungen decken sich mit klassischen Ergebnissen aus Psychologie, Sozialpsychologie und Soziologie.

Fallbeispiel: B war ein ungewöhnlich intelligenter und flexibler Mitarbeiter. Er bewährte sich in allen Sachgebieten, beherrschte jede Diskussion und wirkte in allem allen überlegen. Es lag nahe, daß ihm bald schon eine Führungsposition übertragen werden sollte. Als seine potentiellen Mitarbeiter, die ihn persönlich kannten und schätzten, das erfuhren, gab es einen Aufstand. Die Führung stand vor einem Rätsel. Sie hatte nicht bemerkt, daß die Kollegen B mochten und bewunderten, solange seine Fähigkeiten nicht mit Macht verbunden waren. Jetzt fürchteten sie, daß sie als Untergebene unter diesen Fähigkeiten zu leiden haben würden. B fehlte jedes Gefühl für gefährdete Selbstwertgefühle anderer und dafür, daß Menschen ein Bedürfnis haben, in ihren jeweiligen besonderen Stärken wahrgenommen zu werden. In Gegenwart von B kamen andere einfach nicht zur Geltung. War B zu gut, zu tüchtig, zu überragend? Nein, das alles hätte ihm nicht geschadet, wenn er sich nicht als omnipotent empfunden hätte. Ihm fehlte die Fähigkeit, andere neben sich gelten zu lassen und das Gefühl dafür, wann man sich etwas zurücknehmen muß. Er war zwar intelligent im herkömmlichen Sinne, setzte sich damit überall durch und wirkte nach oben verbindlich, besaß jedoch insgesamt zu wenig Empathie. Damit fehlte ihm das Kernmerkmal der emotional-sozialen Intelligenz.

Fazit – die Konsequenzen für das Management: Der nur in harten Faktoren, linear ökonomisch denkende Manager ist von den meisten aktuellen Anforderungen seiner Position überfordert. Er vermag sie oft nicht einmal zu erkennen; ihm fehlt das Gespür für »feine Signale«. Unternehmen und Verwaltungen brauchen daher die emphatische (einfühlsame), sozial kompetente, verstehensorientierte, interdisziplinär und ganzheitlich denkende Führungspersönlichkeit, um nachhaltig Erfolg zu haben.

Ein hoher, ein unerfüllbarer Anspruch? Oder eine »konkrete (also einlösbare) Vision« aus der Sphäre des aktuellen Wissensmanagements? Das Wissensmanagement muß diese »weichen« Dimensionen in die betrieblichen/ behördlichen Lernprozesse einbeziehen, um aus der (meist konservativen, schwerfälligen, beharrenden oder hektisch jedem Trend »bedenkenlos« hinterherlaufenden) Organisation eine lernende zu machen.

2.2.4 Der »Computer Gehirn« – ein veraltetes Modell?

Der kreative Computer? – Das ist ein Selbstwiderspruch!
Walter Zimmerli

Den Vorstellungen der klassischen Managementlehre, dem Taylorismus und der klassischen Betriebswirtschaftslehre, lag das Modell des rational (rationell) handelnden Menschen zugrunde. Man nannte ihn economic man. Das Computermodell kam diesem Denken sehr entgegen.

Ist unser Gehirn ein Computer? Gibt es »künstliche Intelligenz« (KI)?

Alan Turing schlug vor, die Frage nach der (künstlichen) Intelligenz von Computern (Können Maschinen denken?) durch ein Imitationsspiel zu überprüfen *(Turing-Test).* Der Computer wird darin veranlaßt, wie ein Mensch auf Reize zu reagieren. Kritiker meinen, der Test sei nicht valide, weil er sich am behavioristischen (reduktiven) Modell der Psychologie orientiert. Das verwundert nicht, denn *Turing* arbeitete in einer Zeit, als diese psychologische Richtung auf ihrem Höhepunkt stand. (*Turing, A.*: Computing machinery and intelligence. 1950). Der Exponent des Modells und der größte Optimist hinsichtlich der künstlichen

Intelligenz ist *Douglas R. Hofstaedter.* Ein realitätsnaher »Turing-Test« läßt den Computer gegen den Menschen in emotionalen Intelligenzen und Fähigkeiten »natürlicherweise« immer verlieren. Andere meinen, die Entwicklung der künstlichen Intelligenz schreite fort, der Träger künstlicher Intelligenz würde den Menschen infolge der größeren Perfektion bald schon überrunden. Der Streit ist nicht entschieden.

»Intelligent« wären Computer nach heutiger Sicht nur, wenn sie auch zu Emotionalem fähig wären; die Wahrscheinlichkeit ist äußerst gering. Computer beherrschen vor allem nicht das »ungenaue Denken«, das Denken in Analogien, Metaphern, in Mehrfachbedeutungen; exaktes Denken, wie es der Computer am besten kann, kommt im wirklichen Leben kaum vor. »Geist ist eben mehr als Intellekt!« (Nach *Max Scheler.)*
Am weitesten geht *Marvin Minsky (MIT):* »Es besteht nicht der geringste Anlaß zu zweifeln, daß Gehirne Maschinen mit einer gewaltigen Zahl von Einzelteilen sind, die in perfekter Übereinstimmung mit den Gesetzen der Physik funktionieren.« Minsky bringt in seinen Vorstellungen Menschen direkt ins (ans) Netz. Körperfunktionen und Geist werden schließlich durch leistungsfähigere technische Komponenten ersetzt. Es entstehen neuartige »Mensch-Maschine-Systeme«. Das führt zur Robotik *Hans Moravecs.* Menschlichen Gehirnen werden künftig Chips eingebaut, die Gehirnleistungen ins fast Unermeßliche zu steigern vermögen. Es ist die neue Welt des Transhumanismus – ob wir sie wollen (dürfen), ist eine ethische Frage.

Das *erweiterte Computermodell des Gehirns* stammt aus der Kognitionswissenschaft der siebziger Jahre, die damals den amerikanischen Behaviorismus abzulösen begann. Intelligenz wird danach als effiziente Informationsverarbeitung betrachtet. Je nüchterner, objektiver dies gelingt, desto höher der IQ. Die Hardware ist dann die spezifische Begabung, die Software wird durch Erziehung, Unterricht, Sozialisation und Erfahrung »installiert«. Der Mensch ist dadurch in bestimmter Weise programmiert. Sein Verhalten, Denken, Empfinden ist Ergebnis dieser Programmierung. Wenn man dieses Modell zu Ende denkt, ist der Mensch nahezu vollständig programmierbar (= manipulierbar).

KI: *Gerd Lüers:* Forschungen zur künstlichen Intelligenz haben in Simulationssystemen eher zu Unterschieden als zu Übereinstimmungen geführt. Können wir eine künstliche Intelligenz haben? *Sherry Turkle* (Wissenschaftssoziologin am MIT): Man erforscht z.Zt. den Bereich »affektive Computerwissenschaft« (= maschinelle Emotion). In der »essentialistischen« Vergangenheit der künstlichen Intelligenz (KI) argumentierten Forscher, daß sie wirklich intelligente

Maschinen gebaut hätten. Der »Daseins-Einwand« gegen die KI: Computer sind nicht (wie Menschen) situationssensibel. *Die Annahme einer KI ist »mechanistische Metaphysik«,* zu der die Kognitionswissenschaften neigen.
Der gegenwärtigen Mode zufolge präsentieren sich Maschinen selbst als Geschöpfe. Den Benutzern bleibt es überlassen, die Maschinen mit Emotionen auszustatten (Quelle: F.A.Z. vom 9.1.01).
Hubert Dreyfus nennt KI abwertend GOFAI (Good old fashioned Artifical Intelligence). *John R. Searle* ist noch drastischer: Computer sind doof!

Behaviorismus/Kognitivismus und die Folgen: Bezogen auf unser Thema gab es in der einschlägigen Wissenschaftsdisziplin, der Psychologie, drei erkennbare Umorientierungen, die zu dem aktuellen Denken führten:

1. Der (amerikanische) *Behaviorismus* war die konsequent naturwissenschaftlich denkende und forschende Richtung der Psychologie. Es galten nur beobachtbare Tatsachen. Also wurde nur das sichtbare Verhalten bewertet (behavior = Verhalten). Es war das konsequent lineare, reduktive Denken in der Psychologie (Hauptvertreter: *Watson, Skinner,* ähnlich der Russe *Pawlow*): Der Mensch ist eine Reflexmaschine! An Glaubwürdigkeit verlor der Behaviorismus durch seine Einseitigkeit und das Ignorieren oder Leugnen eines zusammenführenden Bewußtseins. Das spezifisch Humane kam zu kurz, so daß er im echten Sinne reduktiv war.
2. Die Gegenreaktion war folgerichtig der *Kognitivismus.* Er erforschte vor allem die vernachlässigten Informationsverarbeitungsprozesse, die zum Handeln führen. Der Mensch ist vor allem ein Informationsverarbeiter! Große Verdienste erwarb er sich in der Lernpsychologie, soweit es um das Verarbeiten von Informationen geht (*D. Ausubel, J. Bruner, J. Piaget*). Der Kognitivismus sparte das »Bewußtsein« in seiner Vielfalt und Ganzheitlichkeit ebenfalls aus und gelangte daher in der Konsequenz zum erweiterten Computer-Modell des Gehirns.
3. Die *Humanistische Psychologie* setzte dann vor allem auf das Ganzheitliche, das Humane. Sie legte die Basis für das Weiterdenken in Richtung Sinnverstehen und humane Verträglichkeit. Der aktuelle Neuansatz der multiplen Intelligenz ist in diesem Prozeß die vorläufige Vollendung des dritten Schrittes in Richtung der vollständigen (ganzheitlichen) Erkundung des menschlichen Empfindens, Denkens und Handelns (wenn auch ihre Schlußfolgerungen bisher lediglich als »hilfreiche Hypothesen« gelten).

Definition Kognition: Ausdruck für jeden Prozeß, durch den das Lebewesen Kenntnis von einem Objekt erhält oder sich seiner Umwelt bewußt wird. Zur Kognition zählen: Wahrnehmung, Erkennen, Vorstellen, Urteilen, Gedächtnis, Lernen, Denken, oft auch Sprache. (*H. Wagenknecht* in: Herder Lexikon Psychologie.)

Wo bleibt beim Programmieren die Seele? Es gibt einen klassischen philosophischen Streit, Leib-Seele-Problem genannt. Die Extrempositionen lassen sich stark vereinfacht an den Grundannahmen zweier Forscher darstellen:
Dietrich Dörner: Computer-Modell ohne Seele. Es gibt nur Materielles, das sich als Hardware (die physiologischen Bedingungen) und Software (die gelernten Programme) abschließend beschreiben läßt. Im Gehirn gehen Materie und »Geist« ineinander über; niemand weiß jedoch bisher, *wie* das geschieht.
John Eccles: Das Gehirn (im nicht-materiellen Sinne, also der Geist) besitzt einen Computer (das Gehirn im materiellen Sinne), den er durch Denken und Empfinden bedient. Geht der Computer kaputt (stirbt der Mensch), so bleibt die Seele (das Geistige) erhalten.
Wenn man auch den Ecclesschen Optimismus nicht teilen muß, so gilt doch inzwischen bei den Nachdenklicheren, daß wegen der Vielzahl der in unserem Gehirn wirksamen Verknüpfungsmöglichkeiten, denen gegenüber sich jeder Großrechner wie eine simple Maschine ausnimmt, das Computer-Modell als »reduktiv« und damit als überholt einzustufen ist.

Fazit: Im Zusammenhang mit dem neuen Wissensmanagement und dem Konzept »Lernende Organisation« werden Fragen der effektiven Informationsverarbeitung betrieblich immer wichtiger. Das Wissensmanagement wird zu einem zentralen Managementkonzept; man spricht von »wissensbasierten Organisationen«. Computer sind darin lediglich eine neue Technik, kein neues »Paradigma«.
Die Weiterentwicklung des Intelligenzbegriffs ermöglicht das Einbeziehen der emotionalen Dimension in das Wissensmanagement und verhindert einseitige, unrealistische Sichtweisen. Der Grundgedanke: Auf diese Weise wird das Management realitätsnäher, gerechter und sensibler.

2.2.5 Intelligenz als Forschungsobjekt: Was wissen wir konkret über Intelligenz?

Intelligenz – was ist das eigentlich? Ist Intelligenz Klugheit oder Cleverness?

Kernaussagen der klassischen Psychologie: Es gibt eine exakt meßbare Intelligenz. Die Messungen beschränken sich auf bestimmte Faktoren. Intelligenz hat die Hauptfunktion, Informationen möglichst objektiv zu verarbeiten. Daraus ergibt sich alles andere. Inzwischen wissen wir, daß es rein objektive Informationen nur in Ausnahmefällen gibt. Informationen sind für Menschen selten neutral (vgl. die Definition »Kognition«), denn:

- Wir nehmen die Wirklichkeit über Hypothesen und vorgefaßte Theorien wahr (»Alltagstheorien«).
- Wahrnehmen heißt immer zugleich interpretieren, bewerten, also konstruieren (»wahr« nehmen!). Das ist die Sichtweise des sozialen und des radikalen Konstruktivismus, der heute vorherrschenden Erkenntnistheorie (vgl. Kapitel 7).
- Eine poetische Sicht: »Man sieht nur mit dem Herzen gut!« (*Antoine de Saint-Exupéry:* »Der kleine Prinz«). Diese entspricht der Auffassung von der multiplen (und emotionalen) Intelligenz. Hierbei stört allerdings das »poetische« *nur!*

Der Vorgang der Informationsverarbeitung verläuft jedenfalls wenig »exakt«. Er beginnt bereits mit dem Auswählen und mit Deutungen (also mit Wahrnehmungshypothesen). »Die Wirklichkeit« ist dann die Summe dieser Interpretationsergebnisse (*Paul Watzlawick*). Sie steht uns außerdem nur über Sprache vermittelt zur Verfügung. Und auch die Sprache ist meist vieldeutig; unter derselben Aussage verstehen nur ganz selten zwei Personen dasselbe. Die Schlußfolgerung: Wir leben in individuellen, sprachlich konstruierten »Lebenswelten« (Phänomenologie: *Alfred Husserl*). Zudem sind die »Grenzen *unserer* Sprache die Grenzen unserer Welt« (*Wilhelm von Humboldt/Ludwig Wittgenstein*) – und: Sprache setzt der menschlich erkennbaren Welt Grenzen! Damit sind zugleich einige der wichtigsten Philosophen und Forscher genannt, die unser Weltbild grundlegend verändert haben.

Ein kurzer Rückblick auf die Intelligenzforschung: Sie beginnt um 1900. Die bekanntesten Vertreter, die unterschiedliche Modelle der Intelligenzfaktoren, der -struktur und der Meßverfahren entwickelt haben, sind: *Alfred Binet/ Théodore Simon, Francis Galton* (Darwins Cousin), *Charles Spearman, Louis Thurstone,* ferner *Terman, Meili und Guilford.* Herkömmliche **Testverfahren** sind der Stanford-Binet-Intelligence Scale und der Wechsler-Adult Intelligence Scale. Von Spearman stammt die Intelligenzfaktorenanalyse mit dem Faktor g (= generelle Intelligenz, die alle Faktoren steuert), von J. P. Guilford das Intelligenzstrukturmodell mit 120 verschiedenen Intelligenzfaktoren.

Der *Faktor g* ist besonders heftig umstritten. Die Extrempositionen: Man ist intelligent durch Begabung – man *ist* nicht, man *wird* intelligent (durch Erziehung)! Die Wahrheit liegt (vermutlich) in der Mitte: Man braucht ein Mindestpotential an Intelligenz, was dann daraus wird, ist von »der Umwelt« abhängig.

Generell unterschieden werden eine *fluide* und eine *kristallisierte Intelligenz;* erstere bezieht sich auf Denk- und Arbeitsprozesse, letztere auf das angesammelte Wissen. Die *Grundannahme:* Nur bei einer Mindestmenge an Wissen *und* Prozeßbeherrschung ist man intelligent. Die zuletzt genannte Annahme findet sich in aktuellen Modellen wieder. Zu den Prozessen gehören auch die emotionalen; erfolgreiche Prozesse sind stets »ganzheitlich«.

Die Gehirnforschung stellt fest, daß unser Sprechvermögen und die Kulturfähigkeit in rund 30.000 Erbanlagen im ZNS (Zentralnervensystem) verbaut sind. Vermutlich kommt es daher gar nicht so sehr auf die Einzelqualität der Gene an, sondern auf die vielfältigen Verknüpfungen und deren Entfaltung im Prozeß des Lebens. *Richard Lewontin* (Genetiker) und *Susan Oyama* (Entwicklungspsychologin): Es gibt überhaupt keine Gene für irgendwelche Eigenschaften auf Organismusebene. Die Vernetzung von umweltbedingten und genetischen Faktoren erlaubt es im strengen wissenschaftlichen Sinne nicht, irgendeiner Ursache Priorität einzuräumen. Das Verhältnis Genotyp–Phänotyp ist komplexer als die Ergebnisse der Genforschung vermuten lassen *(Thomas Weber* in: F.A.Z. vom 28.3.01, S. N5).

Die zentrale (populärste) Frage: Ist *Intelligenz vererbt oder erworben?* Der alte Standpunkt *(Hans J. Eysenck, Arthur Jensen)* war: »erworben und lebenslang stabil« – der aktuellere *(Jean Piaget)* lautet: erworben *und* entwickelt oder vernachlässigt, daher unstabil. Man stellt z.B. fest, daß jede Generation im Intelligenztest besser abschneidet als die vorhergehende. Die Deutschen verbesserten sich danach von 1954 bis 1981 um 17 Punkte (Die Zeit vom 26.4.01, S. 38; der sogenannte *Flynn*-Effekt – nach dem Entdecker *James Flynn).* Gleichzeitig wurde in den USA herausgefunden, daß diese immer intelligenteren Schüler und Studenten immer unfähiger werden, ihre Intelligenz vernünftig (!) anzuwenden. Verursacht unsere »linkslastige« Erziehung und Bildung diesen Effekt? Fehlt es ihr an »Ganzheitlichkeit«?

Die Pointe des »Multiplikationseffekts«: Begabtere Kinder suchen oder schaffen sich eine förderliche Umgebung. Die amerikanische Psychologenvereinigung (Apa) veranschlagt die Erblichkeit auf drei Viertel. Damit werden die sattsam bekannten Widersprüche wiederbelebt, die diese unfruchtbare Diskussion seit ihrem Beginn belasten. Es ist einfach keine klare Trennung zwischen den »lernförderlichen Umgebungen« und dem ererbten IQ möglich – das ist die eigentliche Pointe.

Fazit: Intelligenz ist nicht neutral! Intelligenz als menschliche Grundfähigkeit zum Umgang mit Wirklichkeit beschränkt sich nicht auf die neutrale Informationsverarbeitung, wie sie z.B. in der Mathematik oder in der empirischen Forschung vorkommt. Solche Vorgänge bilden auf das gesamte Verhalten bezogen die Ausnahme. Die prinzipielle Offenheit des Intelligenzbegriffs zeigt sich bereits in der exaktesten und zugleich auf den ersten Blick nichtssagenden Definition: »Intelligenz ist das, was der Intelligenztest mißt!« *(Spearman).* Es ist eine operationale Definition. Sie besagt eigentlich: Was immer wir als Intelligenz definieren werden, es muß sich in Testverfahren zeigen, also muß der Begriff zuvor in Meßoperationen übersetzt werden (daher: »operationale« Definition).

2.3 Die multiple Intelligenz

Die Kernthese der Theorie der multiplen Intelligenzen (Howard Gardner) lautet: Es gibt mehrere autonome intelligente Komponenten (Intelligenzen). Sie ermöglichen Menschen, den vielfältigen kulturellen Anforderungen in Schwerpunkten gerecht zu werden.

2.3.1 Ganzheitliche Potentiale

Intelligenzen sind Potentiale; durch Entwicklung werden sie zu Kompetenzen! Gibt es »die« Intelligenz, oder gibt es viele Intelligenzen? In der Intelligenzforschung wurde immer deutlicher, daß man bei der Intelligenzmessung jahrzehntelang Wesentliches übersehen hatte, und zwar vor allem den emotionalen und den (damit zusammenhängenden) sozialen Faktor. Nicht berücksichtigt wurde auch die ganzheitliche Funktion der Intelligenz – oder ist der Begriff »verdrängt« angemessener? Denn der eindimensionale (klassische) Intelligenzbegriff fügte sich gut in die herrschenden Machbarkeitsvorstellungen des Managements. Kritische Sichtweisen dazu gibt es seit langem in der Humanistischen Psychologie.

Drei wichtige Neuansätze führten hier weiter:

- *Howard Gardner* sprach als erster (1983) von »multiplen Intelligenzen« (Multiple Intelligences. The Theory in Practice) und schlug später vor, einen weiteren Faktor einzubeziehen: den eQ als existentielle Intelligenz (Psychologie heute, 5/1997, S. 3ff.).
- Das Konzept Emotionale Intelligenz von *David Goleman* (nach den Entdeckern *J. D. Mayer/P. Salovey)* macht auf die Defizite des IQ aufmerksam. Es richtet sich ebenfalls gegen die verengten Auffassungen von Intelligenz. Nach Jahrzehnten der IQ-Diskussionen und der Testvorherrschaft (*Lewis Terman/Stanford-Test*) ist es eine neue Sicht auf die Bedeutung bisher nicht erfaßter Faktoren und Qualifikationen.
- *Robert J. Sternberg* erweitert die Sicht in das Ganzheitliche: IQ + EQ = EQ2 (Erfolgsintelligenz [1998]). *Goleman* entwickelte daraufhin (1999) den EQ^2 = Erfolgsquotienten.

Außerdem sind für ein ganzheitliches Modell der Intelligenz wichtig:

- *Carl Rogers'* Kongruenzprinzip. Es lautet in Kurzfassung: Richte Dein Leben so ein, daß es mit Deinen Empfindungen übereinstimmt!
- *Mihaly Csikszentmihalyis* Flow-Modell des Glücks (siehe Abschnitt 2.7).
- *David Golemans* Annahme, daß auch unsere ethischen Grundhaltungen auf Emotionen (auf emotionalen Fähigkeiten) beruhen (siehe Abschnitt 2.6).
- *Donald D. Hoffmanns'* »Visuelle Intelligenz. Wie die Welt im Kopf entsteht«. Stuttgart 2000.

Einen **Gesamtüberblick** finden Sie am Ende von Kapitel 2.

Die wichtigsten Darstellungen ganzheitlicher Modelle der Intelligenz:

H. Gardner (1983): **multiple** Intelligenzen

D. Goleman (1995): **emotionale** Intelligenz = EQ

J. Sternberg (1998): **Erfolgsintelligenz** = EQ2

D. Goleman (1999): **Erfolgsquotient** = EQ^2

2.3.2 Multiple Intelligenz und Fähigkeitsbeispiele

Geist ist mehr als Intellekt!
Max Scheler

Nun soll abschließend festgestellt werden, welche Fähigkeiten die »multiple Intelligenz« konkret voraussetzen. Denn wenn wir akzeptieren, daß man »multipel intelligent« sein muß, um den Anforderungen im Beruf und im komplexer werdenden Alltag zu genügen, dann wüßten wir schon gern, was alles dazu gehört.

Über »mutiple Intelligenz« gibt es im Detail unterschiedliche Vorstellungen. Halten wir uns an *Howard Gardner*, der 1983 »Abschied vom IQ« (so der Titel seines Buches) nahm. Er unterscheidet sieben relativ unabhängige Intelligenzfaktoren (»Intelligenzen«).

1. *Linguistische Intelligenz:* Immer schon waren Philosophen der Meinung, daß Denken und Sprache eng miteinander zusammenhängen. Sprachintelligenz dient dazu, etwas klar, variantenreich, plastisch und zielgruppengerecht auszudrücken. Dies umfaßt auch, die Grenzen des Sagbaren zu erkennen und damit »zu wissen, daß man nicht weiß« (frei nach *Sokrates*). Man spricht von der linguistischen Wende. Gemeint ist, daß man heute annimmt, in der Sprache stecke die ganze Wirklichkeit. Je mehr die Sprache erkenntnistheoretisch in den Mittelpunkt rückt, desto wichtiger wird linguistische Intelligenz. Eine wichtige Kernoperation der Sprache ist die Sensibilität für Bedeutungen; eine weitere ist das generelle Nutzbarmachen der Sprache als »intelligentes Werkzeug« für viele Funktionen (wissenschaftliche, künstlerische, pragmatische).

Einige Bonmots, die den Zustand charakterisieren:
- *Bezeichnungen organisieren unsere Gedanken!*
- *Das Wort ist ein Kode für die Ansicht einer Welt, die »orderly« sein sollte (= [wohl-] geordnet).*
- *Wir sind Gefangene unserer Definitionen! (Ian Hacking)*

Fazit: Ohne sprachliches Reflexionsvermögen ist keine emotionale Intelligenz denkbar!

Gesamtüberblick: *Borsche, Tilman:* Klassiker der Sprachphilosophie. München 1996; und Sybille Krämer: Sprache, Sprechakt, Kommunikation. Sprachtheoretische Positionen im 20. Jahrhundert. Frankfurt am Main 2001.

Nicht nur die Sprache, auch das Sprechen gehört zur linguistischen Intelligenz (oder Kompetenz). »Wer das Ohr beleidigt, dringt nicht zur Sache vor« *(Quintilian).* Ein angenehmer Ton, klare Aussprache, melodische Stimmführung, wechselnde Lautstärke und feste Stimme sind wichtige Elemente. (Vgl. *Ingrid Amon:* Die Macht der Stimme. Wien, Frankfurt/M. 2000.)

2. *Logisch-mathematische Intelligenz:* Das logische Schlußfolgern ist ein eigener Intelligenzaspekt; es gilt jedoch auch zu bedenken, daß die einzelnen Disziplinen und Praxisfelder eigene »Logiken« entwickeln, die dann wieder das Denken und Handeln der so sozialisierten Menschen »gefangennehmen«. Die juristische, ökonomische, psychologische Logik löst nicht alle Probleme optimal. Intelligent ist, wer über diese einengenden Logiken hinaus denken kann, wer sich vorstellen kann, daß es neben seiner gewohnten Sicht der Dinge auch andere gibt. »Metalogik« erst ermöglicht interdisziplinäres Denken und Handeln. Hilfen bietet die Wissenschaftstheorie (siehe Literaturverzeichnis.).
3. *Räumliche Intelligenz: Gardner* beschreibt räumliche Intelligenz vor allem als Musterverstehen, als die Kapazität, die visuelle Welt richtig wahrzunehmen. Aber auch das problemlose Finden von Verbindungen zwischen Orten, das Sich-Zurechtfinden im Räumlichen generell erleichtert jede Tätigkeit. Es ist im Kern die Intelligenz der Mobilität, des Weltläufigen, der virtueller werdenden Wirklichkeit, des Angepaßten, des Menschen im globalen Zeitalter .
4. *Musikalische Intelligenz:* Das Komponieren, Nachvollziehen und Genießen musikalischer Kunstwerke und überhaupt die Fähigkeit, sich an Musik zu erfreuen, sind für das Wohlbefinden bedeutsam. Es liegen aktuelle Forschungsergebnisse vor, die eine enge Beziehung zwischen dem Musikverständnis (vor allem aktiver Musikausübung) und Intelligenz generell feststellen wollen. Kernelemente sind dabei Aufmerksamkeit, Disziplin und ästhetisches Verständnis. Es sind diejenigen »Sekundärtugenden«, ohne die auch emotional-soziale Intelligenz nicht wachsen kann.
   Musik ist die Verkörperung der Intelligenz, die im Klang steckt

(Hoene Wronsky). Musikalische Intelligenz hat auch die Funktion einer Kultivierung der Gefühle.

5. *Körperlich-kinästhetische Intelligenz:* In Sport und Tanz wird dieser Faktor vor allem gebraucht. Menschen sind generell regenerationsfähiger, wenn sie diesen Faktor besitzen. Solche Menschen wirken auf andere nie linkisch und unbeholfen; sie erwerben damit zugleich ein sicheres Auftreten, das wiederum auf ihre Emotionen positiv zurückwirkt.
6. *Interpersonale Intelligenz:* Sie erleichtert (oder ermöglicht) das Verständnis für Menschen, die in anderen Lebenswelten leben. Sie ist offensichtlich unter Menschen ungleich verteilt. Einfache Gemüter schließen immer von sich auf andere. Sie können sich fremde Lebenswelten nur in enger Analogie zur eigenen Erlebniswelt vorstellen. Daß es auch grundlegend andere Lebensentwürfe und Lebensziele – und damit andersartige Lebenswelten gibt –, können (oder wollen) sie nicht akzeptieren. Ihr rigides (d.h. eng eingegrenztes Wahrnehmen) kann im zwischenmenschlichen Umgang für die anderen (und wohl auch für sie selbst) zur Qual werden.
7. *Intrapersonale Intelligenz:* Kernintelligenz ist der Zugang zum eigenen Gefühlsleben. Nur wer sich selbst versteht, versteht auch andere. Jeder kennt den Spruch: Selbsterkenntnis ist der erste Schritt zur Besserung. Anspruchsvoller ausgedrückt: Wer sich selbst und sein Tun reflektieren kann, hat eine Chance, auch fremde Lebenswelten (Individuen und soziale Systeme) in ihrer Eigenbedeutung zu verstehen und ihre Autonomie zu respektieren. In der systemischen Vorgehensweise ist dies eine Grundvoraussetzung.

Selbstverständlich sind die Forschungsergebnisse zu den multiplen Intelligenzen differenzierter darstellbar. *Gardner* widmet ihnen (in: Abschied vom IQ, 1983/Stuttgart 1998 [2. Aufl.]) rund 200 Seiten (S. 75-276). Auch die Beziehungen dieser Theorie zu den vielen anderen Intelligenzkonzepten können hier nicht behandelt werden. Sie haben keine unmittelbare Praxisbedeutung. Wir verweisen auf die Literatur.

Man könnte noch fragen, wo denn diese Intelligenzen angesiedelt sind? *Sternberg* stellt sich den Verstand als Modulordnung vor. Jede der Intelligenzen entspringt einem bestimmten Gehirnareal (a.a.O. 1998, S. 126f.).

So, das soll genügen – und hat Sie hoffentlich nicht verwirrt. Und wenn doch, dann hoffentlich auf höherem Niveau. Verwirrend ist die Literatur zu diesem Thema zur Zeit allemal. Diese (kleine) Einführung sollte Ihnen das Wichtigste daraus nahebringen. Aus diesen Facetten setzt sich das neue Denken zusammen. Kaum verwunderlich, wenn manche Praktiker dabei resignieren – aber Resignation vor neuen Erkenntnissen hat noch nie weitergeholfen. Es gibt keine reife Praxis ohne eine gute Theorie (frei nach Kurt Lewin).

2.3.3 Kritische Fragen zur »neuen Intelligenz«

Kritik: Gardner wird eine zu schmale empirische Basis vorgeworfen, daher seien seine Ergebnisse noch unabgesichert. *Goleman* wird von manchen als Pop-Psychologe belächelt. Die empirische Basis für seine Aussagen sei ebenfalls noch nicht breit genug. *Sternberg* sagt man einen lockeren Umgang mit Schlußfolgerungen nach. Dennoch erklären diese Befunde die herrschende Misere im Management und in unserem sozialen Zusammenleben generell zutreffend. Man kann den EQ und die anderen Neuansätze daher als plausible Hypothese werten, die durch Praxis und Forschung weiterverfolgt werden müssen.

Vieles daran erinnert an ältere, untergegangene Wissensbestände. Der Pädagoge *J. H. Pestalozzi* sprach vom vollständigen Lernen über Kopf, Herz und Hand. Ganzheitliches Denken war bis zur Romantik (bis etwa 1830) noch weit verbreitet; erst im »Maschinenzeitalter« hat es sich verloren und wich verengten, linearen Denkweisen, dem »Taylorismus«, benannt nach dem Ingenieur und Organisator *F. W. Taylor,* der mit seinem Modell (seit 1911) eine ganze Epoche im Management geprägt hat und noch bis heute nachwirkt.

Vorerst fehlen den neuen Konzepten auch noch ausgereifte und anerkannte Testbatterien. Aber vielleicht könnten herkömmliche, rein quantitative Tests hierbei gar nichts bewirken. Es müßten dem Gegenstand entsprechende qualitative Verfahren der Messung entwickelt werden. Qualitäten haben hermeneutischen (= bedeutungsbezogenen) Charakter: »Das Leben zieht keine klaren Grenzen!«

Bewähren könnten sich hier zum einen die (in der Theorie) weit verbreitete Aktionsforschung (Action Research) als Verbund von Praxis und Theorie, zum anderen systemische Verfahren, die auf die Tiefendimension zielen. Aus diesen Ansätzen lassen sich weitere praxisnahe und -wirksame Methoden entwickeln (vgl. die Literatur zu »qualitative Methoden«).

Action-Research ist angewandte Managementforschung. Wissenschaftliche, verallgemeinerte Erkenntnisse werden in praktischen Problemstellungen überprüft; beide Bereiche (Wissenschaft und Praxis) werden damit weiterentwikkelt. Der Initiator war *Kurt Lewin.* (vgl. Zeitschrift Gruppendynamik, Heft 1/1998). Überblick: *Gilbert Probst/Steffen Raub:* Action Research. In: Die Unternehmung, 1/1995, S. 3-19.
In diesen Zusammenhang gehört Lernen in Aktion: Die optimale Verknüpfung von Organisieren, Arbeiten und Lernen. Nach *Reg Revans* (Action Learning. London 1979): Managemententwicklung durch organisierte gegenseitige Rückmeldungen und gegenseitige Supervision. Diesem Prinzip folgt auch die moderne Betriebsdidaktik (siehe Literaturverzeichnis).

Die Ansätze von Gardner, Goleman und Sternberg werden unseren Erfahrungen und »lebenden, ganzheitlichen Systemen« besser gerecht als die überkommenen Vorstellungen.

Fazit: Umfassend intelligent sind Menschen, denen bestimmte »Intelligenzen« und daraus entwickelte Schlüsselfähigkeiten zu Gebote stehen, d.h. die vor allem:
- sich gut auszudrücken vermögen,
- logisch denken können und wissen, daß die einzelnen Disziplinen und Praxisfelder verschiedenen Logiken gehorchen,
- in der Realität schnell und sicher Muster (Strukturen) erkennen und mit der weltweiten Mobilität (»Globalisierung«) zurechtkommen,
- ästhetische Fähigkeiten besitzen, z.B. musikalische Erlebnisfähigkeiten,
- ihren Körper beherrschen,
- mit anderen Menschen zurechtkommen und
- sich selbst im Griff haben.

2.4 Intelligenz und Gefühl – Gegensatz oder Ergänzung?

Was nützt ein hoher IQ, wenn man ein emotionaler Trottel ist?
D. Goleman

Manche setzen immer noch Intelligenz und Gefühl einander gegenüber und behaupten einen Wesensunterschied. Diesen verbreiteten Irrtum möchte die neue Sicht auf die Intelligenz ausräumen und vor allem in der Praxis einer realistischeren Betrachtung zum Durchbruch verhelfen.

2.4.1 Neue Anforderungen im Management

Stromlinienförmig Ausgebildete sind schnell einsetzbar, stoßen aber bald an Grenzen, so daß sie weder der Organisation noch sich selbst einen dauerhaften Nutzen bringen. Sie sind gewissermaßen nur »zum schnellen Verbrauch« geeignet. Manche Ausbildungsgänge streben nach schneller und billiger Produktion von Schmalspurmanagern. Manchmal hat man auch bei manchen MBA-Studiengängen diesen Eindruck. In der (beruflichen) Bildungsdiskussion gibt es zwei Richtungen:

1. Es entstehen Arbeitsmodelle, die mit kurzfristig einzusetzenden »Söldnern« rechnen. Sie erstreben schnelle Gewinne, ohne Rücksicht auf die langfristigen Schäden für das System, dem sie dienen (besser: das sie mißbrauchen), und für die beteiligten Menschen. Eine verantwortungslos kurzfristig denkende Aus- und Weiterbildung helfen dabei.
2. Weitsichtigere bestehen auf dem Konzept »Employability«; sie empfehlen eine vielseitige (breite, ganzheitliche) Bildung, die durch ständige Weiterbildung zu ergänzen ist, damit sich Menschen ein Leben lang auf dem Arbeitsmarkt behaupten und auch dem Arbeitgeber und der Gesellschaft einen nachhaltigeren Nutzen bieten können. Sie entwickeln vor allem Schlüsselqualifikationen und ganzheitliche Kompetenzen (vgl. Kapitel 3).

2.4.2 Ganzheitliche Bildung ist auch Gefühlsbildung!

Zur ganzheitlichen Bildung gehört die vollständige Entwicklung aller menschlichen Potentiale mit der Einsicht, daß ohne die Entwicklung der emotionalen auch die im engeren Sinne »intelligenten« Kräfte nicht zur vollen Entfaltung kommen können oder »emotional Behinderte« hervorbringen, die weder mit sich selbst noch mit anderen Menschen zurechtkommen und auf Dauer ein gesellschaftlicher (und kultureller) Risikofaktor sind. Längst hat die Pädagogik erkannt, daß Emotionalität ein wichtiger Lernfaktor ist (»Gedächtnis ist Liebe«). Auch die intrinsische (innengelenkte) Motivation ist ein emotionaler Faktor. Zuwendung zu einem Lerngegenstand, einer Aufgabe, einem Problem kommen aus emotionalen Kräften.

Definition »Emotion«: Das Wort kommt von movere = bewegen (lat.). *Goleman* spricht von zwei Seelen (Psychen):
- der denkenden, die im IQ gemessen wird, und
- der fühlenden, die der EQ umfaßt.

Emotionen wirken vor allem als Handlungsimpulse.

Soziobiologen, die eine evolutionäre Erkenntnistheorie vertreten, sehen in den Emotionen angeborene, automatisch wirksame, überlebenswichtige Verhaltenstendenzen.

Ein Problem sehen sie darin, daß wir »mit dem emotionalen Repertoire des Pleistozäns Probleme der Postmoderne« zu lösen versuchen – und dabei häufig scheitern *(Goleman)*. Umso wichtiger sind lebenslange emotionale Lernprozesse.

Antonio Damasio gibt den Emotionen auch einen wichtigen Platz im Entscheidungsverhalten. Entscheidungen (auch solche im Management) folgen selten rein rationalen Gründen.

Fazit: Das größte Unglück, das eine Gesellschaft treffen kann, ist die Halbbildung, die Senkrechtstarter hochträgt! *(Bruno Liebrucks)*. Halbbildung läßt sich heutzutage in dem beschriebenen Sinne deuten. Unternehmen und Verwaltungen sollten nicht durch leistungsfremde »Elitebildung« daran mitwirken.

2.4.3 Wichtige Emotionsfunktionen

Es gibt (langfristig wirksame) »giftige« und hilfreiche Gefühle: Argwohn, Pessimismus, Melancholie, Aggressivität, Wut und Zorn – und das jeweilige Gegenteil. Menschen sind Opfer ihrer Gefühlsverarbeitung und -modulation, an der sie selbst mitwirken. Jeder ist für seine Gefühle mitverantwortlich.

Außerdem sind Emotionen ansteckend: Menschen mit hilfreichen Gefühlen wirken auf andere gefühlsstimulierend. Das reicht vom Ideengeber bis zur Betriebsnudel. Stimmungen zu koordinieren und Gefühle in einem größeren Kreis zu synchronisieren *(John Cacioppo)*, ist übrigens eine wichtige soziale Kompetenz (Beziehungsintelligenz).

Emotionen sind keineswegs funktionslos gewordene Relikte der Evolution. Sie spielen im Denken und Handeln eine Schlüsselrolle. Vor allem informieren sie uns laufend darüber, was in unserem Inneren passiert und was von außen kommend das Innere berührt *(Antonio R. Damasio)*. Emotionen haben im Selbstmanagement die Funktion des Qualitätsmanagers und des Evaluators. Positive Emotionen bleiben ein Leben lang stabil, Nichtbeachtung führt bei Kindern zur Ausbildung negativer Emotionen, die diese dann oft ein Leben lang begleiten; das zeigt die Bedeutung einer rechtzeitig einsetzenden Emotionserziehung *(Klaus Wilhelm* in: Psychologie heute 7/01, S. 10).

Gefühle und Mentalitäten: In der Literatur werden dramatische Folgen beschrieben, wenn Gefühle aus dem Ruder laufen: Klassisches Beispiel ist *Heinrich von Kleists* Michael Kohlhaas. Historische Katastrophen folgten sozialmentalen Pathologien: Europa in den zwanziger und dreißiger Jahren, Jugoslawien nach seinem Zerfall und alle anderen ethnischen Konflikte und »historischen Kränkungen«, auf die ganze Gesellschaften emotional pathologisch reagierten und reagieren. Das betrifft auch viele der aktuellen mediengesteuerten Psychosen. Der historische Ansatz Mentalitätengeschichte versucht Licht in dieses Dunkel zu bringen und den Emotionen ihren gebührenden Platz auch im geschichtlichen Geschehen zurückzugeben. Denn: Die Folgen von Geschichte sind unsere gegenwärtigen Mentalitäten (vgl. *Martina Kessel, Ute Schneider, Jakob Vogel* in: *Christoph Cornelißen* (Hrsg.): Geschichtswissenschaften. Frankfurt/M. 2000, S. 235 ff.)

Es gibt in der Psychologie zahlreiche *Emotionstheorien;* sie unterscheiden sich vor allem darin, ob Emotionen als Gegensatz oder als Voraussetzung des Kognitiven gesehen werden und ob physische oder psychisch-soziale Auslöser dominieren (siehe Literaturverzeichnis).

Fazit: Vernünftiges Denken ist ohne Emotionen nicht möglich!

2.4.4 Managementaufgabe: Emotionale Anreize setzen!

Lassen sich Emotionen steuern – läßt sich ein emotionales Anreizsystem entwickeln?

Emotionale Anreize zu setzen heißt

- »Freude zu schenken«, (interne und externe) Kunden nicht nur zufriedenzustellen, sondern zu »erfreuen« oder gar zu begeistern;
- emotional anspruchsvolle Bedingungen zu organisieren, statt der »Menschenführung« im alten Sinne zu folgen.
- Anreize können z.B. darin bestehen,
  - daß man die sozialen Bedingungen verbessert (Sozialklima, Betriebsklima), die Teamarbeit intensiviert, Coaching anbietet;
  - neue Wahlmöglichkeiten eröffnet, indem man ein Cafeteriasystem einführt;
  - die Organisationskultur zur Vertrauenskultur hin entwickelt;
  - Lernprozesse anregungsreich organisiert, damit sie zum selbstgesteuerten Lernen führen;
  - Lernergebnisse konsequent belohnt (Konzept: Lernende Organisation).

Es gibt hierfür bereits viele bewährte Managementmodelle. Eine **Gesamtdarstellung der neuen Managementkonzepte**: Ulrich Gonschorrek/Norbert Gonschorrek: Managementpraxis von A bis Z. Frankfurt/M. 1999/Zürich 2000: Mit einem Überblick über die einschlägige Literatur zu den neuen Ansätzen und Konzepten für Wirtschaft und Verwaltung.

2.4.5 Muß man sich seiner Emotionen schämen?

Sind Menschen mit emotional getönten Umgangsformen und Handlungsweisen anderen, die *»cooler«, nüchterner auftreten, unterlegen?* Das kommt ganz darauf an, wie das im sozialen Umfeld bewertet wird. Sind der Führungsstil, das Sozialklima, die Organisationskultur »emotionsfreundlich«, »emotionsverträglich« oder »emotionslos«? Werden emotional intelligente Handlungen gefördert oder als »organisationskulturfremd« empfunden?

Das gesellschaftliche Klima und die wissenschaftliche Interessenlage haben sich hierin grundlegend gewandelt. Seit kurzem spricht man in der Psychologie (und in den Sozialwissenschaften) von der emotionalen Wende. *Luc Ciompi* stellte fest, daß Gefühle (Emotionen, Affekte) mit den übrigen (intellektuellen) Fähigkeiten und den Handlungen einer Person in Wechselwirkung stehen. Diese Vorgänge bilden eine Einheit.

Sind Emotionen unlogisch? Auch Emotionen haben eine Logik (die »Affektlogik«). Emotionen sind die Energiespender aller Vorgänge im Menschen und all seiner Handlungen. Sie bilden auch den Zugang zu seinen Wissensbeständen. Was man mit angenehmen Gefühlen gepaart gespeichert hat, das sitzt fester und ist leichter abrufbar. *Emotionen sind Vielzweckdispositionen!* Schon 1970 forderte *Alexander Mitscherlich* eine Verbindung von Sachbildung und Gefühlsbildung (Versuche, die Welt besser zu bestellen. Frankfurt/M. 1970, S. 160).

2.4.6 Emotionale Wirkungen

Es gibt eine begrenzte Zahl an fundamentalen Emotionen oder emotionalen Zuständen wie

- Angst, Furcht, Sorge, Ärger, Zorn, Wut,
- Freude, Neugier, Übermut, Stolz,
- Überraschung, Unsicherheit.

Wut z.B. ändert unser Denken, unsere Motive und unsere Handlungsbereitschaften. Durch *Reflexion* stärken oder schwächen wir den emotionalen Zustand; wir bringen Ordnung in unsere Emotionen. Völlig beherrschen wir sie nie.

Die Stoa und ähnliche philosophische Lehren der Antike, aber auch aktuelle ostasiatisch beeinflußte therapeutische Lehren versuchen, eine völlige Emotionslosigkeit oder *Emotionskontrolle* zu erreichen. Sie hoffen, damit den Zustand der Gelassenheit herbeizuführen, der den Menschen emotional unangreifbar macht.

Ein anderer Weg ist die *Kontemplation,* ein Zustand, in dem der Mensch wieder ganzheitlich wird, er denkt dann nicht nur mit dem Verstand, sondern mit der ganzen Vernunft (nach manchen Lehren auch mit dem Körper); er wird wieder ganz, »heil«. Auch dies ist ein Aspekt der vieldiskutierten Ganzheitlichkeit. Wer wünscht sich schon, völlig emotionslos zu leben?

Fazit (1): Schlußfolgerungen zum neuen Gefühlsmanagement:
- Ideen werden nur wirklich, wenn man sie mit Emotionen verbindet!
- Von Leidenschaften befreit zu sein, heißt meist auch, entleert zu sein!
- Ein bedeutungsfreies Leben – wer möchte das schon führen?

Worin besteht im Kern der praktische Vorteil der emotionalen Intelligenz? Die vorläufige Antwort: In der *Kontrolle über die eigenen Gefühle.* Je mehr man seine Gefühle und seine Stimmungen bedenkt (reflektiert) und kontrollieren kann, desto höher ist die emotionale Intelligenz. Dieselbe Beziehung besteht bei der herkömmlichen Intelligenz. Sie ist ebenfalls um so größer, je besser man seine Wissensbestände und die darauf beruhenden Denkvorgänge und Handlungen in eine Ordnung bringt und unter Kontrolle hat. Das Gegenteil von Kompetenz ist daher der Kontrollverlust, der bis zur »erlernten Hilflosigkeit« reicht *(Martin Seligman).*

Beispiel *Wut und Zorn:* Jeder Mensch empfindet zuweilen Zorn oder Wut über Situationen, Zustände, Vorgänge – oder über Menschen. Menschen neigen dazu, Situationen, Zuständen und Vorgängen menschliche Urheber zuzuordnen; sie personalisieren gern.
Intelligenzgrade lassen sich z.B. daran erkennen, in welchem Maße Menschen solche Zuordnungen vornehmen; in welchem Maße sie auf Sachliches (bloß) emotional reagieren.
Aber: Emotionslosigkeit ist kein erstrebenswertes Ziel. Denn: Wer bei bestimmten Zuständen »den Verstand nicht verliert«, der hat keinen zu verlieren!

Fazit (2): Emotionale Intelligenz setzt uns in die Lage,
1. unsere Stimmungen besser zu kontrollieren, und uns Rechenschaft zu geben, in welcher Stimmungslage wir uns gerade befinden und warum das so ist,
2. zu verhindern, daß wir je nach Stimmung »wut- und zornanfälliger« sind, uns also ohne ausreichenden Grund erregen, und
3. aktuelle Wut oder aktuellen Zorn nüchterner auf die Gründe und Ursachen hin zu überprüfen und seltener der bequemen Personalisierung zu erliegen.

Wut steht hier für die eher passive Empfindung einer Kränkung, *Zorn* für die aktive Seite derselben.

Diese grundlegenden Erkenntnisse über die Funktion der emotionalen Intelligenz lassen sich auf alle Befindlichkeiten übertragen. Generell gilt, daß man mit seiner sozialen Umwelt um so besser zurechtkommt, je emotional intelligenter man ist. Das Problem besteht darin, daß Menschen aufgrund ihrer Anlagen (ihrer »Neuro-Transmitterlage«) bereits vorgeprägt sind, mehr oder weniger unter emotionalen Problemen zu leiden. Menschen sind in unterschiedlichen Graden erregbar. Ferner tragen Erziehungs- und Sozialisationsergebnisse dazu bei, daß man hierin bessere oder schlechtere Karten hat.

Fazit (3): *J. D. Mayer/P. Salovey* (die Entdecker des Konzepts 1993/1997) beschreiben emotionale Intelligenz als fünfdimensional:

1. Selbstbewußtsein: Achtsamkeit auf die eigene Gefühlslage,
2. Selbststeuerung: Impulskontrolle,
3. Selbstmotivation: Selbstmobilisationsfähgigkeit,
4. Empathie: Einfühlsamkeit,
5. Sozialkompetenz: Beziehungsfähigkeit.

Heute müßte man ergänzen:

6. Achtsamkeit.

Nicht nur die alternative Psychoszene, auch die Komplementärmedizin *(Jon Kabat-Zinn:* Streßreduktion durch Achtsamkeit – Mindfulness-Based Stress Reduction), Seelsorger und Managementtrainer setzen entsprechende Methoden erfolgreich ein. Der Kern besteht im Bewußtmachen der eigenen Empfindungen und in der Einflußnahme auf deren Aktivitäten (vgl. Psychologie heute 7/01, S. 34-39 [*Hans Gruber:* Alles in Buddha]).

2.5 Das emotionale Fähigkeitsspektrum

2.5.1 Der produktive Nutzen ganzheitlicher Fähigkeiten

In Abschnitt 2.3.2 haben wir die Gliederung der *multiplen Intelligenzen* vorgestellt, nun müssen wir noch klären, was denn im engeren Sinne *emotionale Intelligenz* konkret umfaßt. Das muß man wissen, wenn man überzeugt ist, daß man seine emotional-sozialen Fähigkeiten verbessern und ausbauen muß oder anderen dabei helfen möchte. Hier gibt es eine Anfangsschwierigkeit. Noch gibt es keine Einigkeit darüber, welche Teilfähigkeiten zur emotionalen Intelligenz oder Kompetenz gehören. Zahlreiche Übersichten werden angeboten; sie lassen erkennen, daß es sich um etwas Ganzheitliches handelt, das sich nur schwer in genau abgrenzbare Einzelfähigkeiten gliedern und der Messung zugänglich machen (»operationalisieren«) läßt. Insgesamt jedoch ist eine deutliche Übereinstimung in den Kernelementen festzustellen.

Daniel Goleman gibt (a.a.O., S. 355f.) eine Übersicht über die *Teilkompetenzen des EQ* (siehe auch S. 63, Abbildung 6). Für Menschen, die sich ernsthaft dem Erlernen oder dem Vermitteln dieser Fähigkeiten widmen wollen, kann diese Übersicht daher (nach Aspekten gegliedert) zugleich als »Lernzielkatalog« dienen.

Zunächst sollte man seine Emotionen produktiv nutzen lernen. Wie geht man dabei vor? Es gibt *drei bewährte Schritte:*

1. Verbessern Sie das *Erkennen und Benennen* der eigenen und fremder Emotionen.
2. Versuchen Sie, die *Ursachen* von Gefühlen bei sich selbst und bei anderen besser zu verstehen.
3. Werden Sie sich immer des Unterschieds zwischen *Gefühlen und Taten* bewußt.

2.5.1.1 Wirksames Selbstmanagement: Das Erkennen und das Benennen von Emotionen

Wir haben für unsere Gefühle (Emotionen) nur wenige präzise Wörter. Dadurch fällt es uns schwer, einen Gefühlszustand genau zu benennen und anderen verständlich zu machen. Meist weichen Menschen ins Ungefähre oder in Klischees aus. Beispiele:

- »Mir ist das *irgendwie* zu stressig!«
- »Ich fühle mich heute *gar nicht cool,* sag' ich mal«.
- »Das find' ich *echt toll.*«
- »Das empfinde ich *ein Stück weit* anders.«

Aber man kann das Erkennen der wirklichen emotionalen Ursache üben, und man kann lernen, Gefühlszustände genauer zu benennen. Damit lassen sich zugleich Unlustgefühle vermindern und aktivierende Gefühle steigern. Wir kommen damit (über die Sprache) der Beherrschbarkeit unserer Gefühle näher. In Seminaren kann man sprachlich gesteuerte Gefühlsaufmerksamkeit einüben. Man kann auch aus der guten Literatur lernen: *Lyriker z.B. sind Experten im Benennen von Gefühlen!* In der Kommunikationslehre empfiehlt man als Hilfen zum Lösen solcher (und anderer) Kommunikationsprobleme die Ich-Botschaft und die Metakommunikation, also Kommunikation über die gerade stattfindende Kommunikation.

Beispiele: Wenn Du »stressig« sagst, weiß ich nicht so recht, wie ich das deuten soll. Kannst Du Deine Gefühle etwas konkreter beschreiben?
Wie könnte ich Dir aus Deinem Streß heraushelfen – was bedrückt Dich vor allem?
Würdest Du Dich lieber cool finden? Woran könnte ich erkennen, daß Du Dich cool fühlst?
Bin ich es, der/die Dich daran hindert, cool zu sein? Wie könnte ich das ändern?
Wir sollten jetzt erst einmal klären, warum wir uns eigentlich über Deine Gefühle streiten, damit wir schneller zum Kern gelangen. (Über die systemischen Möglichkeiten der Emotionserkundung vgl. Kapitel 10.)

2.5.1.2 Das Ursachenverständnis im emotionalen Geschehen

Gerade bei den Gefühlen ergibt die Analyse häufig: Kleine Ursachen – große Wirkungen! Das hängt damit zusammen, daß wir Gefühle durch Gedanken und Befürchtungen, durch das Befördern einer Mücke zu einem Elefanten verstärken. Wenn es sich dabei um Freude handelt, führt es später zu Enttäuschung, bei negativen Gefühlen denken, reden und ängstigen wir uns die Welt schlechter, als sie ist. Hier hilft nur eine realistische Analyse. Es sind nicht die Dinge, die uns beunruhigen, sondern unsere Ansichten über die Dinge! *(Epiktet)*

2.5.1.3 Gefühle sind noch keine Taten

Manchmal haben wir eine Befürchtung so oft in Gedanken durchgespielt, daß wir zwischen dem bloß Vermuteten und dem bereits Geschehenen nicht mehr klar unterscheiden können. Prüfungssituationen werden »gern« vorweg so oft durcherlebt, daß sie am Schluß schlimmer erscheinen als eine Hinrichtung. Wir bestrafen uns damit unnötigerweise selbst. Daher die Erleichterung, die mit Prüfungsbeginn meist eintritt. Die Erkenntnis »Es ist ja alles halb so schlimm!«, tut dann emotional so richtig gut. Hilfe bietet hier ein Verhaltenstraining: Man spielt die angstauslösende Situation in Gedanken durch, indem man mit einfachen Problemen beginnt und die Anforderungen steigert. Damit lernt man die bedrohende Situation besser kennen; was man kennt, ist weniger bedrohlich.

2.5.1.4 Emotionale Verhaltensstrategien: Schüchternheit – Zivilcourage

Die positive Folge der Bewältigungsstrategien zur Bändigung unserer Gefühle: Sie steigern das Selbstvertrauen und die »Zivilcourage«, »Schüchternheit« nimmt ab. Schüchtern sind Menschen, die für viele soziale Situationen keine zuverlässigen Strategien kennen oder die ihren eigenen Wert zu gering einschätzen. Beides hängt eng miteinander zusammen. Zivilcourage ist in einer komplexer werdenden beruflichen Wirklichkeit und bei zunehmendem Zwang zu mehr Selbstverantwortung eine immer knapper werdende Ressource und eine berufliche Überlebensfähigkeit – und die Grundvoraussetzung einer Zivilgesellschaft.

Fallbeispiel: Ein Reisender kam spät abends an seinem Zielort an. Als er den Bahnhof verlassen wollte, stellte er fest, daß eine Gruppe offensichtlich hochaggressiver Jugendlicher den Eingang blockiert hatte und auf Opfer wartete. Sie hatten ihn auch schon bemerkt; er hätte ein brauchbares Opfer abgegeben. Beherzt trat er (mit dem Koffer in der Hand) an einen der Jugendlichen heran, der ihm noch nicht so aufgeheizt erschien und sichtlich zu den Führenden gehörte. Höflich und bestimmt bat er um Hilfe: »Können Sie mir bitte den Weg zum Hotel Excelsior zeigen – ich bin hier fremd.« Die Reaktion war die eines gut erzogenen jungen Mannes. Der Befragte bahnte dem Reisenden mit lauter Stimme einen Weg durch die Gruppe, zeigte ihm den Weg und nahm den Dank dafür freundlich entgegen. Dann begab sich der Jugendliche wieder zu seiner Gruppe; sicher wechselte er da schnell wieder die Rolle. Der Reisende erreichte das Hotel, das in Bahnhofsnähe lag, ohne Belästigung.

Die rollenändernde Wirkung ging offensichtlich von dem unerwarteten ruhigen und höflichen Ton des Fragenden aus und von der durch sein sicheres Auftreten gezeigten Sozialkompetenz. Der Angesprochene »fühlte« sich plötzlich in einer anderen Rolle; er erfüllte brav die Rollenerwartung, wurde gewissermaßen in die bürgerliche Pflicht genommen. Er reagierte folgerichtig nach dem Prinzip »Wie man in den Wald hineinruft ...«, also nach dem Prinzip »Reziprozität«. – Es soll nicht verschwiegen werden, daß dem Reisenden bei diesem »Feldexperiment« bis zum Erreichen des Hotels nicht ganz wohl war. Viele Situationen dieser Art, in der Menschen emotional »aus dem Ruder laufen«, lassen sich durch emotional kompetentes Verhalten entschärfen, indem Situationen und Rollen neu definiert werden.

Soziale Angst, Schüchternheit oder vorschnelle negative Situationsdeutungen lassen soziale Situationen oft eskalieren. Manchmal werden auch in den Medien bei bestimmten sozialen Problemen Psychosen erzeugt und Verhaltensweisen fehlinterpretiert. Die Urteile stehen fest, bevor die Ursachen erkundet worden sind. Die Betroffenen wehren sich durch Aggressivität, »Reaktanzverhalten«, indem sie das Verhalten nun tatsächlich vermehrt zeigen, das man ihnen wie ein Etikett »zugeschrieben« hat. Etikettierung und Vorurteilsbildung sind typische emotional inkompetente Fehlreaktionen auf Konflikte und Unsicherheit. Oft sind diese falschen Reaktionen das eigentliche Problem.

Weil es politisch inkorrekt ist, den wirklichen Ursachen nachzuspüren, wird der Weg zur Zivilgesellschaft über eine offene Diskussion heikler Themen behindert. Der Schutz des naiven Weltbildes und die Angst vor dem Ausschluß aus der Gemeinde der Guten und »Anständigen« ist dem politisch Korrekten wichtiger als die Wahrheitsfindung. Political correctness ist Schüchternheit vor Medienthronen.

Zeitkrankheit Schüchternheit: Psychologen (»Schüchternheitsforscher« *Jonathan Cheek, Lisa Melchior)* haben festgestellt, daß unsere meist so selbstbewußt auftretenden Mitmenschen zu einem erheblichen Prozentsatz eher schüchtern sind, daß sie oft mit großem emotionalem Aufwand eine harte Schale mit sich herumtragen, um ihren weichen Kern zu schützen. Schüchternheit, soziale Gehemmtheit und soziale Ängstlichkeit sind weiter verbreitet, als man auf den ersten Blick wahrnehmen kann. Sie treten selbst bei Topstars, Prominenten und Medienmenschen auf.

Befragungen unter Studenten (Psychologie heute, 3/1996, S. 20) ergaben, daß

- 51 Prozent sozial ängstlich sind,
- 35 Prozent unter Versagensangst leiden und
- 16 Prozent Demütigungen befürchten, wenn sie mit anderen Menschen umgehen.

Soziale Situationen empfinden viele Menschen als Bedrohung. 85 Prozent der Mitmenschen sind »privatly shy« (geheime Schüchterne). Sie haben immer das Gefühl: »Ich bin nicht gut genug«, sorgen sich um die Frage »Was wird von mir hier erwartet – kann ich dem überhaupt genügen? « Nur wenige fragen sich dagegen: »Wie kann ich in sozialen Situationen ich selbst bleiben – egal, was andere über mich denken?«

Soziale Scheu ist bis zu einem gewissen Grade jedoch auch ein *Schamgefühl,* das unser Ich schützt und den sozialen Umgang kulturfähig macht – man sollte daher diese Eigenschaft nicht vorschnell grundsätzlich als einen Makel betrachten. Takt ist sozialverträgliche »Schüchternheit« (besser »Sensibilität«). *Erving Goffman* meint, Takt ist leicht erkennbar, denn »Verhalten ist als Charakter lesbar« (am Verhalten läßt sich der Charakter ablesen). Er leitet davon das »natürliche« Bestreben ab, Sorgfalt in der Selbstdarstellung zu zeigen.

Extrem ausgeprägte *Schüchternheit* verhindert im Berufsalltag, daß sich (Träger wertvoller Humanressourcen gegen Skrupellosere durchsetzen können. In vielen Organisationen wird Zivilcourage als Angriff auf die Hierarchie (heilige Ordnung!) gesehen und zum Schaden für das System und dessen Leistungen negativ sanktioniert.

Fazit (1): Schüchternheit ist vor allem
- Bewertungsangst: »Was werden die anderen von mir denken/halten?«
- Erwartungsangst: »Sieht man mir meine Unsicherheit an?« = Übergroße Selbstaufmerksamkeit.
- Kontrollverlustangst: »Wo lasse ich jetzt bloß meine flatternden Hände?«

Das Risiko besteht in »chronischer Mißerfolgsängstlichkeit«.

Zeiterfordernis Zivilcourage (auch »sozialer Mut im Alltag« genannt) meint prosoziales Handeln im Alltag, also die Bereitschaft, anderen beizustehen, denen offensichtlich Unrecht geschieht. Man weiß, daß diese Fähigkeit abnimmt. Menschen sehen zu, wenn andere in öffentlichen Verkehrsmitteln belästigt oder gar gequält werden; das geht bis zu so drastischer »sozialer Feigheit«, daß niemand gegen eine Vergewaltigung in der S-Bahn einschreitet, obwohl das Opfer um Hilfe schreit (solche Fälle gingen durch die Presse). Zivilcourage erleichtert es Menschen, in kritischen Situationen mutig und überlegt zu handeln. In permissiven Gesellschaften wird man damit allerdings oft allein gelassen.

Zivilcourage besteht aus *fünf Hauptelementen:*
- Das subjektive *Wert- und Gerechtigkeitsempfinden* wird verletzt. Wie aber, wenn sich dieses drastisch ändert, Wertebindungen sich auflösen oder als »konservativ« verunglimpft werden, und wenn vieles hinzunehmen als »politisch korrekt« gilt?
- Ein Geschehen tritt auf, bei dem diese Verletzung deutlich *stattfindet.*
- Daraus ergibt sich ein *Konflikt*, in den man eingreifen oder bei dem man sich als Unbetroffener definieren kann.
- Es ensteht ein innerer *Handlungsdruck,* und man nimmt einen Handlungsspielraum wahr.
- Es besteht *Öffentlichkeit*, d.h., es sind mehr als zwei Personen anwesend.

Für *Zivilcourage* sind förderlich:
- Selbstsicherheitstraining und der Ausbau spezieller sozialer Handlungsfähigkeiten,
- Einfühlungsvermögen in Situationen, Personen, Reaktionen (Empathie),
- Reflexionsfähigkeit, also Kenntnisse über soziale Beziehungsprobleme und die Bereitschaft, sie zu ergründen,
- Konfliktfähigkeiten,
- sprachliche Fähigkeiten, um den Konflikt sprachlich zu entschärfen oder verbal überhaupt erst in den Griff zu kriegen,
- eine positive Selbsteinschätzung, also innere Stabilität.

Zivilcourage setzt also ein hohes Maß an Selbstsicherheit voraus. Man gewinnt diese Stabilität auf verschiedenen Wegen. Seitdem die Wichtigtuer zunehmen, und seitdem wir täglich in den Medien Wichtigtuerei als den Königsweg zur Persönlichkeit vorgeführt bekommen, muß man auch über das Phänomen »richtige Selbstdarstellung« sprechen. »Eindrucksmanagement« nennt man dieses Konzept, seitdem man erkannt hat, daß die Aufmerksamkeit zur immer knapper werdenden Ressource wird und immer mehr um unsere Aufmerksamkeit buhlen – und wir um die Aufmerksamkeit der anderen. Dabei muß man allerdings immer die Balance Authentizität-Eitelkeit wahren (nach *Heiko Ernst*).

Machen wir uns nichts vor: Wir alle brauchen ein Mindestmaß an Aufmerksamkeit, um emotional gesund zu bleiben, denn »der Mensch wird am Du zum Ich« (*Martin Buber*). Auch das stabilste Selbstwertgefühl braucht zum Erhalt ständige Pflege. Der Sozialpsychologe *Hans Dieter Mummendey* und andere empfehlen dazu *»positive Techniken«:*

- Eigenwerbung. Das eigene Licht nicht unter den Scheffel stellen, sondern leuchten lassen.
- Hohe Ansprüche signalisieren (sofern man sie wirklich hat!).
- Sein Selbstwertgefühl herausstellen.
- Seine Kompetenz, sein Expertenwissen nicht verschweigen.
- Die wichtige Ressource Attraktivität einsetzen.
- Die eigene Vertrauens- und Glaubwürdigkeit sichtbar werden lassen.
- Sich offen zeigen.
- Kontakte zur Aufwertung nutzen (nicht *be*nutzen).

(Quelle: Psychologie heute 7/01, S. 20-27: Darin finden Sie weitere »Techniken«, die zum Teil viel drastischer sind, als sie hier vereinfacht wiedergegeben wurden.)

Einige Zahlen: Wodurch haben Menschen Erfolg?

- Zu 10 Prozent durch Leistung;
- zu 30 Prozent durch Image;
- zu 60 Prozent durch Gesehenwerden und Auffallen. Offen bleibt dabei jedoch, wodurch man positiv auffällt. Hoffentlich nicht durch die »Benutzeroberfläche« allein – jedenfalls nicht auf Dauer!

Fazit (2) Man lernt, seine Emotionen sinnvoll einzusetzen und zu nutzen,

- indem man übt, eigene und fremde Emotionen zu benennen und einzuordnen,
- indem man die wahren Gründe für eine Emotion zu ermitteln lernt,
- indem man zwischen Gefühl und Tat unterscheiden lernt und dann nicht mehr unter der Sicht der Dinge leiden muß,
- dadurch, daß man sich angewöhnt, auf Kränkungen nur Ich-Botschaften statt Du- Botschaften zu senden,
- dadurch, daß man sich in Metakommunikation übt (also die Warum-Frage stellt) oder gar das systemische Fragen lernt (siehe Kapitel 10.),
- indem man seine Schüchternheitsrate vermindert und die Zivilcourage schrittweise stärkt.

Fazit (3): Die Fähigkeit, über seine Gefühle zu sprechen, die Bereitschaft, eigene Gefühle als »Ich-Botschaften« an den Verursacher rückzumelden und vor allem komplexere Handlungsdispositionen wie Schüchternheit zu überwinden und Zivilcourage zu zeigen, hängen eng mit emotionalen Potentialen und den daraus entwickelten Teilfähigkeiten zusammen.
Man braucht geordnete und didaktisch sinnvoll angelegte Bildungsgänge, die dazu führen könnten, solche Fähigkeiten zu entwickeln. In unseren Schulen, Hochschulen und Ausbildungsgängen sucht man sie zur Zeit noch vergeblich. Für das Zusammenleben in der immer komplexer werdenden Gesellschaft und am Arbeitsplatz sind sie jedoch fundamental!
Die berufliche Bildung spricht daher von »Ermöglichungsdidaktik« in Abgrenzung zur herkömmlichen »Herstellungsdidaktik«. Gemeint ist damit der Wandel vom Belehren zum selbstgesteuerten (selbstorganisierten) Lernen unter Inanspruchnahme von Lernpools und Lernberatern, die in Lernserviceteams zusammenarbeiten. Durch die neue Sicht auf die Kompetenzentwicklung wird auch die Betriebsdidaktik (das Bildungssystem) revolutioniert – aber das ist eine andere Geschichte!

2.5.2 Schlüsselfähigkeit Empathie

Empathie heißt: Die Welt mit den Augen eines anderen sehen.
Edmund Husserl

Wann wird man von anderen als emotional-sozial kompetent betrachtet? Vor allem, wenn man ihrer Persönlichkeit, ihren Gefühlen gerecht wird. Dabei bleibt das Problem der Intersubjektivität: Nach herrschender Lehre gelingt das wegen der zahlreichen Faktoren, die Menschen voneinander unterscheiden, niemals in völlig identischer Weise.

Als emotional intelligent gilt konkret, wer
- sich besser in andere hineinversetzen (einfühlen) kann,
- mehr Gespür für fremde Gefühle besitzt,
- besser zuhören kann – kurz: Wenn man empathisch ist.

Der Pädagoge *Hermann Giesecke* charakterisiert Empathie als »elementare Kulturtechnik«.

2.5.2.1 Grundelemente der Empathie

Man sollte Nonverbales lesen können! Wie kann man sich aber in die Gefühle anderer »hineinversetzen«, wenn der andere sich seiner Gefühle vielleicht selbst nicht ganz sicher ist? Das ist einfacher, als es scheint. Wir können über unsere Gefühle nicht lügen, weil unser nonverbales Verhalten, die Stimmlage, die Modulation der Stimme, die Gestik und Mimik unseren Gefühlszustand signalisieren. Nur: Lesen muß man können.

Dazu bedarf es zunächst der Aufmerksamkeit; man sollte zuhören können. Emotional-sozial Kompetente befassen sich nicht ausschließlich mit sich selbst. Sie haben daher Energie und Zeit für andere. Sie beobachten besser, und sie hören intensiver zu.

Es gibt Menschen, die einfach nicht zuhören können, die nach dem Befinden des anderen fragen, die Antwort jedoch nicht abwarten, sondern sogleich auf ihre eigenen Probleme kommen. Solche Menschen leben »empathieunbelastet«. Sie bleiben von all dem unberührt, was andere beunruhigt, erwarten und fordern von anderen jedoch ständig ein hohes Maß an Zuwendung – anders könnten sie sozial gar nicht bestehen. Das heißt jedoch nicht, daß sie Empathie und soziale Kompetenz bei geeigneten Bedingungen und sinnvollen Lernarrangements nicht ebenfalls lernen könnten.

Empathie heißt (nach *Heiko Ernst* in Psychologie heute. 3/00, S. 20-26) konkret:

- Nicht: Gefühle teilen, sondern Gründe für Gefühlslagen ermitteln können.
- Nicht: Gemeinsam »zerfließen«, sondern helfen und »aufhelfen«.
- Basismotive differenziert ausdrücken können.
- Den »peripheren Blick« entwickeln (feine Signale erkennen).
- Grenzen der Intimität achten lernen.
- Metakognition beherrschen (reflektieren können).

Schlußfolgerung:

- Aufmerksamkeit auch für nonverbale Signale im weiteren Sinne eröffnet Erkenntnismöglichkeiten über fremde Gefühlslagen,
- intensives Zuhören nimmt auch Zwischentöne wahr,
- geschicktes Fragen ergibt Informationen, die sich zu einem Bild vom anderen runden können.

Diese Fähigkeit, die man durch konsequente Selbstdisziplin im Kontakt mit anderen Menschen erwirbt, nennt man Empathie.

Empathie-Test. *Robert Rosenthal* hat einen Empathie-Test entwickelt (PONS – Profile of Nonverbale Sensitivity) mit den Dimensionen:

angepaßt – beliebt	(konsensfähig?)
extravertiert	(sozial motiviert?)
sensibel	(Situationen verstehend?)
verbal intelligent	(sprachsensibel?)
nonverbal intelligent	(emotional stabil?)

Schon diese (groben) Testkriterien zeigen deutlich, in welche Richtung man sich entwickeln muß, um empathischer zu werden!

Fazit (1) – Empathie kommt von (gr.) empatheia = Einfühlung. Sie führt dazu, daß Menschen mit dieser Fähigkeit ihre soziale Anpassung über aktive und wechselseitige Abstimmung vollziehen, nicht durch Unterwerfung oder unkritische Nachahmung. Solche Menschen sind daher sozial kreativer und flexibler. Empathie ist in vernünftig organisierten Beziehungen lernbar. Sie verhindert z.B. das Syndrom Borderliner *(D. Goleman* 1996, S. 134).
Empathie ist eine Schlüsselfähigkeit!
Als soziale Intelligenz bedeutet Empathie »Einfühlung«, das »Verstehen anderer Lebenswelten«. Es ist im einzelnen die Fähigkeit,
- sich in andere emotional und rational hineinzuversetzen,
- sich realistisch vorstellen zu können, wie andere uns sehen, und
- abschätzen zu können, welche Wirkungen unser Bild vom anderen auf das Verhalten der anderen hat.

Empathische Menschen nehmen an anderen Anteil wie am eigenen Erleben. Das Gegenteil von Empathie ist Antipathie, die sich zur generellen »Menschenfeindlichkeit« steigern und die Schwelle zur Straffälligkeit sein kann. Meist deutet Empathiemangel jedoch auf Defizite im sozialen Verhalten hin.

Fazit (2): Emotionale Intelligenz ist der Zugang zu den eigenen Gefühlen und der Schlüssel zur Selbsterkenntnis, und damit auch der bessere Zugang zu den Gefühlen und Vorstellungen anderer Menschen.

Neben *Soziopathen* (Menschen ohne jede Sozialfähigkeit) gibt es den *Psychopathen*, der mit äußerlichem Charme und angelerntem Wohlverhalten eine emotionale Oberflächlichkeit bis zur Gewissenlosigkeit verbindet.

2.5.2.2 Die andere Seite oder die Risiken der Empathie

Manchmal führt ein hoher EQ (ohne ausgleichende Sozialkompetenz) dazu, daß Menschen zu taktvoll sind, um arroganten Fachidioten zu widersprechen!

Alle menschlichen Eigenschaften haben zwei Seiten. Der empathische Mensch erwirbt mit dieser Fähigkeit nicht nur Vorteile; er geht auch neue Risiken ein. Empathielosigkeit schützt oft vor schmerzhaften Erkenntnissen. Jeder kennt den (psychologisch gut begründeten) Satz: »Du hast's gut, du bist doof!«

Menschen mit hohen Empathiewerten sind sozial sensibel, man sucht ihren Umgang, vertraut ihnen mehr an als anderen, und man vertraut ihnen vieles an. Daher sind solche Menschen sozial zufriedener – oft klagen sie jedoch auch über sozialen Streß. *Peter Kramer* (Brown University, USA) stellte fest, warum ein Übermaß an Empathie Streß auslösen kann. Hoch empathische Menschen

- neigen leichter zu ungerechten Urteilen, weil sie zu viel Unverzeihliches verzeihen. Das christliche Liebesgebot überfordert manchmal auch Gläubige.
- haben ein ausgeprägtes Bedürfnis nach Zuwendung, Sympathie und Harmonie, und sie möchten am liebsten alle Mühsal dieser Welt schultern; damit übernehmen sie sich und neigen zum »burn out«.
- werden öfter von Cleveren ausgenutzt, sie lassen sich leichter als andere »funktionalisieren« und manchmal auch manipulieren. (Psychologie heute, 12/1999, S. 16f.)

Beispiel: Emotional-sozial Intelligente haben z.B. beim Stellenwechsel (wegen der sozialen Neuorientierung) größere Umstellungsprobleme als emotional weniger Intelligente (wenig Sensible) – es ist der Preis für die Empathie. Das ergibt sich einfach daraus, weil sie Soziales ernster nehmen und gründlicher und ehrlicher im Umgang sind.

Aber: Diesen Nebenwirkungen entgegenzuarbeiten bzw. im zuletzt genannten »Defizit« die Schwierigkeiten dennoch zu meistern, macht ja gerade die emotionale Kontrolle aus, also die zentrale emotionale Fähigkeit. Empathie allein ist noch keine emotional-soziale Kompetenz!

Fazit – Empathie ist ambivalent!
Empathische Menschen
- verstehen andere Menschen leichter und besser;
- verzeihen leichter, nehmen auch ungerechte Urteile hin – leiden jedoch stärker unter Ungerechtigkeiten;
- sind manipulationsanfälliger, weil sie harmonie- und zustimmungsbedürftiger sind; ihre sozialen Emotionen lassen sich ausnutzen;
- stellen ihre Eigeninteressen öfter zugunsten der Bedürfnisse anderer zurück;
- verstehen, wie sich andere verstehen.

2.5.3 Die emotional kompetente Persönlichkeit besitzt Sozialkompetenz

Emotional-sozial Unbedarfte verursachen in Organisationen hohe Transaktions- und Opportunitätskosten – wie Fallbeispiele zeigen und wie jeder vor Ort leicht feststellen kann. Die (Un-)Kosten sind um so größer, je höher der Verursacher in der Hierarchie steht.

2.5.3.1 Der emotional Intelligente beherrscht den sozialen Umgang

Was zeichnet emotional Intelligente beim sozialen Umgang vor allem aus?
- Sie können Beziehungen besser analysieren und verstehend (ganzheitlich) erfassen und daher
- Konflikte und Streitigkeiten besser lösen sowie Beziehungsprobleme leichter bewältigen.
- Sie sind in der Kommunikation selbstsicherer und gewandter.
- Selbstsichere Menschen sind immer auch beliebter und generell interessierter und rücksichtsvoller. Sie sorgen für einen harmonischen Umgang in Gruppen.

Damit sind die wichtigsten Vorteile einer hohen emotionalen Intelligenz beschrieben. Alle genannten Merkmale (die *Goleman* für die Erziehung beschrieb) sind im Führungsalltag ebenso wie sonst im Alltagsleben *Erfolgsvoraussetzungen.* Sie zeigen aber auch, daß man das »Emotionale« nicht vom »Intellektuellen« und nicht vom »Sozialen« trennen kann.

Wie kann man sich das konkret vorstellen? Kernmerkmal: Beziehungen »verstehen«.

Es ist banal, festzustellen, daß jede Beziehung zwischen Menschen komplex ist. Zugleich ist es aber auch die Grundvoraussetzung für Beziehungsstabilität, dies jederzeit »im Hinterkopf« zu haben. Rigidität zerstört jede Beziehung. »Emotional rigide« sind Menschen, die von allen das gleiche fordern, die immer den perfekten Partner verlangen, die gar nicht merken, daß ihre Sucht nach Perfektion anderen auf die Nerven gehen kann. *Helm Stierlin* meinte einmal, man müsse einem Ehepaar nur sagen, daß es die ideale Ehe gebe – der Rest vollzieht sich von selbst! Das heißt, diese Partner überfordern sich dann bis zur Zerrüttung.

»Kognitiv komplexe« Menschen gestehen jedem seine Individualität zu – so lange deren Auswirkungen zu ertragen sind. Wohl wissend, daß auch die eigenen Besonderheiten nicht jedem jederzeit so gut gefallen wie einem selbst. Toleranz gegenüber Meinungs-, Wahrnehmungs- und Verhaltensvielfalt ist die Basis jeder gelingenden Beziehung.

Voraussetzung dafür ist die Einsicht, daß sich Menschen immer (emotional, kognitiv und praktisch) in Umfeldern bewegen, die sie mitgeprägt haben und die eine gewisse »soziale Kontrolle« über alle Menschen in ihrem Bereich auszuüben vermögen. Menschen interpretieren ständig fremdes Verhalten, und sie beurteilen (und bewerten) es ununterbrochen. Vor allem tun sie dies bei Menschen in ihrem unmittelbaren Umfeld, in demselben »System«. Das »systemische Verstehen« meint genau diese Einsicht. Und es meint die Fähigkeit, Systemzusammenhänge, die sich auf Menschen auswirken, sowie die Wechselwirkungen zwischen Menschen und ihrem »System« zu begreifen. Es gibt auch eine Empathie Systemen gegenüber (vgl. Kapitel 10).

2.5.3.2 Beziehungen bestehen vor allem aus Kommunikation

Beziehungen werden durch Kommunikation aufrechterhalten. Die Art und Weise der Kommunikation wird durch die Beziehung bestimmt. Eheleute sprechen natürlich anders miteinander als Mitarbeiter mit Vorgesetzten oder Therapeuten mit Klienten. Wichtig ist hierbei wiederum die Erkenntnis, daß es zwar rollenspezifische Kommunikationstypen, aber keine starren Formen gibt. Kommunikation ist das zentrale »systemische Element«; von ihrer sensiblen Beherrschung hängt jede Beziehung ab. Als wohltuend emfinden wir es, wenn unsere Kommunikationspartner Einfühlungsvermögen, Flexibilität, Witz, Humor, Nachsicht und Takt besitzt. Solche Kommunikationspartner sind beliebt; ihr Umgang wird gesucht, sie finden schnell Anerkennung und Vertrauen. Man gehört gern zu ihrem Kreis; sie haben es leicht, Konflikte zu schlichten, denn man vertraut ihrem Urteil – und man möchte ihre Gunst nicht verlieren.

Kommunikationsfähigkeit kann man lernen – mit hohem EQ lernt man sie allerdings leichter. Ungeeignet hierfür sind Checklisten, Regelwerke und Ratgeberliteratur. Am ehesten lernt man von guten Verhaltensmodellen und im praktischen Vollzug, wenn man ständig ehrliche, wohlwollende und selbstwertstützende Rückmeldungen erhält und gibt. Dies ist *ein* Grund für die Einführung der 360°-Beurteilung (vereinfacht ausgedrückt: Jeder meldet jedem alles Wichtige sogleich zurück!).

2.5.3.3 Emotional kompetente Konfliktregelung

Je mehr Einsicht in die Vielfalt des sozialen Geschehens Menschen durch Erfahrung und Reflexion dieser Erfahrung gewonnen haben, desto nachsichtiger sind sie gegenüber Widersprüchen, menschlichem Versagen und fehlgesteuerten Emotionen. Konflikte, die hieraus immer wieder entstehen, erkennen sie früher; sie können wirksamer gegensteuern, ausgebrochene Konflikte erfolgreicher auflösen und im Konflikt Gesagtes und Getanes besser verzeihen. Weil das »Konfliktmanagement« eine zentrale Managementaufgabe ist, gibt es hierfür ein ganzes Arsenal an Regeln und Empfehlungen. Sie nützen nur dem emotional Intelligenten, denn die meisten dieser Empfehlungen gelten nur situations- und personspezifisch. Das heißt, sie sind nur wirksam, wenn man sie auf die aktuelle Situation und die beteiligten Personen beziehen kann. Genau dies meint (vereinfacht ausgedrückt) Empathie und das systemische Vorgehen.

Fallbeispiel: Die Angestellte Sch hatte einmal eine Beziehung mit dem Vorgesetzten K. Niemand hat genaue Kenntnisse, aber jeder im Betrieb weiß etwas anderes darüber. Sonderbarerweise wurden ihr bisher alle Fehler und Nachlässigkeiten verziehen, die bei anderen Mitarbeitern zu harten Sanktionen geführt hätten. Niemand hat sie gern in seiner Nähe, weil sie weit über ihre Funktion und ihren Status hinaus selbstbewußt und machtbewußt auftritt. Viel Energie fließt bei allen »von ihr Betroffenen« in Selbsthilfestrategien, damit man nicht der Nächste ist, dem Sch durch Denunziation, üble Nachrede oder arrogantes Auftreten Nachteile und Frustrationen zufügt. Sie gilt als unantastbar; für das Unternehmen (oder die Verwaltung) ist sie »ein teurer Spaß«!

Jeder Unverschämte braucht für seine Wirkung einen Partner, der verschämt genug ist, mitzuspielen! Selbstverständlich darf emotional-soziale Führung nicht als permissive (alles gewährende) verstanden werden. Ganz im Gegenteil. Der sozial kompetente Manager weiß wohl zu unterscheiden. In dem geschilderten Fall (der leider auch vorgekommen ist – und vorkommt) greift er durch, und zwar zum Schutz der Gutmeinenden und zum Schutz der Organisation vor unverantwortlichen Energieverlusten. Die Regel ist eigentlich selbstverständlich: Die Gutwilligen fördern und schützen – die Böswilligen in die Schranken weisen! Leider wird diese Regel häufig mißachtet. Es ist zu vermuten, daß den im schlechten Sinne »weichen« Managern die emotional-soziale Kompetenz für eine solche Konsequenz fehlt.

2.5.3.4 Emotional gestützte Selbstsicherheit

Aus den bisher beschriebenen Eigenschaften oder Teilfähigkeiten entsteht Selbstsicherheit. Weil man den eigenen Erfolg im Umgang mit anderen spürt, gewinnt man Zutrauen zu seinen Handlungen. Jede Handlung vollzieht sich dann entspannt und zuversichtlich. Man wirkt »in sich ruhend«, »unverkrampft«, »seiner selbst sicher« – eben *selbstsicher*. Das Vertrauen in die Angemessenheit von Handlungen wächst auf beiden Seiten. Man erwirbt die Grundsicherheit »Erfolgszuversicht«. Schon das Auftreten solcher Menschen wirkt auf andere entspannend; in Gruppen und Teams sorgt ihre Anwesenheit für eine gute Atmosphäre und ein besseres Arbeitsklima.

2.5.3.5 Sozialkompetenz als Streßbremse

Nun muß man fragen, ob solche Anstrengungen denn auch belohnt werden? Zunächst nützt es unserem Selbstbild. Wir werden selbstsicherer, und Selbstsichere erfahren mehr Zuwendung und Sympathie.

Emotional intelligente Menschen
- entwickeln Toleranz gegenüber eigenem Versagen; sie lernen ihren Zorn besser zu zügeln. Man nennt das auch »Frustrationstoleranz«;
- sind besser imstande, ihren Zorn angemessen auszudrücken. Sie nutzen diese Emotion gleichzeitig als Anstoß für eine gründlichere Analyse der Ursachen dieser Emotion. Sie können aus Fehlern lernen;
- fügen anderen weniger verbale Demütigungen zu. Sie besitzen ein stabileres Selbstwertgefühl und haben daher solche Strategien nicht nötig;
- entwickeln mehr positive Ansichten über sich selbst, weil sie dazu auch mehr konkrete Gründe haben; ihr Selbstwertgefühl ist solider ausgeprägt. Es ist durch Fähigkeiten gedeckt. Daher wirken selbstbewußte Menschen mit emotionaler Stabilität auch weniger arrogant als der Gegentyp. Man gesteht ihnen ein »gesundes« Selbstbewußtsein und ein positives Selbstbild zu;
- werden mit Streß besser fertig, weil sie eine höhere Analysefähigkeit für Handlungsbedingungen entwickelt haben. Sie sind in Streßproblemen lernfähiger. Und sie erleben häufiger Eustreß als Disstreß!
- sind daher auch weniger einsam und empfinden weniger soziale Angst.

Eustreß – Disstreß: Wir leben bekanntlich in einer komplexen Welt. Streß, d.h. Überforderung erlebt jeder ständig. Es kommt aber sehr darauf an, ob man die Grenzen, an die man stößt, als Herausforderung (Eustreß) erlebt oder als selbstabwertende Überforderung, der man auf Dauer nicht zu genügen glaubt (Disstreß). Weil unsere Wirklichkeit (und vor allem die soziale) eine von uns mitverantwortete Konstruktion ist, ist Disstreß etwas, das man sich selbst antut. *Disstreß ist ein »Interpretationsunglück«.* Eustreß besitzt viel Übereinstimmung mit dem Konzept Flow (vgl. Abschnitt 2.7).

2.5.3.6 Der »gesunde Egoismus« der emotional kompetenten Persönlichkeit!

Die bisherigen Ausführungen könnten den Eindruck erwecken, daß es immer nur darum geht, den anderen Gutes zu tun. Das würde auf Dauer dazu führen, daß die anderen eine Erwartungshaltung aufbauen, die guten Gewissens nicht mehr bedient werden darf – und die auch niemand mehr bedienen kann (vgl. Abschnitt 2.5.2.2). Die andere Seite der emotional-sozialen Kompetenz besteht in der Wahrung der Rechte der eigenen Person. Die Stabilität emotional-sozial kompetenter Persönlichkeiten besteht gerade darin, daß sie unberechtigte Forderungen und Zumutungen konfliktfrei zurückweisen können. Hierzu besitzen sie wirksame Strategien.

Das defensive emotionale Fähigkeitsspektrum:

- *Nein sagen können.* Das fällt labilen Führungskräften schwer. Sie geben im Umgang mit emotional Stärkeren leicht nach, während sie Positionsschwächere benachteiligen. Daraus entstehen die vielen kleinen Ungerechtigkeiten, die das Klima verderben. Schließlich wird die Führungskraft zum Spielball informeller Kräfte. Nein zu sagen, erfordert ein erhebliches Maß an innerer Stabilität und eine sensible situations- und personbezogene Argumentationsfähigkeit; eben »systemische Fähigkeiten«.
- *Unzumutbarkeiten zurückweisen* und *Versuchungen widerstehen* können. Man ist leicht versucht, einem Konflikt durch Nachgeben zu entgehen, wenn der Preis nicht hoch ist. Dabei übersieht man, daß das soziale Umfeld dies auszunutzen pflegt, vor allem, wenn der Nachgebende etwas zu vergeben hat. Führungskräfte sind daher besonders anfällig; Glaubwürdigkeit und Autorität werden dadurch leicht beschädigt oder zerstört. Unzumutbares ist beim Namen zu nennen, denn niemand muß seine eigene Person und deren Rechte verleugnen. Schon die Bibel fordert nur: Liebe Deinen Nächsten – *wie Dich selbst!*
- *Unerwünschte Kontakte beenden* können. Unsensible Menschen können sehr aufdringlich sein. Gerade Menschen in Positionen, von denen Gratifikationen ausgehen (Lehrer, Vorgesetzte, Menschen mit vielen Gaben und Kontakten, generell sozial angesehene Menschen) haben unter Zudringlichkeit zu leiden. Sie müssen lernen, wie man – ohne den anderen unnötig zu verletzen – Herr seiner Kontakte bleibt. Notfalls muß man bereit und fähig sein, einen unerwünschten Kontakt zu beenden.
- *Komplimente akzeptieren* und *Komplimente machen* können. Komplimente sind die Gratifikationen, die eine Bekanntschaft, Freundschaft, Ehebeziehung, Mitarbeiterbeziehung für beide Seiten zu einem sozialen Glück machen kann. In unserer gröberen, manche sagen »infantilisierten« Umgangskultur wird das nicht mehr gelernt. Der Komplimentebedarf ist jedoch nicht zurückgegangen. Es handelt

sich bei dieser Fähigkeit ganz einfach um die Sensibilität für emotionale oder soziale »Mehrleistungen« anderer, die man aufmerksam durch eine kleine Anerkennung würdigt. Komplimente können verschiedene Formen haben: nonverbal (Lächeln, Nicken), verbal (Dankesbezeugung), Einbeziehen eines Arguments eines anderen in die eigene Entgegnung (»Wie Sie eben so treffsicher formuliert haben...«). Selbstverständlich darf das nicht so weit gehen, wie es servile Beamte (und andere) manchmal praktizieren: »Wie sagten Sie eben ganz richtig?«
- *Gespräche beginnen, aufrechterhalten und beenden* können. Dies ist das A und O jeder Gesprächs-»Führung«. Gespräche werden bekanntlich passiv oder aktiv geführt. Man läßt sich ins Gespräch ziehen, oder man zieht jemanden ins Gespräch. Die Bezeichnung »ziehen« drückt den Unterschied deutlich aus. Emotional-soziale Kompetenz darf natürlich nicht als Dominanz mißverstanden werden. Menschen, die ihre Position ständig dazu ausnutzen, anderen Gespräche aufzunötigen, sind das Gegenteil von emotional-sozial Kompetenten. Gemeint ist die seltene Fähigkeit, ein Gespräch elegant zu eröffnen, harmonisch zu führen und zu beenden, ohne andere zu verletzen. Es ist die emotionale Sensibilität für das Angemessene und das Vermeiden des Unangemessenen. (So auch: *Elaine Gambrill* nach *Rolf Mohr*. In: VOP, 4/2000, S. 34-37.)

2.5.3.7 Strategien zur Entwicklung emotionaler Kompetenz

Voraussetzung: kompetentes Bedingungsmanagement! Man kann »emotional-soziale Kompetenz«, nicht durch einen Schnellkurs (Crash-Kurs) oder durch die Lektüre von Lebenshilfebüchern erlangen. Es bedarf dazu eines Lernprozesses, der aus sehr viel Einübung besteht, und bei dem man auch das Scheitern zu bewältigen lernen muß. Dieser Lernvorgang ist die »Sozialisation«, das lebenslange Lernen in den vielen sozialen Beziehungen, in die wir eingebunden sind. Das macht auch verständlich, daß dieser Lernvorgang nur gelingen kann, wenn die entsprechenden Bedingungen vorliegen oder organisiert werden. Es zeigt auch, daß es berechtigt ist, von der Führung in der »Neuen Ökonomie« zu fordern, daß sie sich vor allem mit den Arbeits-, Entfaltungs- und Lebensbedingungen der Menschen in sozialen Gebilden auseinandersetzt – in Unternehmen, Verwaltungen und Non-Profit-Organisationen.

Emotionale Kompetenz wird durch folgende *Strategien* gestärkt *(Susan Nolen-Hocksema,* Stanford):

1. Aktives Stimmungsmanagement: Entspannungstechniken einsetzen, körperliche Bewegung (stramm marschieren, beim Sitzen wippen usw.), Atmungstechniken.
2. Kognitive Strategie: Problemanalyse vor Problembewertung (Manche Angst wird damit überflüssig!).
3. Ablenkung, wenn Streß droht: Eine andere Aktivität vorziehen, möglichst eine ganz andersartige: Lesen, ein Bad nehmen, die Hausarbeit erledigen – dann erst wieder das Problem (gestärkt) anpacken.
4. Passive Strategien: Einkaufen gehen, Essen (Heißhunger stillen kann auf Dauer zu neuem Streß führen). Das hilft, weil bestimmte Stoffe emotionale Regulierungen auslösen: Kohlehydrate beruhigen, Zucker ist eine Gehirndroge. Fernsehen, Musik hören usw.
5. Soziale Strategien gegen Überforderung: Jemanden anrufen, sich etwas von der Seele reden, Unterstützung suchen, sich verwöhnen lassen ...
6. Spannungsreduktion bei Überforderung: Meditation, etwas Gutes lesen ...
7. Vor allem: die Grübel-Falle vermeiden!

Gefühlsmanagement läßt sich auf drei Feldern betreiben: materiell, psychisch, sozial *(Robert Thayer, Ed Diener, Reinhard Meyer*, vgl. auch Psychologie heute, 8/1996, S. 13ff. und 20-25 und 2/96, S. 47ff.: Die biochemischen Grundlagen der Person). Dabei ist die Stimmung der Erlebnisfilter. Der körperliche Zustand, die Interpretation des Ereignisses, der Situation und der elementare Zustand (Energie, Spannung) verursachen vier typische Gefühlszustände (Stimmungen):

- entspannt energisch (wellness),
- angespannt energisch,
- entspannt müde,
- angestrengt müde (der GAU – das Burnout-Syndrom).

Unsere Lebensqualität (wellness) wird im wesentlichen dadurch bestimmt. Sie ist zu einem beachtlichen Teil machbar – über emotionale Intelligenz. Selbstmanagement muß künftig diesen zentralen Faktor stärker einbeziehen.

Fazit (1): Emotional Intelligente sind verantwortungsbewußter, weil sie »mehr vom ganzen Leben verstehen«; ihre Aufgaben-Aufmerksamkeit ist größer, und sie besitzen mehr Selbstbeherrschung. Sie sind ausgeglichener und verfügen über mehr Sinnverständnis. Als Führungskräfte können sie Vertrauenskulturen entwickeln, das Sozialklima verbessern und sie entwickeln leichter als andere systemisches Geschick.
Emotional Intelligente sind in Gruppen und Teams hilfreicher; sie sorgen allein durch ihre Anwesenheit für eine effektive Arbeitsatmosphäre und sind daher als Moderatoren, Mediatoren und als Coach geeignet.
Emotional Kompetente sind eher als andere fähig, ihre Person gegen Unzumutbarkeiten zu schützen. Sie sind in der Lage, notfalls »nein« zu sagen, und sie können auch selbstbewußt widersprechen. Der stets und um jeden Preis (auch um den Preis der Wahrheit) politisch korrekte Gutmensch ist nicht das emotionale Ideal.

Fazit (2): Für den Realitätsgehalt und die Praxisbedeutung der neuen Erkenntnisse und Hypothesen sprechen auch ältere Befunde: »Menschen mit einem hohen IQ kommen in ihrem Privatleben manchmal erstaunlich schlecht zurecht« *(D. Goleman* 1997, S. 54). In der klassischen Intelligenzforschung wußte man bereits, daß der IQ mit dem Berufserfolg kaum, mit dem Lebenserfolg insgesamt gar nicht korreliert (also keine eindeutige Beziehung dazu hat). Das hängt auch damit zusammen, daß sich nach der Schulzeit die Vorhersagekraft herkömmlicher Intelligenztests drastisch vermindert *(Ernst Hany, Lewis Tesman).* Trotzdem hielt man lange (zu lange) am klassischen Intelligenzkonzept (IQ) fest.
Heute weiß man: Der durch den EQ ergänzte IQ ist unverzichtbar, um Beziehungen zu pflegen, Freunde zu behalten, Konflikte zu lösen und Verhaltenssituationen in ihrer Komplexität zu verstehen. Er schützt vor vorschnellen sozialen Urteilen und weitgehend auch vor Vorurteilen.
Und: Der EQ ist der wesentliche Faktor zur Verbesserung unserer eigenen Lebensqualität.

Ein bezeichnendes Beispiel ist »Rilkes Rose« (erzählt von *Michael Sievernich, S. J.* In: F.A.Z. vom 23.4.2000):
»Als der Dichter Rainer Maria Rilke einmal Paris besuchte, so wird erzählt, begegnete er einer alten Bettlerin. Sie saß immer an derselben Straßenecke, hielt ihren Kopf geneigt und nahm stumm, ohne jedes Zeichen der Dankbarkeit, die Geldstücke der Passanten entgegen. Niemals gab der Dichter ihr auch nur eine kleine Münze. Auf die Vorhaltungen seiner Begleiterin, warum er denn nichts gebe, antwortete er nur: ›Man müßte ihrem Herzen schenken, nicht ihrer Hand.‹
Am nächsten Tag brachte er zum Spaziergang eine Rose mit. Seine Begleiterin freute sich schon über die Aufmerksamkeit, da überreichte er die Rose der Bettlerin. Und nun geschah etwas Merkwürdiges: Die alte Frau stand auf, küßte die Hand Rilkes und ging mit der Rose davon. Eine Woche lang blieb sie verschwunden. Dann saß sie wieder an ihrem Stammplatz, stumm wie zuvor. ›Wovon mag sie in dieser Woche wohl gelebt haben?‹ fragte Rilkes Begleiterin, und er antwortete: ›Von der Rose!‹ «

2.5.4 Kompetente Beziehungspflege: kompetent loben und tadeln!

Hans-Olaf Henkel (ehemaliger Vorsitzender des BDI) meint auf die Frage: Was ist Ihr größtes Versäumnis? »Ich habe häufig zu sehr bei den Schwächen der Menschen angesetzt und versucht, ihre Fehler zu reduzieren, anstatt mich auf ihre Stärken zu konzentrieren. Wegen Schwächen zu tadeln bringt weniger, als wegen Stärken zu loben. Ich muß mir vorwerfen, daß ich zu wenig gelobt habe!« (Quelle: Apotheken Umschau 2/2001, S. 62.)

Gibt es eine spezielle Beziehungsintelligenz? Dies behauptet jedenfalls *Stefan F. Gross*. Er meint vor allem den Aspekt Beziehungspflege, der im Betriebs- und Behördenalltag grob vernachlässigt wird. Dabei ist dessen Bedeutung mit Händen zu greifen. Man kann leicht feststellen, daß der Wunsch nach Anerkennung bei allen Menschen grenzenlos ist. Vorgesetzten kann man nur raten: Helfen Sie mit, das Anerkennungsdefizit zu verkleinern, man wird es Ihnen danken. Denn: Warum sollte man andere nicht loben, wenn es einen konkreten Anlaß gibt? Man wertet sich nicht ab, weil andere etwas besonders gut können. Manche Manager scheinen diesem Irrglauben verfallen zu sein.

Die Gretchenfrage der Führungsbeziehung: Wie halten Sie es mit der Anerkennung?

Nicht allen Managern ist die einfache Grundregel klar: Mit der Anerkennung anderer stärken Sie Ihre Persönlichkeit. Wer anerkennt, gibt seine Urteilsfähigkeit zu erkennen und seine Bereitschaft, andere in ihrer Eigenart gelten zu lassen. Es ist ein Zeichen von Souveränität, auch bei anderen Positives zu entdecken.

Immer wichtiger wird mit zunehmendem Bildungsstand und wachsender Sensibilität für den Wert der eigenen Person (Individualisierung!) die Umgangssprache. Daher der dringende Rat: Achten Sie auf Ihre Wortwahl; vermeiden Sie abwertende Relativierungen. Sehr leicht kann man eine Beziehung stören (oder zerstören), indem man etwas relativiert, was dem anderen wichtig ist.

Manchmal fehlt kranken Mitarbeitern lediglich ein gesundes Maß an Lob und Anerkennung. Daher ist eine wichtige Führungsregel: Geben Sie Anerkennung – aber nicht nur im Verborgenen. Menschen mögen es, wenn sie in Gegenwart anderer gelobt werden; das wertet sie sozial auf, und sie danken es dem Verursacher. Er gewinnt in ihren Augen damit an sozialer Kompetenz, denn derjenige, der eine Anerkennung ausspricht, zeigt damit, daß er Unterscheidungsvermögen besitzt. Man kann direkt und indirekt loben. Es lobt (indirekt), der

- anderen hilft, denn Zuwendung ist Anerkennung,
- die Werte anderer achtet und dies deutlich zeigt (Lobfunktion der Toleranz),
- Ziele findet, die andere akzeptieren können (Lobfunktion der Einbindung).

Die Wirkung des direkten Lobens erhöht sich, wenn man einige *Grundregeln* befolgt:

- Lob sollte immer wahrhaftig und konkret sein,
- Lob nützt sich leicht ab: sparsames Lob ist wirksamer als inflationäres,
- Lob nicht pauschal geben, es sollte individuell zurechenbar sein,
- Lob nicht generalisieren, sondern spezifisch (fallbezogen) formulieren,
- Lob (soweit möglich) außergewöhnlich formulieren. Floskeln beleidigen.

Fallbeispiel – Die Folgen schädlicher Relativierung von Lob und Anerkennung. Nach einer anstrengenden Sitzungsperiode lag endlich ein sehr gutes

Ergebnis vor. Es hatte viel freie Zeit gekostet, aber die Mitglieder des Teams (einer Projektgruppe) waren zufrieden. Sie konnten sich mit dem Ergebnis identifizieren, und sie wußten, daß es dem Auftraggeber einen beachtlichen Nutzen bringen würde. Der Abschlußbericht wurde an die auftraggebende Stelle geschickt. Zunächst geschah gar nichts. Nach langer Zeit kam die Antwort. Der Auftraggeber hatte damit einen untergeordneten, unerfahrenen Beamten betraut. Dieser dankte im Auftrage seiner Behörde für »die Fleißarbeit«, die »im ganzen gesehen recht gut war« usw.

Der Leiter des Teams erlebte nun einen Aufstand. Die Mitglieder weigerten sich, diesen (relativierenden!) Dank entgegenzunehmen. Wenn auch erkennbar war, daß sich die Relativierung in diesem Fall lediglich aus dem sprachlichen Unvermögen des Absenders ergab. Das Dankschreiben ging schließlich unter Protest an den Absender zurück; in einer Behörde ein unerhörter Vorgang. Schließlich schaltete sich der nächsthöhere leitende Ministerialbeamte ein und holte das Versäumte nach – aber seine Würdigung konnte den schwerwiegenden Managementfehler nicht mehr reparieren. Man spricht dabei von schalem Nachgeschmack – dieser blieb. Die hohe Motivation des Teams war beschädigt, ebenso das Ansehen der auftraggebenden Stelle. Neben juristischem (in diesem Fall technischem) Fachwissen sollten leitende Beamte eine soziale Mindestkomptenz besitzen.

Leider stammt auch dieser Fall aus dem wirklichen Leben! – Und leider kommt so etwas nicht nur in Verwaltungen vor.

Hierzu gehört auch die Kompetenz: Emotional intelligent sprechen! Bisher wurde die Bedeutung des *Beziehungsfaktors Sprache* im Prozeß der Sozialisation unterschätzt. Seit dem »linguistic turn« wendet man der Sprache viel mehr Aufmerksamkeit zu. Auch in der Alltagspraxis lohnt sich das. Vorgesetzte sollten sich zur Regel machen: Achten Sie auf die sprachliche Qualität Ihres Dankes, Ihres Lobes und Ihrer persönlichen Bemerkungen generell. Gerade im sensiblen Gebrauch der Sprache zeigen sich Beziehungsqualitäten. Durch den Variantenreichtum, die abgestufte Genauigkeit und die Sorgfalt der Formulierung zeigt man Achtung und Rücksicht. Man nimmt den anderen damit ernst. Das gilt besonders für das Danken und Loben. Stereotype Formen verderben mehr als sie nützen. Generell kommt viel auf die *Achtsamkeit* an, auf »ein unbeteiligtes, nicht urteilendes Wahrnehmen innerer Zustände« (von *Sternberg* mindfulness genannt).

Der »Mechanismus« des emotionalen Lernens über Sprache und der Wirkungen von Sprache verläuft über die Elemente (oder Schritte):

- Sprache löst Vorstellungen aus,
- diese beeinflussen unsere Einstellungen,
- Einstellungen beeinflussen Handlungen,
- Handlungen ziehen gleichartige Handlungen nach sich usw.

2.5.5 Sozialkompetenz als erfolgsbedeutsamste Ausprägung der emotionalen Intelligenz

Die Erfolgsbedeutung des Faktors Sozialkompetenz hatte man schon lange vor der Entdeckung der multiplen Intelligenz erkannt. *Gardner* nennt sie »interpersonale Intelligenz«. In diesem Zusammenhang ist wichtig: *Hat Sozialkompetenz etwas mit emotionalen Potentialen zu tun?*

Soziale Kompetenz ist die Verfügbarkeit und Anwendung kognitiver, emotionaler und motorischer Verhaltensweisen, die in bestimmten sozialen Situationen zu einem langfristig günstigen Verhältnis von positiven und negativen Konsequenzen führen. Das heißt eigentlich: Man muß sich sozialen Situationen schnell anpassen können, darf dabei soziale Normen nicht verletzen und wird dafür von anderen als sozial kompetent eingeschätzt, und zwar genau in dem Maße, in dem einem das gelingt. »Soziale Kompetenz bedeutet im heutigen Verständnis den Einsatz verantwortungsbewußten Handelns beim Eintreten für die eigenen Bedürfnisse und Rechte, also ohne damit die Rechte anderer Menschen einzuschränken.« *(Annegret Hugo-Becker/Henning Becker:* Psychologisches Konfliktmanagement. München 1996, S. 69f. [3. Aufl.] 2000.)

Sozialkompetenz wurde anfangs als Summe der gelernten Verhaltensregeln betrachtet; sie war identisch mit »gutem Benehmen«. Selbstverständlich benehmen sich Sozialkompetente sozialverträglich, aber sie tun dies nicht, »weil *man* es tut«, also aus opportunistischen Gründen, sondern weil sie darin einen Wert verwirklicht sehen. Die Sozialkompetenz emotional Gebildeter erwächst aus Einsichten in die Bedeutung der Sozialkompetenz für das Zusammenleben und für die Qualität einer Zivilgesellschaft – aber auch für das eigene Selbstbild. Es ist gewissermaßen wertbasierte Sozialkompetenz im Unterschied zu bloß »angelernten« Formen.

Bei Führungskräften entsteht Sozialkompetenz aus Achtung, die man den anderen Menschen im Betrieb schuldet. Bei der »ganzheitlichen« Sozialkompetenz ist das Ganze mehr als die Summe seiner Teile – nämlich eine »Persönlichkeit«! Auch soziale Kompetenz lernt man (daher) nicht (nur) aus Büchern! Offensichtlich wurde im Management erkannt, daß soziale Fähigkeiten erfolgsbedeutsam sind. Das zeigen die vielen »Management-Benimmbücher«, die z.Zt. auf den Markt kommen. Nur wird darauf zu achten sein, daß soziale Kompetenz nicht wieder tayloristisch als *»Sozialtechnik«* oder machiavellistisch in der Form von *»Sozialtaktik«,* also als wirksames Manipulationsinstrumentarium, mißverstanden wird.

Der Urvater des guten Benehmens, der *Freiherr (von) Knigge,* beschreibt keine äußerlichen Formen; er hält gute Gesinnung und empathische Fähigkeiten für den Kern der »guten Sitten« oder der richtigen Umgangsformen. Außerdem folgt bei ihm die Form der Funktion. Der Soziologe *Norbert Elias* beschreibt in seinem Prozeß der Zivilisation (Frankfurt/M. 1977 [3. Aufl.]), wie sich gutes Benehmen langsam aus dem Scham- und dem Ekelgefühl heraus entwickelt. Es gibt offensichtlich menschliche Potentiale, die bei günstigen kulturellen Bedingungen Formen hervorbringen, die das Zusammenleben humanisieren und menschliche Beziehungen zu einer Quelle von Sinn und Freude entwickeln können.

Manche Titel der vielen Ratgeber lassen erkennen, daß es ihnen nur um »erfolgreiches Auftreten« geht – also um Verkauf einer »Ware«, die gar nicht unbedingt vorhanden sein muß.

Welche emotional-sozialen Teilfähigkeiten sind die Mindestausstattung des Sozialkompetenten? Soziale Fähigkeiten, die sich aus der emotionalen Intelligenz ergeben (und die nur beim Vorliegen emotionaler Intelligenz entstehen können!), sind ins Führungspraktische gewendet:

- Begegnungen gestalten und Gruppen organisieren können (Teammoderation),
- andere mobilisieren, inspirieren, motivieren können (Motivation),
- harmonische Sozialbeziehungen stiften und persönliche Bindungen herstellen können (Betriebsklimapflege),
- für sinnvolle Strukturen sorgen, unter denen sich Menschen positiv entwickeln (Organisationskulturpflege),
- überzeugen und Lösungen aushandeln können (Verhandlungsführung),
- in Verhandlungen eine entspannte Atmosphäre herstellen können (Verhandlungsklimapflege),
- Arbeitsplätze und Aufgaben in der Weise gestalten, daß sich die er-

forderlichen Änderungsprozesse über entsprechende Lernprozesse vollziehen können (eine lernende Organisation gestalten können),
- soziale Analysen vornehmen, Situationen verstehen können, situationssensibel sein (systemische Fähigkeiten).

Fazit: In all diesen Führungsaufgaben (und in vielen anderen) ist Sozialkompetenz die Kernfähigkeit, ohne die erfolgreiche Führung nach den Erfordernissen der New Economy unmöglich ist.
Soziale Kompetenz ist im Kern die Fähigkeit, andere Menschen mit ihren Gefühlen, Bedürfnissen, Absichten, Strategien richtig einzuschätzen und in allen sozialen Situationen angemessen zu reagieren (Situationssensibilität). »Angemessen« definiert sich nach dem Situationstyp und den Besonderheiten des Systems.

2.5.6 Persönlichkeits- oder Lebensintelligenz

In der Weiterbildungsdidaktik haben sich die Lernziele erweitert; sie werden heute ganzheitlicher beschrieben. Statt der gewohnten einzelnen Qualifikationen (Skills), die auf die Anpassung der Menschen an den Arbeitsvorgang ausgerichtet waren, spricht man heute von Kompetenzen. Die Basiskompetenz (gewissermaßen die »Mutter aller Kompetenzen«) ist die personale. Ihr Kern ist der
- intelligente (Stichwort soziale Intelligenz) und
- professionelle, prinzipiengeleitete (Stichwort soziale Kompetenz) Umgang mit den eigenen Emotionen, Fehlern und Schwächen. Manchmal faßt man das auch unter Selbstmanagement zusammen.

Nach *Howard Gardner, Robert Sternberg* und *Peter Salovey* besteht personale Intelligenz (wie die emotionale) aus den Kernelementen:
- Selbstwahrnehmungsfähigkeit: Seine Emotionen kennen; die Selbstwahrnehmung verbessern;
- Angemessenheit: Seine Emotionen handhaben können; die Selbstsicherheit verbessern;
- Aktivität: Seine Emotionen handelnd nutzen; die eigene soziale Handlungsfähigkeit verbessern. Das bedeutet auch, seine Emotionen nicht zu fürchten, zu verdrängen oder zu tabuisieren, sondern sie anzunehmen , zu nutzen und in den Dienst eines Zieles zu stellen;

- Empathie: Mit Beziehungen (das heißt, mit Emotionen anderer) umgehen können;
- anderen ein verläßlicher Partner sein; Beziehungsnetze stabilisieren helfen; sozialen Streß vermindern, denn »Streß macht dumm«!

Macht emotionale Kompetenz unser Leben erträglicher und reicher? Ist sie so etwas wie Lebensintelligenz? Es gibt Erfahrungen, die das wahrscheinlich machen. Und es gibt dafür zwei bemerkenswerte Vorschläge: *Howard Gardner* erweiterte die Pallette der Potentiale und Fähigkeiten um die *existentielle Intelligenz* (eQ – vgl. Psychologie heute, 5/1997, S. 3ff.). Das entspricht der Vorstellung von *Carl Rogers*, der meint, man müsse sein Leben so einrichten, daß es immer mit den wahren Empfindungen übereinstimmt. Erst diese »Kongruenz« macht uns im oft chaotischen, verunsichernden sozialen Leben selbstbewußt und zu einem Stabilität ausstrahlenden Verhaltensmodell für andere.

Damit ist wieder die Ganzheitlichkeit oder Einheit der Person im Spiel, die seriösen Sinnangeboten zugrunde liegt. Der Grundgedanke: Erst aus der Erkenntnis des Zusammenhangs von allem, was wir tun und denken, ergibt sich dessen Sinn. Sinn ist das Übergreifende, das Ganzheitliche, die Möglichkeit, unserem Leben eine Bedeutung zu geben, eine akzeptable »Weltanschauung« zu gewinnen. Sinnverlust ist das Gegenteil davon; es wirkt wie eine seelische Erkrankung. Viele Therapieansätze und -methoden versuchen sie zu heilen.

Mit dem Begriff Kongruenz wollte *Carl Rogers* diesen Zusammenhang erfassen. Kongruenz (als Ergebnis von Sinnfindung) ist damit zugleich Voraussetzung für Moral. Altruismus ist nur von Menschen zu erwarten, die diese für befriedigende Sozialbeziehungen grundlegende emotionale Fähigkeit besitzen. Es ist schwer vorstellbar, daß im Kern unmoralische Menschen mit sich selbst zufrieden sind.

Nach *Alfred Schütz* ist **Sinn** die »Bezeichnung einer bestimmten Blickrichtung auf eigenes Erleben.« Damit wird deutlich, daß Sinn etwas »Systemeigenes« ist. *Thomas Luckmann* spricht vom »sinnhaften Aufbau der sozialen Welt« (*Luckmann:* Strukturen der Lebenswelt. 1984).

Selbstverständlich lag die Suche nach einer »ganzheitlichen Intelligenz« in der Luft. Es mußte ein menschliches Potential geben, daß uns die Lebensbewältigung existentiell ermöglicht. Hätte Gardner es nicht gefunden und Rogers nicht bereits genauer beschrieben, man hätte diese Intelligenz jetzt »(er)finden« müssen.

Fazit: Persönlichkeits-/Lebens-/existentielle Intelligenz ist:
1. Die Fähigkeit, auch existentielle (existenzbegründende) Fragen zu stellen, wie:
   - Wo kommen wir her?
   - Wo wollen wir hin?
   - Wozu sind wir da?
2. Die soziale Fähigkeit,
   - eine gute Beziehung zu pflegen,
   - eine gute Geschichte zu erzählen,
   - sich selbst »schlüssig zu erzählen«,
   - anderen Menschen in Sinnproblemen beizustehen,
   - mit den eigenen Sinnfragen ins Reine zu kommen.

(Vgl. auch Psychologie heute, 5/1997, S. 3ff.)

2.6 Moralische Intelligenz

Niemand ist aus freien Stücken böse!
Platon

Wenn es so viele neue Dimensionen der Intelligenz gibt, wird dann nicht auch unser Moralverhalten intelligent gesteuert?

2.6.1 Gibt es eine moralische Intelligenz?

Moral ist die eigentliche ganzheitliche Intelligenz! Das ist zunächst eine kühne Behauptung, die aber belegt werden kann. Ethische Grundhaltungen beruhen auf Emotionen und Einstellungen. Es ist jedem schon begegnet, daß man bei Menschen, die nach moralischen Grundsätzen zu handeln pflegen, bei näherem Kennenlernen immer auch ein beachtliches und umfassendes Intelligenzniveau feststellt – vor allem gilt das für die Selbstbewertung; sie lassen andere gelten und mißbilligen Arroganz. Heute würde man sagen: Sie besitzen einen hohen EQ.

Warum ist das plausibel? Wenn unsere Emotionen und damit unser Verhalten (genauer: unsere Handlungen!) generell durch einen Intelligenzfaktor gesteuert werden, dann muß das auch für das moralische

Verhalten gelten. Moral hat es immer mit Wertvorstellungen und Lebenssinn zu tun. Es bedarf einer erheblichen Intelligenz, beides zu begründen und zu entwickeln. Der Begriff »moralische Intelligenz« meint einen angeborenen und durch Lernvorgänge gestärkten, entfalteten Faktor, also ein Gespür für Werte. Werte sind das Fundament des Sozialen (und des Humanen). In der Alltagssprache ist diese Erkenntnis bereits deutlich: Etwas ist der Mühe »wert«! Frei nach *Friedrich Nietzsche:* »Wer ein Wozu (einen Sinn) hat, der erträgt auch jedes Wie (die Anstrengungen dazu)!« Moralisches Verhalten ist eng mit entfalteter Emotionalität und mit Lebenssinn verbunden. Daher ist eine Diskussion über Unternehmens-, Arbeits-, ökologische Ethik ohne Berücksichtigung dieser (psychologischen) Basis »nicht der Mühe wert«. Dies hat für die Wirtschaftsethik Folgen.

Und noch ein Gesichtspunkt: Niemand tut etwas Schlechtes in vollem Bewußtsein, daß es schlecht ist, das war bereits die Erkenntnis von *Sokrates*. Denn ein schlechter Mensch ist man niemals nur für die anderen, sondern auch für sich selbst. Damit hängen Moral und Glück eng zusammen (siehe Abschnitt 2.7).

Moralisches Verhalten läßt sich sozial nicht durchsetzen,

- wenn die entsprechenden *Dispositionen* (= Handlungstendenzen) der Beteiligten nicht zuvor in einem entsprechenden Sozialisationsprozeß ordentlich vermittelt worden sind, d.h., wenn die moralische Intelligenz nicht ausgebildet wurde;
- wenn es an *Anreizen* fehlt, die gelerntes moralisches Verhalten hervorlocken und stabilisieren;
- wenn es an *Fähigkeiten* oder an der Bereitschaft bei Führenden fehlt, gezeigtes moralisches Verhalten angemessen und glaubwürdig zu bewerten und zu belohnen;
- wenn Führungskräfte selbst nicht konsequent ethisch-moralisch handeln!
- Und: Moral ist (auch) bedingungsabhängig! Unter ungünstigen Arbeits-, Führungs- und Sozialbedingungen mißlingt die »moralische Sozialisation«. Oft fragt man sich dann: Warum soll ich mich moralisch (oder auch nur korrekt) verhalten, wenn das Gegenteil ständig belohnt wird und ich davon nur Nachteile habe?

Es gibt grundsätzlich zwei Erklärungen der **Herkunft** (Ableitung) von Moral:
- Die Rationalitätsfraktion (an der Spitze *Immanuel Kant):* Moral ergibt sich

aus der Vernunft (Moral als »Synthese aus Freiheit und Verpflichtung«). Aus der notwendigen Wahrheit wird auf die moralische Konsequenz geschlossen. Vernunftbegabte Wesen müßten eigentlich das als richtig Erkannte auch tun! Es ist der gleiche Fehlschluß wie der (naturalistische) vom Sein auf das Sollen – meinen andere.
- Moral ergibt sich aus Liebe *(Harry G. Frankfurt):* Die Liebe zu Idealen, die dem Leben Sinn geben, löst moralisches Handeln aus.

2.6.2 Wie lernt man Moral?

Menschen lernen die Bereitschaft, ihr Handeln nach übergeordneten (ethisch-moralischen) Gesichtspunkten zu planen, wenn sie entsprechende Lernbedingungen vorfinden; sie zeigen dieses Verhalten, wenn es ihnen die Umstände (die Handlungsbedingungen) gestatten. Nur wenigen Menschen gelingt es, auch dann noch moralischen Prinzipien zu folgen, wenn die Bedingungen dies zu sehr erschweren, oder wenn sie dafür elementare eigene Interessen (im Extremfall vielleicht gar ihr Leben) opfern müssen. Hiervon handelt die klassische Literatur. Vor allem die Tragödie lebt davon. Tragisch nennt man den Fall des unschuldig schuldig werdenden Helden. Aber wer ist schon ein Held? Unter sehr günstigen Bedingungen lebend, fällt es »guten Menschen« leicht, über andere zu urteilen, denen diese »Gnade der guten Bedingungen und Führung« nicht gewährt wurde oder nicht gewährt wird.

Es gibt verschiedene psychisch-soziale Prozesse, die dazu führen können, daß man eine moralische *Grunddisposition* lernt. Hierzu einige wichtige Positionen:
- *Albert Bandura* beschrieb diesen Lernprozeß als Beobachtungs-, Imitations- oder Modellernen. Gibt es im Umfeld Vorbilder (Modelle) für moralisches Verhalten und werden diese erkennbar für ihr Verhalten belohnt, dann wirken sie wie Modelle, an denen man sein Verhalten modelliert. Erziehung und Sozialisation (auch die berufliche) brauchen also Anreize für moralisches Verhalten.
- Gruppendynamiker *(Peter Hofstätter* u.a.) stellen fest: Gibt es in Gruppen und Teams einen entsprechenden Gruppenzwang (Gruppendruck) in Richtung auf moralisches Handeln, dann lernt man ein entsprechendes Verhalten, um die soziale Zuwendung der anderen nicht zu verlieren.

- *Sigmund Freud* glaubte, daß wir die Moralvorstellungen unserer Eltern (und damit der Gesellschaft) im Erziehungsprozeß verinnerlichen. »Der Vater in uns« schaut dann immer zu, wenn wir handeln. Wir nennen das unser Gewissen. Ethisch fundierte Religionen pflegen einen solchen verinnerlichten Zwang ebenfalls auf ihre Gläubigen auszuüben.
- *Immanuel Kant* (als Aufklärer, Rationalist!) nahm an, daß unsere Vernunft uns bei strengem Nachdenken zu einem ethisch guten Handeln zwingt (das Gesetz in mir!). Das nennt man heute Lernen durch Einsicht. Aber: Es müssen schon sehr günstige Bedingungen vorliegen, wenn das (allein) wirken soll.
- Erlebte Emotionen veranlassen uns, anderen gegenüber ethisch zu handeln. *Empathie* ermöglicht und zwingt uns, uns in die Gefühle anderer hineinzuversetzen. Wir können dann nicht mehr so leicht egoistisch handeln, sondern werden emotional gezwungen, die Belange des Gegenübers in unsere Handlungspläne einzubeziehen. Das Gegenteil (das völlige Fehlen von Empathie) ist das neuartige Phänomen des »Verbrechens ohne Motiv« (und ohne Reue).
- Manchmal handeln Menschen auch nur deshalb (äußerlich) moralisch, weil sie Lob erwarten oder Strafen (gesellschaftliche Sanktionen) fürchten. Ein Teil der auf diese Weise gestützten Moral bricht weg, wenn die *soziale Kontrolle* schwindet.

Der Moralentwicklung wirken auch Berufszynismen entgegen. wenn man so tut, als ob man moralisch zu handeln bereit wäre. Am Verkäuferlächeln kann man manchmal ablesen, daß man wieder einmal auf vorgespiegeltes Wohlwollen hereingefallen ist. Zunehmende Korruption im Wirtschaftsleben untergräbt außerdem als negatives moralisches Modell die moralischen Potentiale aller Beteiligten.

Das Lernmodell nach M. Kohlberg: *Michael Kohlberg* beschreibt die Moralentwicklung als Stufen-Lernprozeß. Im Mittelpunkt steht auch hier die Art der Beziehung zu anderen Menschen. Vereinfacht dargestellt:

1. Man handelt nur moralisch, wenn es den *eigenen Interessen* dient. Daß es auch berechtigte Interessen anderer gibt, und daß man sie gegen die eigenen abschätzen muß, das kann man sich (noch) nicht vorstellen (Orientierung an den eigenen Bedürfnissen, *»egozentrische Fixierung«).*

2. Man handelt moralisch, wenn und so lange andere unser Verhalten *beobachten* können. Andere werden damit bereits ins Kalkül gezogen. Die Moral reicht so weit wie die soziale Kontrolle (instrumentell-relative Orientierung). Die Person orientiert ihr Handeln an den Erwartungen der Menschen, die für sie wichtig sind (Bezugsgruppenorientierung). Oder: Man handelt moralisch um des anderen willen, den man kennt oder den man gerade vor sich sieht *(face-to-face-Moral).*
3. Man orientiert sich an der eigenen Gesellschaft und ihren Normen und Ordnungen. Vorstellung: Jeder ist (hier) für alles verantwortlich *(kulturbezogene Moral).*
4. Man handelt moralisch, weil man sich als Mensch der *Menschheit* (dem Humanen) verpflichtet fühlt (Bezugspunkt der Orientierung sind innere Richtwerte: *verinnerlichte Ethik/ Moral).*

Beispiele: Moral folgt (auch) aus Empathie. In der Diskussion über die Verbrechen des Zweiten Weltkriegs wurde immer wieder der Wert der moralischen Erziehung (oder Sozialisation) in Frage gestellt. Humanistisch Erzogene hätten sich an Verbrechen beteiligt, oder sie seien ihnen nicht entgegengetreten. Hier handelt es sich um ein Mißverständnis. Es waren wohl diejenigen »Humanisten«, bei denen die Erziehung lediglich zu einer Bildungsfolie geführt hatte, oder deren Moralentwicklung auf den Stufen zwei oder drei stehengeblieben war. Die *unbedingt* moralisch Denkenden handelten im kleinen menschlich; aber auch im großen gab es unbedingte Humanisten (C. Graf Schenk v. Stauffenberg, J. v. Moltke, U. v. Hassel, K. Goerdeler, D. Bonhoeffer, Pater Delp, die Geschwister Scholl und viele andere). Bei vielen Menschen war die damals (und heute schon wieder) vorherrschende »instrumentelle Vernunft« für das Fehlen einer moralischen Basis ursächlich. *Joachim Fest* charakterisiert den hochbegabten hitlertreuen General von Reichenau mit dem Prädikat: *»Er war von überzeugungsloser Härte!«*
Nun könnte man fragen: Was haben diese Überlegungen mit dem Management zu tun? Sehr viel, denn versagt hat in dieser Zeit das Management in Wirtschaft, Kirche, Schulen und Hochschulen, in der Armee und in den Medien – bis auf die wenigen Ausnahmen. Es fehlte offensichtlich bei den meisten Organisationen eine »systemeigene« humanistische Sozialisationskultur.
Humboldts Grundidee bei seiner grundlegenden Bildungsreform (1810) war, daß die Selbständigkeit im Denken, die sich durch sinnvolles Lernen ergibt, zugleich auch die Moralität der Handlungen fördert und den Charakter bildet *(Reinhold Mehring:* Der Humboldt-Mythos als Reformmodell. In: Neue politische Literatur, 2/2000, S. 193f.).

2.6.3 Unabdingbare soziale Rahmenbedingungen für Moral

Gilt in der Gesellschaft eine Ethik der Würde oder eine Ethik des Erfolgsinteresses?

Man sollte aus eigenem Interesse das Interesse des Anderen berücksichtigen!

Eine Gesellschaft muß über anerkannte Institutionen (Familie, Schule, Hochschule, andere Bildungs- und Erziehungseinrichtungen usw.) dafür sorgen, daß die Sozialisation ihrer Mitglieder immer unter günstigen Bedingungen für das Lernen moralischer Dispositionen verläuft. Die gleiche Verantwortung tragen andere »Sozialisationsagenturen« (Betriebe, Behörden, Organisationen allgemein). Für das moralische Handeln ihrer Mitglieder sind sie verantwortlich, weil sie über die Bedingungen für das Lernen und das Handeln verfügen. Die Führungskräfte in Organisationen sind als Modellpersonen ein wichtiger Lernfaktor für andere.

Definition *Institutionen:* Institutionen haben Funktionen, sind aber nicht funktional definierbar *(Arnold Gehlen).* Gemeint ist, daß Institutionen mehr sind als ihre Funktionen, daß sie Sinn verkörpern und ihre Mitglieder (und Träger) damit eine gesellschaftliche Verantwortung haben. Das gilt auch für die »Institution Management«.

Bevor man über die Motivation, die Loyalität, die Leistungsfähigkeit und andere Kriterien urteilt, muß man sich eigentlich immer zuvor die *Handlungsbedingungen* näher ansehen, unter denen solche Forderungen erfüllt werden müssen. Sie sind auch das meist vernachlässigte Hauptkriterium für *Beurteilungen.* Man muß sich vor einem Urteil immer fragen: Konnte der zu Beurteilende die geforderte Leistung oder das erwartete Verhalten unter den gegebenen Bedingungen überhaupt zeigen? Das gleiche Verhalten, das unter verschieden schwierigen Bedingungen gezeigt wird, verdient unterschiedliche Noten.

Beispiele: In öffentlichen Verkehrsmitteln begegnet man dem alltäglichen und offensichtlich allseits gebilligten Verschmutzen der Sitze, lautem Telefonieren mit dem Handy, einer ekelerregenden Fäkalsprache und anderen Verhaltensgewohnheiten, die man noch vor einigen Jahrzehnten eher an sozialen Brennpunkten und bei sozialen Randgruppen vermutet hätte. Spricht man Mitreisende darauf an, so hört man Widerwillen und Empörung über »den Verfall der guten Sitten« – aber niemand wehrt sich dagegen. Manchmal wird auch Liberalität mit dem Glauben verwechselt, die Rechte anderer verletzen zu dürfen. Manchmal ist auch der »innere Gutmensch« daran schuld, daß man alles gewähren läßt, um seine aufgeklärte Nachsicht zu zeigen. Man fühlt sich einfach besser, wenn man zu den guten Menschen gehört, die Sanktionen, »law and order« und anderes Teufelszeug grundsätzlich ablehnen.

So entsteht eine permissive Gesellschaft – auf diese reagieren die (amerikanischen) Kommunitaristen mit neuen (dann wieder) rigiden Ordnungs- und Moralvorstellungen. Sie möchten die Voraussetzungen dafür schaffen, daß man Moral wieder in kleinen, überschaubaren Sozialeinheiten einüben kann. In Betrieben kann eine permissive Laisser-faire-Führung ebensoviel Unheil anrichten wie eine rigide, autoritäre. Es ist nicht emotional intelligent, zu glauben, Moral verstünde und lerne sich von selbst! Ästhetische und moralische Empfindungen scheinen im übrigen eng miteinander zusammenzuhängen. Sie waren immer schon die beiden grundlegenden Wege zur Entwicklung persönlicher Kultur. Beide haben etwas mit dem Streben nach innerer Stimmigkeit (Homöostase) zu tun.

Heike Schmoll meint (F.A.Z. vom 21.5.01, Leitartikel):

- Sekundärtugenden (Verläßlichkeit, Pünktlichkeit, Disziplin) sind nicht sekundär!
- Werden junge Menchen nicht gefordert, sind sie »unaufhörlich mit wohlmeinender Leere konfrontiert«!
- Wir haben dann »kleine Tyrannen, die am Montag morgen nicht unterrichtsfähig sind« – mit allen Folgen für ihr späteres Leben.
- Sie lernen dabei nie, daß sich »in der sorgfältigen Formulierung auch das klare Denken widerspiegelt«! – Und:
- Das »beiläufig Vorgelebte wirkt mehr als alles Diktierte»!

Soziologen vermuten, daß sich mit den *Trends zur Erlebnis- und Spaßgesellschaft* eine generelle Abkehr von der Hochkultur und eine Zuwendung zu einer trivialen Eventkultur herausbildet, in der nicht nur die bisherigen Kulturgüter in den Hintergrund treten, sondern sich auch die bisher geachteten Umgangsformen grundlegend ändern werden. Geht der Trend »vom weltbezogenen Subjekt zur subjektbezogenen Welt«? *(Gerhard Schulze).* Es ändern sich grundlegend und schneller als bisher üblich die im Bewußtsein der Menschen bestehenden Gebote und Verbote, Tabus, Rangordnungen und Konventionen. Allgemein besteht der Wunsch, sich seine Welt zu wählen, statt sich mit einer gegebenen Welt auseinanderzusetzen und abzufinden. Neue Formen der Selbstentlastung werden gefunden, so z.B. die Coolness: Das Verhaltensideal ist, Erlebnisse zu haben, ohne innerlich beteiligt zu sein. Für besonders aussagekräftig hält *G. Schulze* die deutschen Beiträge zum Grand Prix d'Eurovision 1998 und 2000 mit Leitpersonen wie Guildo Horn und Stefan Raab (vgl. die Beiträge in der Beilage zum Parlament: Aus Politik und Zeitgeschichte. B 12/2000).

Der Philosoph und Sprachwisssenschaftler *Noam Chomsky* zieht eine gesellschaftsskeptische Bilanz. »Jeder von uns erlebt täglich die Mischung aus Ruppigkeit, Menschenverachtung und Rücksichtslosigkeit, die inzwischen das ›normale Leben‹ prägen...« Daß dieser » ›Kapitalismus ohne menschliches Antlitz‹ unseren Alltag vergiftet, wissen wir«. Unternehmen haben ein »großartiges Jahr« mit einer »Gewinnexplosion sondergleichen« hinter sich, »während sie Arbeitsplätze wegrationalisierten und zur Beschäftigung von Teilzeitkräften ohne Sozialleistungen und Arbeitsplatzgarantie übergingen«. Menschen sind dann nicht mehr Teil des Unternehmens, sondern Ersatzteil. In *Noam Chomskys* Buch (Profit over People. Neoliberalismus und globale Weltordnung. Hamburg, Wien 2000) finden sich zahlreiche Belege für diese Auffassung. Es zeigt, daß nicht eigentlich die Globalisierung und andere ökonomische Tendenzen das neue Arbeitsleid verursachen, sondern die unsensible (emotional-sozial unprofessionelle) Handhabung der Managementaufgaben. Noch einmal: Ein solches Management verursacht zu hohe Transaktionskosten; es wird nicht nur die Loyalität seiner »Untergebenen« verlieren, sondern mittelfristig auch die Akzeptanz in der Gesellschaft. *Chomsky* zeigt auch den engen Zusammenhang zwischen emotionaler und moralischer Kompetenz – auf den es in diesem Zusammenhang vor allem ankommt.

2.6.4 Moral beruht auf Gegenseitigkeit!

Es gibt viele Sprichwörter (»geronnene soziale Weisheit«), die uns auf den richtigen Weg führen: »Wer gibt, dem wird gegeben«; »Wie man in den Wald hineinruft, so schallt es heraus...« Hieraus läßt sich als Kern jeder konkreten *Ethik* ein einfaches Prinzip mit einem komplizierten Namen ableiten: Die *Reziprozität,* die *Gegenseitigkeit,* der gerechte Ausgleich. Menschen erwarten, daß man ihre Wohltaten erwidert, und sie wollen Wohltaten vergelten, die sie empfangen haben. Man gerät in Verrechnungsnotstände, wenn man sich nicht kongruent verhält, weil Menschen eine Grundorientierung besitzen: Die nach Ordnung, Rationalität, Gerechtigkeit (Kongruenz oder Konsistenz) – meint *Helm Stierlin.* Auf dieses (biologisch?) wirksame Verhaltensmuster lassen sich Führungssysteme, Sozialsysteme und »Zivilgesellschaften« gründen. Auch das Konzept Täter-Opfer-Ausgleich beruht auf diesen Überlegungen. Es funktioniert, sofern der Täter diese Grundorientierung erworben hat. Diese Voraussetzung ist leider zunehmend seltener gegeben.

D. Davidson meint, alles zwischenmenschliche Verstehen und alle gelingenden Kontakte beruhen auf einem »Tugendkanon« (principles of charity). Nur wenn man dem anderen zunächst einmal eine gute Absicht unterstellt, kommt es zu einer für beide Seiten befriedigenden Begegnung.

Ethik oder Moral? Diese beiden Begriffe werden meist verwechselt oder synonym gebraucht. Unter Ethik versteht man allgemeine humane Handlungsprinzipien (*I. Kant* [vereinfacht]: Handle so, daß die Maxime deines Tuns *immer* zugleich die Grundlage für eine allgemeine Gesetzgebung bieten kann [Kategorischer Imperativ]). Moral meint Handlungsprinzipien, die in einer bestimmten Kultur gelten (»Das ist *hier* nicht der Brauch!«). Ethik ist universell – Moral kulturell! Oder: Ethik ist die philosophische Disziplin – Moral das Handeln.

Gottfried Wilhelm Leibniz nannte Moral »mit Weisheit gepaarte Güte«. Weisheit, also ganzheitliche Intelligenz/Kompetenz, wie wir heute sagen würden, entspricht den Konzepten EQ2 und eQ.

Kant fordert in seiner Ethik, den Menschen immer als Zweck, nie als Mittel zu behandeln. Genau das ist auch der »moralische Hintergrund« der neuen Denkweisen im Management, soweit sie aus der humanistischen Psychologie stammen. Die Erkenntnisse zeigen aber auch, daß sich Moral langfristig ökonomisch lohnt.

Auch Institutionen (Organisationen) haben eine Ethik. Sie steuern Verhalten ihrer Mitglieder über entsprechende Anreizsysteme. Oft sind diese widersprüchlich, so daß sie mit den Moralvorstellungen ihrer Mitglieder (Mitarbeiter) in Konflikt geraten; dann entstehen Loyalitätskonflikte.

2.6.5 Personale Intelligenz: Die Basis für Moral

Führt personale Intelligenz zur Moral? Wir hatten weiter oben ausgeführt, daß sich auch Moral (und Ethik) aus emotional-sozialer Intelligenz entwickelt, und daß es ohne diese keine »nachhaltige Moral« gibt. Der Grund: Aus Empathie entwickelt sich wie von selbst Altruismus.

Altruismus als Bestreben, anderen gerecht zu werden, und als Sorge für das Wohl der anderen ergibt sich aus dem Verstehen ihrer spezifischen Lebens- und Situationsbedingungen. Über die Emotionskontrolle läßt sich also Moral lernen! Führungskräfte ohne diese Fähigkeit sollte man Menschen nicht zumuten.

Die Wirtschaft entdeckt z.Zt. die Ethik neu. *Christian Seidel* (langjähriges Vorstandsmitglied der Dresdner Bank): Moralische Kompetenz zahlt sich aus! »Moralisches Verhalten, das manchmal auch bedeuten könnte, ein vordergründig lukratives Geschäft auszuschlagen, steht durchaus nicht in Konflikt mit den klassischen betriebswirtschaftlichen Zielen eines Unternehmens«. Die »gesellschaftliche Akzeptanz eines Unternehmens und seiner Produkte ist heute zu einem ökonomischen Wert geworden. ... Auf dem globalen Markt konkurriert man mit ethischer Kompetenz.« *Seidel* empfiehlt Ethikbeauftragte, die dafür sorgen, daß Unternehmen ethische Grundsätze einhalten (F.A.Z. vom 24.1. 2001, S. 20).

Fazit: Wirtschafts-, Unternehmens- und Arbeitsethik (und Moral) können nur entwickelt werden, wenn
- die Verhaltensbedingungen einen moralfreundlichen Sozialisationsprozeß ermöglichen,
- dabei Wertvorstellungen und Sinn entstehen und
- eine Organisationskultur der fairen Gegenseitigkeit (»Reziprozität«) entwickelt wird.

Nur unter diesen Bedingungen entsteht Identität und ist Identifikation zu erwarten.

Stimmt die Ableitung: Je mehr Identifikation, desto mehr Loyalität und desto stabiler ist das ethische Verhalten? Emile Durkheim (und mit ihm viele moderne Sozialwissenschaftler) sind skeptisch gegenüber einer zu starken Identifikation; sie schlägt stets in Fremdbestimmung um. Ebenso differenziert sollte man die Identitätsforderung sehen. Sie kann das sein, was uns entmündigt. Diese »dialektische« Sicht meint, daß eine (nationale, ethnische, religiöse, ideologische) Identität leicht zur Intoleranz anderen Weltsichten gegenüber neigt. Ebenso kann eine absolute (totale) Authentizität zum »Ich-Rassismus« neigen. Die darin eingeschlossenen Ziele können das Individuum fremdbestimmen: »Das Ziel vor Augen ist (manchmal) das Brett vor dem Kopf«. Das aktuelle (vielgescholtene) Wechsel- und Wahl-Ich kann daher in Zeiten mit extremen Toleranzanforderungen zur Stärke werden. *Erich Fromm* sprach von der »fröhlichen Fremdbestimmung«.

Um kein Mißverständnis aufkommen zu lassen: Nichts spricht gegen eine ich-starke Persönlichkeit mit klaren Präferenzen; vieles spricht jedoch gegen eine Identifikation mit Regeln statt mit Prinzipien. Vor starrer (rigider) Persönlichkeitsentwicklung und entsprechenden Personmodellen (Firmenmenschen, Bürokraten, Normopathen) soll gewarnt werden. Flexibilität nicht in Grundprinzipien, aber in der Anpassung an wechselnde Situationen und Personen ist das Sozialisationsideal. Auch der viel berufene Gutmensch, der bedenkenlos und uninformiert politisch korrekten medialen Weisungen folgt, ist eine solche Fehlentwicklung – eine »Authentizitäts-Karrikatur«.

2.6.6 Gibt es einen Gegensatz: Ökonomisches Prinzip – Ethik?

Immer wieder wird dieser Gegensatz beschworen. Er beruht auf einer Denkfalle. Sie löst sich auf, wenn man Individualethik (Moral) und Institutionenethik unterscheidet. *Institutionenethik* dient dem Entwikkeln von Zielen und Regeln für Institutionen (Staaten und Organisationen anderer Art). Die *Individualethik* umfaßt die Gesamtheit der individuellen Wertebindungen und die darauf beruhende Verantwortungsbereitschaft und -fähigkeit. Die Wechselwirkung zwischen beiden besteht vor allem darin, daß beim Absinken des individualethischen Niveaus, die Anforderungen an die Institutionenethik steigen. Die Zahl der Regel- und Kontrollsysteme muß dann zunehmen. Außenlenkung muß (z.B. bei inkompetenter Führung) die Innenlenkung ersetzen. Das Werteniveau verflacht: »Je mehr Verbote, desto ärmer das Volk« *(Lao-Tse* im Tao-Te-Ching). Ethikräte ersetzen keine Ethiklehre; sie sollte in allen akademischen Disziplinen vorkommen (vgl. die aktuelle Diskussion über Bio-Ethik).

Formulierungen wie: »Wir sind für das Elend der Dritten Welt (für das Ozonloch, für die BSE-Krise) verantwortlich!«, zeigen **das Verantwortungsdilemma.** Es gibt offensichtlich immer eine individuelle *und* eine kollektive Verantwortlichkeit. Die zunehmend unübersehbaren komplexen Folgeprobleme vieler Handlungen lassen Verantwortungs-Netzwerke entstehen. Der einzelne kann sich leicht aus der Verantwortung stehlen. Handlungssubjekt und Verantwortungssubjekt treten auseinander. Es ist die Organisation, die ethisch bedenklich handelt, nicht der Manager (als das bekannte Rädchen im Getriebe). *Walter Zimmerli* fordert daher als Lösungsmöglichkeit den Sensor und den

Moderator. Der *Sensor* ist jemand, der Folgenabschätzungen zuverlässig vorzunehmen vermag; das wird nur ein interdisziplinäres (oder transdisziplinäres) Team können. *Moderator* ist derjenige, der die Konsequenzen (verantwortlich) durchzusetzen hat.

Der Zusammenhang zwischen ökonomischem Erfolg und ethischem Verhalten (der Menschen in Organisationen und der Organisationen selbst) besteht darin, daß sich langfristig ethisches Verhalten lohnt, daß jedoch kurzfristig (bei entsprechender Konstellation: Shareholder Value-Struktur) derjenige Vorteile hat, der sich ethischen Verpflichtungen entzieht. Organisationen, die auch langfristig Erfolg haben wollen, sind aus ökonomischen Gründen zu einem ethischen Mindeststandard gezwungen – allerdings ist diese Gesetzmäßigkeit in Vergessenheit geraten! (Vgl. *Heiner Müller-Merbach,* in: F.A.Z. vom 14.5.01, S. 31.)

2.7 Intelligenz und Glück

Glück ist vor allem eine Frage der Wahl (des Lebensentwurfs)!
Aristoteles

Wahre Freude ist eine ernste Sache.
Seneca

2.7.1 Glücksvoraussetzung: Kongruenz

Nach *Carl Rogers* gelingt personale Zufriedenheit mit sich selbst nur über Kongruenz; *H. Gardner* nennt diese Eigenschaft eQ (existentielle Intelligenz), andere nennen diesen Zustand eine authentische Persönlichkeit. Glück setzt dies alles voraus. Menschen streben (auch) aus diesen Gründen nach Sinn und nach Glück – meist meinen sie mit beidem dasselbe!

Kongruenz ist nach *Rogers* das Übereinstimmen zwischen Handeln, Bewußtsein und dem Selbst, von innerem Erleben, Bewußtsein und Kommunikation. Wir befinden uns dann mit uns selbst in ständiger harmonischer Übereinstimmung. Heute nennt man das gerne Authentizität, »unser eigener Autor sein« *(Warren Bennis).* Authentisch sein heißt, sich selbst (er)finden, nicht sich einfach nur abfinden! Ein anzustrebender Zustand, der emotional Intelligenten häufiger gelingt als emotional Ungebildeten!

2.7.2 Glücksvoraussetzung: Intelligenz

Gibt es eine besondere Glücksintelligenz? Glück ist ohne Anstrengung nicht zu haben! In der »Glücksforschung« hat *Mihaly Csikszentmihalyi* in seinem Konzept »Flow« (von fließen) einen Motivationsfaktor entdeckt, der bisher sträflich vernachlässigt wurde: die Lust am Tun. Die »autotelische« (sich selbst Sinn gebende) Persönlichkeit braucht keinen fremden Motivgeber (Motivator). Dieser Grundgedanke könnte die Motivationspraxis revolutionieren. So ist auch das vieldiskutierte Buch »Mythos Motivation« von *Reinhard Sprenger* (Frankfurt/M. 1991 mit zahlreichen Neuauflagen) zu verstehen.

Nur wer aus seiner Tätigkeit und seiner Leistung Befriedigung schöpfen kann, wird das wohltuende Gefühl erlangen, daß sein Selbstwertgefühl ständig stärker und belastbarer wird. »Leistungsglück« (»Flow« genannt) stärkt unser Selbst und läßt uns erleben, wie wir über uns hinauswachsen. Flow ist ein neuer Name für das Gefühl, mit sich selbst im reinen zu sein. Das Flow-Ausmaß ist ein wichtiger Indikator (= Anzeiger) für unsere Lebensqualität – auch im Beruf. Für Manager gilt als Erfolgsgeheimnis: Lösen Sie bei sich selbst und bei anderen Flow aus, wo und wann immer es geht!

2.7.3 Glücksstrategien

Wie lassen sich Flowgefühle erzeugen? Die beiden Hauptstrategien, mit denen man seine Lebensqualität verbessern kann, sind:

1. Die äußeren Bedingungen immer wieder unseren Zielen anzupassen;
2. unsere Erlebnisfähigkeiten ständig zu vermehren und zu verbessern, indem wir sensibler und zugleich stabiler werden.

Das »Flow-Gefühl« ist im Kern die Einsicht (das Erlebnis), daß die eigenen Fähigkeiten ausreichen, eine gegebene Herausforderung in einem zielgerichteten und regelgebundenen Handlungssystem (dem Betrieb und generell dem sozialen System, in dem man sich bewegt) zu bewältigen. Das gelingt nur, wenn dieses Handlungssystem ständig deutliche und ehrliche Rückmeldungen bietet, wie gut man dabei abschneidet. Hierfür zu sorgen, ist Aufgabe von Führung, Moderation und teamgeprägter Zusammenarbeit. Für Erzieher, Lehrer und Führungskräfte gilt damit aus humanitären und ökonomischen Gründen die Verpflichtung, den Anvertrauten möglichst günstige Bedingungen für Flowerlebnisse zu bieten. Die generelle Aufgabe heißt, zu lernen, wie man sein Leben genießt, ohne die Chancen anderer zu beeinträchtigen, das ihre zu genießen!

Führung z.B. heißt hiernach, nicht mehr Macht als unbedingt nötig einzusetzen und stattdessen professionelle Hilfen bereitzustellen, damit Mitarbeiter in den neuen unübersichtlichen und die Orientierung gefährdenden Zeiten und Verhältnissen ihre Stabilität behalten. Dasselbe gilt für Mitglieder eines Teams, die sich ebenfalls ständig gegenseitig beeinflussen. Darin besteht heute der Kern der Motivation (s. 4.2.9).

Glücksforschung: Das Konzept Flow deckt sich mit den Ergebnissen der aktuellen Gehirnforschung. *Gerhard Roth* (Institut für Gehirnforschung, Bremen) stellt fest: »...hirneigene Glücksstoffe treten nur auf, wenn der Körper etwas geleistet hat. Wenn ich ein Problem gelöst, ein Buch fertig geschrieben habe oder zwei Sekunden schneller gelaufen bin als sonst. Dann sagt mein Hirn, das war gut. Es belohnt sich selbst«. (DAS vom 14.8.1998, S. 31: Aus einem Interview mit dem Gehirnforscher). Es gibt das »Leistungsglück« (vgl. Psychologie heute, 4/94, S. 60ff. und 3/97, S. 20ff.): Opioide (körpereigene Glücksstoffe) schaffen die entsprechende leibliche Situation.
»Der Kampf gegen Gipfel vermag (daher) ein Menschenleben auszufüllen – wir müssen uns Sisyphos als einen glücklichen Menschen vorstellen« *(Albert Camus).* In seinem »Wilhelm Meister« stellt *Goethe* jedoch fest, daß man, um Glück zu haben (und um glücklich zu sein), zunächst einmal »glücksreif« werden muß. Glück ist (nach *Michael Hauskeller)* eine Art und Weise, sich in der Welt zu befinden.
Aus den Konzepten der Glücksforschung (Institut für Glücksforschung: *Alfred Bellebaum)* ist das Flow-Konzept lediglich das bekannteste und praxisgerechteste. *Elisabeth Noelle-Neumann* und *Renate Köcher* haben in Befragungen (Allensbacher Jahrbuch der Demoskopie. München 1997, S. 45) festgestellt, daß sich die Zahl der Menschen, die sich als glücklich bezeichnen, im Laufe der Zeit kaum verändert. Die Lebensumstände, also Wohlstand und andere äußere Faktoren, scheinen dabei eine geringe Rolle zu spielen – wie bei der Mo-

tivation. Glück ist offensichtlich »selbstgemacht«. Emotionale Intelligenz und daraus durch konsequentes und gezieltes Lernen entwickelte emotional-soziale Kompetenzen scheinen dabei eine positive Rolle zu spielen. Einen guten Einblick in diese Prozesse gibt das amüsante Buch von *Paul Watzlawick*: Anleitung zum Unglücklichsein. München 1999 (18. Aufl.): Es ist eine einzige »paradoxe Intervention«.
Nach *Amy Wrzesniewski* ist Glück abhängig von der Frage, ob man seine Arbeit als Berufung oder als Job versteht. *Kennon M. Sheldon* unterscheidet drei **Glücksfaktoren:**
- Autonomiegrad (bedingungsabhängige Selbstbestimmungsmöglichkeit),
- Beziehungsqualität,
- Grad der erreichten Selbstachtung.

Bei zu vielen Wahlmöglichkeiten wirkt die damit einhergehende Unsicherheit dem Glücksgefühl entgegen (vgl. auch *Barry Schwartz* in: Psychologie heute. 3/01, S. 8f.). Flexibilitätsüberforderung macht unglücklich!

Klassische Glücksansätze:
1. Glück ist eine Abfolge oder die Summe von Glücksempfindungen. Glück entsteht aus der Befriedigung der Wünsche und Bedürfnise. Letztere werden als konstant und allgemeinmenschlich betrachtet (Konzept der Bedürfnispyramiden und der behavioristischen Psychologie).
2. Glück ergibt sich aus der Relation zwischen Bedürfnissen und Ansprüchen und Befriedigungserlebnissen. Man kann sein Glück strategisch vermehren, indem man die Ansprüche vermindert oder ins Realisierbare übersetzt (Konzept der Stoa).
3. Glück entsteht in dem Maße, in dem man seine eigenen Ziele und damit sich selbst verwirklicht. Die eigenen Bedürfnisse sind individuell gestaltbar (Konzept des Humanismus und des Flow!).

2.7.4 Flow-Erlebnisse stärken die Persönlichkeit!

Nach jedem Flow-Erlebnis ist die »Organisation des *Selbst*« (die Identität) komplexer als vorher. Komplexität ist das Resultat zweier wichtiger psychischer Prozesse: Differenzierung und Integration. Ein komplexes Selbst schafft es, diese beiden Tendenzen miteinander zu verbinden. Flow wirkt integrierend; wir erleben uns als Ich – als Selbst. Es entsteht eine innere Harmonie auf immer höherem Niveau. *Flow* (»fließen lassen«) heißt,

- sich immer wieder bereitwillig einzulassen auf *Herausforderungen*,
- eine *Aufgabenspannung* immer gern bewußt zu erleben,
- den *Lohn allein aus eigener Leistung* zu beziehen – nicht auf »Fremdmotivation« angewiesen zu sein,
- *Selbstwertsteigerungen,* also »das Gefühl milder Ekstase«, in sich *auslösen* zu können.

Kurz gesagt bedeutet dies nichts anderes, als die Fähigkeit zum Eustreß zu besitzen! Um das Flowgefühl (»Glück«) zu verbessern, muß man die Qualität der Erfahrungen verbessern!

2.7.5 Die intelligente Nutzanwendung für das Selbstmanagement

Es gibt *Hauptkomponenten* für (Arbeits-/Leistungs-)Glück (woraus sich Hilfen und Motivationsregeln sowie Strategien zum Selbstmanagement und zum Verhaltenstraining ableiten lassen!):

1. Eine Aufgabe haben, der wir uns gewachsen fühlen,
2. die Fähigkeit besitzen, uns eine Zeitlang ausschließlich darauf zu konzentrieren,
3. sich selbst deutliche und sinnvolle Ziele zu setzen oder solche zu haben,
4. ständig regulierende Rückmeldungen zu empfangen und aus diesen Konsequenzen ziehen zu können, ohne das die Selbstsicherheit leidet,
5. die tiefe, aber mühelose Hingabe an eine Sache,
6. das Gefühl, seine Handlungen, Emotionen und die Bedingungen unter Kontrolle zu haben.

Die existentiellen Folgen: Die Sorge um das eigene Selbst schwindet, und das Gefühl für Zeitabläufe verändert sich; man fühlt sich mit einer Aufgabe auf eine solche Weise verbunden, daß man sich damit identifiziert und daraus Sinn erfährt.

Chronisch Glückliche haben folgende Merkmale:	**Chronisch Unglückliche sind gekennzeichnet durch:**
starkes Selbstwertgefühl	Selbstzweifel
Kontrollsicherheit (sie haben das Gefühl, ihre Umwelt zu kontrollieren)	Kontrollverlust (erlernte Hilflosigkeit)
Optimismus und Erfolgszuversicht	Mißerfolgsangst
Eingebundensein in viele soziale Netzwerke	Einsamkeit, Gefühl sozialer Isolation

Tabelle 1: Merkmale chronisch Glücklicher und chronisch Unglücklicher

Fazit: Durch aktives Tun kann man der alltäglichen Unzufriedenheit entkommen, die uns am Glücklichsein hindert.

2.8 Erfolgsintelligenz

In manchen Organisationen muß man möglichst kurzsichtig sein, um voranzukommen.
Ken Blanchard

Führt Erfahrung (allein) zum Erfolg? Manche schwören darauf, andere meinen: Erfahrung – das ist die Summe aus vielen Froschperspektiven. Denn: Erfahrung (ohne ständiges Feedback) heißt: Man kann eine Sache auch 35 Jahre lang falsch machen! Das gilt nicht für »intelligente (reflektierte) Erfahrungen«. Eine Erklärung aus ganzheitlicher Sicht bietet das Konzept Erfolgsintelligenz von *Robert J. Sternberg.*

2.8.1 Das Konzept »Erfolgsintelligenz«

Das Konzept entstand aus der Analyse gesellschaftlich bedenklicher Defizite der bisherigen Schul- und Ausbildungssysteme. Sie fördern die klassische Intelligenz, belassen ihre Schüler jedoch in einem Zustand der Ahnungslosigkeit gegenüber den emotionalen und sozialen, moralischen und ästhetischen Möglichkeiten des Menschen *(Sternberg* a.a.O. 1998, S. 146). In unseren Schulen sind Kopfnoten (Verhaltensnoten) verpönt, also Indikatoren, die solche Defizite rechtzeitig anzeigen könnten. Ähnliche Mängel weist auch die Hochschulausbildung auf. Die Folgen: Ärzte können keine Beziehung zu ihren Patienten herstellen; wissenschaftlich gut ausgebildete Manager wirken wie soziale Analphabethen. Viele Angehörige herausgehobener Berufe sind gegenüber den emotionalen, sozialen und kreativen Anforderungen hilflos.

Nun kann man sicherlich nicht sagen, daß unsere Schulen und Hochschulen nicht auf den wirtschaftlichen Erfolg vorbereiten; während der schulischen Sozialisation werden u. a. folgende Fähigkeiten erworben:
- Konkurrenzfähigkeit,
- die Kunst, harten Anforderungen auszuweichen und trotzdem Erfolg zu haben,
- das Vermögen, sich besser darzustellen, als man eigentlich ist, und
- lebensstrategische und taktische Fähigkeiten.

Und zwar nicht, weil sie ausdrücklich gelehrt werden, sondern weil die Systeme solche »Leistungen« belohnen. Vernachlässigt hingegen werden Fähigkeiten, die man heute gern (abwertend) Sekundärtugenden nennt, wie
- Ausdauer,
- Rücksicht auf andere,
- das Verstehen und Akzeptieren anderer Lebenswelten,
- die Bereitschaft, etwas miteinander zu erreichen,
- Takt und Hilfsbereitschaft.

Richard Sennett macht folgende Bestandsaufnahme:

alte Tugenden	neue Tugenden
Verläßlichkeit	Flexibilität
Ordnung	Mobilität
Mühe auf sich nehmen	(Selbstschonung)
Treue, Loyalität	Selbstbehauptung

Man hört schon den (leider auf den ersten Blick berechtigten) Einwand: Damit kann man nirgendwo konkurrieren. Kurzfristig nicht, langfristig schon! Solche »Sekundärtugenden« verhelfen Menschen zu langandauernden, befriedigenden sozialen Beziehungen, zu Ansehen bei anderen und zur inneren Zufriedenheit sowie zu einem soliden, durch wertvolle Eigenschaften gedeckten Selbstbild.

»Zum Glück« stimmt es nicht (mehr), daß der Neo-Liberalismus immer den Skrupellosen, Cleveren belohnt. Weitsichtige Unternehmen suchen bereits in Stellenanzeigen Mitarbeiter mit sozialen und emotionalen Kompetenzen. Die Defizite sind offensichtlich erkannt. Weil aber Menschen, die *ausschließlich* solche Fähigkeiten erworben haben, im Konkurrenzkampf tatsächlich benachteiligt sind, müssen die »harten« Fähigkeiten, also Wissen und Methoden der Durchsetzung, ebenfalls gründlich gelernt werden. Diese werden im Falle der ganzheitlichen Bildung dann aber zu lauteren Zwecken eingesetzt; sie wirken sozialverträglicher und daher auf Dauer auch ökonomisch wirksamer.
Dies ist wohl der von *Sternberg* und *Goleman* erkannte Zusammenhang, der sich in der Bezeichnung »Erfolgsintelligenz« ausdrückt. Non-Profit-Organisationen dürften, schon wegen der damit verbundenen Übereinstimmung der Kernkompetenzen bei Organisation und Mitarbeiter, nur solche Menschen beschäftigen – vor allem in den Führungsetagen. Firmen (und Verwaltungen) sind gut beraten, ebenfalls nach solchen Leistungsträgern zu suchen. Es sind die wirklichen »High Potentials«!

2.8.2 Kreativität, ein oft verkanntes Element der Erfolgsintelligenz

Alles spricht von Kreativität – keiner weiß genau, was das ist. So könnte man den Stand des Nachdenkens beschreiben. Gehört Kreativität zur Erfolgsintelligenz? Es gibt ein hartnäckiges Vorurteil: Man handelt entweder logisch oder kreativ! Dabei besitzt jeder Mensch kreative Anteile; nur werden sie nicht von jeder Organisation geschätzt und daher nicht von allen Menschen optimal entwickelt und genutzt. *Eine wichtige Teilmenge der Erfolgsintelligenz ist die »kreative Intelligenz«:* In Erziehung, Schule und Ausbildung zerstörte Kreativität will man mühsam über spezielle Techniken (!) wiederherstellen – was natürlich nicht gelingen kann. Kreativität ist eine typisch ganzheitliche Fähigkeit, die sich nicht völlig in Techniken auflösen läßt.

Kreativität: Es existieren z.Zt. rund 400 Definitionen von Kreativität *(Reinhard Krause:* Unternehmensressource Kreativität. Köln 1996; mit einer Bibliographie zum Thema!). *Nütten/Sauermann* (Die anonymen Kreativen. Frankfurt/M., New York 1998) definieren: Kreativität ist die Fähigkeit des Menschen, Probleme unterschiedlicher Art auf bisher nicht bekannte oder zumindest nicht übliche

Weise zu lösen. Nach *Hitt* (Zweifaktorentheorie) ist Kreativität eine optimale Kombination von Intuition und Logik (EQ + IQ). Man kennt rund 40 Kreativitätstechniken; die bekannteste ist das Brainstorming. (*Gardner, Howard:* Kreative Intelligenz. Frankfurt/New York 1999.)
Studien ergaben, daß in traditionellen Organisationen Wissen und Können der Mitarbeiter nur zu 30 bis 40 Prozent genutzt werden. Der totale wirtschaftliche Wirkungsgrad (ökonomisch erfolgreiche Innovationen zu kreativen Ideen) ist kleiner als ein Prozent. Die Gründe hierfür sind:
- Kreative Prozesse stellen die höchsten sachlichen und personalen Anforderungen;
- sie lassen sich mit traditionellen Managementverfahren weder erfassen noch steuern;
- in kreativen Aktionen treten die stärksten Verluste auf. Nur höchstens zehn Prozent der erfolgversprechenden kreativen Ideen werden in Organisationen ernsthaft geprüft, noch weniger werden verwirklicht (nach *Wolf-Dieter Schoener,* in: F.A.Z. vom 4.9.00, S. 33 – Näheres zur praktischen Nutzung siehe Anhang 1.)

2.8.3 Methodisch sinnvolle Problemlösung als Element der Erfolgsintelligenz

Erfolgsintelligenz ist praktische (problemlösende) Intelligenz! Dazu muß man sich zunächst klar machen, wie man selbst Probleme zu lösen pflegt. Wir alle bevorzugen eine bestimmte Art zu denken, aber wir denken nicht ausschließlich so. Jeder Mensch verfügt über eine Kombination aus analytischer, kreativer und praktischer (handlungsbezogener) Intelligenz *(Sternberg* a.a.O. 1998, S. 157). Die Fähigkeit zur ganzheitlichen Anwendung kann durch einseitige Lernprozesse verlorengegangen sein. Vor allem für den Manager ist das fatal. Ganzheitliche Problemlösefähigkeit ist seine Kernkompetenz; Manager sind doch Generalisten! Oft wird sie mißverstanden als ökonomische Lösung um jeden Preis. Die sozialen und emotionalen (humanen) Kosten mancher Problemlösung sind unverantwortlich hoch. Denn bei fast allen Problemen spielen emotional-soziale Aspekte eine wichtige Rolle. Weil sich ganzheitliches Handeln langfristig auch ökonomisch »rechnet«, wird künftig nur der »ganzheitliche Manager«, also der Manager mit Erfolgsintelligenz, bestehen können.

Problemlösung vollzieht sich bei allen Menschen kreisförmig in sechs Schritten. Auch wenn wir das beim praktischen Anwenden nicht immer so erleben. Und zwar sind es die (logischen) Schritte:

Problemerkennung – Analysefähigkeiten. Man kann ein Problem aus einer einzigen Sichtweise angehen – und damit die Komplexität verfehlen, aus der es möglicherweise besteht. Man kann ein für komplexe (mental-soziale) Probleme angemessenes, z.B. ein systemisches Verstehensverfahren, nutzen. Man kann Probleme rechtzeitig erkennen, bevor sie außer Kontrolle geraten. Hierbei hilft Erfolgsintelligenz!

Problemdefinition: Welches Problem hat Lösungs-Priorität? Um welchen Problemtyp handelt es sich; welches sind seine Kernmerkmale? Schon beim Erkennen der Komplexität hilft die ganzheitliche Fähigkeit, die wir Erfolgsintelligenz nennen!

Problemlösestrategien formulieren. Nicht hyperaktiv beginnen, sondern sorgfältig strategisch planen. Vielleicht steht das Problem in Beziehung (in Wechselwirkung) mit anderen Faktoren, die in die Lösungsüberlegung einbezogen werden müssen.

Die *Informationen* darstellen. Die vorhandenen und erreichbaren Informationen, die man zur Lösung benötigt, sorgsam ermitteln, geordnet darstellen, allen Beteiligten verfügbar machen. Soziale Fähigkeiten sind hierbei wichtig, weil das meist in Teams und über Kommunikation geschieht.

Ressourcen zur Lösung bereitstellen und sinnvoll verteilen.Das Risiko-Gewinn-Verhältnis sorgsam abwägen; den Resourceneinsatz nach dem optimalen Risiko-Gewinn-Verhältnis planen.

Kontrolle und Bewertung: Den Prozeß evaluieren, d.h., während des Prozesses ständig an alle Beteiligten zurückmelden, welche Erfolge und Risiken eingetreten sind, damit alle ihre künftigen Dispositionen danach ausrichten können. Eine Endkontrolle genügt nicht. Dies kann nur jemand, der emotional-sozial gebildet ist, denn dazu bedarf es des »methodisch gestützten Fingerspitzengefühls«.

Selbstverständlich werden gerade im Geschäftsleben (und in der Politik), also in allen Konkurrenzsituationen, auch *unfaire Strategien, Methoden und Taktiken* angewandt. In Trainingskursen kann man sie einüben. Manche behaupten, daß man emotional-soziale Kompetenz leicht mißbrauchen könne. Wir teilen diese Erfahrung nicht; die seriöse Literatur läßt ebenfalls daran zweifeln. Wer ganzheitlich gebildet ist, also auch auf der emotional-sozialen Dimension, der dürfte durch innere Sperren am Mißbrauch seiner Fähigkeiten gehindert werden; aber das ist keine Garantie für das ständige korrekte Verhalten in Grenzsituationen. Zur emotional-sozialen Bildung gehört daher auch die Vorsicht. Leichtgläubigkeit und »Blauäugigkeit« sind keine emotionalen Tugenden. (Einen guten aktuellen Überblick über Problemlöseprinzipien und Praktiken in Betrieben gibt *Roger Bohn* in: Harvard Manager, 1/01, S. 58-69.)

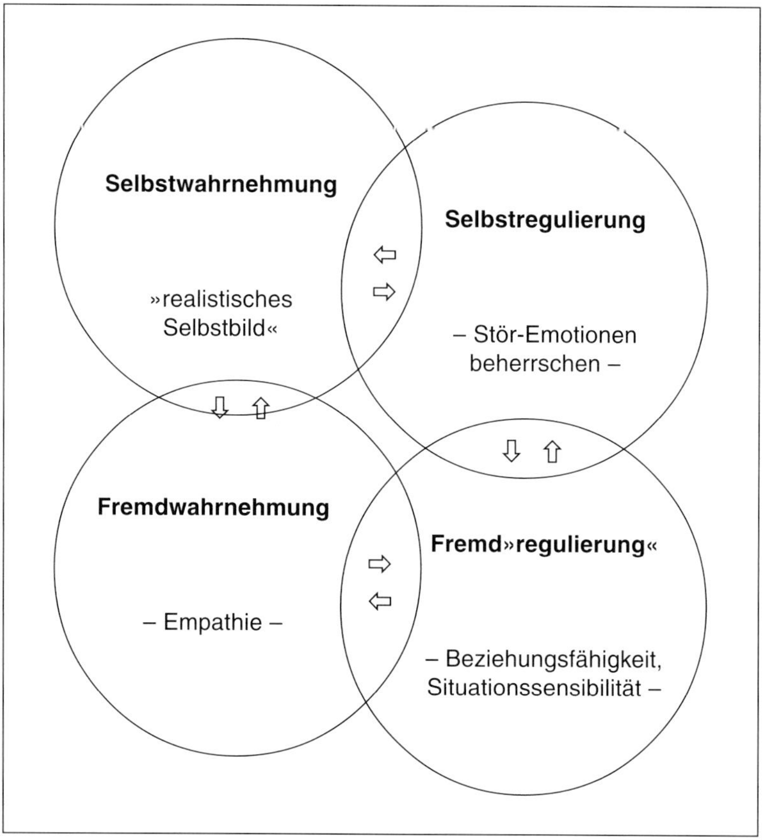

Abbildung 8: Voraussetzungen für Erfolgsintelligenz (vgl. auch S. 157)

Unverdienter Erfolg. Jeder kennt das (z.Zt. im politischen Geschehen oft zitierte) Märchen von Hans im Glück. Hans war ein Tor mit beachtlicher emotionaler Intelligenz. Er beherrschte Strategien zur Selbstwertstabilisierung, um die man ihn beneiden könnte. Von allen seinen Partnern wird er nach seiner Entlassung aus dem langjährigen Dienst übervorteilt – und behält doch sein Glücksgefühl, weil er aus allen Vorfällen nur die guten Seiten beachtet und würdigt. Diese Strategie gerät jedoch auf Dauer dem Anwender zum Schaden; sie ist nicht empfehlenswert.
Es gibt unlautere Methoden zum Erfolg. In vielen Trainingskursen werden unfaire Verhandlungs- und Kommunikationsmethoden vermittelt. Manchmal wird auch NLP (Neuro-linguistische Programmierung) dazu mißbraucht.
Die chinesische Kultur kennt 36 »Strategeme« (Überlistungstechniken). Ihre Popularität in der aktuellen Managementliteratur ist beachtlich. Bücher, die auf die »Kunst des Krieges« und auf die 36 Strategeme zurückgehen, haben große Verkaufserfolge. Sie vermitteln »ethikfreie Techniken der Interessendurchsetzung« Offensichtlich nehmen Manager in der neuen Ökonomie ihre Tätigkeiten als Krieg aller gegen alle wahr. Solche Erfolgsstrategien gehören nicht zu denen, die wir vermitteln möchten. Wir nennen jedoch die wichtigsten Quellen, weil sich der Erfolgsintelligente auch gegen unfaire Erfolgsstrategien wappnen muß (siehe Literatur, S. 408).

Fazit: Langfristig sind nur ganzheitliche Problemlösungen ökonomisch erfolgreich! Die sechs Denk- und Handlungsschritte (aus kreativem, problemlösendem und handlungsintelligentem Vorgehen) bilden insgesamt Anfordererungen, die man nur mit *Erfolgsintelligenz* erfüllt. Dabei sind intelligente (im klassischen Sinne), emotionale und soziale Fähigkeiten miteinander verbunden zu aktivieren.
Das gleiche gilt für erfolgsbewußte ganzheitliche (alle Aspekte und alle Betroffenen berücksichtigende) Entscheidungen. Hinzu kommt die Grundsatzfrage, welche Ziele im Mittelpunkt stehen sollen, z.B. kurzfristige Gewinne oder langfristige Erfolge, die sich aus vielen Faktoren zusammensetzen; heute verwendet man für letztere meist den Begriff »Nachhaltigkeit«. Nachhaltig ist eine Entscheidung nur, wenn sie auch sozial-humanen Anforderungen genügt.
Das Erfolgsgeheimnis für den Manager unter dem Druck von Shareholder Value: Aktien werden auf lange Sicht nur mit sozial zufriedenen und human behandelten Mitarbeitern, Zulieferern und Kunden ökonomisch erfolgreich sein.

2.8.4 Wird Erfolgsintelligenz gelernt?

Emotional-soziale Defizite sind nicht Schicksal! Empathie und Antipathie sind nicht etwa unabänderbare Charaktereigenschaften, sondern gelernte Fähigkeiten bzw. Lerndefizite. Je länger Handlungsdefizite fortbestehen, desto schwieriger ist die »Resozialisierung«. Falsches Handeln schleift sich ein; man nennt das dann (positiv) seine Erfahrung. Das ist ein aktuelles Managementdilemma, aber auch ein Handicap der Gesellschaft. Hier liegen die Risiken, die sich für den sozialen Frieden aus den aktuellen Erziehungsversäumnissen ergeben. Werden die emotional-sozialen Potentiale nicht bereits bei den »Kids« entwickelt, so können die ungenutzten, verschütteten Potentiale später kaum noch genutzt werden – zum Schaden der Betroffenen auf beiden Seiten. Ohne entwickelte emotional-soziale Intelligenz kann die Schlüsseleigenschaft Empathie sich nicht herausbilden und das Individuum kann nicht zur moralischen Persönlichkeit reifen. Solche Menschen handeln nicht, sie verhalten sich nur noch mechanisch.

Die Bezeichnungen »**Verhalten**« und »**Handlung**« werden im Alltagssprachgebrauch synonym verwendet. In den Sozialwissenschaften haben sie einen spezifischen Inhalt. Die biologisch orientierte Verhaltenslehre verwendet folgerichtig den Terminus Verhalten; in der kognitivistischen Psychologie spricht man meist vom Handeln. Verhalten meint Reflexe, Gewohnheiten, bei denen man nicht nachdenkt, Handeln meint intentionales, begründetes Tun. Handeln wird von Menschen absichtlich (mit Bewußtsein!) vollzogen. Man ist dafür verantwortlich. Verhalten folgt Routinen, man tut es fast unbewußt, nicht jedoch unterbewußt.
Das **Unterbewußtsein** ist *(nach Sigmund Freud)* eine Quelle für unser Denken, Empfinden und Tun, die uns bewußt unzugänglich ist. Man denkt sogleich an die »Freudsche Fehlleistung«, z.B. sagt man etwas, was man eigentlich verschweigen wollte und gibt sein Inneres (seine unterbewußten, verdrängten Persönlichkeitsteile) preis.

Vielbeschäftigte (nicht delegierende) Manager ohne wirksames Selbstmanagement sind in der Gefahr, daß schließlich auch der Rest ihres Handelns in Routine erstarrt und damit zu bloßem Verhalten wird! Das Fatale ist: Verhalten ist gegen Lernen immun; nur wer (überlegt) handelt, ist noch lernbereit.

Fazit: »Führungshandeln« ist mehr als Routine und etwas völlig anderes als (Führungs-) Technik. Es ist durchdachtes, rücksichtsvolles Tun, das aus einer personalen Kompetenz entspringt. Führungspersönlichkeiten sind authentisch. Inkompetenten gelingt zwar bei entsprechendem Training ein beeindruckendes Auftreten; sie hinterlassen bei den Betroffenen allerdings den schalen Nachgeschmack, innerlich betrogen worden zu sein.

2.8.5 Schlüsselkompetenz Lernfähigkeit: Richtig und das Richtige lernen!

Erfolgsintelligent ist nur, wer sein Handeln ständig reflektiert und seine Lernprozesse in die eigene Hand nimmt. Man muß sich dabei jedoch kritisch fragen: *Lernen wir richtig?*

Unser Wissen kann aus aneinandergereihten miteinander unverbundenen Elementen bestehen (additives Lernen) oder es ist ein sinnvolles Geflecht von Kenntnissen, das uns argumentativ vertretbare Urteile erlaubt (integriertes Lernen). Die *Art und Weise* unserer Lernvorgänge bestimmt die Qualität unserer Wissensbestände. Und sie entscheidet darüber, ob wir uns zu Recht gut informiert fühlen.

Lernen wir das Richtige? – Erfolgsintelligente Menschen unterscheiden sich von anderen daher in der Art ihrer Wissensbestände. *Sternberg* differenziert nach dem klassischen Modell der fluiden und der kristallisierten Intelligenz:

- formales (akademisches) und
- stilles (prozedurales) Wissen.

Diese Unterscheidung läßt sich im Alltagsgeschehen leicht wiederfinden. Sie ist praxisnah, und sie sollte Konsequenzen für das Management haben. Erfolgsintelligent ist man erst dann, wenn das *formale Wissen* methodisch verwendbar gemacht wird. Erfolgsintelligenz umfaßt Fach- *und* Methodenkompetenz. Menschen, denen diese Integration ihres Wissens nicht gelungen ist, nennt man »gute Theoretiker, aber schlechte Praktiker«. Meist sind sie auch keine guten Theoretiker, denn theoretisches Wissen zu haben bedeutet ebenfalls, daß man viele Detailerkenntnisse zu einem schlüssigen System zu verbinden vermag. Theorien (und »gute Erzählungen«) verbinden immer Daten zu sinnvollen und zweckmäßigen Zusammenhängen.

Manchmal nennt man diesen Wissensaspekt der Erfolgsintelligenz auch *stilles Wissen.* Das heißt, zu wissen, *wie* man etwas tut. Es ist aus Handlungen und Aussagen abgeleitetes Erfahrungswissen *(Sternberg* a.a.O. 1998, S. 258ff.). Auf jeder Arbeits- und Managementebene unterscheidet sich das stille Wissen, weil es ja aus den spezifischen Erfahrungen gewonnen wurde. Weil sich die meisten Probleme als Mehrebenen-Probleme zeigen, ist zu ihrer Lösung das stille Wissen aller beteiligten Ebenen wichtig: Keiner weiß so viel wie alle (Ebenen)! Das verbietet eigentlich reine »Lösungen von oben« und sollte zu Verfahren führen, die mit den Stichworten Empowerment, Delegation, Zielvereinbarung, Netzwerkorganisation, Projektorganisation angedeutet sind. Diese Erkenntnis ist zugleich der Grund (und Sinn) des Konzepts »integriertes Management« (von *Knut Bleicher),* das die möglichen Synergiegewinne im Auge behält.

Wir konstruieren unsere Wirklichkeit durch logische Ableitungen *und* durch intuitive Annahmen. Stilles Wissen besteht daher aus zwei unterschiedlichen Wissensarten und deren sinnvoller Kombination. Analytisches und kreatives Wissen muß zu praxisgerechten Methoden miteinander verbunden werden. Menschen mit praktischer Intelligenz

- bemühen sich aktiv um stilles Wissen, das dem Umfeld meist verborgen ist;
- erkennen die Verschiedenheit dieses Wissens je nach dem Umfeld (sie besitzen Systemkenntnis);
- vermögen ihr Wissen an neue Bedingungen anzupassen und Überholtes »zu verlernen«, wenn sich die Umfeldbedingungen grundlegend geändert haben.

2.8.6 Neue Denkweisen im Management als Erfolgsvoraussetzung

Zu Ende gedacht ist stilles Wissen *Systemwissen.* Es erlaubt Menschen, sich schnell neuen Situationen und Umgebungen anzupassen, zu erkennen, wie ein System funktioniert und diese Kenntnis zu nutzen *(Sternberg* a.a.O., S. 270). Auf diesen Zusammenhang verweisen auch *neue Denkweisen im Management,* die auf den ersten Blick so fremdartige

Namen tragen, wie Chaosmanagement, Autopoiese, Systemtheorie, radikaler Konstruktivismus.

Die Chaostheorie: Komplexe soziale Prozesse in Systemen verlaufen nicht linear. Das bedeutet vor allem, daß kleine Ursachen große und nicht vorhersehbare Wirkungen auslösen können. Die vielen Wechselwirkungen lassen sich mit herkömmlichen Methoden nicht vollständig erfassen. Die Verläufe sind aber nicht »chaotisch« im Alltagssinne, sondern es ist ein geordnetes Chaos.

Autopoiese meint in diesem Zusammenhang Selbstentwicklung und Selbstschöpfung. Soziale Teisysteme und »psychische Systeme« (Menschen) entwickeln sich optimal, wenn man ihren selbstschöpferischen (autopoietischen) Kräften Entwicklungs- und Entfaltungsmöglichkeiten bietet. Auf dieser Grunderkenntnis beruhen alle zu Ende gedachten Management-Konzepte.

Der radikale Konstruktivismus als vorherrschende Denkrichtung nimmt an, daß Menschen ihre Lebenswelt durch Interpretation und Bewertung aller Gegenstände, Ereignise und Prozesse in ihrem Umfeld selbst konstruieren, daß sie an diese von ihnen selbst »vereinbarte« Wirklichkeit glauben, und daß Systemverstehen bedeutet, diese Konstruktionen nachzuvollziehen (Näheres in Kapitel 7). Es sind nicht die Dinge, die uns beunruhigen, sondern die Meinungen, die wir von den Dingen haben!

Systemisches Vorgehen versucht, den Beteiligten gerecht zu werden, indem man ihr stilles Wissen berücksichtigt, das natürlicher Weise in allen Entscheidungen, Handlungen und Strukturen steckt (Näheres in Kapitel 10).

Managementberater, Managementpraktiker und Managementwissenschaftler haben sich mit der Frage befaßt, wie man Wissensarbeit und Lernen in der Organisation optimiert:

Chris Argyris und *Donald Schön* schwören auf den Wissenserwerb in der Praxis (in der Aktion); sie sehen darin den besten Weg zum organisatorischen Lernen (Organizational Learning. 1978. Wissen in Aktion. Eine Feldstudie. Stuttgart 1997).

Peter Senge nennt fünf »Disziplinen« als Erfolgsfaktoren:

- Konsequentes Systemdenken (Denken in Zusammenhängen, systemisches Handeln);
- konsequente Personalförderung: Potentiale ausschöpfen, Kompetenzen entwickeln;

– Team-Lernen: Lernen im Dialog;
– gemeinsam geteilte Visionen als Bindungsfaktoren;
– mentale Modelle als Vorbilder *(Ed Schein).*

Gregory Bateson unterscheidet dabei drei Lernstufen:

1. Single loop learning: *Ausführungsfehler* werden korrigiert. Das »Wie« verändert sich.
2. Double loop learning: *Ziele* und Visionen werden korrigiert. Das »Was« verändert sich.
3. Deutero learning: Unwirksame *Lernarten* werden korrigiert. Das erfolgreiche Lernen wird gelernt.

Nach *Sternberg* (a.a.O. 1998, S. 271) ist stilles Wissen eigentlich der Grundstock des systemischen Denkens und Handelns – wenn *Sternberg* diese Schlußfolgerung auch nicht ausdrücklich zieht! Diese aktuelle Managementproblematik führt uns zu dem z.Zt. bedeutsamsten Managementkonzept: dem Wissensmanagement. Produktive Organisationen sind heute »wissensbasiert«.

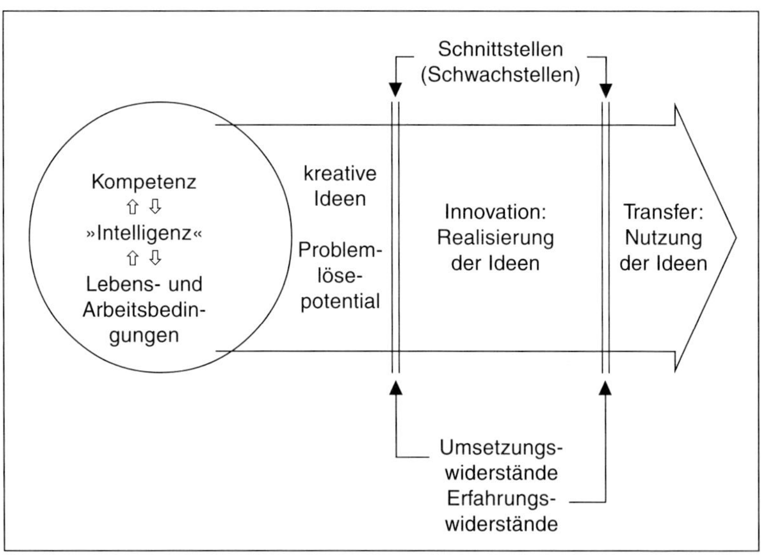

Abbildung 9: Der weite Weg von der Idee zum Nutzen

2.9 Die zur Zeit produktivsten Managementkonzepte: Wissensmanagement und lernende Organisation

Im folgenden werden die Schlußfolgerungen aus dem Konzept Erfolgsintelligenz dargelegt. *Das Problem: Jeder erhält den ganzen Tag über so viele Informationen, daß sie ihren Sinn und Zweck verlieren!*

2.9.1 Wissen wird zum Basisfaktor für jeden Erfolg!

Zu den neuen Herausforderungen im Management gehören die Informationslawine und die Wissensexplosion. Sie führten zu Überlegungen, die unternehmerische Basis völlig neu zu definieren. Moderne Unternehmen verstehen sich nicht mehr als kapital- oder technologiebasiert, sondern als wissensbasiert. Das heißt, alle anderen Faktoren werden von dem Faktor Wissen bestimmt; ihre Qualität und ihr Erfolg hängen von diesem grundlegenden Faktor ab.

In den vergangenen zehn Jahren wurde genausoviel Wissen produziert und gespeichert wie in den 2500 Jahren zuvor – in den nächsten fünf Jahren wird sich der Wissensstand abermals verdoppeln; 90 Prozent aller Wissenschaftler leben heute. Diese Zahlen geben zu bedenken, ob man neben dem Lernen nicht auch das Entlernen (Verlernen) systematisieren muß. Neben falschen, überholten Fakten und Zusammenhängen behindern auch alte (überholte) Denk- und Verhaltensweisen die Aufnahme neuen Wissens. Und sie vermindern die Problemlösekapazität einer Organisation. Gewohnheiten sind unter bestimmten Rahmenbedingungen entstanden und an Rahmenbedingungen orientiert; sie passen sich ungern neuen Anforderungen an. Organisationen können scheitern, weil sie zu vieles zu lange im Gedächtnis behalten und weiterhin so verfahren, wie sie es gewohnt sind. Synergieeffekte werden damit behindert. Es ist das altbekannte *Transferproblem,* ergänzt durch das neue Implementierungsproblem: Wie transportiert man Wissen über die Köpfe (nicht über die Köpfe *hinweg*!) der Anwender in die Organisationswirklichkeit? Nicht rechtzeitig neu zu lernen, steigert die Opportunitätskosten. (Vgl. z.B. *Judith Meilicke* in Personalwirtschaft, 4/2000, S. 68-72; siehe auch Abb. 9 und 10.)

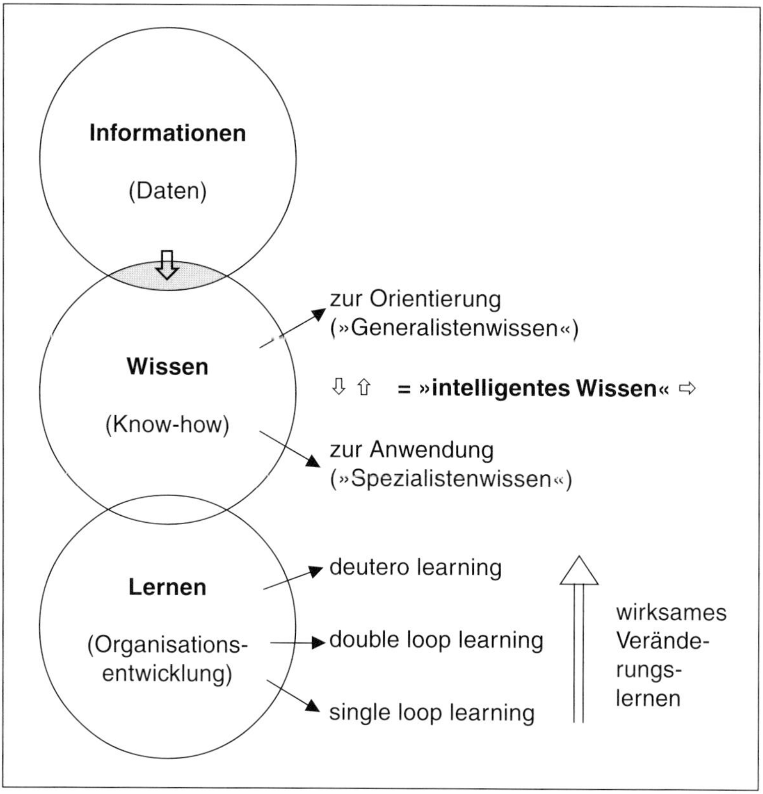

Abbildung 10: Neue Basisfaktoren im Management

2.9.2 Wissensarten – Wissenserwerbsmethoden

Wissen kann in verschiedenen Stufen erworben werden:
- Die unterste Ebene ist das einfache *Reiz-Reaktions-Lernen.* Man lernt etwas möglichst genau nachzuahmen.
- Es folgt die eigenständige *Informationsverarbeitung:* Man integriert etwas in seinen Wissensbestand. Hier tritt bereits eine individuell unterscheidbare Leistung auf. Aha-Erlebnisse *(Wolfgang Köhler)* bringen den intelligent Lernenden in Sprüngen weiter.

- Beim *Lernen am Modell,* also bei der Übernahme von Vorbildern als sinnvoll und hilfreich erkannter sozialer und emotionaler, ethischer und ästhetischer Einstellungen und Handlungen, werden diese der eigenen Person anverwandelt. Die Eigenleistung und der individuelle Unterschied sind erheblich größer.
- Schließlich tritt das Lernen auf die höchste Stufe beim *Systemverstehen,* also bei der erworbenen Fähigkeit, ein System (eine Familien-, Freundschaftsstruktur, die Struktur eines Betriebes usw.) in seinen Verästelungen zu begreifen und adäquat darauf zu reagieren. Auf dieser Stufe ist Wissen immer verknüpft mit Emotion, und es ergibt sich meist aus Interaktionen. Damit ist die emotional-soziale Kompetenz ein wichtiger Faktor für den Wissenserwerb. Man könnte auch sagen: Nachhaltiges Lernen ist ganzheitlich angelegt!

Auf die Frage: »Wie lernt man im Einzelfall optimal?«, antworten Forschungsergebnisse der Lernpsychologie und daraus abgeleitete Konzepte der Didaktik.

Fazit: *Erfolgsintelligenz* ist dann am wirkungsvollsten, wenn ihre drei Aspekte – analytische, kreative und praktische Intelligenz – in einem ausgewogenen Verhältnis zueinander stehen, und wenn man weiß, wann und wie diese Aspekte einzusetzen sind *(Sternberg* a.a.O. 1998, S. 136). Erst das ist Wissensmanagement!
Unsere größte Lernfähigkeit besitzen wir, wenn wir optimal (bis an unsere Fähigkeitsgrenzen) gefordert werden. Das beste Lernlabor ist ein gut funktionierendes Team.

Welche Unterstützung brauchen Menschen, damit sie emotional-soziale Lernprozesse erfolgreich bewältigen? Man benötigt eine Vorstellung von den Lernzielen, die man in dem Sozialisationsprozeß erreichen soll. *Goleman* (1997, S. 54) hat hierfür Hilfen angeboten. Zur »Intelligenz der Gefühle« gehören die in Tabelle 2 aufgeführten Merkmale.

Das sind die zentralen Metafähigkeiten (= übergreifende, fundamentale Fähigkeiten), die sich darin zeigen, daß Lernende mit einem höheren EQ auch bei geringerem IQ-Meßwert höhere Leistungen (in Schule und Leben) erzielen als solche mit höherem IQ, aber geringerem EQ. Dieser Zusammenhang erklärt die umstrittene Aussage: Intelligenz

Notwendige Fähigkeiten im engeren Sinne:	**Notwendige Schlüsselqualifikationen im weiteren Sinne:**
sich selbst motivieren können	realistische Selbsteinschätzung (sich selbst verstehen)
Enttäuschungen bezwingen können	effektives Selbstmanagement (sich selbst weiterentwickeln)
seine Impulse beherrschen können	Empathiefähigkeiten (andere Menschen und andere Lebenswelten verstehen)
Gratifikationen hinausschieben können	soziale Fähigkeiten/Kompetenzen (mit anderen konfliktfrei kommunizieren und interagieren)
sich in andere hineinversetzen können	Empathie als Basisfähigkeit

Tabelle 2: »Intelligenz der Gefühle«

(allein) sagt wenig über den künftigen Berufserfolg und gar nichts über den Lebenserfolg insgesamt aus!

Fazit: Erfolgsintelligenz ist gelernt. Der Lernprozeß verläuft parallel zur Tätigkeit. Er ist um so erfolgreicher, je selbständiger die Lernenden sind. Organisieren, Arbeiten und Lernen bilden eine Einheit und müssen in einer Hand liegen.
Erfolgsintelligenz ist ganzheitliche Intelligenz; sie führt zu ganzheitlicher Kompetenz (Lebenskompetenz). Sinnvolle Lernziele enthalten logische, kreative, problemlösende, soziale und emotionale Aspekte.
Erfolgsintelligenz verlangt eine solide, stets zu erneuernde Wissensbasis. Im aktuellen Wissensmanagement wird sie immer wichtiger. Die Steuerung der Sozialisationsprozesse bei allen Mitarbeitern wird damit zu einer zentralen Führungsaufgabe. Man kann diese Funktion nicht mehr an die Weiterbildung delegieren. Es ist die ganze Organisation, die lernen muß. Jede Führungskraft (oder jeder überhaupt) muß hieran mitwirken. Daher sind Grundkenntnisse über effektive Lernvorgänge nicht mehr Sache der Bildungsleute allein, wenn hier auch die Kompetenzen gebündelt werden. Bildungsmanagement wird damit für alle zum Servicezentrum.

2.9.3 Lächeln als Motivator! – Oder: Lernen am Modell

Der beste Lehrer im Prozeß der betrieblichen Sozialisation ist das kompetente Verhaltensmodell. Vorgesetzte sind es kraft ihrer Position. Zentraler Aspekt aller Zuwendung ist das Lächeln. Daher der Rat: Lächeln Sie öfter, wählen Sie im Zweifel die verbindlichere Formulierung, werden Sie zu einem Modell für gleichbleibende Höflichkeit. Man hat übrigens festgestellt, daß Menschen, die häufiger lächeln, als intelligenter, zuverlässiger und selbstsicherer gelten. Man schreibt dieser Eigenschaft solch positive Merkmale zu, weil (echtes) Lächeln einen in sich ruhenden Menschen verrät. Und: Versuchen Sie als Führungspersönlichkeit, die Arbeits-, Sozial- und Sinnbeziehungen in Ihrem Verantwortungsbereich so zu organisieren, daß ihre Mitarbeiter etwas zu lachen haben!

2.10 Emotional intelligente Führung ist ganzheitliche Führung!

Die Fahnenträger der (instrumentellen) Vernunft halten ihre Blindheit der anderen Seite der Vernunft gegenüber für Klarheit!
In Anlehnung an Michael Hauskeller

2.10.1 Die beiden Grundtypen des »erfolgreichen« Managers

In vielen Unternehmen gibt es eine »geheime Führungslehre«, die der Erfolgreiche beherrschen muß. Sie verlangt die Fähigkeit, manipulativ Durchsetzungskämpfe zu bestehen, sich im Wettbewerb um Prestige, Anwartschaften auf Beförderung und um andere knappe Ressourcen zu behaupten – und zwar gegen andere Manager und andere Stellen im eigenen Unternehmen. Das Leben als Führungskraft erfordert Durchsetzungsvermögen, Härte und Verzicht auf »Gefühlsduselei«.

In Verwaltungen ist das nicht anders, nur daß es da manchmal außerdem nicht auf die Effizienz ankommt, mit der man nebenher Sachaufgaben löst; man kann seine ganze Kraft dem eigenen Erfolg widmen.

Weil das nicht alle gleich gut beherrschen, hat sich in der Führungspraxis daneben der anpassungsbereite, nachgebende (permissive) Manager herausgebildet. Er eckt nirgendwo an – und er bewirkt nirgendwo etwas. Aber er kann sich auf diese Weise oft lange in seiner Position halten, weil er Konflikte mit Mächtigeren vermeidet und erfolgreich den Anschein erweckt, als führe er. In Verwaltungen trifft man diesen Managertyp häufig – zuweilen auch in Unternehmen; manchmal bleibt er, bis das Unternehmen ruiniert ist.

Die Gründe für das Ausbilden solcher Persönlichkeitstypen liegen nicht in der Natur dieser Menschen, sondern in den Verhältnissen und Anreizen, die eine solche Entwicklung (Sozialisation) begünstigen. Außerdem sind die Wirkungen zunächst systemstabilisierend. Langfristig leiden Systeme und Menschen unter dieser Führung – mit schlimmen sozialen, emotionalen und ökonomischen Folgen.

Beispiel: Am gefährlichsten für die *Produktivität* eines Systems ist der Manager in der Ausprägung Chamäleon. Das Krankheitsbild: Worte und Taten lassen eine große Diskrepanz erkennen. Es fehlt die Kongruenz. Er (sie) unterdrückt Loyale und weicht vor Skrupellosen zurück. Solche Menschen sind nicht festzulegen, sind unberechenbar, immer nur reagierend, nie agierend. Sie sind ungerecht nicht aus unmoralischen, sondern aus taktischen Gründen, umgeben sich mit Anpassungsbereiten und verhindern das Emporkommen Integrer, die ihnen gefährlich werden könnten. Ohne emotionale Integrität sind sie eine »Als-ob-Persönlichkeit« *(Helene Deutsch).*
Weil sie jedoch hohe Anpassungsleistungen erbringen und skrupellos für Friedhofsruhe sorgen, sind sie oben beliebt. Solange keine Erfolgskontrolle ihrer Führungsergebnisse stattfindet, haben sie nichts zu befürchten. Meist ist ihnen nichts vorzuwerfen, da sie sich strikt an an die Systembedingungen und die damit verbundenen stillen Verhaltenserwartungen (die hidden goals) halten.
Diese spezifische Fehlform an Sozialkompetenz ist erfolgreich, solange das System in dieser Struktur besteht. Weil solche Systeme nur Personen mit diesem Kompetenzprofil fördern, wird das System mit jeder neuen Führungskraft dieses Zuschnitts stabiler, und weil Führungskräfte die Definitionsmacht besitzen und andere beurteilen, dürfen sie ihr Unwesen meist über lange Zeit hinweg treiben. Indem sie nur Menschen einstellen und aufsteigen lassen, die ihnen gefügig sind, wächst dieser Managertyp ständig nach.
Ein Horrorszenario? – Leider ist es die schwer durchschaubare Realität in vielen Organisationen.

Fazit: Das System macht keine Fehler – es *ist* der Fehler!

2.10.2 Führung wird zunehmend »entmonopolisiert«

Managementfunktionen werden auf immer mehr Menschen verteilt. Ein effektives Führungssystem liegt dann vor, wenn Führung von beiden Seiten her professionell wahrgenommen wird. Der Endzustand ist das Intrapreneuring: Alle Mitarbeiter sind Unternehmer im Unternehmen. In Verwaltungen muß der *Dienstleiter* zum *Dienstleister* werden. Damit ändern sich Führungsprofile grundlegend.

Das Management braucht künftig immer mehr Menschen mit umfassenden (ganzheitlichen) Kompetenzen. Deshalb wird in der Bildung heute über Schlüsselfähigkeiten, komplexere Fähigkeiten und Kompetenzen für Lebensbereiche statt Einzelqualifikationen diskutiert (vgl. Kapitel 3). Dazu benötigt der Manager auf jeder Stufe ständig ehrliche Rückmeldungen aus dem sozialen Umfeld – das wiederum setzt sozial-emotional kompetente Mitarbeiter voraus.

Als Führungskräfte-Beurteilungssystem wird das 360 Grad-Verfahren immer beliebter, danach beurteilt jeder jeden ständig oder genauer: Jeder erhält ständig von allen für ihn relevanten Menschen Rückmeldungen, an denen er sich orientieren kann. Das mag zunächst verwundern. Können denn auch einfache Mitarbeiter die Arbeit von Führungskräften zutreffend beurteilen? Das können sie meistens zwar nicht, aber sie können die Wirkungen beurteilen und rückmelden, die das Verhalten anderer auf sie ausübt. Solche Rückmeldungen sind eigentlich »Ich-Botschaften« – aber gerade diese Wirkungen auf das Erleben und damit das Verhalten anderer ist es, worauf es beim Führen ankommt. Erfolgreiche, d.h. emotional intelligente Führung in komplexen Systemen muß langfristig von beiden Seiten her professionell gehandhabt werden!

2.10.3 Neue Mitarbeiterprofile

Wenn man die Managementliteratur sichtet, gelangt man zu einem verwirrenden Bild: Das *Mitarbeiterideal* ist offensichlich der visionäre und zugleich unterwürfige Angestellte (oder Beamte) mit gut funktionierendem Anti-Blockier-System gegen Zumutungen aller Art (nach *Richard Kämmerling).*

Überhöhte Anforderungen, Arbeitsverdichtung und schlecht angepaßte Führungssysteme führen oft aus Selbsterhaltungsgründen zum »*Workaholic*«. Die Betroffenen wehren sich gegen die Selbstwahrnehmung ihres Krankheitsbildes durch Entschuldigungsgründe wie

- Mein Beruf verlangt das!
- So zu sein ist (heute) eine Tugend!
- Ich bin eben ein Macher – und damit
- ein Wohltäter meiner Organisation.
- Ich liebe meine Arbeit.
- Oder: Morgen höre ich damit auf!

Ein Workaholic zu sein, ist ein Modeleiden (siehe Psychologie heute, 4/00, S. 48 ff.). In der seriösen Literatur taucht dagegen der mündige Mitarbeiter auf (*Warren Bennis, Gifford Pinchot* u.a.), als Idealbild der Intrapreneur. Er ist der aktuelle Prototyp des emotional-sozial Intelligenten mit systemischem Know-how und unbegrenztem »Mut vor Managerthronen«. Man erkennt ihn daran, daß er

- sein Unternehmen in Stärken und Schwächen kennt,
- Schwächen offen ausspricht und an die Verursacher rückmeldet, auch wenn diese ganz oben sitzen und lieber angenehme Nachrichten empfangen,
- komplexe Aufgaben liebt und freiwillig übernimmt,
- störungsbereit, fehlerfreundlich und urteilsunabhängig arbeitet und kommuniziert.
- Kurz gesagt: Er empfindet sich als Unternehmer in seinem Unternehmen oder in seiner Behörde – denn auch die öffentlichen Aufgaben müssen unter dem Wettbewerbsdruck künftig »unternehmerisch« wahrgenommen werden!

Aber nicht in allen Organisationen herrschen bereits optimale Entfaltungsvoraussetzungen für Intrapreneure; sie werden selten ausreichend unterstützt, die Strukturen sind meist noch nicht herrschaftsfrei genug, um die Kreativität und den Mut eines Intrapreneurs zu ertragen, die Widerspruchs- und Fehlertoleranz ist noch gering. In solchen Systemen lautet der Überlebensrat *Pinchots* an Intrapreneure: *Denke immer daran, daß es einfacher ist, um Vergebung als um Erlaubnis zu bitten!*

Fazit: Emotional intelligente Führung ist ganzheitliche Führung. Sie besteht vor allem im Gestalten von Bedingungen, unter denen sich Menschen wohlfühlen und sich Intrapreneure entwickeln und entfalten können. Der Idealfall ist der emotional-sozial-konzeptionell kompetente Manager, der seine spezifischen hochwertigen Führungsleistungen seinen internen Kunden anbietet.

Hintergrundinformationen zu Kapitel 2

Die Entwicklung hin zum erweiterten Intelligenzbegriff
(Howard Gardner, Daniel Goleman, Robert J. Sternberg)
Howard Gardner: Abschied vom IQ – Entwicklung eines **multiplen Intelligenzkonzepts.**
Intelligenz besteht aus sieben (Teil-)Intelligenzen.
Die personale Intelligenz hat zwei Dimensionen:
- die interpersonale = Beziehungsintelligenz und
- die intrapersonale = »Selbstbeherrschungsintelligenz«.

Ganzheitliche Intelligenz ist die existentielle oder Lebensintelligenz (wir nennen sie den eQ).

Fazit: Nicht jeder ist in allen Formen der Intelligenz gleich gut – oder nicht jeder wird im Laufe seines Lebens alle Intelligenzen zur vollen Entfaltung bringen können.

Daniel Goleman: Emotionale Intelligenz. Der EQ ist die andere Seite des IQ. Vorläufer: *Peter Salovey* und *John Mayer* entwickelten eine Theorie der emotionalen Intelligenz. *Goleman* lieferte die Praxisbeispiele im schulischen und privaten (1997) und im betrieblichen (2000) Anwendungsfeld.

Lernprogramme sind immer dann am wirksamsten, wenn sie neben anderem immer zugleich einen Kernbestand an emotionaler und sozialer Kompetenz vermitteln:
- Impulskontrolle,
- Umgang mit Wut,
- Suche nach kreativen Lösungen für unzureichende soziale Zustände oder Situationen.

Lernprogramme müssen **nachhaltig angelegt** sein, erst dann schlagen sich Erfahrungen im Gehirn nieder (als verstärkte Bahnen, als »neurale Gewohnheiten«).
Lernprogramme müssen **Konflikte vermeiden** oder eindämmen helfen. Konflikte eskalieren, weil man
- nicht kommuniziert,
- Unterstellungen macht,
- voreilige Schlußfolgerungen zieht,
- aggressive Botschaften aussendet, die es dem anderen erschweren, zu erkennen, was man *eigentlich* will.

Lernprogramme müssen erleben lassen, daß ein Leben um so reicher ist, je mehr **Möglichkeiten** man kennt, **auf Emotionen zu reagieren.** Sie müssen die Fähigkeiten vermitteln,
- Gratifikationen aufzuschieben,
- in angemessener Weise sozial verantwortlich zu sein,
- seine Emotionen zu zügeln und
- eine optimale Einstellung zu gewinnen *(Goleman* a.a.O., S. 329, 330, 334, 336, 344).

Weitere Lernprogramme finden Sie bei *Goleman* (a.a.O.) in den Anhängen, S. 377ff.

In Anlehnung an *Karen F. Stone* und *Harold Q. Dillehunt* beschreibt *Goleman* ein Programm für das erfolgreiche **Selbstmanagement.** Es hat die Kernmerkmale:
- Selbstwahrnehmungstraining.
- Entscheidungen rational (»vernünftig«!) treffen lernen.
- Mit den eigenen Gefühlen umzugehen lernen.
- Stress gezielt abbauen können.
- Empathie entwickeln: Mit den Gefühlen anderer umgehen lernen.
- Erfolgreich über Gefühle kommunizieren lernen. Statt Vorwürfen, Ich-Botschaften senden lernen.
- Offenheit ertragen lernen- Vertrauen entwickeln.
- Muster im eigenen und im fremden Gefühlsleben erkennen lernen.
- Sich selbst annehmen können (Selbstwertgefühl entwickeln).
- Verantwortung bereitwillig übernehmen lernen.
- Selbstsicherer werden: Ohne Zorn und ohne Passivität reagieren lernen.
- Kooperieren können.
- Konflikte lösen lernen.

Daniel Goleman: Der Erfolgsquotient (EQ^2)
Definition: Eine emotionale Kompetenz ist eine auf emotionaler Intelligenz beruhende erlernte Fähigkeit, die herausragende Arbeitsleistungen zur Folge hat.
Emotionale Kompetenz umfaßt soziale und emotionale Kompetenzen.
Wie bei *Howard Gardner:* Persönliche Intelligenz umfaßt inter- und intrapersonale Fähigkeiten.
Es gibt fünf grundlegende emotional-soziale Kompetenzen:
- Selbstwahrnehmung.
- Selbstregulierung.
- Selbst-Motivation.
- Empathie.
- Soziale Fähigkeiten: In Beziehungen mit den eigenen und mit fremden Emotionen umgehen können.

Grundlegende Ergebnisse:
- Untersuchungen in Unternehmen ergaben: 73 Prozent der für Spitzenleistungen wichtigen Fähigkeiten haben emotionale Komponenten. 67 Prozent davon waren emotionale Kompetenzen.
- Neben der Fachkompetenz ist die »praktische Intelligenz« (Erfolgsintelligenz) immer erfolgsbedeutsam. Sie besteht zu einem überwiegenden Teil aus emotionalen und sozialen Komponenten. Menschen ohne diese Anteile zeigen »gebildete Unfähigkeit« und »emotionale Taubheit«.
- Hochbegabung/Hochleistung beruht auf dem EQ.
- Emotional intelligente Menschen sind nicht bloß nett, sondern ehrlich – sie können die Wahrheit ertragen und anderen emotions- und sozialverträglich vermitteln!
- Leistungsträger suchen gezielt nach Feedback. Sie glauben an ihr Talent – negative Rückmeldungen beirren sie darin nicht; sie nutzen diese als willkommene Lernhilfe.
- Optimismus ist (nach *Martin Seligman)* ein wichtiger Erfolgsfaktor.
- Positive Emotionen sind ansteckend.

Robert J. Sternberg: Erfolgsintelligenz ist die Summe der Intelligenzen!
Erfolgsintelligenz hat 19 Kernmerkmale (Sternberg a.a.O., S. 275ff.): Menschen mit Erfolgsintelligenz

1. motivieren sich selbst.
2. lernen ihre Impulse zu kontrollieren.
3. wissen, wann sie durchhalten müssen.
4. wissen das Beste aus ihren Fähigkeiten zu machen.
5. setzen Gedanken in Taten um.
6. sind ergebnisorientiert.
7. bringen ihre Aufgaben zu Ende.
8. sind initiativ.
9. haben keine Angst vor Fehlschlägen.
10. schieben nichts auf die lange Bank.
11. akzeptieren berechtigte Kritik.
12. lehnen Selbstmitleid ab.
13. sind unabhängig.
14. versuchen, persönliche Schwierigkeiten zu überwinden.
15. konzentrieren sich auf ihre Ziele.
16. kennen den schmalen Grad zwischen Über- und Unterbelastung.
17. besitzen die Fähigkeit, auf Belohnungen zu warten.
18. können den »Wald vor Bäumen« sehen. Verfügen über ganzheitliche Fähigkeiten.
19. besitzen ein vernünftiges Maß an Selbstvertrauen und glauben an ihre Fähigkeiten, ihre Ziele zu erreichen.

Sternberg nennt **sechs Lebensregeln** für den Erfolgsintelligenten:

1. Negativen Erwartungen widerstehen; sich nicht durch die Beurteilung anderer davon abhalten lassen, seine Ziele zu erreichen. Hindernisse als Teil der Herausforderung begreifen lernen.
2. Sich selbst beeinflussen lernen. Eine optimistisch-positive Grundeinstellung gewinnen. Erkennen, daß die Leistungsgrenzen wesentlich von der eigenen Definition abhängen.
3. Rollenvorbilder suchen (Modelle). Der eigene Erfolg ist dann eine Kombination der guten Seiten der Vorbilder. Aus vielen Vorbildern eine eigene Identität machen. Erkennen, warum andere versagen; Gegenstrategien für das eigene Handeln entwickeln.
4. Aktiv nach einem erfolgsfreundlichen Umfeld suchen – notfalls dieses Umfeld selbst herstellen.
5. Sich vom Durchschnitt abheben: Der Abstand zwischen einer kompetenten und einer exzellenten Leistung ist nicht sehr groß!
6. Die eigenen Schwächen kompensieren, die eigenen Stärken nutzen. Erfolgsintelligenz ist dynamisch und flexibel: Das zu erkennen, ist die Kernkompetenz!

Die Gehirnwissenschaften revolutionieren das Denken über uns selbst!
Die wichtigsten neuen Erkenntnisse über die Intelligenz stehen im Zusammenhang mit Phänomenen wie

- dem Funktionieren unseres Gehirns,
- der Frage nach dem neuen Bild der Person und
- nach dem Zusammenwirken der intelligenten Prozesse und nach ihren Komponenten.

Die Gehirnwissenschaften sind eine interdisziplinär arbeitende neue »Disziplin«. Hierzu gehören Neuro- und Kognitionswissenschaften (neurologische Kognitionsforschung), Psychologie, Soziologie, Soziobiologie, Linguistik, Informatik und Philosophie (vor allem der erkenntnistheoretische Zweig).

Kulturelles läßt sich nicht schlüssig auf eine natürliche, genetische Basis zurückführen. *Richard Dawkin* stellt daher den materiellen Genen kulturelle »Meme« gegenüber. *Franz Liebl:* Meme sind »selbstreproduzierende Informationseinheiten«. *Friedrich Nietzsche* sprach bereits 1880 von den zwei Naturen: der biologisch bestimmten und der vom Menschen in der Kultur selbst gestalteten. Um das Zusammenwirken und die Wechselwirkung beider geht es in diesem Zusammenhang. (Grundlegendes bei: *Strube, Gerhard u.a.* (Hrsg.): Wörterbuch der Kognitionswissenschaft. Stuttgart 1996.)

Überblick: Kapitel 3

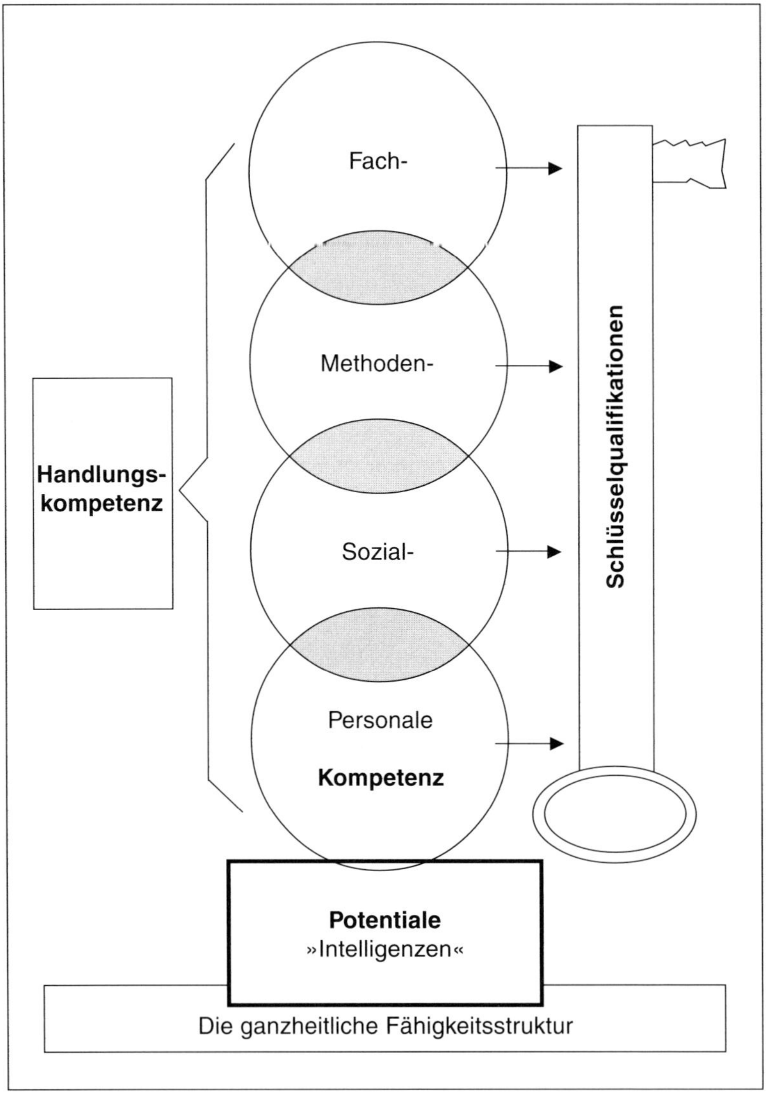

3 Neue Fähigkeitspotentiale für neue Systeme

Ideen werden nur wirksam, wenn sie sich mit Emotionen verbinden!

Das Konzept »emotional-soziale Erfolgsintelligenz« ist der (vorläufige?) Endpunkt in einer Entwicklung, die 1974 mit der Entdeckung der Schlüsselfähigkeiten durch den Arbeitspsychologen *Dieter Mertens* begann. Er erkannte als erster die Unvollkommenheit und Unergiebigkeit der damaligen beruflichen Bildungsziele und -verfahren für eine veränderte berufliche Zukunft. Damals entsprachen sie sehr genau den Anforderungen, die eine arbeitsteilige Organisation an Menschen stellte. Menschen wurden an die geteilte Arbeit angepaßt, und zwar so schnell und preiswert wie möglich. Die vorherrschende Methode war konsequenterweise das analytisch beherrschbare Skill-Training. So entstanden auch die dazu passenden Management- oder Führungstechniken, die sogenannten Management-by-Lehren. Im Zentrum stand der Trainer. Nebenwirkungen dieses didaktischen Ansatzes wurden über »Sensitivity-Training« ausgeglichen. Alles folgte dem herrschenden Paradigma: Anpassung der Menschen an ihre Arbeit – ohne Berücksichtigung ihrer Entfaltungsbedürfnisse und Lernmöglichkeiten. Niemandem ist daraus ein Vorwurf zu machen, denn so dachte man damals eben; es war das herrschende didaktische Paradigma, genau passend zur Denkweise der Betriebswirtschaftslehre und des gesamten Managements.

Damit Sie den Schritt ins Neuland der ganzheitlichen beruflichen Bildung innerhalb einer komplexer werdenden Umwelt richtig einordnen können, stellen wir Ihnen hierunter kurz den Stand der Entwicklung vor, in den sich die neuen Denkweisen einfügen.

Dieser Abschnitt betrifft vor allem das Bildungsmanagement – aber künftig werden alle Mitarbeiter in die ständigen Lernprozesse eingebunden sein; das verlangt die »lernende Organisation«. Zumindest alle Führungskräfte sind bereits in die Personalentwicklung einbezogen. Wer seine Mitarbeiter nicht ständig weiterentwickelt, nimmt bald schon am Lernen der Organisation nicht mehr teil.

3.1 Weshalb braucht das Management Kompetenzen statt Qualifikationen?

EQ und Managementpraxis: Goleman konnte in einer Studie in rund 500 Unternehmen nachweisen, daß der Einfluß des EQ auf das Arbeitsergebnis sehr hoch ist. 67 Prozent der Leistungen hingen vom EQ ab; in den höheren Etagen waren es sogar 80 Prozent. (Quelle: buch aktuell, Frühjahr 1999, S. 28.)

»Das kognitive As, das zugleich ein emotionaler Krüppel ist«, wird künftig (hoffentlich) keine Karriere mehr machen können. Aber: Noch sind die Verhältnisse nicht in allen Betrieben und Behörden dem Nutzen der Potentiale günstig. Konsequente leistungs- und potentialbezogene Personalentwicklung ist vorerst vor allem ein »hochglänzendes« Schlagwort in den berüchtigten Broschüren.

Was heißt ganzheitliche Bildung? Nach den vorliegenden Erkenntnissen darf man schlußfolgern: Erst das Vorliegen ausreichender Werte aus IQ *und* EQ machen Bildung möglich. Das gilt auch für die berufliche Bildung, wenn man darunter ganzheitliche Fähigkeiten und nicht nur Skills (Detailqualifikationen) versteht. Unter dem Grundgedanken der Ganzheitlichkeit – auch im Personalmanagement – nimmt die betriebliche Bildung Abschied vom analytisch entwickelten Qualifikationsbegriff, der sich in getrennt trainierbare Kenntnisse und Fertigkeiten auflösen läßt. Man arbeitet stattdessen mit tätigkeitsübergreifenden Fähigkeiten, die als Kompetenzen beschrieben werden.

In der aktuellen Bildungsdiskussion wird berufliche Bildung daher vor allem in drei Richtungen weiterentwickelt:

- Sie vermittelt *Kompetenzen* für zusammenhängende Teilbereiche beruflicher Leistungen und beruflichen Verhaltens,
- sie steigert das *Anspruchsniveau,* das Niveau, auf dem es gelingen kann, Komplexität wirksam zu reduzieren, und
- sie vermittelt vielfach verwendbare *Schlüsselfähigkeiten*, die in möglichst vielen Anforderungsbereichen die Funktion einer »Kernkompetenz« besitzen.

Zum Begrifflichen generell: Potentiale sind die Voraussetzungen für entsprechende Fähigkeiten. Potentiale zu erkennen und sie in Fähigkeiten zu verwandeln sind Aufgaben der Personalentwicklung; es sind nur operativ zwei voneinander unabhängige Schritte. Im Assessment Verfahren werden sie (manchmal) sinnvoll miteinander verknüpft: Potentiale werden festgestellt und dem Träger werden sofort entsprechende Entwicklungsangebote gemacht.

Man kann leicht feststellen, daß es zahlreiche Gemeinsamkeiten zwischen ganzheitlichen Qualifikationen und emotional-sozialen Potentialen gibt.

Menschliche Potentiale entsprechen offensichtlich den menschlichen **Lebensräumen.** Es gibt neben den Potentialen zur Bewältigung des Alltags,
- ästhetisch-imaginäre (»poetische«, künstlerische, vgl. die emotionale Wirkung von Worten und von Farben),
- philosophisch-ganzheitliche (»erkenntniskritische«),
- religiös-ethische (rückbindungsbezogene),
- soziale und
- kulturelle im weiteren Sinne.

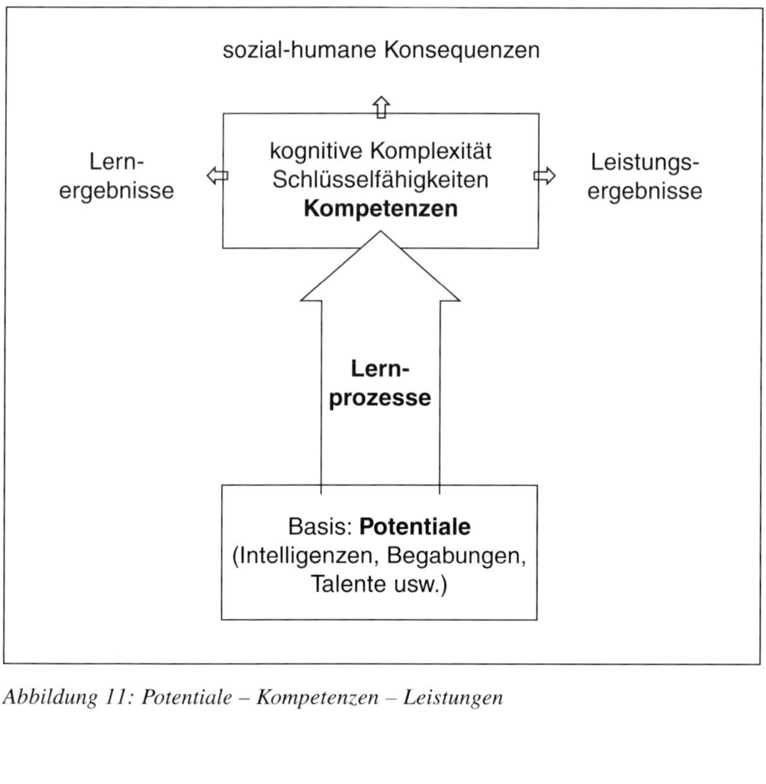

Abbildung 11: Potentiale – Kompetenzen – Leistungen

Nicht jeder Mensch bildet alle diese Potentiale gleichermaßen aus. Ihre Entwicklung erfordert ein solches Maß an Energie und Zuwendung, daß nur wenige Menschen »umfassend gebildet« sind.
Die Ausbildung kultureller Potentiale bewahrt Menschen davor, den Sinn *eines* Lebensraumes absolut zu setzen. Zur Zeit droht ein »ökonomischer Absolutismus«, wenn es uns nicht gelingt, durch Kulturentwicklung das Gleichgewicht zwischen dem Ökonomischen und dem Nichtökonomischen wiederherzustellen.

3.2 Die wesentlichen Kompetenzbereiche der beruflichen Bildung heute

Aufgabenfelder verlangen unterschiedliche Kompetenzen! Fähigkeiten (Qualifikationen) lassen sich nach Kompetenzen in Verwendungsfelder gliedern. Durchgesetzt hat sich die Vierteilung in fachliche, methodische, soziale und personale Kompetenz – neuerdings kommt bei ganz aktuellen Lernzielkatalogen auch schon die Medienkompetenz vor. Demnach besteht die vollständige *Handlungskompetenz* aus den Teilkompetenzen:

- Fachkompetenz: Kenntnisse auf bestimmten Fachgebieten, je nach Vorbildungsrichtung und -stufe,
- Methodenkompetenz: Die Fähigkeit, allgemeine und spezifische Arbeitsmethoden einzusetzen; hierzu sind auch interdisziplinäre Fähigkeiten zu rechnen. Im Zentrum steht die *Mustererkennung*. Die Fähigkeit, sich in komplexen Informationsbeständen aller Art schnell und zielsicher zurechtzufinden und das Grundmuster zu erkennen – und selbst aus unübersichtlichen Informationen Strukturen zu bilden.
- Sozialkompetenz: Fähigkeiten im Umgang mit anderen Menschen, z.B. mit Mitarbeitern (als Führungskraft), mit Kunden, mit Kollegen bei der Teamarbeit usw.
- personale Kompetenz (oder Individualkompetenz [*H.-O. Apel* 1987]): Fähigkeit, mit sich selbst in Streß- und Konfliktsituationen zurechtzukommen (stabile Werthaltungen und positive Einstellungen zu entwickeln). Personale Kompetenz ist im Kern Selbstorganisation. Sie ist die Basis für alle anderen emotional-sozialen Fähigkeiten. (Näheres siehe Anhang 1.)

Fallbeispiel: Sachbearbeiter S war ein liebenswürdiger Mitarbeiter, hilfsbereit, anpassungsfähig und arbeitswillig. Er übernahm ohne Einwände alle Aufträge, schrieb sie übersichtlich auf Karten und ordnete diese auf einer riesigen Pinwand terminlich und sachlogisch. Als sein Chef immer mehr mahnende Anrufe über Nichterledigtes erhielt, fiel er aus allen Wolken. Er fand S in seinem Dienstzimmer vor der gut geordneten Pinwand bei seiner Lieblingsbeschäftigung, die er als einzige gut beherrschte; alle Aufträge harrten noch der Erledigung. S hatte seine gesamte Arbeitszeit mit diesem Ordnungssystem verbracht. Er war immer fleißig und arbeitswillig – aber zu wessen Nutzen? Der verzweifelte Chef war nicht einmal zu einer Rüge in der Lage. Er hatte zu blind vertraut; er hatte sich blenden lassen. S hatte den Schaden auch gar nicht angerichtet, er war ihm passiert – wegen seiner Unfähigkeit, sich selbst zu organisieren. Der Fall endete tragisch. S ist an dieser Unfähigkeit zerbrochen; er erkrankte schwer und mußte vorzeitig den aktiven Dienst verlassen. Offensichtlich ist niemand während seiner gesamten Dienstzeit auf den Gedanken gekommen, ihm ein Coaching anzubieten oder zu einem methodisch sinnvollen Selbstmanagement zu verhelfen – aber beides gab es damals im Führungssystem noch nicht. Auch dieser Fall kann in allen Organisationen vorkommen.

Im Mittelpunkt der praktischen Überlegungen steht heute die *Sozialkompetenz* (vgl. auch Abschnitt 2.5.5), an deren Fehlen viele Projekte scheitern. Sozialkompetenz zeigt sich bei jeder Interaktion, bei jedem sozialen Einzelvorgang. Die Problematik: Sozialverhalten ist die Summe vieler Opfer, die uns im Namen des Zusammenlebens abverlangt werden *(Anthony Giddens)*. Mit der Sozialkompetenz steigen die Anforderungen. Es wird immer mehr von dem Kompetenten erwartet. Er muß zusätzlich mit dem Erwartungsdruck umgehen lernen – durch ein gutes Selbstmanagement.

Nur wer sich selbst in der Hand hat, kann andere beeinflussen! Erst wenn man eine solide personale Kompetenz aufgebaut hat, läßt sich erfolgreich Sozialkompetenz entwickeln. Nur wer sich selbst achtet, kann auch andere achten. Daher ist self management zur Zeit ein boomendes Seminargeschäft.

Die Lernbarrieren werden höher, wenn die Bedingungen der Arbeit und des sozialen Umgangs Überforderungen verursachen und/oder Selbstachtungsprobleme erzeugen und wenn Prinzipientreue unbelohnt bleibt. Nur bei günstigen Bedingungen wird sozialverträgliches Verhalten gelernt, und nur dann »lohnt sich« altruistisches Verhalten. Die Bezeichnung »lohnt sich« paßt nicht in diesen Zusammenhang – sagt die Ethik! Aber: Menschen sind nur selten bereit (und in der Lage), ständig gegen ihre Interessen zu verstoßen. Es ist *psycho-logisch,* wenn man aufgezwungene Prinzipien und Regeln mißachtet, die das eigene Selbstwertgefühl gefährden. Eine abstrakte Ethik, die unsere psychischen Möglichkeiten überfordert, findet nur in der Theorie viele Anhänger.

Schlüsselqualifikation Medienkompetenz: Zunehmend werden Menschen durch Medien beeinflußt. Medien geben die Stichworte für Diskussionen und besetzen die Themen. Um mitreden zu können, muß man das Medienangebot wahrnehmen. Aber man muß sich ihm nicht unterwerfen. *David Riesman* (wir haben auf ihn bereits hingewiesen) hat schon in den fünfziger Jahren in diesem Zusammenhang von außen- und innengelenkten Menschen gesprochen. Niemand bleibt bei der Vorherrschaft der Medien ausschließlich innengelenkt. Aber wer andere führen will, muß sich einen Rest innerer Autonomie erhalten.

Außerhalb des Schemas Handlungskompetenzen taucht aus den genannten Gründen neuerdings die Medienkompetenz als eigenständiger Fähigkeitskomplex auf. Die Gründe liegen darin,

- daß die Möglichkeiten schwinden, das durch Medien vermittelte Wissen zu kontrollieren,
- daß uns die meisten Nachrichten in personalisierter und moralisierender Weise erreichen und der eigentliche Sachinhalt dadurch immer unkenntlicher wird,
- daß die Medien selbstreferentiell sind, d.h., sie bieten vor allem Nachrichten über Nachrichten,
- daß infolge der zunehmenden Komplexität immer mehr Expertensysteme notwendig werden, deren Kontrolle durch den einzelnen Nutzer unmöglich geworden ist.

Was genau ist Medienkompetenz? Zunächst gehört die Fähigkeit des Auswählens dazu; Massenmedien sollte man aktiv (selbstwählend) nicht passiv (folgsam) nutzen. Auch der bewußte Verzicht auf Informationen, die man nicht benötigt oder die man nicht wünscht, gehört dazu; vor allem aber der Stolz (oder die Scham), sich nicht jedes Niveau zumuten zu lassen.

Der Schutz vor »schädlichen« Informationen besteht in der erlernbaren Fähigkeit, alle Arten von Texten kritisch und kontextuell zu lesen. Kontextuelles Lesen heißt, daß der Text-Verbraucher die Umfelder kennt, aus denen die Informationen stammen. Ihr Wahrheitsgehalt läßt sich oft nur auf diese Weise einer Plausibilitätsprüfung unterziehen. Medienkompetenz läuft damit auf interdisziplinäres Denken und Tun hinaus, also auf einen spezifischen Aspekt von Ganzheitlichkeit im Wissensgebrauch. Wissensmanagement läßt sich nur mit dieser Kompetenz betreiben, daher wird sie immer wichtiger.

Medienkompetenz hat zwei Schwerpunkte, den selektiven Umgang mit den Medien und den zweckmäßigen Umgang mit Texten in Medien. Mediennutzung (Computer, Internet usw.) gehört heute zu den unumgänglichen Kulturtechniken; Kinder müssen eher vor einem Zuviel geschützt werden, und es muß davor gewarnt werden, daß man kritiklos Informationen aufnimmt, die eher der Verwirrung als der Bildung dienen. Man sollte sich immer bewußt sein, daß man die rund 5.500 bestehenden Datenbanken über das Internet gar nicht nutzen kann, sondern daß man ohne »mediale Sorgfalt« auf eine »Müllhalde Internet« verwiesen ist.

Braucht man Medienkompetenz auch am Arbeitsplatz? Sie wird dort wegen der steigenden Informationsfluten zunehmend wichtiger. Viele Informationen müssen vom Verbraucher in handhabbares Wissen verwandelt werden; im Laufe eines Tages ist eine Vielzahl unterschiedlicher Texttypen zu verarbeiten. Schwierig ist dabei vor allem der richtige (effektive und effiziente, aber auch sinnvolle) Umgang mit Texten im weiteren Sinne. Hierzu gehören einfache Grundfähigkeiten:

- Kann ich Informationen von Wissen unterscheiden? Informationen werden erst zu Wissen, wenn sie verarbeitet sind, d.h., wenn sie in einen bereits vorhandenen Bestand integriert wurden.
- Kann ich Texte nach ihren Kontexten bewerten; kann ich sie auf dem Hintergrund eigener Fragestellungen kritisch gewichten und nutzen? Oder bin ich der Suggestionskraft jedes Textes hilflos ausgeliefert?
- Kann ich Informationen in verbrauchsgeeignetes Wissen überführen? Habe ich Ordnungsstrategien gelernt, mit denen ich Wissen »beherrsche« (Superzeichenbildung, Strukturbildung, Systematik, Heuristik).
- Beherrsche ich Darstellungsmethoden, die leserfreundliche Texte ergeben? (Zum Beispiel das Hamburger Verständlichkeitskonzept nach *Langer, Schulz von Thun, Tausch.)*

Neil Postman (der amerikanische Medienkritiker) stellt einen weiteren wichtigen Aspekt der neuen beruflichen Bildung fest: Kritischen Umgang mit Texten (und mit Medien überhaupt) lernt man nur in einem langen Prozeß kritischen Lesens und sorgfältigen Umgangs mit Texten. Mediale Fähigkeiten werden weder in Schulen noch in Hochschulen ausreichend vermittelt. Wie schützt man sich vor medialer Hilflosigkeit? Die Mindestanforderungen an den Mediennutzer lassen sich in drei Fragen zusammenfassen:

- Welchen Zwecken soll die Information dienen, die ich suche (Effektivitätsaspekt)?
- Auf welchen Wegen finde ich die Information am schnellsten, zuverlässigsten und zeitsparendsten (Effizienzaspekt)?
  Brauche ich diese Informationen wirklich (Sinnaspekt)?

Emotionen und Texte: Viele medienvermittelte Texte zielen auf die Emotionen. Die meisten Informationen werden in den Massenmedien (wegen der Einschaltquoten) personalisiert und auf das emotional Wirksame reduziert. Die Wirklichkeit des Alltags ist nicht so spannend wie die der Medien. Auch andere Texte nähern sich immer stärker diesem Typ an, um überhaupt noch Interesse wecken zu können. Das fordert ein hohes Maß an emotionaler Kritikfähigkeit. Emotionale Intelligenz besteht auch hier vor allem in der Fähigkeit der emotionalen Selbstkontrolle. Die »erlernte Hilflosigkeit« (nach *Martin Seligman)* ist vor allem der Verlust der Fähigkeit, unsere Emotionen zu kontrollieren und bewußt einzusetzen. Emotional kompetent ist man, wenn man seine Emotionen im Griff hat – nicht wenn die Emotionen uns (mediengesteuert) im Griff haben. Das gilt in zunehmendem Maße auch für die Textverarbeitung.

Medienkompetenz schützt vor den Risiken des Infotainment! Fernsehen, Internet und Werbung lösen starke emotionale Wirkungen aus; vor allem bei oberflächlichen Informationen. Unsere Aufmerksamkeit wird auf wenige (oft manipulierte, manchmal erfundene Probleme und Situationen) gelenkt; den Verbrauchern dieser Informationen bleiben kaum noch Reserven für »das wirkliche Leben« und schon gar nicht für eine eigenständige Sicht. Das führt zu einer »Spirale der Oberflächlichkeit« in einer mediengesteuerten »Spaßgesellschaft« *(Rudolf Grosskopff).*

Als noch nicht definierte, aber immer wichtiger werdende Kompetenz käme noch die systemische hinzu. *Systemische Kompetenz* umfaßt vor allem die Fähigkeiten,

- mit komplexen sozialen Systemen und Situationen adäquat umzugehen,
- die Betriebsblindheit zu minimieren und andere vor Betriebsblindheit zu schützen,
- Menschen zu helfen, in ihrem System und mit diesem zurechtzukommen, ohne daß sie dabei Schaden nehmen. (Wir kommen in Kapitel 10 darauf zurück.)

Was auffällt, ist, daß **»Allgemeinbildung«** in den Kompetenzkonzepten nicht mehr vorkommt. Eine Zeitlang forderte man für jedes Studium ein vorgeschaltetes studium generale. Das ist sicher nicht mehr möglich. Gut wäre es dennoch, wenn jeder ein kulturelles Mindestwissen besäße, das heute allerdings eher weltweit gültige Kulturgüter und zu Kultur befähigende Schlüsselqualifikationen umfassen müßte. Peinlich wäre es (noch!), wenn beispielsweise ein Topmanager eines Tages bei einer Party fragte: »Malte nicht Mozart den Faust? « *(Rolf Göppel).*

Hartmut von Hentig hat sechs Kriterien für eine zeitgemäße Bildung formuliert:
- Abwehr von und Abscheu vor Unmenschlichkeit,
- Wahrnehmung von Glück,
- Verständigungsfähigkeit und -bereitschaft,
- Geschichtsbewußtsein: Verstanden als Bewußtsein von der Geschichtlichkeit der eigenen Existenz,
- Wachheit für letzte Fragen,
- Selbstverantwortungsbereitschaft und Verantwortung für die res publica (In: Bildung. München, Wien 1996).

3.3 Reflexionsfähigkeit als »Mutter aller Kompetenzen«

Vor lauter Überlegenheit kommen Manager nicht zum Überlegen!
Reinhard K. Sprenger

In den neuen Kompetenzen (vor allem in der Medienkompetenz und der systemischen Kompetenz) ist Reflexionsfähigkeit gefragt, die Fähigkeit, seine Kenntnisse und Meinungen kritisch (nach Außenkriterien) zu bewerten und aus dieser Bewertung Schlüsse zu ziehen.

Alle Fähigkeiten lassen sich dazu nach dem erreichten generellen Niveau (dem Denk- und Wahrnehmungsstil) gliedern *(Rokeach* 1960). Anspruchsvoll formuliert: Das Niveau entscheidet über »die Qualität der Komplexitätsreduktion«. Menschen lassen sich auf einem Kontinuum anordnen; sie sind entweder

- kognitiv komplex (sie haben immer viele Alternativen) oder
- kognitiv rigide (sie sind von eingeschränkter Flexibilität) (vgl. Tabelle 3).

Kognitiv komplexe Menschen	**Kognitiv rigide Menschen**
differenzieren und diskriminieren genau	pflegen »vieles in einen Topf zu werfen«
sind selbstkontrolliert	haben nur grobe Unterscheidungen, nehmen eher ungeordnet auf und haben Mühe, Ordnungen zu erkennen
besitzen viele Ordnungssysteme und gliedern logisch	haben eine geringe Selbstkontrolle
haben vieles geordnet gespeichert, so daß sie aus ihrem Gedächtnispotential Situationen deuten und umdeuten können (»Denken heißt vergleichen« *[W. Rathenau]*)	haben ein geringes Kenntnispotential, so daß sie von der jeweiligen Situation abhängig sind und keine Zusammenhänge zwischen Situationen mit gleichen oder ähnlichen Merkmalen erkennen können
haben viele Zielvorstellungen, zwischen denen sie Prioritäten herstellen können	sind von wenigen Zielen gelenkt – handeln nach dem Prinzip: Alles oder Nichts
sind fragend, abwägend (Selbstbild: »flexible Persönlichkeit«)	sind absolutistisch, autoritär (Selbstbild: »stabile, selbstsichere Person«)
suchen nach »fruchtbaren Fehlern« und nach Widerspruch; sie sind fehlerfreundlich	haben Angst vor Widerspruch; jagen nach Schuldigen

Tabelle 3: Kognitiv komplexe und kognitiv rigide Menschen

(Sammelreferat hierzu: *Matthias Petzold:* In: Psychologie in Erziehung und Unterricht. 32. Jg. (1985); S. 161-177: Der Grund für dieses Konzept besteht darin, daß seit der »kognitiven Wende« der Strukturbezug vor dem Inhaltsbezug rangiert. Es wird eine Wechselwirkung angenommen zwischen der Person/Persönlichkeit und ihrer kognitiven Organisation [oder Strukturiertheit]).

3.4 Schlüsselfähigkeiten: Schlüssel zu vielen Schlössern

Herkunft, Elemente und Entwicklungsstand der Schlüsselqualifikationen/-fähigkeiten: Der Begriff stammt von *Dieter Mertens,* einem Arbeitspädagogen, der ihn 1974 erstmals ins Gespräch brachte. Inzwischen gibt es zahlreiche Gliederungen.

Beim Führungsnachwuchs ist Persönlichkeit gefragt: Mehr als 50 Prozent aller Anforderungen, die Unternehmen an den Führungsnachwuchs stellen, sind solche Schlüsselqualifikationen (Umfrage des Instituts der Deutschen Wirtschaft in Köln). Genannt werden:
- hohe Leistungsbereitschaft,
- vernetztes Denken,
- Problemlösekompetenz,
- Belastbarkeit,
- selbständiges Arbeiten,
- Entschlußkraft.

Fazit: Schlüsselqualifikationen sind solche, die einen großen praktischen Verwendungsbereich haben und mit denen man sich viele unterschiedliche Inhalte erschließen kann.

Gerade hier machen die befragten Unternehmen bei ihren Nachwuchskräften die größten Schwachstellen aus (F.A.Z. vom 29.4.2000, Wirtschaftsteil). Große bis sehr große Defizite sehen 68 Prozent der Personalchefs bei jungen Technikern und 55 Prozent bei jungen Ökonomen, z.B. in der »sozialkommunikativen Kompetenz« (F.A.Z. vom 5.4.2000; nach einer Befragung bei 200 niedersächsischen Betrieben). Wenn auch die Begriffswahl hierbei ungenau ist, so zeigen sich doch deutlich die auch von *Goleman* beklagten Mängel.

Zu den Schlüsselfähigkeiten einer Führungskraft gehören z.B.:
(in: Manager Seminar Nr. 28, III/97, S. 44f.)

(Wertung: »sehr wichtig« in Prozent)	
Glaubwürdigkeit	*92,3 %*
persönliche Integrität	*61,5 %*
positive Lebenseinstellung	*53,8 %*
systematisches Denken	*61,5 %*

Einfühlungsvermögen	*61,5 %*
Flexibilität	*50 %*
Reflexion	*50 %*
Prioritätensetzung	*50 %*
Ziel-Ergebnis-Orientierung	*42 %*
strategisches Denken	*42 %*
Delegationsbereitschaft	*42 %*
Entscheidungsfähigkeit	*38,5 %*

Inzwischen gibt es einen »Eignungstest für Chefs«; MAP von *Heinrich Wottawa,* Bochum (einem Experten für betriebliche Diagnostik).

Eine immer wichtiger werdende Schlüsselfähigkeit: Neuerungen gestalten und Menschen in Neuerungsprozessen behutsam und wirksam führen. Die *Kompetenz* »Change Agent« wird zu einer Kernkompetenz im Management. Seine Persönlichkeit im schnellen Wechsel und Wandel zu erhalten und sich immer wieder selbst zu stabilisieren, ist längst der Kern des self management und der einschlägigen Kursangebote (*Monika Becht:* Reif für den Wechsel. Frankfurt/M. 2000).

Welches ist die spezifische Funktion der Schlüsselqualifikationen? Man benötigt sie vor allem für einen breiten Gebrauch des erworbenen Wissens und Könnens. Sie sind zugleich ein Meßwert für die Qualität einer Kompetenz. Eine Kompetenz ist um so wertvoller, je größer der Wirklichkeitsauschnitt ist, den sie uns erschließt! Schlüsselfähigkeiten sind Kompetenzen zum Öffnen vieler Schlösser!

In der Praxis hat sich der Begriff »Schlüsselqualifikation« (oder -fähigkeit) durchgesetzt. Während Kenntnisse eine immer kürzere Verfallzeit haben, sind Schlüsselqualifikationen von bleibendem Wert:
- Sie erschließen viele weitere Kenntnisse,
- helfen bei der Bewältigung ungewohnter Probleme und neuer Situationen und
- besitzen eine hohe Transferqualität.

Gibt es eine Schlüsselqualifikation »Selbstentwicklung«? Sie ist die zentrale aktuelle Schlüsselqualifikation einer »lernenden Organisation«. Als *»Selbstqualifizierungsfähigkeit«* umfaßt sie vor allem Methoden zur optimalen selbständigen Kenntniserarbeitung. Man nennt den selbständigen Kenntniserwerb Selbststudium, autodidaktisches Lernen oder selbstgesteuertes Lernen. Die beiden letztgenannten Bezeichnungen weisen darauf hin, daß der Lernende sowohl Lehrer als auch Lernender ist. Er benötigt daher ein gewisses Know-how aus Lernpsychologie, Didaktik und Methodik, um Lernumwege zu vermeiden und lernzielgerecht auf dem kürzesten Wege nachhaltige Lernergebnisse zu erzielen. Diese (zusammengesetzte) Schlüsselfähigkeit ermöglicht ihm am zuverlässigsten, sich in Zeiten der Unübersichtlichkeit zurechtzufinden.

Goleman nennt als Schlüsselqualifikationen, die auf dem EQ beruhen:
- Selbstreflexion,
- Selbstkontrolle,
- Selbstmotivation,
- Fremdwahrnehmungsfähigkeit/Einfühlungsvermögen (Empathie),
- Konfliktstärke, gepaart mit »kooperativer Bindungsbereitschaft«, und
- soziale Kompetenz (generell).

Schlüsselqualifikation »Sozialkompetenz«! Vor allem die Sozialkompetenz wird immer mehr zur »Schlüsselkompetenz«. Nachmoderne Gesellschaften wandeln sich in kommunikative, sozial vernetzte Dienstleistungsgesellschaften, in denen der Austausch zwischen Menschen immer dichter und immer wichtiger wird. Die Austauschbedingungen und -beziehungen werden darüber entscheiden, ob daraus eine sozial*er*trägliche, sozial*ver*trägliche und vielleicht sogar sozial *befriedigende* Gesellschaft wird. Menschenwürdige Gesellschaften brauchen eine hohe Interaktionskultur. Hierfür müssen ihre Mitglieder sozialisiert werden, d.h., in allen gesellschaftlich organisierten und organisierbaren Lernprozessen müssen Interaktionsfähigkeiten im Mittelpunkt stehen. Manchmal teilt man weiter auf in
- eine kommunikative und
- eine soziale Kompetenz.

Die erstgenannte umfaßt dann den sprachlichen, die zweite den nichtsprachlichen Aspekt. Beide lassen sich jedoch nur analytisch trennen.

An diesem Beispiel zeigt sich, daß der Praktiker keine scharfe Trennung zwischen den Konzepten Kompetenz – Schlüsselqualifikation –

Intelligenz vornehmen muß. Sie beschreiben auf unterschiedliche Weise den dramatischen Wandel in der Auffassung von den berufs- und lebensnotwendigen Fähigkeiten und Lernprozessen.

Beispiel:

Schlüsselqualifikation Teamfähigkeit

⇧

emotional-soziale Kompetenz

⇧

emotionale Intelligenz (EQ) — Basis

Fazit (1): Vereinfacht läßt sich feststellen:
- Unter *Kompetenzen* versteht man zusammenhängende (ganzheitliche) Fähigkeitskomplexe, die auf ebenso komplexe (ganzheitliche) Anforderungen in bestimmten Arbeits- und Lebenssituationen abgestimmt sind.
- *Schlüsselfähigkeiten* sind darin solche, die man besonders vielfältig anwenden kann.
- *Intelligenzen* sind die entsprechenden Potentiale eines Menschen. Dabei hat man den alten Standpunkt aufgegeben, daß sich Intelligenz (also Potential) nicht entwickeln lasse.

Fazit (2): Für die Praxis im Bildungsmanagement heißt das:
- Ermitteln Sie die Potentiale Ihrer Mitarbeiter, damit jeder nach seinen individuellen Möglichkeiten gefördert wird!
- Legen Sie Lernprozesse immer so an, daß zusammenhängende Fähigkeiten gelernt und eingeübt werden können (Kompetenzen statt Skills)!
- Sorgen Sie dafür, daß die betriebsnotwendigen Schlüsselqualifikationen von möglichst vielen Mitarbeitern beherrscht werden. Damit erhöhen Sie die Synergieeffekte der Bildung!

Das Bildungsmanagement ist um so effektiver, je mehr es die Lernziele in Richtung auf Kompetenzen, Schlüsselfähigkeiten und ein komplexeres Niveau hin ausrichtet. Diese Lernziele sind aber nur zu erreichen, wenn man langfristig vom Belehren zum selbstgesteuerten Lernen übergeht.

3.5 Was führte zu der radikal neuen Sicht der Anforderungen und Fähigkeiten?

Wenn sich Gesellschaften grundlegend ändern, ändern sich auch die Anforderungen grundsätzlich! Mit gesellschaftlichen Änderungsprozessen befaßt sich die Soziologie. Der Soziologe *Gerhard Schulze* definiert unsere Gesellschaft als Erlebnisgesellschaft (Frankfurt/M. 1992). Menschen streben, seinen Untersuchungen zufolge, stärker nach Erlebnissen als nach Besitz. Und sie streben milieubedingt nach ganz unterschiedlichen Erlebnisangeboten. Die Freizeitindustrie hat das erkannt, sie bietet Erlebnisurlaub, Erlebnisreisen und »Events« an; Marketingfachleute sprechen vom Erlebniskauf; moderne Organisationen organisieren Arbeitsabläufe erlebnisbezogen; die Vorliebe für erlebnisreiche Projekt- und Teamarbeit hat auch hierin eine Wurzel. Erlebnisse haben etwas mit der Erfahrung von Lebenssinn zu tun. Auch dies zwingt das Management, über emotionale Leistungsanreize und eine emotionsbezogene leistungsfördernde Arbeitsgestaltung nachzudenken. Am besten in Richtung von Cafeteriasystemen, denn die Bedürfnisse der Menschen unter der Kategorie »Erlebnismotiv« sind sehr unterschiedlich. Diese Differenzierung nimmt ständig zu. Der häufig auftretende Begriff »Individualisierung« kennzeichnet diesen Wandel.

Gibt es eine Erlebniskompetenz? In Erlebnisgesellschaften sind *Erlebnisfähigkeiten* wichtig. Erleben können muß man lernen. Es gibt das Syndrom erlebnisunfähiger Jugendlicher, die daran zerbrechen. Sie brauchen »action«. Aktionen können zum Erlebnisersatz werden; sie haben zwar keine innerlich befriedigende Wirkung, aber sie lassen die Zeit verrinnen. Aus Langeweile geschehen Verbrechen und Vandalismus – weil es an Erlebnisfähigkeit fehlt. Erlebnisse sind mit Emotionen untrennbar eng verbundene Handlungen und Wahrnehmungen. Wenn wir sagen: »Das war ein Erlebnis!«, dann meinen wir immer etwas Sinnvolles, emotional Befriedigendes.

Beispiele: Wenn Touristen in eine Galerie geraten, laufen sie häufig hilflos an den interessantesten Objekten vorbei; Schulklassen, von Lehrern in Museen getrieben, erleben (!) tödliche, frustrierende Langeweile, die sie je nach Frustrationszustand durch Umherlaufen, Betasten der Objekte und laute Unterhaltung kompensieren. Ähnliches kann man in Theatern, vor allem im Musiktheater, erleben. Hier fehlt es vielfach an gelernten Erlebnishinweisen und -verarbeitungsstrategien. Sie wurden früher in »guten Häusern« gelernt. »Man«

wußte, wie man sich in einer solchen kulturell als hochwertig geltenden Einrichtung zu verhalten hatte. Oft hatte man auch lediglich eine diffuse Achtung vor Kulturgütern erworben. Durch elterliches Modellverhalten oder durch kultivierte Lehrer lernte man schrittweise, wie sich ein Gemälde, eine Graphik, eine Oper oder eine Szene im Schauspiel mit- und nacherleben läßt.
Weil das für den sinnvollen und hilfreichen »Konsum« dieser Güter so wichtig ist, gibt es für diese Kulturausschnitte eigene Disziplinen an Hochschulen. Kunst- und Literaturwissenschaft haben eine »Rezeptionsästhetik« entwickelt. Sie erforscht, wie Rezipienten (Nutzer, Betrachter, Leser) ein Kulturgut erleben. Nach dieser Theorie schreibt erst der Leser den Roman zu Ende; der Bildbetrachter erst vollendet das Gemälde. Zu Ende gedacht bedeutet das (auch), daß wir alle an den Schöpfungen unserer Kultur beteiligt sind. Indem wir erleben, vollenden wir Erlebnisgüter.
Damit ist zugleich auch das »naive, vorwissenschaftliche« Erleben eines Kunstwerks, eines literarischen Gegenstandes legitimiert. Das gelingt jedoch befriedigend nur, wenn man einige Kenntnisse über den zu erlebenden Gegenstand besitzt und zusätzlich überhaupt für Fragen offen ist, die solche Erzeugnisse zu beantworten versuchen. *Joseph Beuys* meinte: Jeder Mensch ist (eigentlich) ein (potentieller) Künstler!
Daneben gibt es nach wie vor das »professionelle Erleben«: Wie sieht ein Germanist einen Fontane-Roman heute? (Wie hat er ihn nach einem bestimmten literaturwissenschaftlichen Ansatz zu sehen usw.)

Für das Reifen einer *Persönlichkeit* in einer bestimmten Kultur sind ästhetische Wahrnehmungs- und Urteilsfähigkeiten zentral. Sie erst setzen Menschen in den Stand, ihre Kultur adäquat zu erleben. Sie entwickeln sich aus den Potentialen IQ und EQ. Nur wenn beide Potentiale rechtzeitig und gleichmäßig entwickelt werden, kommt es zur Ausbildung des eQ, der existentiellen Intelligenz. Und das bedeutet, daß diese Person mit ihrer Existenz etwas anzufangen weiß, daß sie Sinn in ihr Leben zu bringen vermag, womit die Langeweile schwindet und schließlich das eintritt, was in Abschnitt 2.7 »Flow« genannt wurde. Im Arbeitsleben bedarf es dazu einer lern- und entwicklungsfördernden Organisationskultur.

Doch: Manche Chefs halten ihre Leute davon ab, ihren Fähigkeiten gemäß zu handeln, zu leisten – und zu erleben!

Fazit: Erlebnisfähigkeit(en) bringen Sinn und Glück in unser Leben!

3.6 Was sind die Folgerungen für das Management?

Neben den lauten Botschaften zum aktuellen Management gibt es auch stille, bescheidenere, fast verschämte. Sie lauten:

- Die Bedeutung des *Wissens* im Wertschöpfungsprozeß ist inzwischen so groß wie die der drei klassischen Produktionsfaktoren zusammen. Hat es das Bildungsmanagement schon begriffen? (Meinhard Miegel in: Merkur Sonderheft 1997, S. 97.)
- Das *Humankapital* generell umfaßt bereits mehr als 50 Prozent des »Reichtums der Nationen«. Wissen das unsere Bildungspolitiker? (Erhebungen der Weltbank in: Merkur Sonderheft 1997, S. 836.)

Viele folgen immer noch vordergründig einleuchtenden Strategien:

- Man steigert die Produktivität vor allem durch Personaleinsparung!
- Man eliminiert alle Prozesse, die nicht direkt zur Wertschöpfung beitragen!

Dabei sind intelligentere alternative Strategien langfristig erfolgreicher, wie

- angesammelte Erfahrungen und Wissen möglichst im Unternehmen halten und nutzen – langfristig angelegte, »nachhaltige« Strategie.
- Auch Hilfsprozesse können indirekt produktivitätssteigernd wirken! (Wie z.B. konsequente Potentialermittlungen, professionell arrangierte Lernprozesse, die man mit unmittelbar produktiven Prozessen koppelt, günstig beeinflußte betriebliche Sozialisationsprozesse.)

Man darf ruhig schlußfolgern: Durch die neuen Sichtweisen und das Entdecken der erfolgsfaktorenverdächtigen emotional-sozialen Potentiale werden alle Führungsverfahren zu überdenken sein. Das zeigt auch die zunehmende Bedeutung, die man bei Unternehmensbewertungen diesen Faktoren gibt: *Unternehmen erhalten Noten für gutes Benehmen! Spezielle Rating-Agenturen bewerten Unternehmen nach sozialen Kriterien. Schlechte Noten drücken die Kurse (Die Zeit vom 7.12.00, S. 39).*

Allerdings ist das Management daran noch zu wenig interessiert, dafür noch nicht ausreichend gebildet und zuweilen »weichen« Ressourcen und Prozessen gegenüber noch nicht so aufgeschlossen, wie diese es als ökonomisch höchst relevante Erfolgsfaktoren verdienen. Dies ist die zentrale Botschaft dieser Einführung. Sie soll im folgenden Abschnitt an Beispielen illustriert werden.

Überblick: Kapitel 4

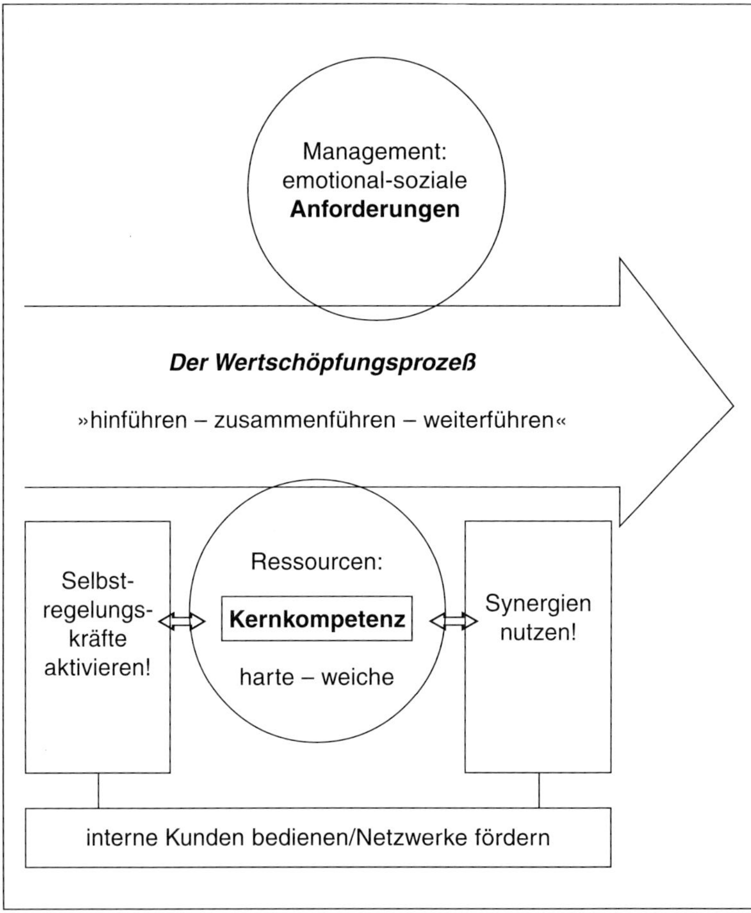

4 Emotional-sozial intelligentes Führungsverhalten – der zentrale ökonomische Erfolgsfaktor

Führung zu Herzen genommen! So nennen Reinhard Carl und Marc Letzing die »neue emotionaleUnternehmenssteuerung«.
(F.A.Z. vom 2.11.00)

Warum ignorieren Manager bisher häufig solche Selbstverständlichkeiten? Sie ignorieren sie mit Erfolg! Die Gründe hierfür sind:
- So etwas steht nicht in der Stellenbeschreibung.
- Es fördert nicht das Ansehen bei den Kollegen (und manchmal nicht einmal bei den Betroffenen!) – und schon gar nicht bei Vorgesetzten.
- Emotional-sozial kompetente Führung wird noch nicht in die Qualitätsaufmerksamkeit einbezogen (vgl. Kapitel 9).
- Es wirkt sich erst mittel- bis langfristig in Erfolgen aus – und ist daher »beurteilungsirrelevant«.

4.1 Emotional-soziale Führungsfunktionen

Jeder hundertste Mensch ist ein Chef –
aber nicht jeder Chef ist ein Mensch!
Norbert Blüm

In Literatur und Praxis ist man sich weitgehend einig, welche Aktivitäten zum Kern der Führungsfunktionen (Lokomotion und Kohäsion) gehören: Uneinig ist man sich über deren Bedeutung für den Organisationserfolg. Als Führungsaktivitäten mit hohem emotional-sozialem Anteil werden meist genannt (Quelle: *Gebert, Diether/von Rosenstiel, Lutz:* Organisationspsychologie. Stuttgart u.a. 1996, 4. Aufl., S. 163f.; durch weitere aktuelle Aufgaben ergänzt):
- die *Zusammenarbeit* der Gruppen und Teams *fördern*,
- Konflikten *vorbeugen*, Konflikte schlichten,
- Initiativen *wecken*, aktivieren und motivieren,
- die Einheit der Organisation *repräsentieren* und damit Stabilität sichern,

- *Ziele setzen* oder vereinbaren und damit *Sinninseln* bilden,
- Zusammenhängendes *delegieren* und damit erleben lassen, daß Arbeit zu sinnvollen Ergebnissen führen kann, und daß jeder dafür mitverantwortlich ist,
- *personale Ressourcen pflegen,* bereitstellen, organisieren und koordinieren, somit das Human- und Sozialkapital mehren,
- *informieren,* Wissen generieren und weitergeben, Lernen initiieren und begleiten,
- Ergebnisse kontrollieren und sich selbst über Feedback *der Kontrolle aussetzen,*
- sich um die einzelnen Mitarbeiter kümmern, »in die Person intervenieren« und investieren; die Sozialisation fördern.

Die aktuelle Führungsproblemlandschaft! Diese Aufgaben, die stärker in den Mittelpunkt rücken, stellen an die Rolle der Führenden andere und höhere Anforderungen: Zunehmendes Empowerment, also »Entfesseln der Mitarbeiter« mit größeren Delegationsraten und mehr Intrapreneuren (selbständig mitdenkenden Mitunternehmern), erzeugen zugleich ein diffuseres Führungsfeld, als es bei klarer Abgrenzung und Konzentration der Verantwortung in hierarchischen Systemen die Regel war.

Außerdem erfordert das moderierende Führen teilselbständiger Arbeitsgruppen und selbständiger Projektteams in vernetzten (modularen) Unternehmen und Verwaltungen einen qualitativ höheren Koordinierungsaufwand. Um Synergien zu erzeugen, muß man entsprechende Methoden beherrschen.

Zudem nehmen Zeitdruck, Änderungsdruck und Informationen beängstigend (!) zu. Der Rollenstreß in Führungspositionen ändert seinen Charakter und wird generell bedrückender. Auch Führende benötigen daher zunehmend ständiges Coaching; sie brauchen einen wohlwollenden und kompetenten Supervisor und müssen aus Überlebensgründen das Zeit-, Streß- und Selbstmanagement beherrschen.

Ihre Rolle wird immer stärker bestimmt durch

- die Fähigkeit, professionelle psychisch-soziale Hilfen für ihre Mitarbeiter zu leisten,
- strengere Anforderungen an ihre Konzeptionsfähigkeit und
- zunehmenden, qualitativ gesteigerten sozialen Koordinierungsaufwand.

Mit *»Individualisierung«* versucht man das auf den Nenner zu bringen, was sich heute allenthalben als Auflösung stabiler Institutionen (Familie, Familienerziehung, Ehe, gesellschaftliche Konventionen [Umgangsformen]) zeigt. Auch soziale Umbrüche (wie Verschwinden der Klassen und Schichten) sowie die zunehmende Großzügigkeit gegenüber »abweichendem Verhalten« wirken individualisierend. Gleichzeitig entstehen neue Gemeinsamkeiten: Milieus, Lebensstile (anspruchsvoller oder unbedachter »Lifestyle« genannt), neue Verhaltensnormen (von der Stabilität zur Flexibilität und Mobilität). Moden und Kulte wechseln immer schneller, und sie sind milieu- oder gruppenspezifisch statt allgemeinverbindlich. Von der Führung verlangt das ein stärkeres Eingehen auf den einzelnen Menschen.

Zu den unabdingbaren *Voraussetzungen von Führungserfolg* gehören daher:
- Die strenge Achtung und der Schutz des *Selbstwertgefühls* der Mitarbeiter. Macht verführt Ich-schwache Manager dazu, sich durch Abwertung anderer selbst aufzuwerten. Bei der Auswahl von Führungskräften sollte künftig auf Signale geachtet werden, die solche Mentalitäten anzeigen.
- Der Schutz der persönlichen *Integrität* aller Mitarbeiter (Konsistenzproblem). Ihre Ansichten sind immer achtenswert. Nur argumentativ lassen sich andere Sichtweisen »durchsetzen« (!). Durchsetzungsfähigkeit wird völlig neu definiert.
- Jeder Mensch hat Anspruch auf *Selbstentfaltung* – nicht nur Führungskräfte. Innere Gefolgschaft ist nur zu erreichen, wenn man diesem Grundsatz folgt. Es ist kaum zu bestreiten, daß hier noch in zahlreichen Führungsbeziehungen erheblicher Nachholbedarf besteht.

Professionalität im Management definiert sich künftig vor allem psychologisch und sozial: *Schein und Wirklichkeit bei Unternehmen und Verwaltungen!* Leitbilder und Unternehmensgrundsätze sind hierin schon sehr modern. Nur: *Wie sieht es in den Organisationen tatsächlich aus?*
- Welche emotional-sozialen Funktionen werden überhaupt wahrgenommen?
- Welche Funktionen und welcher Typ der Aufgabenwahrnehmung werden von der Spitze geschätzt und belohnt?
- Womit und mit welcher Art des Verhaltens gewinnt man in dieser Organisation Anerkennung und Wertschätzung?

- Was fördern die Anreizsysteme tatsächlich; ist die Förderung konsistent oder widersprüchlich?
- Welcher Persönlichkeitstyp wird durch die vielen organisatorischen Maßnahmen und unter den vorliegenden Bedingungen tatsächlich heran-sozialisiert?

Oft berichten Leitbilder und Organisationsphilosophien enthusiastisch von Visionen der Spitze. Darin wird der selbstverantwortliche, kreative, hochinnovative Mitarbeiter als Ideal propagiert. In der tristeren Realität werden dagegen Anpassung, Duckmäusertum und Servilität mit der Übertragung von Führungspositionen belohnt. In solchen Systemen können Menschen nur mit einer guten Grundausstattung an Berufszynismus sozial und mental überleben.

Führende brauchen mehr Zeit für das Wichtige! Führungsfunktionen fächern sich in einzelne Führungsaufgaben auf. Viele davon werden in intelligenten Systemen delegiert. Damit gewinnen Führungskräfte Zeit für Konzeptionelles. Denn die meisten Aufgaben werden komplexer und verlangen mehr strategische und operative Professionalität. Die Professionalisierung verläuft in zwei Richtungen:
- Führende brauchen mehr Wissen, vor allem methodische und interdisziplinäre Fähigkeiten, und
- sie brauchen mehr psychisch-soziales Know-how.

Beides hängt eng miteinander zusammen. Die zusammenfassende Funktion ist das Steuern und Regeln des Systems (das intelligente, ganzheitliche Controlling). Dazu bedarf es einer Klärung: *Was ist (in diesem pragmatischen Verständnis) ein System?*

4.1.1 Zentrale Führungsfunktion: Systeme leistungsorientiert steuern!

Berater: Beten Sie für Ihre Führungskräfte?
Topmanager: Ich sehe mir das an, was sie tun, und dann bete ich für das Unternehmen!

Eine Studie der Beratergesellschaft Ernst & Joung ergab, daß Investoren ihre Entscheidung zu 30 bis 40 Prozent von der Qualität des Managements abhängig machen. Qualität wurde am Output gemessen; er ergibt sich als Summe der Qualitäten aller Managementmaßnahmen. Ein sehr guter Machtmechaniker ist deshalb noch kein passabler Manager.

Was heißt Systemsteuerung (oder Führung) im emotional-sozialen Verständnis? Management oder Führung ist immer leistungsorientierte Systemsteuerung. Aber weil Systeme »Individuen« sind (vgl. Kapitel 10.), wird Führung im Detail in den Organisationen sinnvollerweise gänzlich unterschiedlich geregelt. Formell bestehen Führungssysteme aus Organigrammen, Führungsgrundsätzen und verbindlichen Regeln. Daneben gibt es informelle Beziehungsgeflechte und Selbstregelungskräfte, die vieles davon wieder außer Kraft setzen; denn geführt wird in »lebenden Systemen« mit Selbstentwicklungspotentialen, die sich systemtypisch entwickeln und auswirken.

Es gibt viele systemspezifische Unterschiede, z.B.:

- Welche Prioritäten sollen im Alltag tatsächlich gelten – welche Zielvorstellungen dienen nur der Außenwirkung?
- Welche Verhaltensweisen gelten als wichtig und welche als angemessen?
- Welche Verhaltensweisen werden tatsächlich belohnt – welche sind nur der wirkungsvollen Selbstdarstellung wegen propagiert worden? usw.

Kein System gleicht völlig einem anderen! Jedes hat eine eigene Organisationsideologie aus offiziellen und geheimen Zielen und Sprachregelungen. Entsprechend ist die sinngebende Organisationskultur entwickelt. Sie kann als Vertrauens- oder als Mißtrauensorganisation gedacht sein (oder jedenfalls so wirken). Optimale Führungsformen, sinnvolle Beurteilungsverfahren und -kriterien müßten für jede Organisation gesondert gefunden werden, um ihren systemischen Besonderheiten gerecht zu werden. Erst die genaue Kenntnis

- der »symbolisch-ideologischen« Wirklichkeit einer Organisation (der Kultur),
- des »stillen Wissens« (der systemtypischen Erfahrungsbestände) der Mitglieder,
- der geheimen Ziele und der Einstellung der Mitglieder zu ihrer Organisation (dem Identifikationsgrad) und
- des Charakters der Sozialbeziehungen (dem Sozialklima)

gibt der Führung die Möglichkeit, sinnvoll einzuwirken. Eine Führung, die diese Dimensionen ignoriert, ist realitätsblind. Ihre Maßnahmen werden schnell dysfunktional, d.h., sie wirken häufig dem Gewollten entgegen.

In der Work-Activity-Forschung versucht man wissenschaftlich (also messend, objektivierend), die generell typischen *und* die systemspezifischen Aktivitäten zu erfassen. Danach ist Führung ein Prozeß,
- in dem die Teilaktivitäten miteinander im Zusammenhang stehen und
- in dem sich Führende und Abhängige wechselseitig beeinflussen.

Die soziologische Sicht: Ein Soziologe drückt das so aus: »Soziologie beschäftigt sich mit sozialen Räumen als verdichteten institutionalisierten Verflechtungsbeziehungen von sozialen Praktiken, Symbolen und Artefakten, die sich wechselseitig (re-)strukturieren. « *(Ludger Pries* in: Soziale Welt (50) 1999, S. 383ff.). Gemeint ist: Alle sozialen Systeme (auch Organisationen wie Betriebe und Behörden) sind Geflechte sozialer Beziehungen aller Art, die zu einer »Institution« geworden sind und die man deren »Kultur« nennt.
System wird daher hier im Sinne von »Kultur« gebraucht. Kultur hat eine wichtige Funktion: Kulturelle Deutungs- und Bedeutungssysteme entlasten uns im Alltag, indem sie uns mit Fraglosem versorgen *(Armin Nasschi).* Als Sozialgedächtnis tradieren sie ein Selbstverständnis, in dem man seine Identität finden kann. Das ist für Identifikationsleistungen unerläßlich.
Neue Deutungen (in Diskursen) verunsichern und lösen Selbstverständlichkeiten auf. So kann man z.B. seit der Gender-Debatte nicht mehr unbefangen von Männern und Frauen sprechen; geschlechtsneutrale Bezeichnungen (Mitarbeiter, Schüler, Studenten) werden der Einseitigkeit verdächtigt, überall wittert man »Sexismus«. Dem Vorteil einer besseren Wahrnehmung der geschlechtsbedingten Unterschiede und der historisch erklärbaren, aber nicht ohne weiteres einsehbaren Ungleichbehandlung steht der Nachteil einer verkrampften Sprach-, Schreib- und Sichtweise gegenüber. Fast alle Diskurse dieses Typs haben diese beiden Seiten.

Definition Kultur: Nach *Clifford Geertz* unterscheidet man bei einem System
- die soziale Struktur, die psychisch-sozialen Gesetzmäßigkeiten folgt, und
- die kulturelle Struktur, die aus (sozial konstruierten) Bedeutungen besteht.

Während das Sozialsystem »aus handlungsgenerierenden Prozessen« besteht, die sich über psychologische und soziologische Theorien beschreiben lassen, enthält das kulturelle System »ganze Lebensweisen und gelebte Erfahrungen«. Menschen produzieren ununterbrochen auf kreative Weise Bedeutung und Werte. So bildet sich das kulturelle System ständig fort. Vereinfacht ausgedrückt: Das Sozialsystem besteht aus Beziehungen, das kulturelle aus gemeinsam geteilten Bedeutungen. Beide sind aufeinander bezogen.

Es gibt im Management Schlüsselaufgaben, die erfolgsentscheidend sind, und Kernkompetenzen, ohne die kein Erfolg zu erreichen ist. Hier muß eine Reform ansetzen, um das emotional-soziale Potential zu stärken und zu entwickeln. Im folgenden stellen wir die wichtigsten davon vor. Sie müssen jedoch immer auf dem Hintergrund des Systemtypischen (vgl. Kapitel 10) gespiegelt werden. Denn: Keine Organisation gleicht in irgendeinem Element völlig einer anderen! Und: »Erst, wenn wir erkennen, wie ungewöhnlich und unwahrscheinlich Zivilisation ist, erkennen wir ihre Zerbrechlichkeit« *(Niklas Luhmann)* – auf allen Ebenen!

4.1.2 Alle Menschen fordern und die richtigen individuell fördern!

Personalentwicklung beginnt mit der Frage: Wer und was soll wozu gefördert werden? Das Problem: Fördern wir in manchen Systemen vor allem erfolgreiche Egoisten?

»Erfolgreiche« Manager (also Karrieremenschen) verbringen rund 50 Prozent ihrer Zeit mit Beziehungspflege. Sie gehen vor allem mit Menschen um, die ihrer Karriere nützen könnten. »Effektive« (also erfolgreiche im Sinne der Ziele) benötigen fast 50 Prozent ihrer Zeit für die alltägliche Routinekommunikation. Sie widmen allen Menschen in ihrem Umfeld die gebührende Aufmerksamkeit.

Das heißt, *erfolgreiche* Manager kümmern sich um sich selbst, *effektive* kümmern sich um die Mitarbeiter! Offensichtlich merkt das die obere Führung häufig nicht, denn sie befördert, im Gegensatz zur ständigen Beteuerung des Leistungsprinzips, vor allem Egoisten – so könnte man den Befund vieler Untersuchungen interpretieren. Die Führungsetage wird dazu verleitet, weil dieser Karrieretyp nach oben keine Schwierigkeiten macht; der Effektive muß schon einmal im Interesse seiner Klientel Unangenehmes berichten oder fordern. Seine Loyalität ist im Zweifel sach- und bezugsgruppenbezogen, d.h., immer wieder nimmt er um der Sache oder um des Qualitätsstandards seines Tuns willen einen Konflikt mit der Führung in Kauf. Nach dem bekannten Verfahren, den Boten einer schlechten Nachricht dafür zu bestrafen, hat er nur in emotional-sozial gesunden Organisationen auf Dauer Erfolg.

Das wirksamste Instrumentarium zur ziel- und zugleich personbezogenen kontinuierlichen Förderung ist das klassische Konzept Personalentwicklung, ergänzt durch Interventionsmethoden wie Coaching und Supervision und durch ein Bildungssystem, das Selbstlernen fördert.

Ist emotional-soziale Kompetenz ein Allheilmittel? Für unsere Fragestellung ist vor allem interessant, ob Sozialkompetenz (einschließlich der kommunikativen) und emotionale Intelligenz in jedem Fall die Qualität der Organisation verbessern und den Führungserfolg steigern. Offensichtlich ist es komplizierter. Man kann diese Fähigkeiten sowohl zum eigenen Fortkommen und gegen die Ziele der eigenen Organisation nutzen, als auch zielführend und zum Wohle der Mitarbeiter. Ebenso wie man rhetorische Fähigkeiten seriös und unseriös anwenden kann. Es gibt bekanntlich die »redliche und die unredliche Dialektik«.

Es wurde bereits festgestellt, daß das Element Empathie eine entscheidende Rolle spielt. Man gewinnt an Einfühlungsvermögen für die Emotionen, Interessen und Standpunkte anderer. Damit wird man immer stärker *innerlich gezwungen,* seine eigene Befindlichkeit an der des anderen zu spiegeln. Man reflektiert seine innere Wirklichkeit ständig, setzt sie nicht mehr absolut – und wird damit nach und nach immer toleranter, einfühlsamer und altruistischer. Das heißt, daß man zunehmend die Interessen der anderen in seine Überlegungen und Entscheidungen einbezieht, und daß man sie (notfalls auch gegen die eigenen) mitvertritt. Moral ist im kleinen eine Folge emotional-sozialer Lernprozesse. Man lernt Moral »vor Ort«.

Fazit: Die aktuelle Forderung nach einer Vertrauenskultur verlangt vor allem eine akzeptable Organisations-, Führungs- und Arbeitsgestaltung. Das Konzept Lernende Organisation, verbunden mit dem Ansatz Wissensmanagement, braucht lernfreundliche Strukturen und eine umfassende Mitarbeiterförderung in einem durchdachten Personalförderungssystem.

4.2 Ressourcenknappheit als zentrales Managementproblem

Das aktuelle Konzept Intrapreneuring meint: Am wirksamsten ist eine Organisation, die zu 100 Prozent aus Führungskräften besteht!

Man handelt wirtschaftlich, wenn man Knappheitsprobleme löst und wenn dabei alles Wichtige in das Knappheitsdenken einbezogen wird. Bisher richteten Ökonomen den Blick dabei ausschließlich auf monetär bewertbare Faktoren. Übersehen wurde in den ökonomischen Modellen, welche Bedeutung knappe Ressourcen haben, die man heute »weiche Faktoren« nennt. Bei fast allen neu entdeckten Erfolgsfaktoren spielen menschliche Potentiale und Fähigkeiten die zentrale Rolle. Menschen wollen nicht verwaltet oder gemanagt, sondern geführt werden! *(Peter Drucker)* – In dieser Aussage zeigt sich das generelle Unbehagen der Mitarbeiter an einem emotional und sozial unprofessionellen Führungsverhalten. Eine Untersuchung in den USA ergab, daß die besten fünf Unternehmen am Markt ein gemeinsames Merkmal hatten: Den pfleglichen Umgang mit Personal!

Ein wichtiger Indikator: Wenn man wissen will, wie es um ein Unternehmen steht, bringt der Blick in den Geschäftsbericht weniger als der auf das Verhalten des Pförtners!

4.2.1 Knappe Ressource »weiche Faktoren«

Meldung in der F.A.Z. vom 12.4.00 (S. 21): »Er *(Herbert Walter,* Deutsche Bank) will das an sich emotionsarme Bankengeschäft mit Emotionen anreichern, mehr Gefühl in die Filialen bringen, mehr Herz. In Anlehnung an chinesische Weisheiten setzt er auf die ›Kraft des Lächelns‹; das ist H. Walters Mittel zum Erfolg.«

We are overmanaged but underlead! Sensiblere Manager und Mitarbeiter spüren das allgemeine und zunehmende Unbehagen an einer bloß auf kurzfristigen Gewinn gerichteten (manchmal geradezu menschenverachtenden) Unternehmensführung, und sie erkennen, daß das bisherige Management weiche Ressourcen vernachlässigt hat. Ein aktuelles Beispiel ist die *Aufmerksamkeitsökonomie,* die sich der knappen Ressource Produkt- und Führungsaufmerksamkeit widmet.

Weiche Faktoren im Management: Im Zusammenhang mit dem EQ und den übrigen bisher vernachlässigten Intelligenzfaktoren und Fähigkeiten entdeckte die Managementlehre als zentrale erfolgsbedeutsame weiche Faktoren:

- Die Organisationskultur als sinnproduzierende Dimension.
- Die Bedeutung der Pflege des Sozialklimas unter erschwerten Bedingungen: Hierarchische Strukturen lösen sich in modulare (Teams, teilautonome Einheiten) auf. Die Organisation wird individueller und unübersichtlicher.
- Die Bedeutung von Loyalität und Zusammenarbeitsbereitschaft (Commitment) für das Betriebsergebnis.
- Die Selbstentfaltungsbedürfnisse von Mitarbeitern (Empowerment) und
- das systemische Vorgehen als verstehende Methode zur Erkenntnis des sozialen und sinnbezogenen Gefüges der Organisation.

Wie geht man mit weichen Faktoren sinnvoll und zweckmäßig um? Das Problem wurde weder in der bisherigen Managementpraxis gelöst, noch in der Managementtheorie ausreichend thematisiert. Zur Handhabung der weichen Faktoren gehören Fähigkeiten, die man bisher in unseren Bildungsgängen bestenfalls beiläufig erwirbt. Die weichen Fakto-

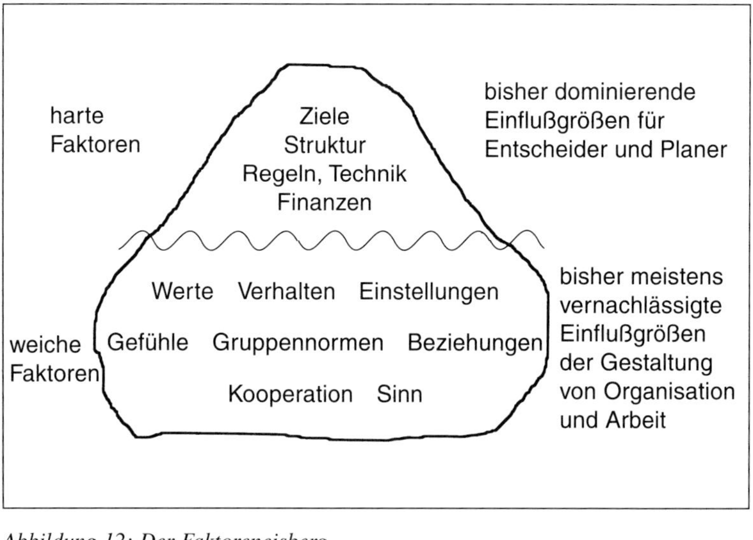

Abbildung 12: Der Faktoreneisberg

ren sind auch kein abgegrenztes Feld, so daß man etwa zwei getrennte Laufbahnen für harte und für weiche Faktoren im Management bilden oder unterschiedliche Qualifizierungsstrategien dafür entwickeln könnte. In allen Managementaufgaben finden sich »harte« und »weiche Anteile«.

Management und Sprache: Wörter sind »positiv oder negativ besetzt«, d.h., schon die Wahl der Bezeichnung »weiche Faktoren« enthält eine implizite, geheime Abwertung. Die Gesellschaft wehrt sich gegen Erkenntnisse, die mit ihrem bisherigen positivistischen Weltbild nicht übereinstimmen; am meisten wehrt sich das Management: »Wollen wir etwa Softis im Management?« – so könnte man das Standardmißverständnis charakterisieren. Unterstützung finden Manager in dem immer noch im Geheimen geltenden Taylorismus.

»Weiche« Führungsaufgaben erfordern den emotional-sozial kompetenten Manager! Es gibt einige Situationen, in die Führungskräfte immer wieder geraten und in denen man besonders leicht emotionale und soziale Fehler begehen kann.

Die folgenden Abschnitte stellen die wichtigsten Führungsaufgabenfelder vor. Für jedes davon erläutern wir an den markantesten Einzelproblemen, in welche Schwierigkeiten das Fehlen entsprechender Fähigkeiten (Qualifikationen) führen kann und wie eine Lösung aussehen könnte. Aus der langen Liste der Führungsfunktionen sind dies vor allem:

- Der wegen Komplexitätszunahme und daraus folgender Überforderung und nicht mehr beherrschbarem Wandel ständig zu befürchtende *Autoritätsverlust*,
- die mit Managementtechniken nicht länger beherrschbare *Mikropolitik*, die zudem in
- das meist ungelöste *Mobbingproblem* mündet, und, damit zusammenhängend,
- die alleingelassenen Mitarbeiter in ihren sozialen Schwierigkeiten, mit ungeliebten Aufgaben und mit dem manchmal ungeliebten *Selbst*,
- die eskalierenden *Konflikte*, die ganz neue Dimensionen annehmen,
- die Schwierigkeit, das Verhalten der Mitarbeiter unter diesen *erschwerten Bedingungen* wirkungsvoll auf Ziele zu lenken.

Die Autorität dazu wird z.Zt. völlig neu definiert!

4.2.2 Knappe Ressource Autorität

Tun, was ankommt, oder machen, worauf es ankommt?

Wer *Autorität* besitzt, braucht bekanntlich nicht autoritär zu sein! Gewinnt man Autorität über emotionale und soziale Kompetenz (zurück)? Jedenfalls kann man ohne emotional-soziale Kompetenz keine Autorität erwerben.

Autorität ist die Möglichkeit, seinen Willen jederzeit gegenüber anderen durchzusetzen; sie hat unterschiedliche Quellen und wird durch zahlreiche Faktoren und Rahmenbedingungen begrenzt (vgl. die »Milgram-Experimente« im Überblick am Schluß dieses Kapitels).

Autoritätsformen (und Autoritätsquellen) sind zeitgebunden! Mit zunehmender Bedeutung der neuen Fähigkeiten ändern sich Autoritätsformen grundlegend. Klassisch ist die Einteilung in
- die Positions- oder Amtsautorität,
- die Fachautorität und
- die personale (und charismatische) Autorität.

Die sogenannte **68er Kultur-Revolution** hat neben wertvollen Traditionsbeständen und zivilen Umgangsformen auch Überholtes beseitigt. So hat sie die Angst und den Respekt vor Autoritäten »hinterfragt« und der Reflexion überantwortet. Gleichheitsorientierte Gesellschaften sind autoritätsfeindlich. An vielen Symptomen läßt sich der Wandel ablesen. Zunächst wurden die Anreden mit dem Rang abgeschafft. Niemand sagt heute noch »Herr Amtsrat«, »Herr Lehrer«, »Herr Direktor« oder »Herr Professor«. In Verwaltungen hatte man sich angewöhnt, die »höheren Laufbahnen« (Man muß das, politisch korrrekt, in Gänsefüßchen setzen!) »C- und D-Laufbahn« statt »gehobener und höherer Dienst« zu nennen. Kinder wurden von ganz Fortschrittlichen angehalten, ihre Eltern mit dem Vornamen anzusprechen und ihre Pädagogen zu duzen, um den Abstand der Rollen zu vermindern usw. (Ein Überblick: *Wolfgang Kraushaar:* 1968 als Mythos, Chiffre und Zäsur. Hamburg 2000.)

Gerade bei der Autorität ist der Wandel im Management am augenfälligsten und für viele am schmerzhaftesten. Hierzu einige unübersehbare Entwicklungen:

Positions- und Amtsautorität haben sich aus unserem Leben unmerklich verabschiedet; soll man ihnen nachtrauern? Aber es verfällt auch die **Fachautorität.** Bei dieser »wuchsen die Mitarbeiter ihren Vorgesetzten kraft Ausbildung nach und nach über den Kopf«. Vorbildungs- und fachlicher Kenntnisstand glichen sich immer stärker an. Durch die Tätigkeit gewinnen die gut Ausgebildeten ein zusätzliches Spezialwissen, das ihre Vorgesetzten nicht haben können, auch wenn sie der gleichen Disziplin entstammen. Hinzu kam die Tendenz zum Empowerment, zur Entlassung der Mitarbeiter in immer größere Selbständigkeit. Es waren vor allem diese Gründe, die eine Erosion der Fachautorität bewirkten.

Funktionale Autorität: Die neue Fachautorität der Führungskraft besteht vor allem in koordinierungs-wirksamen interdisziplinären Vermittlungsfähigkeiten. Nur auf diese Weise lassen sich unter komplexen Bedingungen Synergieeffekte erzielen. Auf das Vermehren der Synergie ist Führung künftig ausgerichtet. Modulare Systeme bestehen aus vielen selbständigen Teileinheiten. Sie erwarten von der Führung vor allem Zusammenführung. Sie soll das Zusammenwirken optimieren; darin besteht ihre »Dienstleistung«. Diese realistische Sicht auf die eigentlichen Führungsaufgaben beendet zugleich den unfruchtbaren Streit um die sogenannten (angeborenen?) Führungsfähigkeiten.

Führen im modernen Verständnis heißt vor allem: Harte und weiche Ressourcen sowie Gruppen- und Einzelaktivitäten auf Synergiegewinne hin koordinieren! Synergie nennt man den Effekt, der aus den Unternehmensressourcen zusammengenommen einen Erfolg liefern kann, der größer ist als die Summe seiner Einzelteile (Näheres siehe unter Überblick am Schluß dieses Kapitels).

Wirksam bleibt die **personale Autorität.** Aber wer hat sie schon in ausreichendem Maße, wer z.B. ist schon eine charismatische Persönlichkeit?

Charismatische Führung: Charisma wird heute immer wieder in der Diskussion »Manager oder Führungspersönlichkeit?« gefordert. *Max Weber* nannte eine seiner drei idealtypischen Herrschaftsformen charismatisch. *Weber* zufolge ist Charisma nicht die Eigenschaft einer Person, sondern das Ergebnis des Glaubens einer Gefolgschaft an die außergewöhnliche Qualität eines Führers, von der man sich Rettung aus einer Krise erhofft. Gurus spielen im Management heute diese Rolle. Vor allem bei Managern, die durch den schnellen Wandel verunsichert sind und eine selbstwertstützende Orientierung suchen.

Vereinfacht wird Charisma (in der Wahrnehmung!) als persönliche Ausstrahlung empfunden. Große Religionsgründer, Herrscher, Gelehrte, Künstler besaßen diese (ihnen eigentlich bloß zugeschriebene) Eigenschaft. Sie gewannen durch das Wohlwollen ihrer Anhänger die Fähigkeit, viele Menschen durch ihre Ausstrahlung für sich und ihre Ideen zu begeistern. Heute ist man solchen Gefolgschaftsverhältnissen gegenüber eher skeptisch. Weil man Charisma (in der klassischen Definition) nicht »operationalisieren« kann, läßt sich auch kein Charisma-Training organisieren. Charismatische Menschen sind fähige Führungspersönlichkeiten, aber daß man Charisma von jedem Manager einfordern kann, scheint aus den genannten Gründen eher illusorisch. Abgesehen davon, daß man (gesellschaftlich zugeschriebenes) Charisma auch mißbrauchen kann, wie die jüngste Geschichte lehrt.

Personale Autorität (auctoritas) ist ein Begriff aus der Zeit des römischen Prinzipats (Kaiser Augustus ist der Stifter). Auctoritas meint die Summe des sozialen Ansehens, die sich ein Mensch kraft seiner Kompetenz und seines Charakters erwirbt.

Glaubwürdige zeitgemäße **personale Autorität** entsteht allein aus emotional-sozialer Professionalität. In dieser Hinsicht professionelle Manager werden wegen ihrer Lernwirksamkeit für andere zu Verhaltensmodellen. Ist der Vorgesetzte unbestechlich, gerecht und fair, gewährt er bis zum Gegenbeweis Vertrauen, ist er das, was er predigt, auch selbst, dann wird er für sein Umfeld zum Verhaltensmodell. Er wird zur **Modell-Autorität.**

Fallbeispiel für Modellautorität: Der Aufsichtführende verläßt während einer wichtigen Klausur den Raum. Er kündigt dies an, nennt die ungefähre Zeit der Abwesenheit und vertraut auf die Fairneß der Studenten. Von Teilnehmern des Vertrauens-Experiments erfährt er später glaubhaft, daß es keinen einzigen Täuschungsversuch gegeben habe. Der Fall ist nicht ungewöhnlich. Er spiegelt die funktionale Autorität in Vertrauenskulturen wider, die sich als Modellautorität auswirkt.

Gibt es einen Zusammenhang zwischen emotionaler Kompetenz und Autorität? Jetzt sind wir noch die Erklärung dafür schuldig, wie genau emotionale Kompetenz mit Autorität zusammenhängt! Es gibt mehrere Erklärungszusammenhänge oder Lösungen.

Erste Lösung – *Personale Modellautorität* beruht auf ganzheitlichen sozialen Kompetenzen. Menschen, die den Sinn in ihrer Tätigkeit und in ihrem Leben gefunden haben, können auch anderen zu sinnvollem Tun verhelfen. Sie erkennen besser, was anderen fehlt, und sie verfügen über mehr Strategien, anderen bei der Sinnsuche zu helfen. Zum Beispiel, indem sie in der Lage sind, eine sinnfördernde Atmosphäre herzustellen, Mitarbeiter in Planungen und Entscheidungen einzubeziehen, humane und soziale Ressourcen zu aktivieren und zu nutzen.

Wenn man charmante Menschen beobachtet, stellt man fest, daß sie vor allem durch nicht genau bestimmbare emotional-soziale Kompetenzen auffallen und andere gewinnen. Das gilt im kleinen und generell auch für die Großen der Geschichte.

Zweite Lösung – *andere für Ziele gewinnen können:* Nur Menschen, die ausgesprochen emotional und sozial kompetent sind, gewinnen auf Dauer soziale Anerkennung, d.h., sie besitzen Autorität, die gewissermaßen durch eine Goldwährung gedeckt ist. Ihnen folgt man bereitwillig, weil man dabei keinen Selbstwertschaden befürchten muß. Sie können daher auch andere für ihre Ziele gewinnen. Weil sie als Person glaubwürdig sind, rechnet man das auch ihren Zielen zugute.

Dritte Lösung – *den psychologischen Hintergrund beachten:* Menschen leiden unter inneren Widersprüchen, sie streben unablässig nach Konsistenz (innerer Übereinstimmung). Wenn Menschen jemandem, der sich ihnen gegenüber gerecht und fair verhält, nicht ebenso fair begegnen, geraten sie langfristig in »kognitive Dissonanz« (innere Widersprüche), denn Menschen müssen ihr Verhalten auch vor sich selbst ständig rechtfertigen. Auch dieser »psychische Mechanismus« erklärt die beachtliche Wirkung von Modellpersonen (oder Vorbildern). Menschen geraten unter inneren moralischen Druck, wenn in ihrem Umfeld unbestechliche, geradlinige Vorgesetzte agieren. Sie werden durch innerliche Zwänge zur Nachahmung veranlaßt. Unbestechliche (Kongruente) wirken wie lebende Gesetzestafeln. Sie verändern langfristig das gesamte Klima einer Organisation – falls ihnen das System nicht vorher in den Arm fällt!

Vierte Lösung – *aus Modellverhalten erwächst funktionale Autorität:* Weil Menschen heute sehr darauf achten, daß persönliche Geltungsansprüche durch Kompetenzen gedeckt sind, müssen Vorgesetzte jederzeit ihre Funktionalität beweisen. Funktionale Autorität nennt man diese Autoritätsquelle, die mit zunehmender Professionalisierung zu sprudeln beginnt. Die Professionalität Vorgesetzter bezieht sich auf Verantwortungsbereitschaft, konzeptionelle und Koordinierungsfähigkeiten und die Kompetenz, fachliche und soziale Prozesse günstig zu beeinflussen (Synergiekompetenz). Weil das alles immer komplexer wird, nehmen die Anforderungen an die Verantwortlichen ständig zu.

Fazit: Die neue funktionale Autorität beruht auf vier Prinzipien:
- Ich achte jeden Menschen wie mich selbst – und jede Meinung wie meine eigene!
- Ich dulde keine Rechte ohne entsprechende Verpflichtungen!
- Ich treffe keine Entscheidungen ohne funktionale Legitimation!
- Meinen Mitarbeitern soll immer deutlich sein, weshalb ich diese Position bekleide; sie sollen erleben können, worin die Bedeutung meiner Führungs(dienst-)leistung besteht – und daß sie für ihre Tätigkeiten eine wichtige Funktion besitzt!
- Und: Macht (und damit verbundene Autorität) sind keine statischen, sondern prozeßhafte Phänomene; sie werden ständig interaktiv hergestellt.

(*Ronald Hitzler*. In: Zeitschrift für Politik, 2/2000, S. 186.)

Die klassischen Autoritätsformen (Positions-, Amts-, Fachautorität) werden nur noch von »geschlossenen Systemen« manipulativ aufrechterhalten; im Management leben sie in Heldensagen weiter.

Fallbeispiel: Die Nachwuchs-Führungskraft A mußte während ihrer Einführungszeit verschiedene Betriebe durchlaufen. Die meisten Chefs besaßen nur die Positionsautorität, die damals (kurz vor 1968) allerdings noch ungefährdet war. A hatte sich daran gewöhnt, mit einer beachtlichen Führungsmisere zu leben. Dann kam er in ein großes Amt, bei dem man große Zufriedenheit bei hohem Engagement spürte. Es gab wenig Konflikte, man empfand überall Kompetenz, gepaart mit Wohlwollen. Der Chef wirkte bescheiden und rücksichtsvoll; er behandelte seine Führungsmannschaft wie wertvolle Kunden. A durfte als Führungs-Nachwuchskraft an einem der regelmäßigen Arbeitsessen teilnehmen. Der Chef kam etwas später. Als er den Raum betrat, standen alle auf und warteten, bis er sich gesetzt hatte. Dann ging es so informell weiter, wie man es gewohnt war. A war zuerst erstaunt; das Aufstehen wirkte weder devot noch förmlich, eher wie eine respektvolle Geste. Aber war das hier nötig? Es war eine, ganzheitlich gesehen, sinnvolle Respektbezeugung. Vorsichtiges Nachfragen bei den ständigen Führungskräften ergab, daß man so etwas für selbstverständlich halte. Dem emotional und sozial hochkompetenten Vorgesetzten, der seine Rolle nie betonte, eher als Supervisor auftrat, nie als Befehlsgeber, dem aber eine hohe (funktionale) Professionalität in allen Führungsaufgaben nachgesagt wurde, erhielt bei solchen Gelegenheiten eine beneidenswerte Bestätigung seiner Bedeutung. Er ließ es sich nicht anmerken, obwohl er es sicherlich sehr wohl registrierte und zutreffend als bestätigende Rückmeldung wertete. Heute würde man sagen: Ein wichtiges Merkmal der 360-Grad-Beurteilung!

Das Märchen von Führungseinheit und Führungsautonomie! Fast überall wird geführt. Nur einen Teil der Führungsvorgänge beschreibt die offizielle Organisation. Führung vollzieht sich weitgehend »interaktiv«, d.h., dieser Vorgang wird im Betriebsalltag über zahlreiche wechselseitige Aktionen (Interaktionen) vollzogen. Autoritätsprobleme ergeben sich vor allem aus dem Verweigern der Mitwirkung und aus autoritär durchgesetztem »Alleinvertretungsanspruch«.

Ein weitverbreitetes Autoritätsproblem bildet das bekannte *»Führungsdual«*. Autorität entsteht in Gruppen und Teams vor allem durch die Fähigkeit, die Gruppenleistung zu steigern oder durch die (emotional-soziale) Kompetenz, Gruppenprozesse zu steuern und den Zusammenhalt zu festigen. Leistungs- und emotionale Führerschaft liegen infolge der schwach ausgeprägten emotional-sozialen Kompetenzen bei Führungskräften oft nicht bei ein und derselben Person, so daß sich in gruppenorientierten Organisationen häufig ein Führungsdual herausbildet. Der eine ist für die Ergebnisse, der andere für das Wohlbefinden informell zuständig und verantwortlich. Diese stillschweigende Führungsvereinbarung mildert die Schäden, die ein emotional-sozial inkompetenter Manager anrichten würde, käme dieser Ausgleich nicht von selbst zustande.

Nun sollte am Schluß noch eine psychologisch gut begründete Autoritätsform vorgestellt werden, die jeder überall als wirksam beobachten kann. Sie hängt mit den beiden Extremeigenschaften zusammen, die man (nach *Carl Gustav Jung) Extraversion – Introversion* nennt.

Extravertierte haben es leichter, Autorität zu gewinnen. Menschen gewinnen in dem Maße an Autorität, in dem sie sich an Gruppennormen orientieren. Sie erfüllen damit die »gruppendynamischen Erwartungen«. Sozial Angepaßte sind als Führungspersönlichkeiten erfolgreicher als Unangepaßte. Extravertierte leben förmlich von Sozialkontakten und widmen ihnen mehr Sorgfalt. Umgekehrt ist es bei Introvertierten.

Man könnte hieraus schlußfolgern: Es geht auch ohne Lernanstrengungen. Emotional-soziale Kompetenz ist Schicksal. Das ist mit dieser vereinfachenden Modellvorstellung nicht gemeint. Extraversion ist nur eine bestimmte Disposition, eine Bereitschaft, sich sozial zu engagieren. Ob das gelingt, hängt dann wieder von der gelernten Emotionsbeherrschung und den gelernten sozialen Fähigkeiten ab. Kulturelle Muster geben vor, in welche Richtung sich diese Lernvorgänge vollziehen müssen; das können auch unternehmenskulturelle Muster sein.

Praktisch interessant wird das Lernproblem bei den sogenannten **Teufelskreisen.** Stellen wir uns einen jungen Menschen vor, der einige Probleme in Mathematik hatte. Er hat sich in der Schule manchmal blamiert, so daß er nun Situationen meidet, in denen er mathematisch gefordert wird. Er gerät immer mehr in »Übungsnachteile«. Irgendwann hat er begonnen, sich als mathematisch unbegabt zu definieren. Damit stimmt sein Selbstbild hierin wieder mit dem Bild der anderen überein. Seine gelernte Mißerfolgsangst hat ihn zum mathematischen Versager gemacht – nicht seine Begabung. Dieser Vorgang spielt sich in zahlreichen Lernvorgängen und -bereichen ab, vor allem in sozialen und emotionalen Situationen. In Organisationen gibt es manchmal viele unentdeckte Teufelskreise, weil die Bedingungen hierfür »günstig« sind.

Jeder kennt seine eigenen Teufelskreise – man kann sie meist bei gutem Willen und effektiven Lernverfahren in Engelskreise verwandeln.

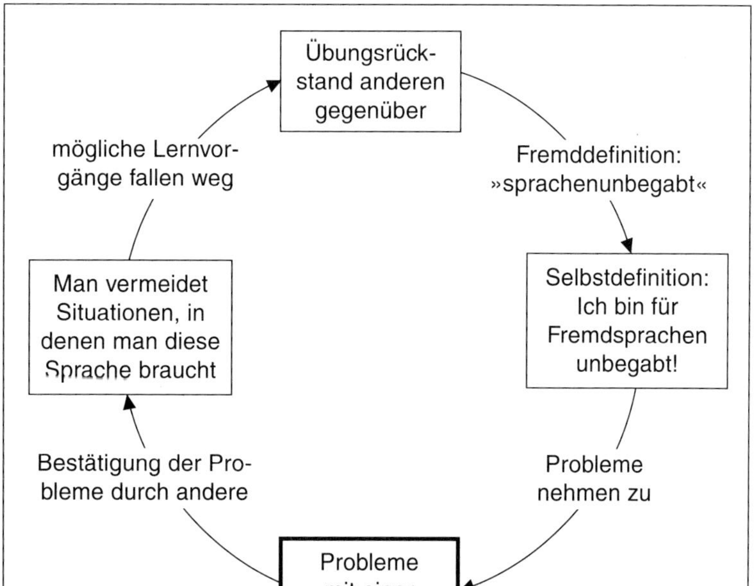

Abbildung 13: Teufelskreis am Beispiel »Sprachbegabung«

Der vielseitige Manager: Von Managern wird viel verlangt; niemand kann das alles optimal leisten. Er (sie) soll etwas vom kreativen Künstler, vom soliden Handwerker und vom pragmatischen Technokraten haben. Unterschiedliche Persönlichkeitstypen können gleichwohl gute Manager sein, wenn sie ihre Stärken richtig einsetzen und ihre Schwächen (emotional-sozial) beherrschen. *Patricia Pitcher* hat die Grundtypen sehr anschaulich (und in vereinfachter Weise) in ein Schema gebracht, das in Abbildung 14 dargestellt ist.

Die Vielfalt der Managertypen		
Idealtyp	**Funktionsideal**	**Dimension**
• Künstler	Dramaturg/Dirigent	– ästhetische
• Handwerker	Produzent, Tüfftler	– pragmatische
• Technokrat	Machttechniker, Herrscher, Siegertyp	– machtbezogene

Abbildung 14: Der idealtypische Manager (nach Patricia Pitcher: *Das Führungsdrama. Stuttgart 1997)*

Autorität in Verwaltungen: Einen Sonderfall bilden die Verwaltungen und die öffentlich rechtlichen Organisationen. Hier hängen Autorität und Elitebildung eng miteinander zusammen. Ein erheblicher (zunehmender) Teil der Elitebildung im öffentlichen Dienst vollzieht sich nach Darstellungen in der seriösen Literatur *(Hans Herbert von Arnim, Scheuch-Scheuch)* über Partei- und Verbandsbindungen. Damit wird eine zunehmende Zahl von Vorgesetzten nicht mehr nach »Eignung, Befähigung und fachlicher Leistung«, sondern nach parteilichen (parteiischen), sachfremden Kriterien ausgewählt. Sie können daher ihren Aufgaben nicht in dem Maße gewachsen sein, wie es bei einer korrekten, an wirtschaftlichen und Gemeinwohlkriterien orientierten Auswahl ausschließlich nach Leistung möglich wäre. Personale, funktionale und Modell-Autorität können sich zum Schaden für das Ganze nicht ausbilden.

Wer sich in der Parteiarbeit oder in Verbänden als Funktionär bewährt, besitzt sicherlich bestimmte Qualitäten, selten jedoch diejenigen, die für eine solide Sacharbeit und für Führungsaufgaben ganz anderer Art gebraucht werden. Seit der Soziologe *Robert Michels* die Oligarchisierungstendenzen in solchen Vereinigungen untersucht hat, weiß man, daß die vorherrschenden Durchsetzungskriterien dort und in Unternehmen und Verwaltungen nicht zueinander passen. Dies erklärt einen Teil der wuchernden Mikropolitik, der Mobbingvorfälle und der im öffentlichen Dienst besonders hohen Rate an »innerer Kündigung«.

Fazit: Funktionale Autorität im aktuellen Verständnis hat drei Kernelemente:
- *Orientierung* (= mit glaubwürdigen Visionen führen; für andere wichtige Informationen nicht zurückhalten; die Bedeutung der symbolischen Führungsmöglichkeiten beherrschen.);
- *Glaubwürdigkeit* (= Worte und Taten müssen übereinstimmen; verläßlich sein).
- *Vertrauen* (= eine Vertrauenskultur aufbauen; Vertrauensbeziehungen fördern.).

4.2.3 Knappe Ressourcen Orientierung, Glaubwürdigkeit und Vertrauen

4.2.3.1 Führungsaufgabe: Für Orientierung sorgen

Die »mediale Revolution«, Individualisierungs- (bzw. Vereinzelungs-) und Globalisierungsprozesse und generell ein ständiger Wandel im gesellschaftlichen und betrieblichen Umfeld führen bei immer mehr Mitarbeitern zu massiven Orientierungsproblemen. Orientierung wird zu einem zentralen Führungsproblem.

Schnelle Orientierung wird zur Überlebensfrage! Anforderungen entwickeln sich in Richtung Schritthalten mit ständigen Änderungen und zunehmender Komplexität. Die schnelle Anpassung wird für einzelne und für Unternehmen existenzentscheidend; man verliert sonst seinen Job oder seinen Marktanteil. Nicht alle Organisationen und Menschen kommen da noch mit. Lebenslanges Lernen, Change Management, permanente Organisationsentwicklung, »produktive Zerstörung« *(Joseph Schumpeter)* heißen die neuen Konzepte, die viele überfordern. Dies auszugleichen ist der Kern der neuen Führung. Leicht vorstellbar, daß es dazu einer emotional und sozial reifen und kompetenten Persönlichkeit bedarf. Führung ist eine viel zu ernste Sache, um sie allein kühlen (oder kalten) Managern zu überlassen.

Orientierung als aktuelles Kardinalproblem: Die zunehmende weltweite Vernetzung von Produktion, Handel, Kommunikation und politischen Entscheidungen läßt auch die Sicherheiten fragwürdig werden, die bisher das Leben in einer autonomen Kultur gewährte (Stichworte: Globalisierung – Pluralisierung – Individualisierung – Regionalisierung).

Immer allgemeiner wird die Vorstellung, daß wir unsere soziale Wirklichkeit in stiller Abstimmung mit unseren Mitmenschen desselben Systems ständig neu konstruieren. Jede Gesprächssituation sowie das Gesprächsergebnis werden von den Teilnehmern gedeutet, also konstruiert. Dieser »soziale Konstruktivismus« ist noch der harmlosere.

Der »radikale Konstruktivismus« nimmt an, daß wir unsere Wirklichkeit generell konstruieren. Die Naturwissenschaften konstruieren ein Modell der Welt, Gesellschaften konstruieren Werte. *Friedrich Nietzsche* hatte festgestellt, daß auch unsere grundlegenden Wertekategorien (gut–böse, wahr–falsch) auf gesellschaftlicher Vereinbarung beruhen. Das heißt, es könnte auch alles ganz anders sein.

4.2.3.2 Führungsaufgabe: Glaubwürdigkeit sichern

Eine anständige Geschäftsführung ist auf Dauer das Einträglichste.
Robert Bosch

Orientierung folgt aus Glauben – Glaube setzt Glaubwürdigkeit voraus. Glauben ist nicht nur religiös wirksam. Für unsere Orientierung in der Wirklichkeit, in existentiellen Fragen, für Werte und Normen benötigen wir geglaubte Selbstverständlichkeiten. Glaubwürdige Orientierungs-Lösungen werden dringend gesucht. Es gibt augenblicklich

- ein Glaubwürdigkeitsdefizit der Institutionen und Leitpersonen,
- ein Defizit an betrieblich praktizierter Mitmenschlichkeit, und
- es fehlt Menschen zunehmend an innerer Stabilität, um den Wandel zu bewältigen und unbeschadet zu überstehen.

Problemlöseverfahren ganz neuer Art und in ganz neuen Feldern gehören daher zu den Kernkompetenzen einer Führungskraft:
- Glaubwürdigkeit der Institution Führung läßt sich durch Verläßlichkeit der Entscheidungen und konsequente Gleichbehandlung aller Mitarbeiter, z.B. ausschließlich nach Leistungsgesichtspunkten, erreichen.
- Glaubwürdigkeit der Leitpersonen fördert am sichersten die emotional-soziale Kompetenz aller Betroffenen.
- Mitmenschlichkeit im Führungsalltag bedeutet den Einbezug der individuellen Situation der Menschen, die man führt; die Rücksicht auf ihre situativen und mentalen Besonderheiten (»Individualisierung« konkret!).
- Innere Stabilität bei Führenden erwächst aus professioneller Führung. Das erfordert ein systematisch angelegtes (und systemisch abgestimmtes) Selbstmanagement. Man muß lebenslang Führung lernen!

Zur Glaubwürdigkeit gehört auch die Führungsaufgabe: *Mikropolitische Prozesse beherrschbar machen!* Denn in Betrieben und Behörden wird nicht nur gearbeitet; hier wird auch Politik gemacht, *Mikropolitik,* so nennt man in der Führungslehre alle Maßnahmen, mit denen geheime Ziele durchgesetzt werden. In hierarchiebetonten Systemen ist Mikropolitik häufig anzutreffen.

Wer arbeitet, macht Fehler – wer keine Fehler macht, wird befördert! Jeder kennt den **Fall,** daß ein Kollege Karriere machte, obwohl er wenig zu arbeiten pflegte. Statt dessen weilte er häufiger als andere in Chefnähe, stimmte den maßgebenden Personen häufiger zu, wußte besser als andere den richtigen Augenblick für einen Vorschlag zu wählen (Timingmanagement), beherrschte besser als andere die Techniken des vorauseilenden Gehorsams. Ist er deswegen emotional-sozial kompetenter? Nein, er verstand es, seine Kompetenzen ausschließlich zum eigenen Vorteil einzusetzen und dabei bei den Maßgebenden den Eindruck zu erwecken, er diene der Sache. Sozial inkompetente Vorgesetzte lassen sich von ihren Mitarbeitern auf diese Weise leicht führen, ohne es zu bemerken!
Man kann beobachten, daß es sozial kompetenten Mitarbeitern in schlecht geführten Organisationen zuweilen egal ist, wer unter ihnen formal Chef ist.

Ohne Mikropolitik kein Karriereerfolg? Vorgesetzte und Mitarbeiter versuchen, über Machtmittel und Einflußmöglichkeiten aller Art ihren

Berufserfolg, ihre Position und ihre Bedingungen zu verbessern. Das ist legitim, solange die Mittel legal sind. Man wird es auch durch Anordnungen und Verbote nicht ändern können, daß Menschen geheime Ziele haben, die von denen anderer (und von denen ihres Unternehmens/ihrer Verwaltung) abweichen. Die klassische Führungslehre sprach in diesem Zusammenhang von einem organisatorisch unlösbaren Grundkonflikt *(Chris Argyris).*

Mikropolitik wird dann zum Problem, wenn diese Tätigkeit dominiert, wenn Menschen einen großen Teil ihrer Energie darauf verwenden, wenn die eigentlichen Aufgaben darunter leiden und – wenn Menschen darunter zu leiden haben.

Fallbeispiel (1): Der parteigesteuert zu seiner Position gelangte Leiter einer Verwaltungseinheit hat unter seinen Mitarbeitern auch solche, die eine erheblich bessere Vorbildung besitzen und ihm fachlich und kommunikativ überlegen sind. Selbstverständlich fürchtet er diese als Konkurrenten, nicht um Positionen, denn darüber wachen seine Förderer, aber um informellen Einfluß und Ansehen. Er versucht, durch den Aufbau von Seilschaften, unbedingten Gehorsam nach oben, intern durch Lügen, Tricks und üble Nachrede, seinen Einfluß zu sichern – zu Lasten der Mitarbeiter und zum Nachteil für die Aufgabenerledigung. Schließlich nehmen die Maßnahmen zum Erhalt seiner Scheinautorität und zum Vertuschen des Mißmanagements nach oben alle Zeit und Kraft in Anspruch. Eigentliche Führungsaufgaben werden nicht mehr wahrgenommen.

Elitebildung über den Einfluß von Parteien und Verbänden führt unweigerlich zur Verminderung der Effektivität von Organisationen. Damit entstehende Privilegien sind zwar grundgesetzwidrig, in Parteienstaaten jedoch inzwischen alltägliche Realität, wie einige Untersuchungen zeigen *(Scheuch/Scheuch; von Arnim* usw.). Sie verhindern auch, daß in diesen Organisationen sozial-emotionale Lernprozesse stattfinden, die neben einer Effektivitätssteigerung durch Glaubwürdigkeit eine Humanisierung einleiten könnten.

Fallbeispiel (2): Ein neues Beurteilungsverfahren wird überfallartig gegen den Widerstand der Betroffenenen eingeführt und bürokratisch korrekt »exekutiert«. »Ein halbes Jahr lang haben wir nichts anderes getan, als unsere Mitarbeiter wieder zu beruhigen«, meinte danach eine Führungskraft. Nur mit großem Aufwand konnte man die Unruhe und den inneren Widerstand beheben – und von flächendeckender Mikropolitik wieder zu geregelter Arbeit übergehen. Jeder versuchte, »seine Haut zu retten«, das ging nur *gegen* die Kollegen. Eine

Aufbesserung der eigenen Beurteilungswerte durch Intervention beim Beurteiler geht stets zu Lasten der anderen und ist immer ein Nullsummenspiel.

Eine *Analyse* ergibt, daß sich im ersten Fall Mikropolitik mit Mobbing von oben (Bossing genannt) mischt. Im zweiten Fall sind die Aktivitäten zur Wiederherstellung der Glaubwürdigkeit auf der einen und des relativen eigenen Vorteils auf der anderen Seite nur über Mikropolitik zu erreichen. Beide Konzepte (Mikropolitik und Mobbing) sind unscharf, weil die verfolgten Ziele und Verhaltensweisen vielfältig und diffus sind. Aber darauf kommt es hier nicht an.

Nach *Oswald Neuberger* ist **Mikropolitik** die Summe der Mittel, mit denen Macht aufgebaut und eingesetzt wird, um eigene Zwecke zu Lasten anderer und des Gesamtzweckes zu maximieren. Zu den Mitteln gehören

- Beziehungspflege (klüngeln),
- Imponiergehabe statt Sacharbeit (symbolische Politik),
- Mobbing gegen Konkurrenten oder potentielle Konkurrenten (›Wegbeißen‹ statt fachlich konkurrieren),
- die Situationskontrolle (vollendete Tatsachen und Präzedenzfälle schaffen),
- eine Informationspolitik im Dienste der eigenen Sache (Informationen werden als Machtmittel mißbraucht),
- das Emotionalisieren und Personalisieren von Ereignissen und Problemen,
- das unlautere Ausüben von Handlungsdruck auf Entscheider,
- das systematische Nutzen von Lücken und Widersprüchen in Verordnungen und Anordnungen.

Fazit: Glaubwürdigkeit wird durch Mikropolitik zerstört – mikropolitische Aktivitäten nehmen zu, wenn Vertrauen schwindet und wenn sich die Konkurrenz um knappe Ressourcen auch innerbetrieblich verschärft.

Die zentrale Ressource »Glaubwürdigkeit« ist in vielen Führungsbeziehungen zum Problem geworden. Sie wird schon beschädigt, wenn bei der Auswahl der Führungspersonen die personale und die Sachgerechtigkeit mißachtet werden. Sie geht verloren, wenn es Führungskräften nicht gelingt, durch Offenheit (»Transparenz«) die Akzeptanz ihrer

Maßnahmen zu erlangen. In Mißtrauensorganisationen, die leider noch die Regel sind und die Glaubwürdigkeit durch Machtgebrauch ersetzen, beginnt man am besten damit, *»Inseln der Integrität«* zu schaffen und schrittweise, aber konsequent auszubauen.

4.2.3.3 Führungsaufgabe: Vertrauen herstellen

Glaubwürdigkeit führt zu Vertrauen – aus Vertrauen wächst Glaubwürdigkeit! Erfolgreiche Führung setzt Offenheit und Vertrauen auf beiden Seiten voraus. Manchmal gelingt das einfach nicht, weil man Menschen führt, denen das Schicksal bisher Erlebnisse vorenthalten hat, aus denen Vertrauen wachsen konnte. Immer wenn sie offen waren, wurde ihre Offenheit mißbraucht. Hier hilft nur Geduld gepaart mit Interventionsverfahren über ein professionelles Coaching oder Mentoring. In schwierigen Fällen zieht man dazu externe Experten heran.

Jeder Vorgesetzte besitzt in dem Instrumentarium *Coaching* ein wirksames Hilfsmittel (vgl. Abschnitt 4.2.5). Über »die Intervention in die Person« lassen sich bei geschicktem Vorgehen die Ursachen aufdecken, die einer vertrauensvollen Zusammenarbeit entgegenstehen, und es lassen sich mentale Änderungen bewirken, aus denen langsam wieder Vertrauen wachsen kann. Wer als Vorgesetzter heute solche Methoden nicht beherrscht, und wem Fairneß und Gerechtigkeit im Umgang mit anderen keine nennenswerten Leitprinzipien sind, der scheitert. Er *sollte* scheitern, um Besseren Platz zu machen!

Vertrauen, psychologisch betrachtet: Vertrauensvolles Verhalten entsteht aus einem Prozeß, in dem man lernt, daß man anderen vertrauen kann. Man erwartet ein bestimmtes Verhalten, und es tritt immer wieder ein. Damit wächst die eigene Verhaltenssicherheit. Man lernt, daß man sich in Wichtigem aufeinander verlassen kann. Die Vertrauenserwartung wird durch Erfolgserlebnisse ständig wechselseitig verstärkt. Alle Beteiligten haben zunehmend Erfolge, sie werden zufriedener und damit für die Führung »pflegeleichter«.

Offenheit ist eine stabile Vertrauensbasis. Die Schlüsselvariable liegt im Grad der möglichen Offenheit. Darf man sich anderen gegenüber vorbehaltlos öffnen, um die gemeinsamen Vertrauensbedingungen zu verbessern, um Verständnis für die eigene Befindlichkeit zu erreichen? Wird Offenheit belohnt und nicht zu unredlichen Zwecken mißbraucht? Eine schwierige Abgrenzungsfrage. Absolute Offenheit führt zum »Terror der Intimität«. Man verliert seine Privatsphäre und damit einen Teil seiner Würde. Die Abgrenzung zwischen dem rein Privaten und dem betrieblich allen Zugänglichen ist eindeutig zu machen. Genau hierfür muß der Vorgesetzte sorgen, wenn er den Vertrauens(lern)-prozeß fördern möchte. Die Vertrauensbasis muß sich ständig verbreitern, sachlich und personal. Immer mehr bisher Geheimgehaltenes (Herrschaftswissen) ist allen zugänglich zu machen, und immer mehr Personen sind in die Entscheidungsprozesse einzubeziehen, die alle betreffen.

Der amerikanische Organisationspsychologe *Chris Argyris* fordert, daß man dazu lernt,

- seine Emotionen sozialverträglich zu äußern,
- emotional experimentierfreudig zu werden, sich auch auf bisher nicht gewohnte Emotionen einzulassen,
- auch andere durch positive Rückmeldungen (Verstärkungen) dazu zu bringen, sich emotional offen zu äußern.

Individualität oder Konformität? Vertrauen gelingt, wenn in der Organisationskultur *Individualität* einen höheren Wert darstellt als *Konformität,* und wenn das an Führungsvorgängen ständig deutlich wird. Es sind die Verhaltensnormen, die die Organisation oder (im kleinen) der Vorgesetzte für seinen Bereich setzt und schützt, die darüber entscheiden, ob Vertrauen auf Dauer möglich wird.

Sobald Vorgesetzte über emotional bedeutsame Prozesse offen zu sprechen beginnen, fangen auch die Mitarbeiter damit an. Wenn es dabei zuerst noch »Entgleisungen« gibt, muß der Vorgesetzte kompetent genug sein, diese kleinen Anfangskonflikte zu beherrschen. Am ehesten gelingt das in einer entspannten »Rückmeldekultur«, d.h., wenn jeder bereit ist, jedem zu sagen, wie dessen Aktionen auf die eigene Befindlichkeit wirken – und wenn man das auch dem Vorgesetzten sagen darf, ohne daß man geheime Sanktionen befürchten muß. So entstehen langsam Inseln der Integrität, des Vertrauens und der Glaubwürdigkeit.

Fallbeispiel: Der Vorgesetzte in einer Behörde sagt in einer Sitzung (vermutlich, um einem höheren Vorgesetzten zu imponieren), daß er es schätzt und honoriert, wenn Mitarbeiter Verbesserungsvorschläge machen. Als die ersten noch etwas unbeholfen formulierten Vorschläge bei ihm eingehen, läßt er ein Donnerwetter los. Dabei rügt er allerdings nur die autoritätsverletzende Form.

Er zeigt aber deutlich, daß er Vorschläge als Angriffe gegen seine Allwissenheit versteht. Er rügt offen vor allem Schwächere, die (emotional-sozial) Stärkeren rügt er nur indirekt.
So schaffen Vorgesetzte neue »Inseln der Nicht-Integrität«. Mitarbeiter, denen jeder Einfluß auf ihr Arbeitsumfeld verwehrt wird, wehren sich über Staffing (sie mobben den Vorgesetzten), Aus-dem-Wege-gehen (Innere Kündigung) oder durch Dienst nach Vorschrift.
Geschieht meinem Vorgesetzten ganz recht, wenn ich Magengeschwüre bekomme! Diese Reaktion ist bei vielen Untergebenen in solchen Organisationen anzutreffen. Aber den Schaden haben die Bürger, hat das ganze politisch-administrative System. In einer Bürgergesellschaft (Zivilgesellschaft), die heute immer wieder beschworen wird, ist es Sache aller Betroffenen, solchen kleinen Diktatoren überall, wo sie sich breit machen, das Handwerk zu legen, wenn es auch die ausufernde Parteiendemokratie mit ihren kontraproduktiven Strukturen einer flächendeckenden Ämterpatronage sehr erschwert.
Dieser (nicht erfundene) Fall zeigt auch, wie eng Kontextfaktoren, Führungsstile und Mitarbeiterleistungen zusammenhängen. Die offene Frage ist, ob in solchen Systemen emotional-sozial kompetente Mitarbeiter allein eine Änderung bewirken können; auf jeden Fall können sie ihre Persönlichkeit besser gegen die Wirkungen dieser Führung schützen. Aber: auch dieser Fall ist nicht behördenspezifisch!

Nur Integre können Integre effektiv führen! Führung ist nur Menschen anzuvertrauen, die integer sind. Leicht gesagt, schwer organisiert! Integrität, Moral, Ethik – alles große Begriffe, die nur schwer in konkrete Aussagen und Regeln zu überführen sind. Man unterscheidet in diesem Zusammenhang manchmal Wirtschafts-, Unternehmens- und Arbeitsethik. Letztere läßt sich weiter in Aufgaben- und Beziehungsethik unterteilen. Diese »Ethiken« bilden ein hierarchisches Gefüge:
- Wirtschaftsethik meint die Beziehungen Wirtschaft – Gesellschaft generell,
- Unternehmensethik bezieht sich auf das Verhältnis Einzelunternehmen – Verbraucher, Zulieferer, Konkurrenten,
- Arbeitsethik wacht über die Redlichkeit in der Aufgabenerledigung, in der Beziehungspflege – und in der Führung.

Warum ethische Aufmerksamkeit? Studien ergaben, daß 70 Prozent aller Konflikte in Unternehmen nichts mit Inhalten zu tun haben. Die Cleveren kämpfen nicht um Inhalte, sie betreiben »Beziehungsmanagement« zum eigenen Vorteil.

Ethische Aufmerksamkeit beginnt mit der Auswahl der Führungskräfte, setzt sich fort in der Organisation der Führung (Unternehmensphilosophie, -politik, -grundsätze, Führungsstil) und hat viel zu tun mit Alltagsaktivitäten in der Führung. Besonders wichtig ist dabei die *Aufmerksamkeitslenkung*. Was wird honoriert, was wird negativ sanktioniert? Bei Verwaltungen gibt es einen Berufszynismus, der bereits erwähnt wurde: Wer arbeitet, macht Fehler, wer keine Fehler macht, wird befördert! Das zeigt, daß Mitarbeiter den Eindruck haben, Anreize würden kontraproduktiv gesetzt. Tatsächlich hängt das Anreizsystem einer Organisation davon ab, worauf Führungskräfte ihre Aufmerksamkeit lenken.

In der neuen Führungslehre wird gefordert, daß man seine *Problemwahrnehmung* für feine Signale verbessert, die das Entstehen von Konfliktfeldern anzeigen, um rechtzeitig zu intervenieren. Gemeint ist damit, daß generell erst eine sensiblere Problemwahrnehmung ein effektiveres Management möglich macht. Emotionale Kompetenz fängt mit dieser Aufmerksamkeit für feine Signale an. Es gibt situationssensible Menschen und solche, die sich unerträglich unsensibel verhalten. Der Volksmund hat dafür plastische Bilder: »Sich verhalten wie der Elefant im Porzellanladen«, »... wie die Axt im Walde«.

Karrieristen von Führungspositionen fernhalten! Den größten Führungsschaden richten Menschen an, die aus Karrieregründen in Führungsstellen drängen, die sie sachlich-fachlich gar nicht interessieren, und die daher Leistungen der Mitarbeiter kaum wahrnehmen, weil ihre Aufmerksamkeit durch alles das absorbiert wird, was ihre Karriere gefährden könnte. Hierbei sind sie sogar in der Lage, »feine Signale« wahrzunehmen.

Karrieredrang ist nicht angeboren, er wird von der Organisation als Anreiz gesetzt. Knappe Güter (Positionen und damit zusammenhängende Vorteile und Privilegien) werden dann oft mit unlauteren Mitteln erstrebt und erlangt. Darunter leiden langfristig die Legitimation der Hierarchie und die Autorität aller Führungskräfte.

Einen Ausweg bietet das Aufsplitten der Laufbahn, z.B. in eine Führungs-, eine Fach-, eine Projekt- und eine Stabslaufbahn. Sie müssen in Ansehen und Vergütung gleichwertig gestaltet sein, wenn sie die innerbetriebliche Konkurrenz sinnvoll beleben und quasi-politische Konflikte minimieren sollen.

Hierbei zeigt sich wieder deutlich, daß emotionale und soziale Intelligenz untrennbar, daß die Grundgedanken dieser Konzepte klassisch sind und daß sich emotionale und soziale Kompetenz lernend erwerben lassen – vor allem, wenn man die entsprechenden Bedingungen und Anreize setzt.

Fazit: Glaubwürdigkeit und Vertrauen sind (auch) moralische Kategorien. Führungsethik beginnt mit »organisierter Mitmenschlichkeit«! Notfalls muß man »ethische Inseln« bilden, um von ihnen aus eine Organisation ethisch zu reformieren. Die Insellösung ist generell das wirksamste »systemische« Änderungskonzept.

4.2.4 Knappe Ressource Mitmenschlichkeit: Kampf dem Mobbing!

Überall, wo Menschen zusammenarbeiten, entstehen Emotionen. Da geht es um Ehrgeiz, Eifersucht, Neid, Angst und Macht. Ob daraus Mobbing wird, hängt davon ab, wie mit den Emotionen umgegangen wird.
Birgit Rupprecht-Stroell, Arbeitspsychologin

Ist Mitmenschlichkeit ein Karrierenachteil? In manchen Organisationen scheinen alle Anreize so organisiert zu sein, daß sich dieser Eindruck aufdrängt. Mit Mobbing schafft man sich in solchen Fällen Konkurrenten um knappe Güter am besten vom Hals! Oder: Auch wer emotional-sozial kompetent ist, muß hier aus Selbstwert- und Selbsterhaltungsgründen zu unlauteren Strategien greifen!

Wie wirkt und was bewirkt Mobbing? Unfreundlichkeiten zwischen Kollegen und zwischen den Hierarchiestufen lassen sich bis zum systematischen Psychoterror steigern. Koalitionen werden gebildet, Feindbilder werden aufgebaut, und dann fällt »der Mob« über einen einzelnen her. Das kann auch sehr subtil geschehen; Menschen werden »ausgegrenzt«, gemieden, man enthält ihnen Informationen vor, läßt sie »ins offene Messer laufen« usw. Die gezielt Gemobbten sind dagegen meist hilflos, weil ihnen die Analyse der Situation systematisch erschwert wird, sie »tappen im dunkeln«, ihr Selbstwertgefühl leidet, schließlich bricht ihr Vertrauen in die eigenen Kontrollmöglichkeiten zusammen, sie verhalten sich den Situationen gegenüber zunehmend unkontroliert, sie lernen »Hilflosigkeit« *(Martin Seligman).*

Beispiel: Solche Verhaltensweisen gibt es bereits unter Kindern. Bekannt ist das »normale« Dreiecksverhältnis, besonders unter Mädchen im frühen Schulalter. Geläufig ist auch die ironische Steigerung: Gegner, Feind, Parteifreund. Unter Kollegen gibt es eine Vielzahl unterschiedlicher Konkurrenzverhältnisse um eine begehrte Stelle, um Zuneigung, um Ressourcen aller Art. Aus Konkurrenzneid kann die Strategie Mobbing entstehen.

Vorgesetzte haben die Pflicht, organisatorische, soziale und mentale Bedingungen zu schaffen, die weitgehend mobbingresistent sind. Das können sie jedoch nur, wenn die Organisation das honoriert und sie emotional-sozial kompetent sind.

Mobbing ist eine konfliktbelastete Kommunikation unter Kollegen oder zwischen Vorgesetzten und Mitarbeitern. Dabei ist die gemobbte Person unterlegen. Sie wird systematisch, während einer längeren Zeit mit dem Ziel oder dem Ergebnis, ausgestoßen zu werden, direkt oder indirekt angegriffen.

Die wesentlichen Merkmale sind:

- konfliktreiche Kommunikation,
- aggressive Kommunikationsakte gegen in irgendeiner Weise Unterlegene,
- systematisches, andauerndes Handeln,
- Ziel: Die gemobbte Person sozial zu isolieren und auszustoßen.

Führungskräfte müssen intervenieren, wenn sie Mobbingprozesse bemerken. Hierbei wird der emotional-sozial Kompetente eine Vielzahl situations- und personenspezifischer (systemischer) Strategien entwickeln können. Nur im Einzelfall läßt sich feststellen, welche davon den größten Erfolg verspricht.

Dennoch gibt es einige bewährte *Handlungsempfehlungen* für Vorgesetzte.

- Mit dem »Mob-Leiter« sprechen. Die Ursachen erkunden und auszuräumen versuchen. Es gibt immer einen Mitarbeiter, der den Mob organisiert und dem alle anderen folgen.
- Mit dem Gemobbten sprechen. Ihn emotional stabilisieren, sozial sensibilisieren. Seinen möglichen Anteil an dem Prozeß erkunden; ihm helfen, aus der Rolle herauszufinden. Systemisches (= den Hintergrund und die Zusammenhänge erfassendes) Coaching anbieten.
- Gemobbte und Mobber in konfliktfreien Zonen wieder ins Gespräch zu bringen versuchen. Oft werden Menschen nur in bestimmten Be-

ziehungen gemobbt, weil sie hier als Konkurrenten oder als Störenfriede empfunden werden – oder weil man einfach einen Sündenbock braucht.

- Alle spektakulären Maßnahmen vermeiden, die den Verursacher aufwerten und den Gemobbten abwerten oder ins Zwielicht bringen könnten. Den Grundsatz beachten: Es bleibt immer etwas hängen!
- Vorschnelle administrative Reaktionen der Personalverwalter verhindern. Organisationen versuchen solche sensiblen Konflikte meist mit der Brachialgewalt von Anordnungen und Regeln zu lösen. Dieses Doktor-Eisenbart-Prinzip sollte so lange wie möglich vermieden werden.
- In schwierigen Fällen einen Sachkundigen hinzuziehen.

Mobbing muß radikal bekämpft werden. Die »Täter« verdienen keine Schonung. Mobbende Vorgesetzte sind abzulösen. Manchmal ist das alles jedoch (systembedingt) nicht möglich. Als letzte Möglichkeit ist dann zu wählen:

- Den Geschädigten in eine andere Abteilung versetzen. Wechselt er rechtzeitig das Feld, kann er sich vielleicht erholen.
- Im neuen Feld über personbezogene Maßnahmen (Verhaltenstraining, Desensibilisierung, Stabilisierungsverfahren) Hilfen bieten.
- Deutlich zeigen, daß man für unlautere Maßnahmen kein Verständnis hat; die »Täter« dies spüren lassen.

Fazit: Mobbing hat viele unterschiedliche Ursachen, Verläufe und Ergebnisse. Regeln können hier nur als Anregungen für Mindestmaßnahmen verstanden werden. Nach dem systemischen Grundsatz: Es gibt keine faulen Mitarbeiter, nur faule Mitarbeiterverhältnisse!, sind die Ursachen nicht nur bei den Beteiligten zu suchen, sondern auch in den Arbeitsbedingungen, in der Führung, in der Ressourcenverteilung, aber auch in der »Gruppen-oder Firmenideologie« kurz in den komplexen Systembedingungen, in denen Mitmenschlichkeit oft keinen Platz findet.
Der beste Schutz gegen Mobbing und Mikropolitik ist personale Stabilität!

4.2.5 Knappe Ressource personale Stabilität: Coaching als emotional-sozial wirksames Führungsmittel

Je mehr das Umfeld ins Rutschen kommt, desto wichtiger wird die persönliche Stabilität. Dieser Erfahrung wird wohl niemand widersprechen. Aber: Je mehr Unruhe das Umfeld verursacht, desto schwerer wird es, persönlich stabil zu bleiben!

Personale (persönliche) *Stabilität* kann sich bei Menschen in Organisationen nur ausbilden, wenn sie in einer Vertrauensorganisation wirken dürfen, in der Glaubwürdigkeit ein zentraler Wert ist. Je rasanter der Wandel im Umfeld und am Arbeitsplatz, desto wichtiger ist eine Stabilität gewährende, glaubwürdige Führung. Sie muß in der Lage sein, parallel zu den Änderungsprozessen ständig in Personen zu intervenieren, damit die erforderlichen Anpassungsleistungen gelingen.

Hierfür sind die Instrumente *Coaching* und *Supervision* entwickelt worden. Sie lassen sich nur in ihren Schwerpunkten unterscheiden. Nach dem allgemeinen Sprachgebrauch in Betrieben ist Coaching mehr die Intervention in persönliche Beziehungen und die Lösung personaler Probleme, Supervision mehr die Hilfe in fachlichen Problemen. Der Supervisor ist der Fachmann für Fachleute.

Coaching hat sich als *unterstützendes Führen* bewährt. Als Problemlöseverfahren hat es die Funktion, Menschen in persönlichen und sozialen Problemen zu helfen. Dabei sollen
- die Personalentwicklung individualisiert und
- das psychisch entlastende Aufarbeiten von Problemen erleichtert werden.

Coaching ist vor allem ein erfolgversprechendes Förderungsgespräch. Es soll (nach *Eberhard Hauser):*
- Hilfe zur Selbsthilfe bieten, indem es Selbständerungskräfte mobilisiert,
- das Selbstwertgefühl stärken, indem es Differenzen zwischen Fremd- und Selbstbild aufklärt und hieraus entstehenden Konflikten vorbeugt,
- Alternativen für Verhalten und Empfinden vermitteln und positive Neuansätze wirkungsvoll unterstützen.

Coaching (Supervision) wird immer mehr zu einem Führungsmittel des

Betriebsalltags. Jeder Vorgesetzte muß die Grundregeln beherrschen und wissen, wann es angebracht ist, »in die Person zu intervenieren«.

Bei folgenden *Anlässen* ist Coaching unabdingbar:

- Bei der Übernahme einer neuen, schwierigen Aufgabe (um Überforderungen vorzubeugen),
- vor einer ersten Auslandstätigkeit (wegen der zu erwartenden kulturellen Konflikte; fremde Kulturen stellen andere emotional-soziale Probleme als die eigene Kultur),
- bei Leistungsdefiziten, die sich nicht einfach aus Bedingungs- oder Fähigkeitsproblemen erklären lassen,
- generell bei Verhaltensauffälligkeiten (wenn es an emotional-sozialen Fähigkeiten oder an der entsprechenden Sensibilität fehlt).

(Über die Häufigkeitsverteilung und die Führungsebenenverteilung vgl. zfo, 4/00, S 201ff.)

Auch für diese Interventionsform gilt der systemische Grundsatz, daß in Abhängigkeit von den situativen und personalen Voraussetzungen interveniert werden muß. Die »systemische Intervention« ist wirksamer als die schematische.

Dennoch gibt es einige *Handlungsempfehlungen*, die in jedem Fall zu beachten sind. Fragen Sie vor allem:

- Wo liegen Ihre Schwierigkeiten zur Zeit?
- Könnte ich helfen, Schwierigkeiten zu mildern (wie, womit, mit welchem Ziel)?
- Wo vermuten Sie Ihre Schwächen und Ihre Stärken? Kann man etwas gegen die Schwächen tun? Können Sie lernen, Ihre Stärken erfolgreicher einzusetzen? Lassen sich Schwächen durch Stärken kompensieren?
- Wie könnte es in und bei Ihnen aussehen, wenn Sie alle besprochenen Möglichkeiten nutzen? Wäre das dann ein erträglicherer Zustand?
- Was (wer, welche Umfeldbedingungen, welche eigenen Barrieren) hindern Sie jetzt noch, die besprochenen Möglichkeiten zu nutzen?
- Wie und womit könnte ich Ihnen helfen, die gewählte Verhaltensalternative zu realisieren?

Coaching soll dazu dienen, den Mitarbeiter wachsen zu lassen. Dies ist der Grundgedanke der Humanistischen Psychologie, dem auch die beiden Konzepte EQ und Sozialkompetenz entstammen.

Vier **Phasen** hat das Coaching, das diesen Prinzipien folgt:

1. *Zielbestimmung:* Welche Bedingungen oder Fähigkeiten sollen im Mittelpunkt stehen? Was soll mit dem Coaching erreicht werden?
2. Wie ist die Wirklichkeit, die gegebene *Situation* beschaffen, die bei der Analyse des Ist-Zustandes und von der Änderungsstrategie berücksichtigt werden muß?
3. Welche *Handlungsmöglichkeiten* bestehen überhaupt – welche bestünden bei einer möglichen (realistischen) Änderung der Situation?
4. Welche *Entscheidung* soll wie von wem bis wann durchgesetzt, welche neue Handlungsalternative realisiert werden? Wen muß man als Mitwirkenden gewinnen, um den Erfolg zu gewährleisten, oder welche Bedingungen muß man ändern?

Voraussetzungen und Handhabung:

- Oberstes Gebot: *Freiwilligkeit.* Coaching darf weder angeordnet, noch indirekt erzwungen werden.
- Coaching ist Hilfe im Arbeitsleben; der *Tätigkeitsbezug* muß immer deutlich bleiben. Die Tätigkeit ist auch der Ausgangspunkt. Daß sie nicht isoliert gesehen werden darf, sondern u. U. auch aus dem familiären Umfeld beeinflußt wird, ist im Auge zu behalten. Das private Umfeld darf jedoch niemals als Einstieg gewählt werden *(Persönlichkeitsschutz).*
- Coaching ersetzt keine Freundschaft. Es ist immer ein *befristeter Prozeß.* Es darf nicht der Eindruck einer Bevorzugung durch übertriebene Zuwendung entstehen.

Coachingtechniken sind (in der Reihenfolge des Einsatzes):

- Systemische Therapie (Kommunikationstherapie) – 38 Prozent,
- Neuro-linguistische Programmierung (NLP) – 36 Prozent,
- Gestalttherapie – 29 Prozent,
- Transaktionsanalyse – 24 Prozent,
- Psychoanalyse – 20 Prozent.

Ferner sind zu nennen: Verhaltenstherapie, Zeit- und Selbstmanagement, diagnostische Verfahren, Gesprächstherapie, Supervisionstechniken, Logotherapie usw. (vgl. zfo, 4/00, S 203).

Welche Erwartungen richten sich an die Rolle »Coach«? Mit dem Coachingverfahren verfügt der Vorgesetzte über ein wertvolles Know-how, das er seinen Mitarbeitern, die er als seine internen Kunden betrachtet, zur Verfügung stellt. Das bestimmt auch seine Rolle in diesem Verfahren. Er bietet einen Dienst an, der bei seinen Kunden begehrt ist. Voraussetzung ist, daß er in der Lage ist, diese Rolle einzunehmen und die daran geknüpften Erwartungen zu erfüllen (vgl. die Ausführungen zur funktionalen Autorität in Abschnitt 4.2).

Grundvoraussetzung für den Erfolg im Coaching sind intakte interne Kundenbeziehungen!

Fazit: Führungskräfte sind Entwicklungshelfer, Berater, Vermittler von Know-how zur Persönlichkeitsstabilisierung. Sie müssen es sein, weil sie durch das Setzen der Arbeitsbedingungen, durch Handeln oder Nichthandeln, direkt oder indirekt den unbefriedigenden Systemzustand herbeigeführt haben. Zugleich ist das Coaching, geschickt eingesetzt, ein wirksames Qualifizierungsverfahren für emotionale Intelligenz und soziale Kompetenzen. Bei jedem professionell angelegten Coaching werden beide Beteiligte ihre Fähigkeiten verbessern; es ist der idealtypische wechselseitige Lernprozeß.

4.2.6 Knappe Ressource Interne Kundenorientierung

Wer ist der ideale Dienstleister? Im Zeitalter der Kundenorientierung denken, produzieren, verwalten wir vom Kunden her. Der wichtigste Kunde wird dabei oft übersehen: Es ist der »Nächste«, der Mitarbeiter, der Kollege und der unmittelbare Vorgesetzte.

In Hierarchien ist es noch eine absurde Vorstellung, daß man Führungsmacht bekommt, um dann untergebene (!) Kunden zu bedienen. Bedienen und Führen, größer kann der Gegensatz nach unserer Führungstradition nicht sein.

Beispiel: Stellen wir uns vor, daß wir als Mitarbeiter unseren Vorgesetzten mit Leistungen bedienen, die ihm nützlich sind. Wir beraten und warnen ihn vor Entscheidungen, die zu nachteiligen Folgen für ihn führen können. Kurz: Wir stellen ihm unser ganz persönliches Know-how zur Verfügung, das sich aus unseren speziellen Kenntnissen und Blickwinkeln ergibt und über das er in seiner Position gar nicht verfügen kann. Würden sich damit Produktivität und Führungsqualität insgesamt nicht erheblich steigern lassen?

Ein emotional gebildeter, also ein seiner selbst sicherer Vorgesetzter müßte solche Hilfen geradezu herausfordern. Es gehört natürlich viel innere Stabilität dazu, von seinen Mitarbeitern Rat zu akzeptieren und von ihnen zu lernen. Emotionale Kompetenz umfaßt auch die Fähigkeit, einzusehen, daß man zu allem die anderen nötig hat. Wenn man daran denkt, daß *Sokrates* von sich sagen konnte: »Ich weiß, daß ich nicht weiß!«, dann sollte uns das in gewissen Situationen auch nicht schwer fallen.
Umgekehrt muß sich ein Vorgesetzter sehr stabil fühlen, ehe er bereit ist, seinen Mitarbeitern Dienste anzubieten, die diese für ihre Aufgabenerfüllung brauchen, statt ihnen zu befehlen und sie zu kontrollieren. Zu stark sind diese beiden Rollen als über- und untergeordnete verinnerlicht. Eigentlich sind es komplementäre, einander ergänzende Rollen; wie die Bezeichnung *Mit*arbeiter es treffend ausdrückt.

Wie definiert sich Führungskompetenz unter dem Prinzip Kundenorientierung? Führungskompetenz besteht aus neuer Sicht vor allem darin, diese Dienste ständig zu verbessern und zu optimieren, um den internen Kunden gerecht zu werden. Die Mitarbeiter werden dann bestrebt sein, sich zu revanchieren. Sie spüren die Vorteile, und es drängt sie, diese Leistungen zu vergelten – mit Gegenleistungen, in denen die Führung dann wieder zum Kunden wird. So etwa stellt man sich in der aktuellen Managementlehre die »internen Kundenbeziehungen« vor.

Voraussetzung für gutes Kundenmanagement der Mitarbeiter ist, daß sie dafür ein Modell haben. Modellverhalten wirkt (wie bei der Erziehung und in der Sozialisation) stärker als Anweisungen, Rügen und Erlasse. Am Verhalten der Leitperson lernen Mitarbeiter optimales Kundenverhalten am schnellsten und am zuverlässigsten. Nur emotional-sozial Kompetente schaffen den großen und notwendigen Schritt vom »Betriebsdiktator zum Dienstleister«.

Das Problem: *Manager haben sich lange hochgearbeitet, um an die Hebel der Macht zu gelangen – und jetzt sagt man ihnen, daß diese Hebel überflüssig sind!* (So *Ken Blanchard* a.a.O., S. 123; vgl. auch *Ricardo Semler:* Das Semco-System. Management ohne Manager. München 1993: *»Nur Mitarbeiter, die man wie Kunden behandelt, können Kunden wie Kunden behandeln!«*)

Je besser die internen Kundenbeziehungen sind, desto weniger Reibungsverluste und Konflikte gibt es!

4.2.7 Knappe Ressource Betriebsfrieden oder wertvolle Ressource Konflikt

Auch wenn man die leidige Mikropolitik und das Mobbing auf eine Restgröße reduziert hat und internes Kundenmanagement praktiziert, hören Konflikte nicht völlig auf. Sie lassen sich dann aber besser als Lieferanten wertvoller Informationen nutzen.

Konflikte können wertvolle Ressourcen erschließen! Besonders in Konfliktfällen hat der emotional-sozial Kompetente Vorteile. Er vermag Konflikte zu nutzen. Sein Konfliktverhalten folgt dem Dreischritt:

1. Konflikten möglichst vorbeugen.
2. Im Konfliktfall die wirklichen (systemspezifischen) Ursachen erforschen: systemisches Konfliktmanagement.
3. Zur Verwertung der dabei anfallenden Informationen ein konsequentes Fehlermanagement organisieren.

Vom Nutzen der Konflikte: Jeder Konflikt, dessen Lösung Lerneffekte auslöst und zur Verbesserung der Organisationsbedingungen führt, hat neben der Mühe, die seine Lösung kostete, zugleich motivierende und innovierende Wirkungen.

Konflikte sind in komplexen Beziehungen und Prozessen etwas Natürliches. Es gibt im Zusammenleben von Menschen viele Gegensätzlichkeiten in Zielen, Einstellungen und Motiven; es entstehen zudem ständig Unsicherheiten über die unterschiedliche Interpretation und Bewertung von Ereignissen und Situationen (Orientierungsprobleme). Je komplexer unsere Arbeitswelt wird, desto mehr Orientierung geht verloren – und desto mehr (orientierungsbedingte) Konflikte löst das aus.

Vor allem erhalten Konflikte eine neue Dimension: die emotional-soziale. Denn mit zunehmender Kooperation, mit Teamarbeit und Intrapreneuring verknüpfen sich mit den sachlich-fachlichen Differenzen Selbstwertprobleme, Konsistenzprobleme, soziale Erwartungen und andere »weiche Konfliktzonen«. Konfliktregelung bleibt eine zentrale Führungsaufgabe; die Anforderungen an die Konfliktmanager erhöhen sich.

Vielen Konflikten kann man durch bessere Information, klarere Ziele, eindeutigere Stellungnahmen, durch Fairneß und Gerechtigkeit, Vertrauen und Offenheit vorbeugen. Ein großes Konfliktpotential liegt in unsicheren und zu faulen Kompromissen neigenden Vorgesetzten.

Ein Scherz-Fall, der aber gar nicht so unwahrscheinlich ist: Der Vorgesetzte hat eine Besprechung mit einem Kollegen. Ein Mitarbeiter bittet um kurzes Gehör und schildert einen Streitfall. Der Vorgesetzte hört geduldig zu und sagt: »Da haben Sie recht. « Befriedigt geht der Mitarbeiter davon. Kurz darauf bittet der Streitpartner ebenfalls um Gehör. Aus seiner Sicht sieht das nun ganz anders aus. Der Vorgesetzte hört wiederum achtsam zu und meint wieder: »Da haben Sie recht. « Auch dieser Mitarbeiter geht zufrieden davon. Nun wendet der Kollege, der dem Vorgang aufmerksam gefolgt ist, ein: »Sie haben zwar beide zufriedengestellt, aber Sie haben doch damit den Konflikt nicht gelöst«. Antwort des Chefs: »Da haben Sie auch recht.«
Leicht lassen sich die emotional-kommunikativen Fehler des zwar geduldigen, aber sozial inkompetenten Chefs erkennen, aber werden sie tatsächlich überall vermieden?

Es gibt drei Hauptregeln für emotional-sozial erfolgreiche *Konfliktlösung:*

1. *Sagen Sie nie ich, sondern immer wir!* Diese Empfehlung meint, daß man als Konfliktlöser sofort zur Partei wird, wenn man sich als übergeordnete Person ins Spiel bringt. Der Appell an das Wir-Gefühl kann einen Konfliktpartner veranlassen, seine eigene Position im Hinblick auf das gemeinsame Ganze zu überprüfen, ohne daß er dabei sein Gesicht verliert.
2. Versuchen Sie, die Streitenden zu veranlassen, eine *Metaposition* einzunehmen. Das heißt, daß sie sich vorstellen, neutral zu sein und aus dieser Sicht auf das Geschehen zu blicken. Sie sollen sich dabei die Frage stellen: »Worüber streiten wir eigentlich konkret?« Die sachliche Analyse des Streitgegenstandes führt oft dazu, daß man erkennt: Der Streit hat sich inzwischen verselbständigt. Der Streitgegenstand rechtfertigt keine Eskalation. Die Metaposition führt damit zu einer Versachlichung.
3. Sagen Sie immer: »Ich empfinde, auf mich wirkt das so ...«, sagen Sie nie: »Sie sind aber ein ...« Das heißt, *melden Sie die Wirkung zurück,* die der augenblickliche Streitzustand und die dabei gefallenen Äußerungen auf Sie gemacht haben. Es wird dazu führen, daß die Streitenden ihre Aussagen und Standpunkte dann zurücknehmen und versachlichen. Sie erkennen dabei leichter, was sie mit ihren Streitmitteln anrichten. Diese De-Eskalationsstrategie bewährt sich vor allem, wenn man selbst in den Streit einbezogen ist.

Und: Versuchen Sie immer, die eigene Position so zu vertreten, daß der andere nicht verletzt wird – aber lassen Sie es, wegen der Modellwirkung und aus Selbstwertgründen, auch nicht zu, daß man Sie verletzt!

Fehler sind noch keine Konflikte! Fehler treten auf, wo Menschen arbeiten. Menschen, die nur gegen Fehler anarbeiten müssen, werden risikoscheu, arbeiten unwirtschaftlich und verlieren ihre Fähigkeit der Spontanität. Fehler können bei der Schwachstellenanalyse und bei der Informationsgewinnung generell hilfreich sein. Gutes Management nutzt sie zur Verbesserung der Abläufe und Strukturen, zur systemischen Optimierung. Man sollte Führungsanfängern raten: »Fehlern Sie sich frei!« *(Erich O. Lejeune)* – das macht Sie sympathisch!

Fallbeispiel: Der junge Betriebswirt, der zum ersten Mal ein größeres Projekt selbständig bearbeiten darf, macht einen Fehler. Dabei »setzt er eine Million in den Sand«. Als er von der Misere erfährt, geht er betrübt, aber selbstsicher zu seinem Chef und »verlangt seine Papiere«. Dieser schaut erstaunt: »Aber warum denn, Sie waren doch so tüchtig«. »Wegen der verlorenen Million!« – »Aber nicht doch, die haben wir in Ihre Ausbildung investiert.«
Und das ist gut gerechnet. Ein solch selbstkritischer Mitarbeiter wird denselben Fehler kaum wieder machen. Einem Nachfolger könnte das aber erneut passieren. Es wäre betriebswirtschaftlich unvernünftig, diesen Mitarbeiter wegen eines Fehlers zu entlassen, der nur passierte, weil er unternehmerisch zu denken bereit war, aber noch nicht alle Risiken beherrscht. Außerdem kennt man nun auch diese Schwachstelle und kann ihr entgegenwirken.
Wichtig ist dieser Vorgang auch als Signalwirkung an andere Mitarbeiter. Sie könnten einen Hinauswurf so verstehen: Vermeidet vor allem Fehler – koste es, was es wolle! Jetzt wissen sie: In dieser Unternehmenskultur herrscht Übereinstimmung zwischen dem Verlautbarten und dem Verhalten (es ist eine Glaubwürdigkeits- und Vertrauensorganisation) – auf diese Weise bildet sich langfristig die spezifische (vertrauensbasierte) Organisationskultur mit entsprechenden Verhaltenserwartungen und Leistungsbereitschaften heraus.
Sie erinnern sich: Wer arbeitet, macht Fehler. Wer keine Fehler macht, wird befördert. Dieser Satz gehört zu den vielen Berufszynismen, die sich herausbilden, wenn man bei Fehlern bürokratisch verfährt.

Ein professionalisiertes Konfliktlöseszenario: Ein neues Konfliktmanagement bietet die *Mediation*, »die Kunst, Streithähne schonend zu trennen«. Wenn Konflikte komplex sind, und sie werden immer komplexer, bedient man sich eines Konfliktfachmannes (oder einer -fachfrau). Man wählt einen neutralen *(Ver-)Mittler*, der nicht so stark in die Systembedingungen einbezogen und nicht »systemblind« ist.

Der Mediator versucht herauszufinden:

- Was wollen die beteiligten Personen wirklich, was bleibt unausgesprochen, was wird durch Vordergründiges verdeckt?
- Welche offenen oder geheimen Zwecke verfolgen die Beteiligten mit ihren Forderungen?
- Worin sind die Konfliktparteien eventuell kompromißbereit, und was scheint eine kompromißlose Forderung zu sein – und warum ist sie es?
- Wodurch läßt sich weiteren Konflikten dieser Art vorbeugen?

Scheitern als neues Konfliktfeld: Neue Konflikte ergeben sich daraus, daß das Risiko des Scheiterns stark zunimmt. Man wird lernen müssen, mit eigenem Scheitern immer wieder zurechtzukommen. Ständige Reorganisation, grundlegende Änderungen in vertrauten Regelsystemen, Entwertung des mühsam erworbenen Wissens und Könnens lassen auch Menschen zuweilen scheitern (und verzweifeln), die eigentlich zu den besten Mitarbeitern zählen. Hier helfen rechtzeitiges Coaching und eine professionelle Supervision, so daß man »schöner scheitert«, d.h., daß man ohne Schaden für das Selbstwertgefühl davonkommt und möglichst spürbare Lernerfolge mitnimmt. Zukünftig werden Menschen auf Dauer erfolgreich sein, die auch das Verlieren gelernt haben. Im übrigen meint der Schauspieler *Moritz Bleibtreu* (in: DAS vom 25.8.00, S. 40): »Siegertypen werden beneidet, aber nicht geliebt!«

Professionelles Konfliktmanagement führt zu personaler Stabilität bei allen Beteiligten!

Fazit: Der Betriebsfrieden wird nicht so sehr durch Konflikte gestört. Sie können wertvolle Lieferanten wichtiger Informationen über den Systemzustand sein. Die Störungsursache ist meist ein ungeschicktes Konflikt- und Fehlermanagement, das vielen Mitarbeitern die »innere Ruhe« raubt!

4.2.8 Knappe Ressource Konsistenz

Menschen verlieren nach wichtigen Entscheidungen häufig ihre innere Ruhe – aber sie kennen Gegenstrategien!

Beispiel: Nachdem wir uns wochenlang mit allen erreichbaren Informationen zu bestimmten Wagentypen befaßt, Bekannte und Freunde befragt und schließlich ein bestimmtes Modell gekauft haben, lesen wir in einer renommierten Zeitschrift etwas Ungeheuerliches über unser Auto. Es sei unzuverlässig, technisch in Teilen unausgereift und insgesamt zu teuer. Bisher haben wir uns auf das Urteil dieser Zeitschrift gestützt. Tun wir das weiter, so verlieren wir unsere innere Ruhe und die Glaubwürdigkeit vor uns selbst.
Wie kommen wir aus dieser Dissonanz heraus, und wie gewinnen wir unsere Konsistenz zurück?

Der Mensch in seinem Widerspruch! Psychologen (zuerst *Leon Festinger)* nennen einen häufig auftretenden Typ der inneren Unsicherheit »kognitive Dissonanz«. Sie tritt auf, wenn in unserem Bewußtsein in individuell wichtigen Fragen Widersprüche auftreten. Das geschieht besonders häufig nach wichtigen Entscheidungen, in denen wir bis zuletzt nicht ganz sicher waren. Wir klären unsere innere Unsicherheit dann durch geschickte Interpretation oder Umdeutung, d.h., wir werten alle Informationen auf, die für unsere Entscheidung sprechen, und werten alles ab, was sie in Frage stellt. *Sigmund Freud* nannte diesen Prozeß »rationalisieren«. Philosophen meinen, wir seien eher rationalisierende Wesen als rationale.

Wenn die inneren Widersprüche ein bestimmtes, gerade noch erträgliches Maß überschreiten, werden sie zur Qual. Meist sind es Widersprüche in unseren Denkmöglichkeiten und Denkergebnissen, die unsere innere Glaubwürdigkeit gefährden. Ein existentiell bedrohlicher Fall sind grundlegende Glaubenszweifel, ein banaleres Beispiel ist der Autokauf.

Solche kognitiven Dissonanzen nehmen zu. Unser Weltbild gerät ins Wanken, wenn sich grundlegende Denkweisen ändern. Im beruflichen Alltag häufen sich Widersprüchlichkeiten. Der beschleunigte Wandel zerstört herkömmliche Gewißheiten, auch solche grundlegender Art. Führung muß dann vermehrt für die innere Stabilität ihrer Mitarbeiter sorgen – und für ihre eigene. Dauerhaft hilft die Verbesserung der (emotionalen) Fähigkeit, mit Widersprüchen besser zurechtzukommen. In der Führungsfortbildung nennt man diese Fähigkeit »Ambiguitätstoleranz« – auch die bekannte, vielbelächelte, aber überlebenswichtige »Frustrationstoleranz« gehört hierzu.

Gibt es wirksame Selbsthilfe gegen »kognitive Dissonanzen«? Zunächst besitzen Menschen psychische Schutzmechanismen, die in einfachen Fällen sehr wirksam sind. Am Beispiel unseres Falles »Unsicherheit *nach* einem Autokauf«:

- Wir stellen plözlich fest, daß diese Zeitschrift so zuverlässig gar nicht ist, wie wir immer geglaubt hatten. Wir entdecken plötzlich immer mehr Indizien dafür.
- Bei näherer Betrachtung stellt sich ferner heraus, daß die vermuteten Mängel übertrieben gesehen wurden. Es sind Marginalien, damit können wir gut leben. Denn: Wann ist ein Wagen schon absolut ausgereift? Na also!
- Wir haben bisher ganz offensichtlich die Kompetenz des Autors überschätzt. Es ist unverständlich, daß er in in diesem renomierten Blatt überhaupt schreiben darf; er paßt nicht zu den übrigen seriösen Autoren.
- Der Artikel war bestimmt ein Ausrutscher der Redaktion. Alle anderen Organe schreiben über diesen Autotyp sicherlich Seriöseres; man muß das gar nicht erst nachprüfen. Wahrscheinlich wurde schlecht recherchiert usw.

Im (Er-)Finden solcher plausiblen Argumente sind alle Menchen kreativ und unendlich produktiv! Kurz: Indem wir den *Nachrichtenträger abwerten* oder die *Bedeutung der Aussage* im Gesamtzusammenhang *verkleinern,* gewinnen wir unseren inneren Frieden zurück; unsere Konsistenz ist wiederhergestellt. Solche Vorgänge laufen ständig ab. Indem wir uns vor zu abrupten Gesinnungs- und Meinungsänderungen schützen, können wir unsere innere Sicherheit auch in Umbruchzeiten einigermaßen bewahren. Wir gewinnen damit Energie und Zeit, unsere Meinungen schmerzlos, behutsam zu verändern und sie an die der anderen (maßgebenden) anzupassen.

Auch in sich widersprüchliche Systeme geraten in Dissonanzprobleme! Soziale Systeme stellen ihre innere Konsistenz immer wieder her durch Verweis auf die Verfügungs-, Erlaß- oder (bei Parteien) Beschlußlage. Die Außenwirkung ist natürlich gering, die Wirkung nach innen auf die Befindlichkeit der Mitglieder dagegen beachtlich. Auf diese Weise lassen sich auch soziale Systeme ruhigstellen. Selbstverständlich sind dies keine vorbildlichen Verfahren. Man sollte sie und ihre Wirkung jedoch kennen, weil man sonst viele Führungsvorgänge und viele Konflikte, aber auch argumentative Diskussionsverläufe gar nicht versteht. Emotional kompetente Führung kennt bessere, »nach-

haltigere« Möglichkeiten. Der unumgänglichen Unsicherheit wird entgegengewirkt durch:
- ein geregeltes Wissensmanagement, durch »kognitive Hilfen« zur Bewältigung von Vielfalt und notwendigen Lernvorgängen;
- Intervention in die Person: Coaching vermindert psychischen Streß, Supervision verrringert berufliche Unsicherheit, indem es die Kompetenz verbessert;
- Selbstmanagementangebote, die Hilfe zur Selbsthilfe geben.
- Sicherheit, die man infolge konsequent eingehaltener Verträge steigert.

Gemeint ist hier der *psychische* (psychologische) *Vertrag*. Psychische Verträge werden ständig stillschweigend zwischen Menschen geschlossen, die Fairneß in Gegenleistungen erwarten. Nur unter fairen Bedingungen sind sie dauerhaft anstrengungsbereit. Stillschweigend glauben alle an den Grundsatz: Was man versprochen hat, das muß man auch halten. Manche leben danach; andere haben keine Schwierigkeiten, die Vertragseinhaltung zwar zu verlangen, sich selbst jedoch davon auszunehmen. Sie stabilisieren sich immer wieder mit Legenden wie: »Der (andere) hat bei mir noch so viel gutzumachen«, oder: »Noch sind unsere Konten nicht ausgeglichen – wenn das der Fall ist, beginnen meine Gegenleistungen«. Psychische Verträge werden um so eher gebrochen, je stärker Leistung und Entgelt auseinanderdriften.

Noch einmal: Nur Integre können Integre wirksam führen! Gehen wir einmal von redlichen Mitmenschen aus, die sich solcher Tricks zur inneren Stabilisierung nicht bedienen. Oder die sich ihrer nicht zu bedienen brauchen, weil eine faire und kompetente Führung eine Kultur der Gegenseitigkeit entwickelt hat. Dann gilt: Eingehaltene psychische Verträge stabilisieren Menschen. Ihre Erwartungen werden erfüllt, ihr Weltbild bleibt stimmig. Gebrochene psychische Verträge führen gerade bei emotional Gebildeten und fair Handelnden zu Konsistenzverlust, Streß und Widerstandshandlungen verschiedener Art. Je nach Temperament kommt es zur inneren Kündigung oder zur erfolgsschädigenden Mikropolitik, zu verschiedenen Formen des »abweichenden Verhaltens« oder zur Aggressivität gegenüber Anordnungen. In jedem Fall büßt die Führung ihre Autorität und damit ihre Legitimation ein, und die Organisation verliert die Loyalität ihrer Mitglieder.

Fazit: Gebrochene psychische Verträge sind der wesentliche Demotivator bei emotional-sozial inkompetenter Führung. Leider werden die Ursachen selten aufgedeckt, weil das System dabei in »kognitive Dissonanz« geriete. *Nur in integren Systemen ist erfolgreiche Führung möglich – und nur Integren gelingt auf Dauer Motivation!*

4.2.9 Knappe Ressource Motivation

Wer seine Mitarbeiter mit Erdnüssen bezahlt, darf sich nicht wundern, wenn er von lauter Schimpansen umgeben ist.
Klaus Kobjoll *(In: Personalführung, 2/99)*

Gibt es den Königsweg »Motivation«? Eigentlich müßte man sich bei dieser Vorstellung der Möglichkeiten zur emotional-sozialen Optimierung des Managements längst fragen: Und wo bleibt die Motivation? In den meisten Führungslehren älterer Art gilt Motivation als das einzige psychologisch gut untersuchte und daher in der Wirklichkleit funktionierende Führungsmittel.

4.2.9.1 Klassische Motivationsvorstellungen

Oft liegt die Misere einer Firma im Fehlen eines konsistenten Anreizsystems. Und oft herrscht Regelorientierung stattt Leistungsorientierung!

Gibt es eine Motivationskompetenz? Im Betriebsalltag wird Motivation meist dilettantisch gehandhabt. Motivierende richten oft mehr Schaden an als Nutzen. Wie kommt das? Es hat viele Gründe. Der Hauptgrund liegt in der mangelnden Motivationskompetenz, also in emotional-sozialer Unfähigkeit.

Fallbeispiel: Eine Verwaltung führte die Leistungszulage ein. Die Auswahl der Leistungszulageempfänger wurde nach streng sozialen Grundsätzen vorgenommen. Wer schon länger auf seine Beförderung warten mußte, erhielt – je nach Wartezeit – eine bestimmte Zulage. Damit wurden Ungerechtigkeiten in der Beförderung minimiert. Trotzdem waren die motivationalen Folgen unbefriedigend.
Leistungsträger, die sich die Chance auf eine Leistungszulage ausgerechnet hatten, erfuhren über das interne Nachrichtensystem für verbotenes Wissen

schon bald von der Lösung, obwohl allen Begünstigten Stillschweigen auferlegt worden war. Nun waren alle frustriert. Die Zulagenempfänger, die Zweifel an der Berechtigung bekamen, und die Leistungsträger, deren Leistungen nicht gewürdigt worden waren. Unbetroffene, weil sie sich durch die Geheimhaltung hintergangen fühlten.

Motivation ist ein so komplexes Geschehen, daß man es zur Handhabung in seine Elemente auflösen muß. Grob unterscheidet man die von innen kommende (intrinsische) und die von außen gesetzte (extrinsische) Motivation.

Intrinsisch Motivierte: Es gibt Menschen, die alles immer um der Sache willen tun; es gibt auch Menschen, denen alles Spaß macht und die daher vieles von alleine tun; sie sind *habituell motiviert.* Als Mitarbeiter müssen sie lediglich »enthemmt« werden. Barrieren sind wegzuräumen, die ihren Aktivitätsdrang behindern – schon sind sie motiviert!

Extrinsisch zu Motivierende: Es gibt aber auch Menschen, die »des Antriebs bedürfen«. Unser weitgehend materialistisch geprägtes Weltbild sieht im Geld den generalisierten Anreiz, weil man sich für Geld angeblich alles kaufen kann. Diese Legende lebt hartnäckig weiter, und materielle Anreize werden daher am häufigsten gesetzt (zum Wertewandel, der die Motivationsgrundlagen ständig verändert, siehe Überblick am Ende des Abschnitts).

Ist Motivation ein Rechenvorgang? Man kann Motivation auch an dem klassischen Ausgleichsmodell verdeutlichen: Menschen rechnen auch im sozialen Leben. Sie ziehen immer wieder eine Kosten-Nutzen- oder eine Leistungsbilanz. Dabei stellen sie fest, ob es ein Gleichgewicht gibt zwischen dem Gegebenen und dem Erhaltenen. Bei spürbarem Ungleichgewicht streben sie nach Ausgleich. Wird ihre Gerechtigkeitserwartung frustiert, geht Motivation verloren. Hierbei ist noch einmal an die Phänomene »Reziprozität«, »kognitive Dissonanz« und den »psychischen Vertrag« zu erinnern.

Chester I. Barnard entwickelte dazu die Anreiz-Beitrags-Theorie. Motivation besteht, solange alle den Eindruck haben, daß der Wert der Anreize (der Gegenleistungen) höher sei als der Wert der Beiträge (der Leistungen). Wird dieses empfundene Verhältnis gestört, geht Motivation verloren.

Der Soziologe *Georg Simmel* hat (1900 in seiner »Philosophie des Geldes«) festgestellt, daß im Zeitalter der Rationalisierung aller Lebensbereiche alle Qualitäten in Quantitäten umgerechnet werden (können). Der homo oeconomicus denkt danach ausschließlich in Aufwand-Nutzen-Kategorien. Motivation ist dann tatsächlich ein Rechenvorgang. Aber: Der deutliche Wertewandel hin zu immateriellen Werten läßt an dieser einfachen Annahme über unsere Motivstruktur zweifeln. Gerechtigkeitserwartung der Menschen richtet sich jetzt zunehmend auch auf soziale und »emotionale Gerechtigkeit« – in neo-liberalen Wirtschaftsgesellschaften ein immer knapperes Gut!

Ein aktuelles Beispiel: Mit zunehmendem Wettbewerb und verschärftem Kostendruck werden Mitarbeiter »freigesetzt«. Das Vertrauensverhältnis zwischen Unternehmen und Mitarbeitern nimmt daher ständig ab. In der nachmodernen Gesellschaft werden stabile Beziehungen seltener und für immer mehr Menschen unerreichbar. Bietet man jedoch Menschen die Möglichkeit, in einem Betrieb zu arbeiten, der soziale Stabilität garantiert, und zudem die Chance, in einer vertrauensbasierten, sozial ausgeglichenen Gruppe mitzuwirken, so kann allein darin ein hoher Anreiz liegen. Mitarbeiter revanchieren sich durch Gegenleistungen. Sie bemühen sich, ein wichtiges Mitglied in der Gruppe/im Team zu werden.

Und wie steht es mit der Motivation der Führenden? Es gilt das psychologische Grundgesetz: Nur wer selbst motiviert ist, kann andere motivieren!

Eine Untersuchung der Motivation von Führungskräften ergab, daß diese sich weniger direkt auf die betriebswirtschaftlichen Kennzahlen (die harten Faktoren) auswirkt, als vielmehr auf die »weichen«, wie Zuversicht und Innovationsfähigkeit, also auf »qualitative Faktoren«. Aber: Die harten Faktoren wirken nur, wenn zuvor die weichen optimiert wurden, denn es sind die Menschen, die die Produktivität erzeugen – unter Nutzung harter Faktoren. Diese Erkenntnis müßte bei Erhebungen eigentlich auch dazu führen, daß die Methoden in Richtung qualitativer Messungen verändert werden, die auch feinere Signale erfassen. Dabei würde man feststellen, ob man die Aufgabe, andere zu motivieren, nicht vielleicht doch manchmal Böcken erteilte, die man zu Gärtnern machte. Nur intrinsisch Motivierte können auch andere motivieren, denn sie besitzen meist auch die entsprechenden emotional-sozialen Fähigkeiten.

Zur Selbstkontrolle ein Fragenkatalog für Führungskräfte:

- Führen Sie mit ihren unterstellten Führungskräften regelmäßige Feedbackgespräche (z.B. Jahresgespräche)?

- Machen Sie die Unternehmensziele transparent? Gewähren Sie Mitwirkung bei der Zielformulierung?
- Stärken Sie bei unterstellten Führungskräften die emotionale und die soziale Führungskompetenz durch erfolgversprechende Trainingsangebote?
- Sorgen Sie für eine kontinuierliche Gruppen- und Teamentwicklung?
- Bieten Sie Möglichkeiten zur individuellen Persönlichkeitsentwicklung?
- Gewährleisten Sie Delegation anspruchsvoller Aufgabenkomplexe und Erfolgsbeteiligung?
- Fördern Sie Projektarbeit?
- Bieten Sie eine kohärente, glaubwürdige Unternehmenskultur?
- Bieten Sie systematisches und systemisches Coaching an?
- Organisieren Sie Entwicklungs-Assessment Center und andere persönlichkeitswirksame Qualifizierungsverfahren?
- Fördern Sie Arbeitsbedingungen, Ergebnisse und Ergebnisqualität sowie Lernprozessse durch konsequentes Wissensmanagement?
- Führen Sie in einer »lernenden Organisation«? Wenn nicht: Warum ist Ihre Organisation noch keine »lernende«?

Fazit: Schlechte Führung fördert und belohnt Passivität und Unschlüssigkeit (Bedenkenträgerschaft). Das Handlungsspektrum wird dadurch auf Routinen reduziert und auf externe (meist nur materielle) Anreize. Enttäuschungen, Konflikte und Frustrationen verursachen »Transaktionskosten«; die Nichtbeachtung individueller Motive zieht »Opportunitätskosten« nach sich.
Aus dem Teufelskreis entkommt man, indem man durch geeignete Maßnahmen die Mitarbeiter vom Entlohnungsinteresse zum Sachinteresse führt. Die Motivationslehre beschreibt das als den Weg von der extrinsischen zur intrinsischen Motivation.

4.2.9.2 Neuere Motivationsvorstellungen

Was tun Mitarbeiter gern? Wie müßte die Organisation verändert werden, damit sie es tun können? Zur Motivation gehören zahlreiche Maßnahmen. Sie fängt mit dem *richtigen Einsatz* der Mitarbeiter an. Denn Menschen haben so etwas wie einen »Karriereanker«. Nur in bestimmten Einsatzfeldern fühlen sie sich wohl; nur hier vermögen sie ihr Bestes zu geben. Diesen Karriereanker gilt es im *Potentialermittlungsgespräch* zu entdecken. Von dem amerikanischen Managementexperten *Warren Bennis* stammt die Aussage: *»Was Menschen von uns an ihrem Arbeitsplatz wirklich wollen, sind Akzeptanz, Zuneigung und Selbstachtung« – und Aufmerksamkeit!*

Weil sich Verhalten immer innerhalb bestimmter Bedingungen vollzieht, sind vor allem die Arbeitsplatzbedingungen motivationsbedeutsam, und zwar

- die funktionalen (Zuständigkeiten, Spielräume, Ausstattung),
- die sozialen (soziale Einbindung),
- die mentalen (sich wohl fühlen, soziale Unterstützung erhalten) und
- die kulturellen (Sinn erleben können).

Diese Erkenntnisse sind nicht neu; es sind Banalitäten, aber keine Selbstverständlichkeiten. Eine klassische Quelle: *Bartölke, K./Kapple, E./ Laske, S./Nieder, P.:* Arbeitsqualität in Organisationen. Wiesbaden 1978.

»High Potentials« als Nachwuchskräfte fordern von ihrer Organisation

- Arbeit mit einer deutlichen Spaßkomponente,
- das Gewähren von Selbständigkeit,
- die Möglichkeit der Kreativitätsentfaltung,
- Flexibilität in Organisation und Gratifikation,
- innovative Arbeitsinhalte, die Begeisterung erlauben. (F.A.Z. vom 13.1.01, S. 61.)

Wenn man genauer hinsieht, fordern *alle* Mitarbeiter solche Strukturen, aber zu viele haben durch ungünstige (leistungs- und kreativitätsfeindliche) Organisationsformen und inkompetentes Führungsverhalten längst resigniert (innerlich gekündigt) und ihre natürliche Motivation verloren. Manche Organisationen scheinen es darauf anzulegen, aus High Potentials Normopathen zu machen.

Stimmt die Grundregel noch: Nichts motiviert mehr als ein voller Geldbeutel? Abgesehen davon, daß es sich hierbei um eine der vielen, das autoritäre Management stabilisierenden Alltagsmythen handelt, zeigen neueste Umfragen, daß folgende *Faktoren für die Motivation* weitaus wichtiger sind als die Höhe des Einkommens:

- Abwechslungsreiche Arbeit an herausfordernden Aufgaben (Fördern durch Fordern!),

- Entwicklungsmöglichkeiten (Das Selbstwertgefühl braucht sichtbare, erlebbare Entwicklungsfortschritte!),
- Teamarbeit (Die Zugehörigkeit zu einer erfolgreichen Gruppe befriedigt die sozialen Bedürfnisse und motiviert daher!),
- Projektarbeit (Weg von der Routine, zeigen dürfen, was man kann!),
- Abwechslung in den Aufgaben, weil sie Sinnfindung ermöglicht,
- die Möglichkeit, Privatleben und betriebliche Aufgaben sinnvoll und möglichst streßfrei miteinander zu verbinden, weil damit das Gefühl wächst, nicht überfordert zu sein.

Wir sind materiell über- und emotional-sozial unterversorgt! Knappe Güter werden bekanntlich am Markt stärker begehrt. Dies ist ein oft vernachlässigtes Motivationsprinzip. Motivationsregeln gelten immer nur zeitbedingt (unter bestimmten Bedingungen).

Wandeln sich mit den Kompetenzen auch die Motivatoren? Eindeutig ja, der erweiterte Kompetenzbegriff verlangt einfach andere Anreizformen. Der Trend geht weg von (nur) materiellen, hin zu sozialen, entfaltungsbezogenen und personspezifischen (individuellen) Anreizen (= Cafeteriasystemen: freie Wahl unter verschiedenen gleichwertigen Anreizen, die die Mitarbeiter frei kombinieren können).

Ständig werden *neue Motivationsmodelle* entwickelt. Ein aktuelles Modell: *Steven Reiss* (Ohio State University): Auf der Maslowschen Pyramide aufbauend, ermittelte er 16 Grundmotive, stellte aber zugleich fest, daß keines davon bei zwei Menschen in genau derselben Ausprägung vorkommt. Einige Schlußfolgerungen (Psychologie heute, 2/01, S. 20-29):
- Kein Lebensmotiv wird von zwei Menschen völlig identisch erfahren!
- Wir sind (auch hierin) individueller als die Psychologie bisher annahm!
- Jeder hat daher sein charakteristisches Motivationsprofil!

Die European Foundation for Quality Management hat **ein Orientierungsmodell** (EFQM-Modell für Excellence) entwickelt. Es besteht aus *neun Kriteriengruppen:*
- Befähiger: Führung, Mitarbeiter, Politik/Strategie, Ressourcen, Prozesse;
- Ergebnisse: Mitarbeiter-, kunden-, gesellschaftsbezogene Ergebnisse, Geschäftsergebnisse. (Das EFQM-Modell für Excellence Brüssel 1999 und zfo, 2/00, S. 106 u. 107 [Kurzinformation]).

Es gibt ein immer noch aktuelles *Motivationsproblem*, die **innere Kündigung.** Von ihr sind vor allem Verwaltungen betroffen. Die Gründe scheinen in dem besonderen Führungsproblem der Verwaltungen zu liegen, vor allem in ihrer leistungsfeindlichen Eliteauswahl und in der widerstrebenden Übernahme neuer Einsichten – vor allem neuerer Erkenntnisse über die Bedeutung der weichen Faktoren.

Was versteht man unter innerer Kündigung? Seit 1983 kennt man ein Motivationsproblem unter diesem Namen. Der erste Leiter der Bad Harzburger Führungsakademie, *Reinhard Höhn,* hatte es in seiner ökonomischen Bedeutung erkannt und beschrieben. Etwa die Hälfte aller Beschäftigten sind davon betroffen, am stärksten die Beschäftigten im öffentlichen Dienst; hier liegt die Rate bei über 60 Prozent. Die Erklärungen reichen von individuellen, bei denen Motivationsdefekte im Mittelpunkt stehen, bis zu organisationsbezogenen Ansätzen, bei denen die Normen und Bewertungsmaßstäbe der Organisation als (Mit-)Auslöser erkannt werden. Schuld am Produktivitätsverlust durch innere Kündigung sind also individuelle Defizite, die vor allem in emotional-sozialer Unbildung (der Führenden und der Geführten) bestehen, und systemische Defizite, vor allem in einer demotivierenden Organisationskultur, einem frustrierenden Sozialklima und in falschen Anreizen für die Führungskräfte. Häufig werden Führungskräfte durch Beförderung belohnt, die den Schaden angerichtet haben.

Wie verhindert eine emotional-sozial kompetente Führungskraft innere Kündigung? Indem man

- herauszufinden versucht, welche Ursachen einem distanzierten Verhalten zugrunde liegen. Vielleicht wird es dadurch nachvollziehbar, zumindest verständlich. Ohne jeden Grund tritt innere Kündigung nicht ein, weil sie dem Selbstwertgefühl des Betroffenen schadet.
- ergründet, ob es an mangelnder Anerkennung oder an fehlendem Feedback liegt. Manchem Systemkranken fehlen nur angemessenes Lob und Anerkennung.
- belohnt, sobald sich ein Grund ergibt, und zu klären versucht, ob der Mitarbeiter das Gefühl hat, er werde ungerechtfertigt nicht oder zu wenig belohnt.
- die Karriereplanung nicht vernachlässigt. Innerlich Kündigende haben oft das Gefühl, falsch eingesetzt und (damit) ungerechtfertigt in ihrer Karriere zurückgesetzt zu werden.

- Selbstverantwortung erhöht; vielleicht fühlt sich der Mitarbeiter über Gebühr gegängelt und unterfordert.
- die Wirkungen des eigenen Führungsverhaltens über Feedbackgespräche ermittelt. Vielleicht ist die Führungskraft selbst der Kern des Problems.

Aber: Man kann an einem Seminartag aus Hühnern keine Adler machen – wie uns teure Motivations-Gurus glauben machen möchten (Die Zeit vom 15.6.01 unter Dossier). Die hohe Teilnehmerzahl an solchen Veranstaltungen ist ein deutlicher Indikator für die ganze Motivationsmisere.

Der Kardinalfehler beim Motivieren: Systemische Ansätze unterstellen generell, daß pathologische Erscheinungen immer auf Wechselwirkungen zwischen Individuen und Strukturen beruhen. Dieser Gesichtspunkt veranlaßte *R.Sprenger* zu der These: Man kann Menschen (von außen) nicht motivieren. Man kann nicht motivieren, ohne zuvor Systemdefekte zu beheben, die demotivieren! (Mythos Motivation, Wiesbaden 1991ff.).

Motivation und Loyalität gehören zusammen!

Fazit: Frustrierte kündigen innerlich – meist aus berechtigten Selbstschutzgründen!

4.2.10 Knappe Ressource Loyalität

Fallbeispiel: Der hochspezialisierte Sachbearbeiter ist mit einer Änderung in seinem Bericht an die vorgesetzte Behörde durch den vorgesetzten Generalisten nicht einverstanden. Er beanstandet eine unzulässige Änderung in den Intentionen und änderungsbedingte sachliche Fehler, er argumentiert geschickt, bis der Autoritätsakzeptanz heischende Vorgesetzte den Disput mit den Worten beendet: »Nehmen wir ein anderes Kriterium: Ich verdiene mehr als Sie! «
Der Streit war entschieden, der latente Konflikt blieb. Bei dem Betroffenen führte er zu beachtlichen Lerneffekten; er blieb motiviert und loyal, wechselte aber bei der ersten sich bietenden Gelegenheit die Organisation. Im Normalfall kommt es bei so einem Fehlverhalten des Vorgesetzten zur inneren Kündigung. Auch dieser Fall ist authentisch – und leider verwaltungstypisch –, wenn auch nicht jeder Vorgesetzte so witzig formulieren kann und das Problem damit wenigstens emotional entschärft.

Aus welchen Gründen sind Menschen loyal – gibt es einen Loyalitätswandel? In autoritären Verhältnissen pflegen Menschen systemloyal zu sein. Einmal aus Berechnung, um Nachteile zu vermeiden, aber auch um ihre innere Konsistenz zu wahren. Sie definieren sich dann als treu und pflichtgehorsam, womit sie sich in der Eigenverantwortung wirksam entlasten. Menschen dieser Mentalität verlassen das Arbeitsleben zunehmend.

Jüngere Mitarbeiter folgen anderen Loyalitätsgründen. Gut Ausgebildete empfinden Loyalität gegenüber ihrer Profession. Sie fühlen sich einer Sache, einem Standard verpflichtet. Standards werden von der Gemeinschaft der Menschen mit gleicher Ausbildung (der »Bezugsgruppe«) gesetzt. Die Ansichten eines sachfremden (disziplinfremden) Vorgesetzten werden dabei weniger ernst genommen. Im Falle des Loyalitätskonflikts entscheiden sich die meisten für die Fachloyalität.

Beispiele: Abstrakt: Ein Verwaltungsjurist hat es beim Führen von Lehrern schwer. Kultusministerien klagen darüber. Im Konfliktfall entscheidet oder handelt der Lehrer nach pädagogischen Prinzipien statt nach verwaltungsinternen Regeln – und er empfindet kein schlechtes Gewissen dabei, wenn er pädagogisch als unsinnig empfundene Erlasse mißachtet.
Konkret **(Fallbeispiel):** Ein Bildungsbeauftragter in einer großen Verwaltung erzieht seine Klientel zu konsequenter Selbständigkeit und Kritikfähigkeit, also zur Fähigkeit, Rückmeldungen nach Kriterien zu leisten. Dabei werden viele Mängel erkannt und ausgeräumt. Die Innovationskraft des Systems verbessert sich. Gleichzeitig wird jedoch Amtsautorität beschädigt, denn jeder aufgedeckte Mangel hatte einen Verursacher. Dem Bildungsmanager wird daher signalisiert, daß man sein Verfahren höheren Orts nicht mit Wohlgefallen betrachte. Der von dieser Ankündigung eines Bannstrahls Getroffene muß sich nun entscheiden zwischen der Loyalität zu seiner Profession und deren Standards und der Loyalität zu seinen realitätsfernen Vorgesetzten, die das System vertreten.
In diesem Falle hatte er bereits für Hilfstruppen »höheren Orts« gesorgt, die sein Problem ohne Gesichtsverlust für beide Seiten lösen konnten – durch die Übertragung einer »höherwertigen Aufgabe«. Dort setzte er dann seine Arbeit mit größerem Effekt fort, war aber nun unangreifbar geworden – ein eindeutiger taktischer Fehler des Systems. Ohne diese schützenden Bedingungen hätte das System sich langfristig durchgesetzt und seine bisherige dysfunktionale Struktur vor Innovationen geschützt.

Fazit: Je professioneller die Mitarbeiter werden und je bunter die Vorbildungsmischung wird, desto mehr Loyalitätskonflikte treten auf. Sie bilden ein neues Führungsproblem, für das die bisher üblichen Lösungen ungeeignet sind.

Identifikation ist mehr als Loyalität. Sie bedeutet, daß sich der Mitarbeiter mit seiner Aufgabe, seinem Vorgesetzten oder seiner Organisation in eins setzt. Sein Ansehen und seine Werte hängen von diesen Bezugseinheiten ab. Er verliert seine Identität, wenn er nicht mehr systemloyal ist – aber er hat sie mit dieser totalen Identifikation ja bereits aufgegeben! Dabei muß man bedenken, daß sich mit einer Identifikation die Möglichkeiten der »kognitiven Dissonanz« vermehren. Jede Illoyalität stört die innere Ruhe. Solche Menschen können schließlich keine anderen Loyalitäten mehr gelten lassen, um nicht in innere Krisen gestürzt zu werden. Rücksichten auf professionelle Standards, eine Standesethik, die Moralgesetze, selbst die Achtung vor allgemein menschlichen Verpflichtungen werden schließlich zugunsten der Systemloyalität aufgegeben.

Identifikation kann pathologische Formen annehmen, wie die jüngste Geschichte zeigt (»Du bist nichts, Dein Volk [Deine Partei, Deine Firma, Effizienz] ist alles!«). Vor allem in bürokratischen Organisationen treten solche Pathologien auf: Der Amtsschimmel ist, wie einmal gesagt wurde, ein Pferd, das Menschen zureitet!

Wie steht es mit der Loyalität in der Fun-Gesellschaft? Eine völlig neue Sicht bringt *Christian Scholz* ins Spiel. Er spricht von der »Fun-suchenden Generation Y« (nach *Douglas Coupland* sind es die nach 1975 Geborenen) mit den Merkmalen: optimistisch, multikulturell, entrepreneural (von Entrepreneurship), erlebnishungrig, hochinformiert; das Hauptkriterium ihrer Bewertungen ist: »What's cool and what's not cool« *(Cynthia Cohen).* Opportunismus als individuelle Optimierung ist ihr Handlungsmotiv. *Scholz* fragt: Sind Unternehmen, Verwaltungen und Non-Profit-Organisationen auf diese Menschen vorbereitet, die sich ihr Leben wie eine Pizza selbst zusammenstellen wollen? Herkömmliche Loyalität wird bei Menschen mit diesem Profil keine Rolle mehr spielen.

Das kommt dem Wandel am Arbeitsmarkt entgegen. Virtuelle Organisationen werden mit einer kleinen Stammbelegschaft aus Spielmachern und Firmenexperten (den loyalen, hochverdienenden Kompetenzträgern) arbeiten. Unter ihnen wirkt eine abnehmende Zahl gering qualifizierter Basisarbeiter; der Rest

ist in flexiblen Arbeitsverhältnissen (als »Söldner«) tätig. Letztere brauchen (wie die Unternehmen auch) eine eindeutige Kernkompetenz, ein unverwechselbares Profil, um jederzeit überall da einsetzbar zu sein, wo dieses Profil gebraucht wird.
Die Sozialkontakte und -kontrakte werden in diesem »Darwiportunismus« (aus Darwin und Opportunismus zusammengesetzt) völlig anders aussehen als heute. Karriereplanung mit Bindungselementen, Personalentwicklung mit kontinuierlichem Lernen in der und für die Organisation fallen weg; man rechnet auf beiden Seiten nicht mehr mit Bindungsbereitschaft. Statt systembezogener Weiterbildung wird es mehr Entertainment-Faktoren geben, interessante Bildungsangebote in virtuellen Universitäten, Projektarbeit in internationalen Teams; (viel) Geld wird wieder ein wichtiger Motivator. Die Führung (meint *Scholz*) wird sich auf die neue Werteskala einstellen müssen. Zentrale Werte der neuen Generation sind Authentizität, Optimismus, Spaß an der Tätigkeit. *(Christian Scholz* in Personalwirtschaft, 4/00, S.60–63, und in WISU, 10/99.)

Dies ist zwar ein etwas überpointierter Beitrag, aber die Entwicklung scheint sich dahin zu bewegen. Im Management wird darüber nachzudenken sein, welche Bedeutung unter diesen Bedingungen emotional-soziale Bildung behält oder in neuer Merkmalsausprägung erhält. Vorerst jedoch ist Loyalität noch stark mit Bindungsbedarf und Sinn verbunden, so daß man sie noch einige Zeit als wichtigen Erfolgsfaktor werten muß.

Etwas Tröstliches: Nach einer Meldung der F.A.Z. vom 24.3.01 streben Nachwuchskräfte wieder vermehrt zu Firmen, die Beständigkeit, also dauerhafte Arbeitsplätze bieten, auch wenn dabei nicht sofort das große Geld winkt. Offensichtlich schlägt das Pendel wieder in die altbekannte, bewährte Richtung aus. Die psychologischen Gründe: Schneller Wandel, Flexibilitätsüberforderung und Mobilitätszumutungen lösen Bedürfnisse nach kompensatorischen Gütern aus wie

- Bindungen, dauerhafte soziale Beziehungen,
- Sicherheit, Verläßlichkeit,
- emotionale Einbindung.

Loyalität bleibt wohl noch lange eine wertvolle Ressource. Man lernt sie am zuverlässigsten von Vorbildern!

4.2.11 Knappe Ressource Vorbilder für richtiges Verhalten

Seit Sokrates ist die einzige Moral, die ein Mensch mit Erfolg predigen kann, sein Lebenswandel!

Gute Führungskräfte sind Modelle für emotional-sozial kompetentes Verhalten! Das Prinzip ist hierbei: Durch eigenes Verhalten zeigen, nicht nur sagen, was man will! *Führungsaufgabe Vorbild sein!*

Wie lernt man am Modell? – Albert Bandura u.a. haben das Grundprinzip erforscht, nach dem Menschen sozial-emotional lernen. Sie nannten es Imitations- oder Modellernen.

Der Grundgedanke: Weil emotionale und soziale Fähigkeiten erheblich komplexer sind als »rationales« Verhalten, kann man sie nicht lernen, indem man die einzelnen Elemente lernt. Man muß sie im Zusammenhang, also ganzheitlich erwerben. Kinder lernen durch Beobachtung ihrer Eltern. Sie tun dann zwar nicht das, was die Eltern sagen (predigen), sondern was diese tatsächlich tun (und sind). So werden sie wie die Eltern (also: wie das Verhaltensmodell) – auch wenn die Eltern gerade das verhindern wollten.

Mitarbeiter orientieren sich ebenfalls an Verhaltensmodellen. Weil Erwachsene in Empfindungs-, Denk- und Handlungsmustern bereits weitgehend festgelegt sind, übernehmen sie nur noch das, was sie bei sich selbst als Defizit erkennen. Hierfür wählen sie sozial anerkannte Modelle. Das ist häufig der Vorgesetzte; es sei denn, dieser weist so gravierende Mängel auf, daß er sich hierfür nicht eignet. Dann wählt man eine andere Modellperson aus dem Umkreis.

Wird das Modell (der Vorgesetzte oder das »informelle Modell«) für sein Verhalten verstärkt, erhält es Lob und Anerkennung, so fühlen sich Mitarbeiter in ihrer Wahl und in ihrem Lernvorgang bestätigt. Sie fühlen sich »stellvertretend verstärkt«.

Nutzanwendung: Leicht kann man sich vorstellen, welche praktische Bedeutung gute Modelle für die Organisationskultur und für die Produktivität des Systems, aber auch für den Lernfortschritt aller Systemmitglieder in emotionaler und sozialer Kompetenz besitzen. Aus diesem Grunde denkt man im Management heute über das ideale mentale Modell nach.

Wie kann man die Modellwirkungen (psychologisch) erklären? Das mentale Modell ist eine »systemische Größe«, die erhebliche Auswirkungen auf andere Menschen und auf das eigene System hat. Menschen in einer Organisation gleichen sich durch Prozesse des Modellernens langsam aneinander an. Mit den Modellen übernehmen sie Wertvorstellungen, Normen und Verhaltensmuster, die die Organisation zu belohnen pflegt.

Wurde eine Organisation über lange Zeit bürokratisch geführt, wird es nicht leicht sein und eine Zeit dauern, bis aus anpassungsbereiten, regelgeleiteten, mißtrauischen Bürokraten flexible, kreative, offene, vertrauensbereite Intrapreneure werden. Der Lernprozeß (die Sozialisation) wird in einem solchen Fall zunächst auch durch den Mangel an entsprechenden Verhaltensmodellen erschwert. Sie entwickeln sich nur bei sensibler, streng leistungsbezogener Elitebildung und aufmerksamer Einsatzlenkung – und sie brauchen dazu Zeit und effektive Anreize. Dies scheint eines der Probleme bei den neuen Unternehmen zu sein, die aus Verwaltungen im Wege der Privatisierung hervorgegangen sind.

Ganzheitliche Organisationsentwicklung, die auf die mentalen und sozialen Faktoren fokussiert ist, ist eine mittel- bis langfristige Strategie. Die Führung braucht für die völlig neuen Ziele auch die passenden mentale Modelle. Hierin dürfte das schwierigste aktuelle Führungsproblem bestehen. Führungskräfte müssen neben einer soliden ökonomischen auch eine psycho-soziale Vorbildung mitbringen oder nachträglich erwerben, wenn sie den neuen Aufgaben gewachsen und wirksame Verhaltensmodelle sein wollen. Oder sie müssen bereit sein, fast alles zu vergessen, was sie bisher über richtiges Führen verinnerlicht haben – und das fällt aus Selbstwertgründen niemandem leicht.

Mentale Modelle sind *psychologisch betrachtet* im Bewußtsein ausgebildete Vorstellungen von der Wirklichkeit, die unserem Denken, Empfinden und Handeln (unserer Mentalität) als Richtschnur (als Modell) dienen. Man unterscheidet nach der Funktion

- kognitive Strukturen = unsere geistigen (kognitiven) Vorstellungen generell, unser Weltbild und Menschenbild, unsere Art, mit Wirklichkeit umzugehen,
- Skripts = Modelle vom vernünftigen Handeln in unterschiedlichen sozialen Situationen, und
- Maps = »Wissenslandkarten« generell.

Vereinfacht ausgedrückt: Kognitive Struktur bedeutet: Ich weiß, worauf es ankommt, wenn ich einen Roman zu beurteilen, einen Bericht zu schreiben habe, einen betrieblichen Kontext bewerten muß, Menschen beurteile usw.

Skript: Ich weiß, wie man sich in einem Schlemmerlokal, in der Kirche oder bei einem Vortrag benimmt – und ich weiß, wie man sich in einem leistungsorientierten Team, in einer Coaching-Sitzung, Kunden gegenüber verhält usw.

Mentale Modelle enthalten diese Elemente. Sie werden in Ausbildungsgängen und über Sozialisationsprozesse vermittelt und wirken langfristig (nachhaltig). In einem bürokratischen System sozialisierte mentale Modelle müssen vieles »verlernen«, was bisher ihre Stabilität ausmachte, um in einem flexiblen und leistungsorientierten sozialen System sinnvoll (!) zu wirken.

Eine Organisationsänderung von Grund auf erfordert daher vor allem eine grundlegende Umorientierung der Führungskräfte; sie verlangt neue mentale Modelle mit entsprechender Modellwirkung.

Hierbei spielen die Bezeichnungen Mentalität, Habitus und Charakter eine Rolle: Unter **Mentalität** versteht man »geistig-seelische Dispositionen; Prägungen durch die jeweilige Lebenswelt«; soziale Lage und Mentalität stehen in Wechselwirkung *(Theodor Geiger).*

Das entspricht dem aktuellen Konzept **Habitus** (nach *Pierre Bourdieu).* Der Habitus eines Menschen ist die unter Bedingungen und Erfahrungen gewachsene Disposition. Abhängig vom Milieu, der Tätigkeit, dem Bildungsstand – und den Anstrengungen, die jemand in seine Entwicklung investiert. Früher sagte man gern **Charakter,** meinte damit aber vor allem die moralische Seite der Mentalität oder des Habitus.

Habitus ist nach *Pierre Bourdieu* »die Komplizenschaft mit gesellschaftlichen Existenzbedingungen« (Gerhard Gamm 2001, S. 228). Er nennt ihre Gesamtheit »Feld«. Feld ist die Summe der gesellschaftlichen Existenzbedingungen. In ständiger Vorabstimmung mit dem entsprechenden sozialen Feld, in dem die Person vor allem agiert, entwickeln sich Dispositionen (Gewohnheiten, Fähigkeiten, Einstellungen: Handlungsstil). Zwischen der handelnden Person und dem Feld besteht ein wechselwirksames Verhältnis aus Freiheit und Zwang.

Diese Definitionen zeigen den engen Zusammenhang zwischen Lebens- und Arbeitsbedingungen und »Charakterausprägung«. *Lernvorgänge* entscheiden über die Mentalitätsausprägung. Man unterscheidet grob Anpassungslernen und Modellernen:

Anpassungslernen entsteht aus Nachahmung; Gründe sind Angst vor Nachteilen, vor Kritik und dem Auffälligwerden. Leicht kommt es dabei zu einer »Überanpassung«; Lernen wird zum Klonen. Rigide Organisationen fördern bei ihren Mitgliedern diese Lernvorgänge – langfristig zum beiderseitigen Nachteil.

Modellernen geschieht durch laufende Abstimmung zwischen dem Selbst und dem gewählten Modell. Statt Überanpassung (= Angleichung) kommt es zu einer reflektierten Anpassung. Man übernimmt lernend das, was zum eigenen Wertebestand paßt und was man an dem Modell richtig und sinnvoll findet. Um diese Wirkungen auszulösen, müssen Modelle glaubwürdig und überzeugend sein.

Kompetente und glaubwürdige Verhaltsmodelle bereitstellen! Ein emotional-sozial kompetentes Managementsystem wird sich nur über wirksame und akzeptierte Verhaltensmodelle erreichen lassen. Woher nehmen, wenn man bisher darauf kein Augenmerk gelenkt hat? Es gibt neben den »geheimen Kreativen« in jeder Organisation auch einen Grundbestand an emotional gut Vorgebildeten und sozial Kompetenten. In rigiden Systemen können sie ihre Wirksamkeit nicht entfalten; vom Management werden sie in Distanz gehalten; Führungspositionen erreichen sie nicht. Diese verborgenen Potentiale (Human- und Sozialkapital), deren Träger die eigentlichen (verkannten) High Potentials sind, gilt es zu entdecken und zu fördern. Diese Menschen besitzen bei ihren Kollegen eine natürliche Autorität; sie könnten wirksam als Modelle für emotional-soziales Verhalten eingesetzt werden, wenn man ihnen diese Wirkung erlaubt.

Daneben gibt es ältere, vielleicht bereits im Ruhestand befindliche Mitarbeiter mit hoher fachlicher und emotional-sozialer Kompetenz, die man als **Mentoren** gewinnen könnte.

Wer eignet sich zum Mentor? Mentoring heißt: Emotional-sozial vorbildliche Modelle wirken lassen! Ältere, erfahrenere Mitarbeiter führen jüngere Mitarbeiter in neue Aufgaben ein. Wenn dies zur formellen Aufgabe wird, nennt man die Funktion Mentoring. Der Mentor ist der gleichgestellte Ansprechpartner für alles Berufsleid und für berufliche Schwierigkeiten. Er ist damit Supervisor und Coach in einem. Voraussetzung ist, daß es sich bei dem Mentor um eine akzeptierte Modellperson handelt, die eine hohe emotional-soziale Kompetenz aufweist. Sein Verhalten soll ja von dem Unerfahreneren kopiert werden, er soll an dem Modell lernen können. Zugleich ist der Mentor Türöffner. Er bringt den Neuen mit bereits Etablierten ins Gespräch, fördert die soziale Einbindung und bewahrt ihn vor unnötigen Anfangsfehlern. Überbehütung ist dabei, wie in der Erziehung, von Übel.

Auf diese Weise organisiert man wirkungsvolle Bedingungen für emotional-soziale Lernprozesse. Auch dieses Verfahren dient der Inselbildung, von denen aus sich ein System reformieren läßt.

Gute Vorbilder sind zugleich lebende Gebote und Zieltafeln! Jetzt müßte der Einwand kommen: Bei all dem Psychologisieren und Sozialisieren sollte man den eigentlichen Zweck des Managements nicht vergessen: die Zielerreichung! Alle bisher diskutierten Fragen und Lösungen dienten diesem Zweck. Sie verbessern die Zielerreichung, oder: Erst ihre Beachtung ermöglicht es, sich Zielen wirksam zu nähern!

4.2.12 Knappe Ressource Zielklarheit

Der Führungserfolg hängt vom Zielerreichungsgrad ab! Seit der vielberufenen Individualisierung denken Manager darüber nach, wie man Mitarbeiter zu mehr Engagement und Eigeninitiative, Selbstverantwortung und unternehmerischem Denken und Handeln veranlassen kann. Sie sprechen von »Entfesselung« der Mitarbeiter (Empowerment) und von den »vielen Unternehmern im Unternehmen« (Intrapreneurship). Wie man das erreichen könnte, darüber wird noch gestritten und experimentiert.

Dieses Denken steht in direktem Gegensatz zu dem, was bisher als erfolgreiches Management galt. Kann man da noch vom *Lenken* auf Ziele sprechen? Man kann; allerdings hat das Lenken andere Inhalte und andere Mittel. Es besteht im Organisieren der entsprechend hilfreichen Bedingungen, im Bereitstellen von Ressourcen, dem konsequenten Weiterqualifizieren (Personalentwicklung), im Anbieten hochwertiger Managementleistungen an die Mitarbeiter, kurz: in Führungsmaßnahmen, die sich in Art und Qualität vom bisherigen Lenken und Leiten grundlegend unterscheiden.

Individualisierung hat eine Kehrseite: schwindendes Gemeinschaftsgefühl, Bindungsverluste und abnehmende Loyalität. In den USA arbeiten die »Kommunitaristen« an Gegenstrategien. Im deutschen Management erwartet man Kompetenzen, die wieder mehr innere Zustimmung hervorzubringen vermögen (Commitment). Damit ist das

Loyalitätsproblem berührt. Wie erzeugt man in der Führung unter den neuen Voraussetzungen Loyalität, Commitment, soziale Bindung? Es ist das klassische Köhäsionsproblem der Führung, das mit der Frage der Zielklarheit in engem Zusammenhang steht (vgl. auch unter 4.2.10).

Sind Visionen besser als Ziele? Die Meinungen reichen von Ansichten wie: »Wer Visionen hat, sollte sich ärztlich untersuchen lassen!«, bis: »Visionen bewirken mehr als bloße Ziele!«

Welche Art von Vision hat bindungsstärkende Wirkungen? Vision kommt von weite Sicht, Weitsicht, in die Zukunft blicken können. Nicht prophetisch, aber konkrete Utopien denkend, Ideale erstrebend. Sinnvoll (sinnstiftend) ist eine Vision, wenn sie sich zwar an Idealen orientiert (= Sinn vermittelt), aber auch die Möglichkeiten im Blick behält, die den konkreten Erfolg im jeweiligen Einzelfall gewährleisten (= konkrete Ziele abzuleiten geeignet ist). Solche Visionen drücken sich aus in Leitprinzipien, Wertvorstellungen, denen man folgt, und ethischen Grundsätzen, denen man sich verpflichtet fühlt.

Wie lassen sich Visionen konkretisieren (umsetzen)? In der klassischen Managementlehre sprach man von sinngebenden *Formalzielen* als Voraussetzung eindeutiger und vernünftiger *Realziele*. Aus den leitenden Prinzipien der Unternehmens- oder Verwaltungsspitze werden die konkreten Ziele der unteren Ebenen abgeleitet. Sie werden »heruntergebrochen«. Als sinnvoll, »zielführend«, motivierend gelten sie nur, wenn sie den Leitprinzipien Rechnung tragen, ihnen dienen und sie zur Geltung (zur Wirkung) bringen. Heute faßt man Formalziele in Unternehmensgrundsätzen und Unternehmensleitbildern zusammen und setzt diese konkret in Führungsrichtlinien um.

Zwei Zielführungsmodelle: Das integrierte Management und das Management by Objectives! Das älteste (klassische) Modell war das Management by Objectives (nach *Odiorne* u.a.). Es verbesserte den Delegationsgrad und die Delegationsqualität. *Knut Bleicher* (St. Gallen) nennt die konsequente Anwendung zielführender Methoden **»Integriertes Management«.** Es ist konsequent »visionär«. Vereinfacht besteht es in einem Dreischrittverfahren und der entsprechenden Organisation:

- Die Spitze setzt die Formalziele (Visionen, Leitprinzipien, Werte) = normatives Management,
- die mittlere Ebene stellt übergreifende Konzeptionen, Ressourcen und Bedingungen bereit = strategisches Management, und
- die untere Ebene handelt in diesem Rahmen eigenverantwortlich wie

ein Intrapreneur (= ein Unternehmer im Unternehmen) = operatives Management.

In beiden Management-Modellen werden die Ziele nicht gesetzt, sondern vereinbart:
- Weil niemand die Bedingungen so gut kennt wie die Akteure,
- weil keiner so klug ist wie alle und
- weil nur gemeinsam gesetzte Ziele langfristig Sinn in die Tätigkeit bringen können.

Im Detail wird dann je nach den Systembedingungen (eben: systemisch) geregelt, wie das am zweckmäßigsten geschieht. Meist kommen dabei Delegationsverfahren und Gesprächsverfahren (Zielabsprachen, Regulierungsgespräche, Ergebnisgespräche) zum Einsatz, die man nicht starr, sondern wiederum »systemisch«, den sich ändernden Bedingungen entsprechend, variieren sollte.

Solche Bedingungen gewährleisten den Erwerb sozialer Kompetenz in der Aktion bei allen Beteiligten. Learning by doing gilt vor allem für emotional-soziales Lernen – man lernt das nicht allein »über den Kopf«.

Management by Objectives: Von den vielen Managementtechniken und -modellen der sechziger und siebziger Jahre hat nur eines seine Bewährungsprobe bestanden, und das auch erst nach zahlreichen Anpassungsprozessen: Das (vielfach modifizierte) Modell Management by Objectives. Der Grund liegt darin, daß dieses Modell als einziges die neuen Kompetenzen vorwegnimmt und sie bewußt zur Leistungssteigerung einsetzt. Verbunden mit dem Integrierten Management ist es eine effektive Basis für erfolgreiche Managementstrategien.

Vereinfacht besteht das Modell aus fünf konsequenten Schritten:
1. Eine unternehmensleitende *Vision* setzt die Werte, Normen, Leitprinzipien und *Formalziele*. Sie wird in einer schlüssigen Unternehmenskultur verwirklicht, die von gegenseitigem Vertrauen gekennzeichnet ist, und in der Transparenz herrscht.
2. *Realziele* werden von Vorgesetzten mit den Betroffenen im Sinne der Formalziele vereinbart. Erst wenn Akzeptanz hergestellt ist, werden die Details abgesprochen und in Meßwerte überführt.
3. Soweit möglich werden nun zusammenhängende Zielkomplexe an

einzelne Mitarbeiter und/oder Teams *delegiert.* Der Delegationsempfänger übernimmt die volle Verantwortung für die Erledigung und erhält im Gegenzug die Kompetenz (die Zuständigkeit) für alle damit zusammenhängenden Entscheidungen.

4. Zu dem vereinbarten Zeitpunkt wird in einem Gespräch festgestellt, wie weit die Ziele in Quantität und Qualität erreicht worden sind *(Ergebnisgespräch).* Abweichungen werden in ihren Gründen diskutiert. Gegebenenfalls werden
   - Bedingungen verbessert,
   - Ressourcen neu zugemessen und
   - Qualifizierungsmaßnahmen angeboten.

   Oberstes Ziel ist es, die Zielerreichung jedesmal um ein Stück zu verbessern (= kontinuierliche Verbesserung – TQM).
5. *Konsequenzen* werden aus jedem Gespräch gezogen. Im günstigen Fall wird gelobt, belohnt, gefördert. Bei nicht erreichten Zielen werden die Ursachen erforscht, notfalls wird umgesetzt oder nachqualifiziert. Im Extremfall werden auch weitreichendere »personelle Konsequenzen« nicht gescheut.

Leitprinzipien des Verfahrens M.b.O. sind:
- Keine Ziele ohne Kontrolle.
- Keine Kontrolle ohne Ziele.
- Keine Kontrolle ohne Konsequenzen.

Alle Schritte fordern den emotional-sozial kompetenten Manager, weil sie sich immer nur über ständige Kommunikation mit den Mitarbeitern unter laufender Rückkoppelung der Erfahrungen an der Basis verwirklichen lassen. Und sie verlangen Argumentationskraft und emotionale Stabilität, Empathie und »Ambiguitätstoleranz« (die Fähigkeit, mit Vieldeutigkeit zurechtzukommen).

Handlungsempfehlungen können nur den Rahmen vorgeben; ausgefüllt wird er durch einen intensiven Prozeß der Kommunikation und des Feedback. Er folgt wenigen, unabdingbaren Prinzipien und Mindestkriterien.

Nichts trübt die Urteilskraft sicherer als Eitelkeit. Kleine Leute wollen als Chefs immer alles selber machen (Peter Bamm)!

Managementprinzip: Delegieren statt resignieren! *Wie delegiert man richtig?* Die vielbeschworene und selten konsequent eingesetzte Delegation bezieht vor allem die emotional-sozialen Kräfte aller Mitarbeiter in das Leistungsgeschehen ein. Über Delegation nutzt man diese Potentiale und gibt den Potentialträgern die Chance, sie zu entwickeln. Dem Delegationsempfänger wird eine zusammenhängende Aufgabe zur selbständigen Erledigung übertragen. Damit wird er in die Lage versetzt, seine vielfältigen Kompetenzen zu erproben und zu verstärken sowie sich ihrer zu erfreuen (Kongruenzprinzip). Letzteres ist der bekannte Flow-Faktor, ein bisher sträflich vernachlässigter Motivator (vgl. Abschnitt 2.7). Auch die neuere berufliche Bildung folgt diesem Prinzip in der »vollständigen Handlung« (vgl. Abschnitt 4.2.13).

Delegation wird bisweilen auch als Möglichkeit betrachtet, unangenehme Aufgaben weiterzugeben. Das ist ein eklatanter Mißbrauch.

Was sind die Zwecke der Delegation?

- Führungskräfte gewinnen Zeit für die eigentlichen konzeptionellen, mitarbeiterfördernden und synergiebezogenen Aufgaben.
- Erfahrungen und Ideen, Potentiale und Fähigkeiten aller werden besser genutzt.
- Lean Management entsteht beiläufig durch Entlastung der Führungsebenen.
- Entscheidungen werden realitätsnäher getroffen.
- Schnittstellenprobleme werden gelöst, weil Aufgaben ganzheitlicher wahrgenommen werden.
- Das aktuelle betriebsdidaktische Konzept wird erfüllt: Organisieren, Arbeiten und Lernen liegen in derselben Hand.

Gibt es schon bewährte Regeln für die Delegation? Ja, mindestens sollte man:

- Prüfen, ob der Delegationsempfänger ausreichend auf seine selbständige Aufgabe vorbereitet ist. Andernfalls Zwischenkontrollen und Hilfen (vor allem Lernhilfen) vereinbaren.
- Die übertragene Aufgabe möglichst präzise beschreiben. Es darf keine Zweifel am Umfang von Zuständigkeit und Verantwortung geben.
- Ein einfaches Protokoll anfertigen, in dem die Delegation beschrieben ist. Beide erhalten ein Exemplar. Das vermehrt die Glaubwürdigkeit.
- Den Termin vermerken, zu dem das Ergebnis zu präsentieren ist. An diesem Termin (möglichst genau, um die Bedeutung zu unterstreichen) das Ergebnisgespräch führen: Disziplin lernen.

- Bei der Ergebnisbesprechung den Delegationsempfänger ausführlich zu Wort kommen lassen. Das Gespräch zugleich als Fehleranalyse (Fehlermanagement), Qualifizierungsmöglichkeit, Feedback für evtl. Organisationsänderungen nutzen.
- Konsequenzen sofort ziehen oder, bei notwendigen negativen Konsequenzen, »eine Nacht darüber schlafen«.
- Bei erneuter Delegation die Erfahrungen aus vorhergegangenen Vorgängen nutzen. Daher: Protokollvermerk über die gewonnenen Informationen und über die getroffenen Konsequenzen. Solche Sammlungen bilden das überdauernde Organisationsgedächtnis.

Prinzip Selbstkontrolle so weit wie möglich! – Denn: Es gibt das Erfolgskonzept Teilhabe! Kontrollieren oder Controlling? So lautet die Kernfrage. Vertrauen ist gut, denn (Fremd-) Kontrolle wird zunehmend unmöglich – so könnte man die aktuelle Situation im Management komplexer Systeme beschreiben. Gerade eine rigide Kontrolle ist gut geeignet, alle Ansätze einer emotional-sozialen Entwicklung zu unterbinden oder im Keim zu ersticken. Außerdem: Oft übersteigt der Kontrollaufwand den Produktionsaufwand! Wirksame Kontrollen werden als *Selbstkontrollen* organisiert.

Im Blick auf die emotionalen und sozialen Bedingungen und Beziehungen ist die Kontrolle eigentlich der heikelste Führungsvorgang. Kontrolle kann leicht das Selbstwertgefühl verletzen. Bereits Kinder schätzen die Kontrollen ihrer Eltern nicht besonders. Zu dem aktuellen Mitarbeiterbild, das in allen Unternehmens- und Verwaltungsleitbildern gern mit den Attributen mündig, selbständig, engagiert charakterisiert wird, passen keine rigiden Kontrollen. Funktional sinnvoll und sozialverträglich sind eigentlich nur Ergebniskontrollen und kompetenzfördernde Korrekturgespräche. Im Modell M.b.O. (in seinen vielen Varianten) sind es die einzigen Kontrollen, die sich sinnvoll in das System einfügen. Ein umfassendes Controlling ersetzt als intelligentes Rückmeldesystem nahezu alle Kontrollen.

Wie führt die emotional-sozial kompetente Führungskraft ein Korrekturgespräch? Korrekturgespräche (die sich aus Zielerreichungsgesprächen oder aus Controlling-Rückmeldungen ergeben) verlangen von dem Gesprächsführer ein hohes Maß an emotionaler, sozialer und kommunikativer Kompetenz; das zeigen die Teilaufgaben:

- Ergebniskontrollen sind ein Soll-Ist-Vergleich. Sie funktionieren nur, wenn sowohl das Soll (bei der Delegation oder Aufgabenübertragung) als auch das Ist (durch eine exakte Analyse) festgestellt werden. Es darf zwischen Mitarbeiter und Vorgesetztem keine Meinungsverschiedenheiten über diese Größen geben.
- Über Kontrollen sollen Leistungsmängel aller Art rechtzeitig entdeckt und ausgeglichen werden, bevor sie Schäden verursachen. Die wichtigste Kontrollfunktion ist das *Rückmelden* von Leistungs- und Verhaltensdefiziten sowie das anschließende Beheben dieser Defizite.
- Über Korrekturgespräche sollen Motivationsdefizite aufgedeckt und behoben werden. Dies ist der emotionale Aspekt der Kontrolle. Die Motivationsdefizite können im Gespräch analysiert werden; daraus lassen sich gemeinsam *Motivationsstrategien* entwickeln.
- Korrekturgespräche dienen auch dazu, den Grad der sozialen Zufriedenheit festzustellen. In »modularen Organisationen« mit Gruppen- und Teamarbeit ist dieser soziale Faktor für die Leistungsbereitschaft und -fähigkeit ausschlaggebend. Fehler und Mängel in den Leistungen und im Verhalten können auf organisationsbedingten Schwachstellen beruhen. Auch hier ist die Kontrolle vor allem eine Möglichkeit, wertvolle Informationen zur *Weiterentwicklung der Arbeitsbedingungen* zu erhalten.
- Im Korrekturgespräch sollte in die Zukunft geschaut werden. Ergebnisse und Leistungen sind auch daraufhin zu diskutieren, ob sie für die Zukunft, die sich zur Zeit schneller verändert als je zuvor, geeignet sind. Vielleicht sind die Ziele und deren Bedingungen zu verändern, um *der Zukunft gerecht zu werden*. Hierbei sind die Erfahrungsrückmeldungen der Mitarbeiter einzubeziehen und mit den Visionen und Zielvorgaben des Unternehmens/der Verwaltung in Einklang zu bringen (permanente Organisationsentwicklung).

Immer schon gelten im Modell M.b.O. bestimmte **Kompetenzen** als unverzichtbar. Dazu gehören vor allem die folgenden emotional-sozialen *Teilfähigkeiten:*
- *Offenheit:* Die Ergebnisse und die Meinung des Vorgesetzten sind offenzulegen. Es gibt keine »Geheimakten« über Mitarbeiter. Und es gibt kein Herrschaftswissen mehr.
- *Transparenz:* Ziele und erwartete Ergebnisse (Soll-Vorgaben) müssen in Quantität und Qualität jederzeit allen Beteiligten bekannt sein.

Jeder mißt seine Leistungsergebnisse an allgemeingültigen Meßwerten und Kennzahlen.
- *Sachlichkeit:* Das Korrekturgespräch muß von Sachlichkeit getragen sein. Nur für das Ergebnis bedeutsame Merkmale werden diskutiert. Nicht die Person des Mitarbeiters wird beurteilt, sondern Verhaltensvorfälle und Arbeitsergebnisse.

In Korrekturgesprächen werden auf beiden Seiten emotional-soziale Fähigkeiten eingeübt. Sie sind vor allem erforderlich, weil es dabei ein *Bewertungsproblem* gibt: *Arbeitsergebnisse* (Leistungen) lassen sich nicht von *Verhaltensweisen* trennen. Besonders in Teamarbeit und anderen Zusammenarbeitsformen sind sie von der Art und Qualität dieser Zusammenarbeit abhängig. Dies ist der heikelste Aspekt. Das Korrekturgespräch muß sich in einem solchen Fall auch mit den Ursachen fehlender Sozialkompetenz und emotionalen Kompetenzmängeln befassen. Hier nähert sich das Korrekturgespräch dem Coaching.

Konsequenzen für emotional-soziale Lernvorgänge: Die Art der hier genannten »Teilfähigkeiten« zeigt, daß man soziale Kompetenz am besten im Arbeitsvollzug erwirbt, wenn ein kundiger Mentor die Führungskraft als Supervisor begleitet.

Der Idealfall ist eine Organisation, in der Führung ersetzt wird durch klare Delegation, Empowerment und 360°-Feedback. Ein Beispiel dafür findet sich in Brasilien, und zwar bei Semco, einer Firma des Unternehmers Richard Semler. (*Rosabeth Moss Kanter* beschreibt Möglichkeiten in The Change Masters 1984 [2. Auflage].)

Fazit: Die Mindestkriterien für das Führen mit Zielen wurden hier so ausführlich dargestellt, weil Zielklarheit die unabdingbare Basis für den Erwerb emotional-sozialer Kompetenz ist. Das gilt für beide Seiten. Manager gewinnen emotionale Sicherheit erst, wenn sie genau wissen, was sie erreichen wollen; Mitarbeiter leben in Inkonsistenz, wenn ihnen klare Ziele fehlen. Selbstentfaltung ist im Arbeitsleben nur im Zusamenhang mit einsichtigen Aufgaben möglich. Beide Grundbedürfnisse (Konsistenz und Selbstwert) müssen befriedigt sein, bevor man sich anderen zuwendet. Man muß sich erst selbst angenommen haben, bevor man andere annehmen kann. Empathie ist unmöglich, solange man noch nicht einmal über die eigenen Ziele, Motive und Bedürfnisse Klarheit gewonnen hat.

4.2.13 Beurteilen und Qualifizieren – diagnostische und didaktische Führungsaufgaben

Ihre besten Mitarbeiter sind die, die Sie bereits haben!

Die Beurteilungsmisere: Wer klare Ziele vereinbart hat, dem macht das leidige Beurteilen der Mitarbeiter keine Schwierigkeiten. Es werden einfach die Ergebnisse bewertet. Die Ergebnisbewertung ist dann zugleich die Leistungsbeurteilung. Leider ist dieser einfache Gedanke schwer zu vermitteln. Vorgesetzte möchten immer auch die Persönlichkeit, den Charakter, den ganzen Menschen beurteilen. Zumal sie kraft Position Menschenkenner sind.

Genug der Polemik. Aber warum haben fast alle Unternehmen und alle Verwaltungen und Non-Profit-Organisationen so demotivierende, unhandliche und auch die Anwender frustrierende Beurteilungssysteme? Nur wenige *Beurteilungssysteme* sind professionell gestaltet. Hier zeigen sich emotional-soziale Inkompetenzen sehr deutlich, denn
- mit schlechten Beurteilungssystemen kann man keine guten (aussagefähigen) Daten gewinnen!
- ohne zutreffende Daten kann man nicht sinnvoll intervenieren.
- ohne sinnvolle (systemgerechte) Intervention gibt es keine lernende Organisation – und kaum lernende Mitarbeiter.

Kriterienprobleme: Wenn Menschen arbeiten, bringen sie Einstellungen mit, oder sie entwickeln Einstellungen zu ihrer Tätigkeit, zu ihrer Führung und zu ihrer Organisation. Entsprechend ihren Einstellungen sind Arbeits- und Anstrengungsbereitschaft. Die notwendigen Kompetenzen, Schlüsselfähigkeiten und Erfahrungen erwerben sie durch ihre Tätigkeit – entsprechend ihrer Leistungsbereitschaft. Über die Leistungen werden diese Persönlichkeitsmerkmale mitbewertet. Lägen sie nicht vor, könnten die Leistungen so nicht erbracht werden:

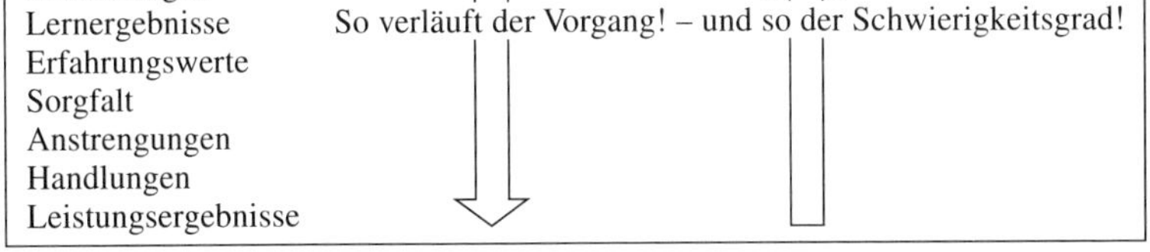

Beurteilen kann man zwar prinzipiell den *Zielerreichungsgrad,* also die Leistung, das Ausmaß der Fähigkeiten und Erfahrungen und die innere Einstellung zur Arbeit usw. Leicht läßt sich jedoch einsehen, daß mit jedem Merkmal der Schwierigkeitsgrad steigt. Warum sollte man sich daher nicht an den eindeutigsten Wert halten: die Leistungsergebnisse?

Qualitative Verfahren: Inzwischen gibt es Verfahren, die auch emotional-soziale Fähigkeiten zu erfassen erlauben. Das bekannteste ist das Assessment Center (AC). Hierin werden durch mehrere Beobachter solche Fähigkeiten interpretiert. Stimmen die Interpretationen überein, lassen sich Hypothesen über Stärken und Schwächen des Beteiligten bilden. Sie dienen dazu, den Einsatz bzw. die Weiterbildung dieser Person entsprechend zu verändern oder zu gestalten.

Gütemaßstäbe: Das diagnostische Problem besteht vor allem darin, daß man drei Gütekriterien beachten muß, damit eine Beurteilung ausreichend aussagefähig wird:

1. Mißt das Verfahren der Beurteilung tatsächlich das, was es zu messen vorgibt? – Kriterium *Validität.*
2. Ist der Meßvorgang eindeutig und zuverlässig genug? – Kriterium *Reliabilität.*
3. Wird das Urteil nicht durch die Beurteilenden wegen persönlicher Wahrnehmungs-Dispositionen oder anderer Verfälscher unobjektiv? – Kriterium *Objektivität.*

Wir haben bereits mit der Interpretation »neutraler« Wirklichkeiten unsere Probleme. Schwieriger wird es bei der sozialen Wahrnehmung (und Beurteilung), am heikelsten bei der Wahrnehmung und Bewertung von Personen. Manager müssen sich heute auch dieser Problematik stellen.

Das Qualifizierungsproblem: An keiner Stelle der Organisation ist der Umbruch so grundlegend wie im Bildungsmanagement. Hier entscheidet es sich, ob die Organisation rechtzeitig »wissensbasiert« wird, um dem Wettbewerb gewachsen zu sein, und ob sie damit zu einer »lernenden« werden kann.

Mitarbeiter sind wißbegieriger als Manager! Die Eigenverantwortlichkeit der Mitarbeiter für ihre Entwicklung ist erstaunlich gering. Nur acht Prozent der befragten Manager gaben an, die Verantwortung für die eigene Weiterbildung läge bei den Betroffenen (ergab eine Studie: Hernstein Management Report). In Österreich nehmen nur zwei Prozent der Manager an, daß sich Mitarbeiter um ihre eigene Weiterbildung kümmern sollten. Personalentwicklungsabteilungen gibt es erst bei 13 Prozent der Betriebe – und bei noch viel weniger Verwaltungen (F.A.Z. vom 21.5.01).

Die wichtigsten Neuansätze betreffen die zentralen Funktionen:
- *Lernziele bestimmen.* Hierzu ist in den Kapiteln 2 und 3 das Wesentliche gesagt worden. Aus der Darstellung ergeben sich von selbst die wichtigsten Lernziele. Grundsätze: Die Lernziele müssen sich an Kompetenzen orientieren und die emotional-soziale Dimension integrierend einbeziehen.
- *Didaktische Aufbereitung.* Die Lernverfahren müssen stärker direkt in die praktische Anwendung verlagert werden. Arbeiten, Organisieren und Lernen müssen eine Einheit bilden.
- *Methoden.* Im Zentrum muß das eigenverantwortliche, selbstorganisierte und selbstgesteuerte Lernen stehen. Als Serviceeinrichtungen sind Lernberaterteams, Lernpools und Lernhelfersysteme zu entwikkeln.
- *Grundprinzipien:* Von der Herstellungs- zur Ermöglichungsdidaktik übergehen.

Konkreter: Weiterbildung konzentriert sich auf Kompetenzen für Spitzenleistungen, die durch eine Bedarfsanalyse definiert werden. Ergänzend stellt eine Kompetenzanalyse fest, welche Stärken auszubauen und welche Schwächen vor allem auszugleichen sind. Dabei ist es wichtig,
- durch Argumente die Lernmotivation zu fördern und Lernfrustrationen vorzubeugen.
- Feedback über diese Ergebnisse »emotional kompetent« zu vermitteln und
- mit den zu Qualifizierenden Strategie und Prozeßschritte abzusprechen.
- Lerngemeinschaften zu organisieren: Sie geben sich gegenseitig Lernfeedback.
- Sich auf kleine, erreichbare Ziele zu konzentrieren.
- Prozeßbegleitendes Lernfeedback einzuplanen. Gewohnheiten ändern sich langsam.
- Strategien für eventuelle Rückschläge vorzusehen.
- Zu baldigem Einsatz des Neugelernten zu ermutigen und dabei
- für Unterstützung zu sorgen,

- Verhaltensvorbilder bereitzustellen,
- ein lernfreundliches Umfeld zu organisieren sowie insgesamt
- Veränderungsbereitschaft zu verstärken und sichtbar zu würdigen.

Begonnen hat der Wandlungsprozeß bereits in den siebziger Jahren mit dem Konzept Schlüsselqualifikationen (siehe Abschnitt 3.4), später folgte die Entwicklung didaktischer Prinzipien und Methoden wie
- ganzheitliche Lern-Handlung statt Schritt-für Schritt-Lernen,
- »Versprachlichung« der betrieblichen Ausbildung vor Ort,
- die Workshop-, die Leittext-, die Projektmethode, in denen Lernen, Anwenden und Weiterentwickeln integriert angeboten werden und
- der Weg vom herkömmlichen Seminar zum selbstorganisierten und -gesteuerten Lernen unter Nutzung von Lernhelfer-Service-Systemen verschiedener Art.

Vor allem sind *Qualifizierungsangebote* in immer kürzeren Zeitabständen zu *evaluieren* – am besten geschieht das laufend, »qualifizierungsbegleitend«. Denn: *Niemand kann heute wissen, was er morgen wissen muß, um sich übermorgen wirtschaftlich zu behaupten! (Wolfgang Bergsdorf).*

Eines kann man jedoch wissen: Im Mittelpunkt steht dabei das arg vernachlässigte systematische Lernen (Trainieren)
- emotional-sozialer Fähigkeiten,
- zusammenhängender Kompetenzen und
- Schlüsselfähigkeiten sowie
- der kognitiven Komplexität.

Das gelingt nur im Verbund mit fachlichen und methodischen Kompetenzen. Emotional-soziale Fähigkeiten sind kein abgesonderter Lernbereich. Sie bilden die Basis für alle anderen Kompetenzen. Man wirkt (und man ist) nur insoweit fachkompetent, als man diese Fähigkeiten auch sozialverträglich nutzen kann. Aus diesem Grund verläßt die moderne Betriebsdidaktik das Lernen im »stillen Kämmerchen des Seminars«. Die *Standardmethoden* für das emotional-soziale Training sind Projekte, Teamarbeit, Workshops und Vor-Ort-Trainings, in denen Fachliches, Methodisches, Soziales und Personales im Verbund auftreten und verbunden gemeistert werden müssen. Und in denen eine 360-Grad-Bewertung sich von selbst ergibt – wie im wirklichen Leben.

Aus denselben Gründen entwickelt sich ein neues *Berufsbild »Wissensmanager«* (knowledge worker). Hierin sind die Funktionen Informationsmanagement, Wissensaufbereitung und -vermittlung, Bildung und Innovation vereinigt. Daher werden häufig mehrere Teilfunktionen (Schwerpunktfunktionsträger) unterschieden, z.B.

- Chief Knowledge Officer (Gesamtverantwortlicher),
- Kompetenzfeldverantwortlicher (Schwerpunktverantwortung für einen Kompetenzbereich),
- Brückenbauer (interdisziplinäre Vermittlerrolle),
- Transparenzschaffer (Analyst, Systemiker, »Aufklärer«).

An den noch ungewohnten Bezeichnungen erkennt man den Stand des Suchprozesses (Bezeichnungen in Anlehnung an *Arnold, Probst, Raub, Romhardt).*

Eines ist jedoch zu bedenken: Wissen ist nur in Köpfen aktiv. Nur in sozial befriedeten Netzwerken kann ein förderlicher Wissenswettbewerb entstehen, bei dem die Wissensproduktivität optimiert wird. Wissensmanagement ist daher kein isoliert zu betrachtenden neues Managementkonzept. Es funktioniert nur im Verbund mit anderen sozialbezogenen Konzepten.

Die Darstellung der aktuellen betrieblichen Didaktik, die sich unter den neuen Anforderungen grundlegend ändern muß, würde hier jedoch den Rahmen sprengen. Wir verweisen auf die kommentierte Literatur am Ende des Buches.

Um zu verstehen, weshalb die neuere Managementlehre

- so viel Wert auf den Einbezug weicher Faktoren legt,
- die Individualisierung der Managementmaßnahmen verlangt und
- ein differenzierteres Menschenbild zugrunde legt,

muß man sich in Grundzügen mit den aktuellen Überlegungen und Forschungen zur Person und Persönlichkeit vertraut machen. Management wird generell immer interdisziplinärer, d.h., Manager müssen so viel Generalistenwissen haben, daß sie Informationen aus immer mehr Feldern kompetent suchen und in ihr »mentales Modell« integrieren können.

Hintergrundinformationen zu Kapitel 4

Die vierdimensionale Führung – In Kapitel 4 wurde die klassische Führung behandelt, allerdings in ihrer aktuellen indirekten Form. Sie finden in allen moderneren Führungslehren die Aussage, daß Führung zunehmend vierdimensional wird. Man führt

- nach unten (Mitarbeiterführung),
- nach oben (Vorgesetze werden beraten, beeinflußt, bedient – und damit geführt),
- lateral: Kollegen werden beeinflußt, überzeugt, geführt, und
- nach innen: Selbstführung (Selbstmanagement).

Die hier vorgestellten Verfahren und Möglichkeiten gelten für die drei ersten Formen der Beeinflussung gleichermaßen. Zugleich werden Menschen, die sich emotional-sozial verbessern, immer »störunanfälliger«. Emotional-soziale Selbstbildung ist das wirksamste Selbstmanagement!

Elitebildung: Den Gegensatz hart–weich findet man auch bei Eliten. Neben den »harten Eliten« (Management der Wirtschaft und Politik) wirken sinngebende »weiche Eliten« (Kultur, Erziehungswesen, soziale Betreuung). Der Engländer *C. P. Snow* (Stuttgart 1967) spricht von »zwei Kulturen«. Er meint damit die eher naturwissenschaftlich und die eher geisteswissenschaftlich geprägte.

Mentalitäten: Auch die Geschichtswissenschaft nimmt sich der weichen Faktoren an. In der Mentalitätengeschichte wird ihre große Bedeutung für die Menschheitsgeschichte neben den bisher behandelten Faktoren zunehmend erkannt. Ein weiterer Indikator für die zunehmende Bedeutung dieses Sicht ist der aktuelle Aufschwung der »Kulturwissenschaften«, die es an Hochschulen auch bereits in angewandter Form gibt.
Es wäre ein folgenschwerer Irrtum, anzunehmen, daß eine kapitalistische (neoliberale) Gesellschaft ohne weiche Elemente überlebensfähig sei. Erziehung und Beziehungen scheitern, wenn die lebensnotwendigen weichen Leistungen nicht mehr ausreichend erbracht und durch harte Gratifikationen ersetzt werden. Schon der König Midas der Sage mußte erfahren, daß Gold den Hunger nicht stillt – schon gar nicht stillt es Sinnbedürfnisse.

Soziologen stellen seit langem einen **Wertewandel** fest. Materielle Sättigung führt bei immer mehr Menschen zu Überdruß. Immaterielles wird dagegen zur knappen Ressource (das sagt die sogenannte *Inglehart*-These). Die *Klages*-These behauptet, daß die Entfaltungsbedürfnisse zunehmen und daß daher Entfaltungsmöglichkeiten zu knappen Gütern werden. Anreize wirken besonders dann intensiv, wenn sie mit knapper werdenden Gütern locken. *R. Inglehart* und *H. Klages* sind die beiden bekanntesten Forscher aus der Wertewandeldebatte. Mit dem Wandel der Werte veränderten sich auch die vorherrschenden Motive.

Das Allensbach-Institut untersucht den Wertewandel im Zweijahresrhythmus. Es stellte kürzlich fest:

- Zwei Drittel der Befragten neigen zum Hedonismus. Soziales Engagement schwindet, Warenfetischismus nimmt zu.
- 80 Prozent der Zwanzigjährigen haben als höchsten Wert den Lebensgenuß (Stichwort »Spaßgesellschaft«).

Bereits 1992 stellte *G. Schulze* einen Trend zur Erlebnisgesellschaft fest; auch dies sind Hinweise auf einen generellen Motivwandel.

Aus der Allensbach-Umfrage vom Januar 2001: Worin sehen Sie vor allem den Sinn Ihres Lebens?

- Persönliches Glück! – Tendenz steigend: 1974 = 49 Prozent, 2001 = 64 Prozent.
- Lebensgenuß ergibt Lebenssinn! – Werte verdoppelt: 1974 = 26 Prozent, 2001 = 52 Prozent.
- Altruistische und soziale Werte verlieren deutlich an Attraktivität, aber der Wunsch, geachtet und geliebt zu werden, nimmt an Bedeutung zu: 1974 = 36 Prozent, 2001 = 47 Prozent (Die entscheidende Frage: Warum und aus welchen Gründen soll man mich achten und lieben, wenn ich egoistischer werde? [Ist das ein Narzismußsyndrom?]) Nehmen die emotional-sozialen Bedürfnisse zu, ohne daß gleichzeitig die emotional-sozialen Fähigkeiten mitwachsen?
- Es gibt eine Trendwende bei den ganz Jungen: Jugendliche unter 30 Jahren wollten »ganz für andere da sein«: 1992 = 13 Prozent, 1997 = 16 Prozent, 2001= 22 Prozent. Die Formulierung zeigt jedoch den utopischen Gehalt dieser Frage (Psychologie heute, 6/01, S.9).

Institutionenwandel: *Gesellschaften sind von Institutionen durchsetzt. Institutionen geben Halt und Sicherheit – und sie begrenzen das Individuelle. Eine Zeit der Individualisierung ist »institutionenunfreundlich«.*

Institutionen sind (nach dem Soziologen *Arnold Gehlen)* notwendig, um humanverträgliches Zusammenleben zu ermöglichen und zu gewährleisten. Sie engen zugleich immer auch die individuelle Entfaltung ein. Nur bei austariertem Ausgleich zwischen beiden Bereichen (Institutionszwänge – menschliche Freiheitsspielräume) entsteht Persönlichkeit. Statt Routineerstarrung kommt es zu »Überroutine«. Damit gibt die Persönlichkeit sich selbst und anderen emotional-soziale Stabilität, die Möglichkeit zur individuellen Sinnfindung und Entfaltung der Kräfte. Solche Persönlichkeiten werden selbst zur Institution. Man sagt ja oft von Menschen, die wie Leitbilder wirken, sie seinen eine Institution!

Institution »Autorität« – *Wie Autorität entsteht – am Beispiel der oft zitierten Milgram-Experimente:*
Stanley Milgram, ein amerikanischer Psychologe, führte in den sechziger Jahren an der Yale University Experimente durch, die weltweit Aufsehen erregten. Ihre Ergebnisse fanden unterschiedliche Auslegungen und Nutzanwendungen. Die Experimente bestanden darin, daß Versuchspersonen fiktiven Schülern als Strafe für Lernversagen (simulierte) Stromstöße verabreichen sollten. Die Stromstärke war dosierbar und reichte bis zur Verursachung ernsthafter Gesundheitsschäden. Man wollte prüfen, wie weit die Probanden gingen, wenn sie von einer Respektsperson (dem Versuchsleiter, also einem Experten) dazu veranlaßt wurden. Es ergaben sich drei abhängige Variablen: Die Rückkoppelungs-, die Raum- und die Berührungsnähe zwischen der Versuchsperson und dem »Schüler« waren für die Folgsamkeit ausschlaggebend. Das heißt, die Probanden waren um so autoritätshöriger, je größer diese Abstände waren (direkte Rückkoppelung ja oder nein, räumliche Nähe oder Ferne, Berührungsmöglichkeit ja oder nein). Am wenigsten gehorchten sie der Autorität bei enger Berührungsnähe mit den zu Bestrafenden.
Überträgt man die Ergebnisse auf Managementsituationen, dann heißt das:

- Das Middle Management z.B. ist von oben abhängig, handelt aber in großer »Nähe« zu den »Betroffenen«. Hieraus ergeben sich Loyalitätskonflikte, Führungsstreß und Autoritätsprobleme.
- Es bedarf einer starken Autorität von oben, damit das Middle Management »gehorcht« und die Anweisungen nicht unterläuft. Das wiederum (ver-)führt zu autoritären, hierarchiebetonten, dysfunktionalen Strukturen.
- Die Anordnungen (Visionen, Ziele, Aufträge) müssen gut begründet sein, um den »Nähefaktor« zu kompensieren. Dieses Vorgehen birgt eine Chance: Das mittlere Management tut gut daran, die Nähe zu den Mitarbeitenden zu suchen, um daraus Argumente für Rückmeldungen nach oben zu gewinnen, die dann Anordnungen (Visionen, Ziele und Aufträge) zu modifizieren und zu optimieren helfen.

Bei vernünftiger Würdigung helfen die Milgram-Erkenntnisse, eine kooperative Führung im hier beschriebenen Sinne zu begründen. Allerdings werden die Experimente meist auf dem Hintergrund der Folgsamkeit in totalitären Systemen gedeutet; zu solchem Zweck wurden sie auch durchgeführt. Aber manchmal sind ja auch Führungssysteme in Organisationen nahezu totalitär.

Synergieeffekte: Hermann Haken begründete (1981) die Synergetik als Lehre vom effektiven Zusammenwirken (synergein [gr.] = Zusammenarbeit). Es gibt externe und interne Synergiepotentiale. Externe ergeben sich vor allem aus wohlüberlegten Unternehmenszusammenschlüssen, interne

- aus dem Vermeiden von Schnittstellen (Prozeßmanagement),
- aus dem Verringern von Opportunitätskosten (= Nichtstunkosten),
- aus allen Arten innerbetrieblicher Kooperation (Teams, internes Benchmarking, interne Organisationsberatung) sowie
- aus sinnvollen Verfahren der Informationsgewinnung (systemisches Vorgehen) und
- aus Prozessen, die man heute unter dem Namen »Lernende Organisation« zusammenfaßt. (Vgl. *Hermann Haken*: Erfolgsgeheimnisse der Natur. Synergetik. Reinbek 1995.)

Überblick: Kapitel 5

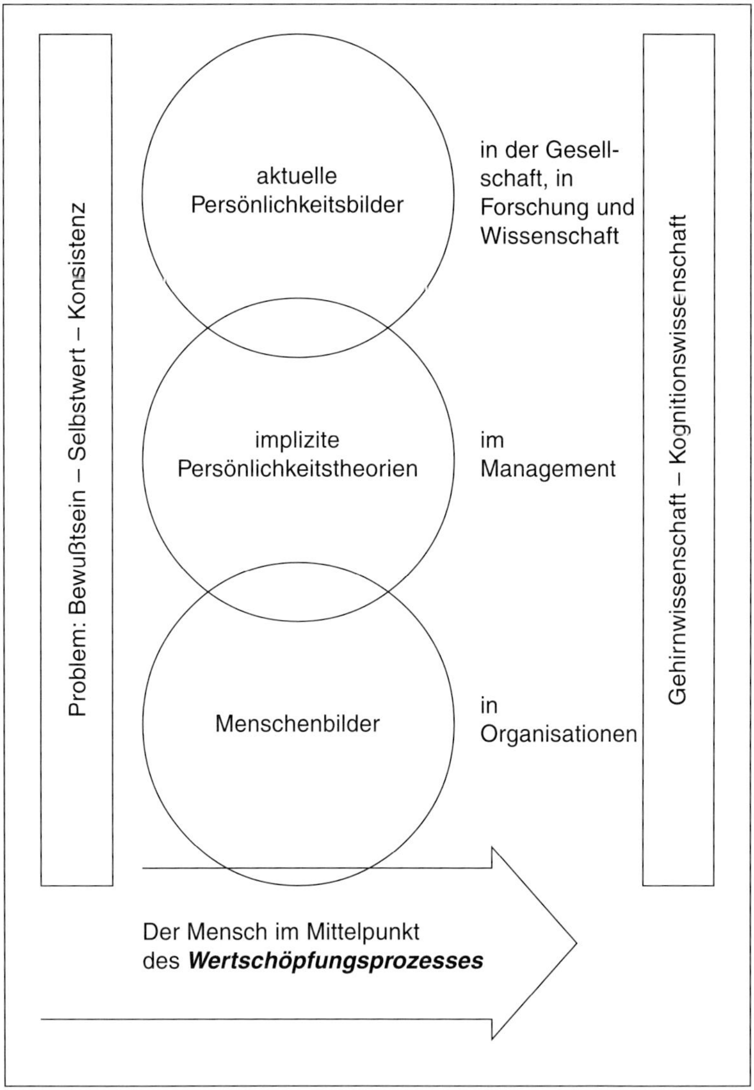

5 Zeitgemäße Persönlichkeitsmodelle

Der Mensch ist mehr als die Summe seiner Gene!

Ändern sich die Menschen – oder ändern sich nur unsere Sichtweisen? Die (Wieder-) Entdeckung der vielen Seiten der Persönlichkeit und der »Intelligenz« (vgl. Kapitel 2) hängt eng zusammen mit Tendenzen, die man Individualisierung und Pluralisierung nennt, und mit neuen Denkweisen wie »radikalem Konstruktivismus«, Chaostheorie, evolutionärer Erkenntnistheorie. Damit werden auch Ergebnisse der Persönlichkeitsforschung für das Management interessant, denn erst vor diesem Zusammenhang wird die grundlegende Bedeutung des neuen Ansatzes »emotionale Intelligenz« mit den bereits geschilderten Konsequenzen für die Alltags- und Berufswirklichkeit voll verständlich.

Wir leben im Zeitalter der Individualisierung. *Was ist eigentlich ein Individuum, eine Persönlichkeit?* Verhaltenswissenschaften, Psychologen und Gehirnforscher (und gar Philosophen) geben auf diese Grundfrage unterschiedliche Antworten; man kann auch sagen: Sie beschreiben jeweils wichtige Aspekte (vgl. *Michael Sonntag:* Das Verborgene des Herzens. Zur Geschichte der Individualität. Reinbek 1999).

5.1 Modelle der Person in Organisationen

Sind Manager Menschenkenner kraft ihrer Position? Daß Mitarbeiter ihre Arbeitsmittel und -gegenstände gut kennen müssen, um Erfolg zu haben, wird von niemandem bestritten. Ein Informatiker, der zugäbe, von Computern wenig zu verstehen, aber eine ganz bestimmte »Maschinenvorstellung« zu besitzen, die er intuitiv erworben habe, den würde niemand beschäftigen. Bei Fachleuten für Menschen, für menschliches Verhalten und ihre Fähigkeiten, kurz: für Manager, gilt das offensichtlich (noch) nicht. Hier genügen die allgemeine »Menschenkenntnis«, der gesunde Menschenverstand und eine allein durch Erfahrung gewonnene Kompetenz. Bei dem viel weniger komplexen Computer würde Vergleichbares nicht als ausreichend akzeptiert.

Diese (Aus-)Bildungslücke wurde lange ignoriert. Man behalf sich mit einfachen Konstrukten, mit schlichten Modellen, an denen man sich orientierte, wie dem economic man oder der Theorie X. Menschen (im Betrieb) sind danach ganz unkomplexe Wesen. Sie sind ausschließlich entgeltorientiert, bedürfen der ständigen Anleitung und Kontrolle, ihre Selbständigkeit ist unterentwickelt.

5.1.1 Mitarbeiterbedürfnisse im Wandel

Die meisten hungern nach einem Ich, auf das sie stolz sein können.
Charles Handy

Mitarbeiterbedürfnisse wandeln sich immer schneller:

- In den dreißiger Jahren entdeckte man in den USA, daß Menschen außer materiellen Interessen auch am Arbeitsplatz soziale Bedürfnisse haben. Gruppenzusammenhalt, Betriebsklima, soziale Trainingsveranstaltungen wurden in das Repertoire der Führung einbezogen. Dieser (nach dem Ort der Entdeckung benannte) Hawthorne-Effekt ergänzte das im Management gebräuchliche Maschinenmodell (Unternehmen sind »Mensch-Maschine-Systeme«) um wiederum mechanistisch verstandene Führungstechniken (Management durch »Techniken«).
- In der Mitte der achtziger Jahre erkannte man die Erfolgsbedeutsamkeit der Sinndimension. Seither gibt es das Bemühen um Organisationskultur, Corporate Identity, symbolische Führung.
- Im Zusammenhang mit der Forschung zum Wertewandel entdeckte man das dominante Selbstentfaltungsbedürfnis. Wer es nicht bedient, kann keine Motivation erwarten.
- Zur Zeit stehen Erlebnisbedürfnisse im Vordergrund – wir leben in einer »Spaßkultur« und »Erlebnisgesellschaft« *(Gerhard Schulze* 1992).

5.1.2 Menschenbilder und Managementansätze im Wandel

Entsprechend wandelte sich das vorherrschende Menschenbild: Vom social man über den self actualizing man zum complex man. Inzwischen zweifeln auch Ökonomen an ihrem Menschenbild, dem homo oeconomicus oder economic man (Näheres in Abschnitt 7.3).

Die ersten Gegenentwürfe eines ganzheitlichen (»sinnvollen«) Managements stammen aus St. Gallen von *Hans Ulrich, Knut Bleicher, Gilbert Probst, Peter Gomez* u.a. Sie unterstellen, daß Individuen »komplexe psychische Systeme« sind, deren Führung hohe Anforderungen an »Systemkenntnis« stellt. Wenn man ihren Ansatz auf unser Thema bezieht, heißt das: Erst IQ *und* EQ, in Erfolgsintelligenz und Lebensintelligenz (EQ2/EQ^2 und eQ) umgesetzt, machen eine erfolgreiche Führungspersönlichkeit aus!

5.1.3 Persönlichkeitsmodelle im Wandel

Das Ich ist so ein Gefühl, das ich nicht loswerde!
Hans-Magnus Enzensberger

Was ist eine Persönlichkeit oder eine Person konkret? In Persönlichkeitstheorien bietet die Psychologie zur Zeit »aufregende« Modelle an. Für unser Thema ist ein (vereinfachter) Dreischritt interessant, der die Entwicklung deutlich zeigt:

- Im idealistischen, romantischen und klassischen Denken unserer Kultur besitzt der Mensch Willensfreiheit, Vernunft und Gewissen. Das sind zugleich die Kernelemente der Humanität.
- An diesem Idealbild rüttelte *Sigmund Freud* mit seiner Vorstellung vom Unterbewußtsein. Der Mensch ist nicht Herr im eigenen Hause, so lautete seine »Kränkung«. Der Kern der Person, das Ich, ist nicht autonom.
- *Kenneth Gergen* und viele andere Gehirnforscher behaupten, daß in der aktuellen Gehirn- und Kognitionsforschung gar kein Kern der Person festzustellen sei. Wir bilden uns also nur ein, ein Ich zu sein und ein Selbst zu haben. Diese Vorstellungen seien lediglich Hilfskonstruktionen, um uns vor der Auflösung in »Aspektepersonen« zu schützen. Fazit: Ich bin viele! Das Ich ist nur so ein Gefühl!

Aber: Ich und Selbst sind Konstrukte, die viele Erfahrungen plausibel zu erklären vermögen. Das zentrale Konzept Selbstwertgefühl ist ohne die Annahme eines Ich-Zentrums nicht denkbar. Es steckt in fast all unseren Handlungen und Erlebnissen. Anreize, die das Selbstwertgefühl stärken, sind deutlich wirksamer als andere. Motivation ist ohne ein Ich unmöglich, Identität ist eine Erfahrung, die jeder Mensch macht (und machen möchte!) – Identitätsverlust führt zu »seelischen Erkrankungen«. Selbstwertschutz ist ein Erfolgsfaktor in jeder Führungssituation.

Geist ist mehr als das Material, das ihn ermöglicht! Der Arzt *Ferdinand Sauerbruch* meinte, er habe sehr viele Körper seziert, aber keine Seele gefunden. Will man diese Naivität zum wissenschaftlichen Ideal erheben?

5.1.4 Gehirnvorstellungen im Wandel

Nutze ich mein Gehirn – oder bin ich mein Zentralnervensystem (ZNS)? Nachdem die Genomforschung rund 30.000 Gene festgestellt hat, die uns von der Zahl her kaum vom Fadenwurm oder der Fruchtfliege (einem beliebten Versuchstier) unterscheiden, dürfte der doch wohl leicht erkennbare Unterschied nicht nur in den Genen begründet sein. Der neue biologistische Trend scheint eine weitere wissenschaftliche Sackgasse zu sein.

Immer mehr Forscher stellen fest, daß die Psychologie bisher die Variationsbreite der menschlichen Möglichkeiten unterschätzt hat. Der biologisch Bestimmte wird antworten: Das liegt an der fast unendlich großen Kombinationsmöglichkeit des Netzwerks Gehirn. Der Interdisziplinäre müßte feststellen: Die Synergiepotentiale der Aggregate unserer »Person«, die aus Physiologischem, Psychischem und Sozialem bestehen, sind nahezu unendlich groß. In diesem Zusammenhang heißt das: Wir nutzen sie nur durch Aktivierung aller Potentiale, eben: **IQ + EQ = EQ2/EQ^2 und eQ!** Diese ermöglichen uns variantenreiche Sozialkontakte, die uns »als Person« weiterentwickeln. Das Ich, das Selbst, die Persönlichkeit ist dann das Ergebnis vielfältiger Einflüsse aus der Psyche und dem sozialen Umfeld – unter Nutzung der Hardware ZNS.

H. Gardner stellt einen *Selbstsinn* fest (eine Fähigkeit zweiter Ordnung). Es ist entweder eine achte Intelligenz (siehe Abschnitt 2.3.2) oder die Reifeform der personalen Intelligenz. Er wirkt wie ein zentraler Prozessor und entsteht aus der inter- und intrapersonalen Intelligenz. In geeigneter sozialer Umgebung besitzt der »Selbstsinn« die Fähigkeit, die übrigen Intelligenzen als Mittel zu neuen Zwecken einzusetzen (*H. Gardner* a.a.O. 1983/1998, S. 269). Dies ist ein gutes »Schlußwort« zur aktuellen Diskussion über »den fehlenden Kern der Person«.

5.2 In jedem Menschen wirken drei Akteure!

Aber gehen wir kurz auf die aktuelle Kognitions- und Gehirnforschung und ihren wichtigsten Vorläufer aus der Psychologie ein. Das klassische Persönlichkeitsmodell stammt von *Sigmund Freud.* Er stellt sich unser *Bewußtsein aus drei Akteuren* zusammengesetzt vor:

- Das **Über-Ich** ist die Summe der gesellschaftlichen Normen, die über Erziehung und Sozialisation in den Menschen hineingepflanzt werden und an die er sich gebunden fühlt; er empfindet Scham und Schuld, wenn er gegen seine »inneren Vorgesetzten« (den »Vater in mir«) handelt. Wir nennen diese Bindung an das Über-Ich, aus der Schuldgefühle entstehen, das Gewissen.
- Das **Ich** ist das bewußte Personzentrum, das sich aber zuerst gegen die beiden anderen Kräfte durchzusetzen hat, bevor es Herr im eigenen Hause wird, und das ständig um seine Autonomie kämpfen muß. Ganz gelingt ihm das nie.
- Das **Es** ist die Summe der triebhaften (angeborenen, natürlichen) Bedürfnisse.

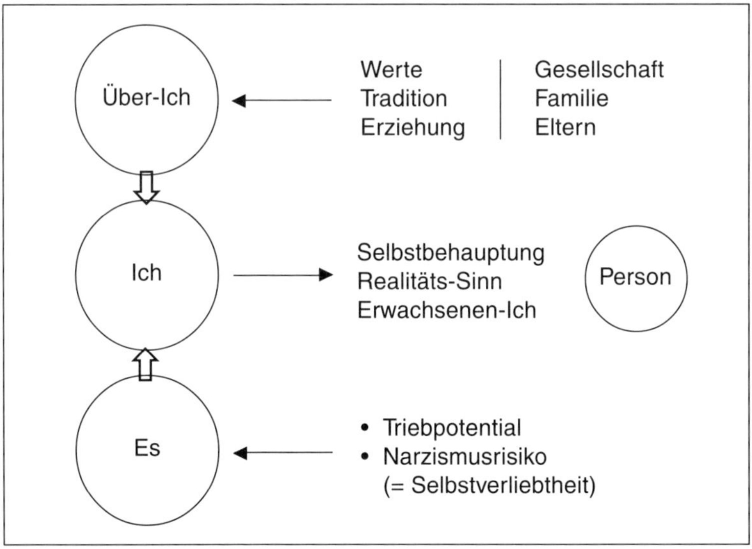

Abbildung 15: Das Modell der Person nach Sigmund Freud

Die Modellkonsequenzen: Einige unserer Erfahrungen erklärt *S. Freud* an einfachen (zu einfachen?) Modellvorstellungen: Das Ich ist in seiner Autonomie ständig durch drei Zwingherren – Es, Über-Ich und Außenwelt (gesellschaftliche Kontrolle) – bedroht. Ich-Stärke läßt sich nur im Kampf gegen diese Mächte erringen. Das Ich hilft sich mit Abwehrmechanismen *(Anna Freud)* wie

- Regression (= Rückzug in bereits überwundene – kindliche – Verhaltensreaktionen) und
- Übertragung (= die eigenen Schwächen sieht man beim anderen übergroß).

Nicht verarbeitete seelische Verletzungen (Traumata) wandern in das **Unterbewußtsein** ab. Von hier aus üben sie ihre Wirkungen auf das Verhalten aus. Die bekannteste ist die Freudsche Fehlleistung: Man sagt etwas zwanghaft, was man gar nicht sagen wollte. Das Unterbewußtsein hat etwas von uns preisgegeben, das wir gern verheimlicht hätten.

Wie schützt sich die Person vor schädlicher Wirklichkeit? Durch hilfreiche und wohltuende Selbsttäuschungen aller Art. Die verläßlichste Wirklichkeit ist immer noch die, die wir selbst erfinden! Man kann leicht feststellen, daß alle Menschen, Familien, Organisationen stabilisierende Selbstdeutungen erfinden. In konstruierten Lebensgeschichten, Familiengeschichten, Organisationsideologien werden die vielen unverbundenen Einzelereignisse zu einem sinnvollen Ganzen verknüpft. Vielleicht liegt hier der tiefere Grund für unsere Freude an der erzählenden Literatur und an erzählter Geschichte. Der Wert solcher sinnstiftenden Ganzheitlichkeit wird zunehmend erkannt. Emotionale Intelligenz hat auch den Aspekt, einen solchen Sinn zu bilden und zu erhalten, der die Persönlichkeit stabilisiert und vor Verletzungen schützt.

Diese emotional und sozial überlebenswichtige Funktion wird in der Psychologie in verschiedenen Modellvorstellungen beschrieben.

Abwehrmechanismen schützen uns vor schädlichen Einsichten! Im Personmodell der Psychoanalyse ist das Ich die psychische Instanz, die für die Anpassung an die Realität sorgt. Um mit dieser Realität fertigzuwerden, bedient sich das Ich der Abwehrmechanismen. Es sind offensichtlich biologisch bereitgestellte psychische Überlebenshilfen. Während *Sigmund Freud* die Abwehrmechanismen noch als krankhafte, neurotische Realitätsbewältigung durch Realitätsverweigerung definierte, sieht man sie heute positiver. Die »kognitive Psychologie« betrachtet Abwehrmechanismen als »kreative Selbsttäuschungen«. Schon *Fontanelle* (1657 – 1757) meinte: »Man möchte den Mut verlieren, wenn man nicht durch ein Korsett von Irrtümern gestützt würde!«

Abwehrmechanismen haben ihren Wert in der **Stabilisierung der psychischen Gesundheit.** Die neuere kognitive Psychologie rechnet dazu:

- Illusionen, Utopien, Phantasien, Ideologien (und »Erzählungen«);
- Träume, Tagträume, Humor;
- religiöse Erfahrungen, private Weltbilder;
- künstlerische Ausdrucksformen aller Art – das ganze Arsenal der durch bildende Kunst, Literatur, Musik und Philosophie entwickelten fiktionalen Wirklichkeiten und geschlossenen Weltbilder;
- die gesamte »gesellschaftlich konstruierte Wirklichkeit« einschließlich der Organisationsideologien.

Fazit: Abwehrmechanismen wehren die häßlichen, selbstwertbedrohenden Seiten der Wirklichkeit von uns ab. Sie machen die Wirklichkeit für uns erträglich.

In der symbolischen Führung macht man sich diese Mechanismen zunutze. Hierzu gehören auch das in der Führungsbildung so beliebte Modell der Transaktionsanalyse (TA) nach *Eric Berne* und das aktuelle Modell NLP (Neuro-linguistische Programmierung). Die TA unterscheidet Persönlichkeitszustände: Eltern-Ich, Kind-Ich und Erwachsenen-Ich (in Anlehnung an das Modell *S. Freuds).* Das Modell führt oft zu einer mechanistischen Analysetechnik, die keine zuverlässigen Ergebnisse liefert. NLP wird leider auch zu Manipulationszwecken mißbraucht. Das Wort »Programmierung« zeigt schon, woher es kommt und was es beabsichtigt. Von einer rezeptologischen Anwendung solcher Verfahren muß gewarnt werden. Es gibt zuverlässigere Methoden der symbolischen Führung (vgl. Kapitel 2, 4, 8, 9 und 10).

Wie werten sich Personen selbst auf? Die Psychologen *Robert A. Wicklund* und *Peter M. Gollwitzer* beschreiben (zuerst in: Psychologie heute, 10/1980, S. 56ff.) den Menschen als Mogelpackung. Wenn wir ein Ziel nicht ganz erreichen, unser Selbstbild gefährdet sehen, uns vor Ansehensverlust schützen wollen, so füllen wir unsere Lücken und Defizite durch Symbole aus. *Symbolische Selbstergänzung* nennen die Forscher diesen Mechanismus, der zu den zahlreichen psychischen Strategien gehört, die unser immer gefährdetes Selbst schützen (vgl. *L. Festinger,* »kognitive Dissonanzreduktion«). Statussymbole und positive Selbstdarstellung (»etwas darstellen«) verleiten andere zu positiven Schlüssen über unseren wirklichen Wert. Daher werden solche Selbstaufwertungstechniken auch gern in Trainingsverfahren angeboten und stark nachgefragt. Sie ersetzen (für eine kurze Zeit) »natürliche« Autorität und Authentizität. Je weniger Möglichkeiten zur Gewinnung von Authentizität das Umfeld bereitstellt und je schwieriger ihr Erwerb wird, desto mehr greifen Menschen nach diesem Persönlichkeitsersatz. Zur »symbolischen Selbstergänzung« neigen vor allem Menschen, die sich ein hohes Ziel gesetzt haben und dadurch in einen inneren Spannungszustand geraten sind. Weil es natürlich schwerer ist, den Weg der soliden Professionalisierung zu gehen, begnügen sich viele mit oberflächlichen Kompetenzmerkmalen.

Heute sieht man diese »natürlichen« oder »kultürlichen« Bestrebungen positiver. Es gilt als legitim,

- offensive Selbstdarstellung zu organisieren, um »besser anzukommen«,
- danach zu streben, beachtet zu werden,
- die knappe Ressource Aufmerksamkeit der anderen für sich zu gewinnen,
- Selbstmarketing zu betreiben.

Ursula Nuber gibt dazu in Psychologie heute, 7/01, S. 20-27, wertvolle Hinweise.

Fazit: Erlebnisse werden zu Sinn gebündelt. Das geschieht nach allgemeiner Meinung im Kern der Person, dem Ich (Selbst, Seele, Bewußtsein). Sinn läßt sich verläßlich oder trickreich herstellen. Meist verfallen dann selbst die Produzenten ihrem Produkt – es ist die »konstruierte Wirklichkeit«, die uns im Griff hat (Näheres in Kapitel 7).

5.3 Der Mensch ist die Summe seiner sozialen Kontakte: Problemfeld »soziales Lernen«

Die Schwierigkeit besteht nicht so sehr darin, neue Ideen zu entwickeln, sondern alten zu entkommen.
John Maynard Keynes

Welche Bedeutung hat Persönlichkeitsbildung für das Wohlbefinden? Persönlichkeitsbildung ist für jeden Menschen ein zentrales Problem! Sie ist (als Qualitätsmerkmal eines Menschen) Ziel jeder guten Erziehung in Elternhaus und Schule. In stabilen Gesellschaften gelingt es, Persönlichkeitstypen herauszubilden, die so viel Gemeinsames aufweisen, daß sie sich gegenseitig tolerieren können. Außerdem werden zivilisierende und kultivierende Umgangsformen ausgebildet, gelernt und verinnerlicht. Weil man sich an diese Formen hält, kommen viele Konflikte erst gar nicht zustande. Jeder hat schon erlebt, wie angenehm (und wie human) der Umgang mit gut erzogenen Menschen ist. Angenehme Gesellschaft tut der Seele gut, d.h., unser Selbstwertgefühl wird geschont, und wir bieten einander ständig kleine, aber für das Wohlbefinden wichtige und für die persönliche Entwicklung hilfreiche Erfolgserlebnisse.

Je mehr Umgangsformen verlorengehen oder als überholt angesehen werden, so daß man sich scheut, sie zu verwenden, desto roher, inhumaner und konfliktreicher wird unser Umgang. Schlechte Umgangsformen verursachen bei Guterzogenen manchmal (ungewollt?) Demütigungen, die an den Grundfesten ihrer Integrität und Identität rühren.

Tolpatschige Vorgesetzte sind bei der aktuellen Elitebildung ein zunehmender ökonomischer Risikofaktor: Sie zerstören oft unbedacht und beiläufig Humankapital und kulturelle Ressourcen. Firmen beginnen daher wieder mit dem Vermitteln kürzlich noch als veraltet eingestufter Formen. Sie sollen den Umgang mit Kunden und Mitarbeitern erleichtern und effektiver machen; und das tun sie auch. Höflichkeit, Takt und Rücksicht werden zwar vor allem vermittelt, »weil es sich rechnet«. Man wird aber zweifellos bald erkennen, daß sich aus solchen übergeordneten Prinzipien die vielen kleinen Verhaltensregeln wie von selbst ergeben. Es sind Puffer, die Zusammenstöße mildern können, und Kitt, der die Firma – und Gesellschaften – zusammenhält.

In welchem Zusammenhang stehen emotional-soziale Lernvorgänge mit den neuen Sichtweisen zur Person und ihrem Selbst? Das Problem *Persönlichkeit* stellt sich in unserer komplexen Wirklichkeit immer wieder neu. Der Mensch, der die Moderne bewußt und voll angepaßt erlebt, steht in einem unüberschaubaren, sich ständig ändernden Netz von Beziehungen, Kontakten, Lebensstilen und Ideen. Es ist die »Komplexität« der aktuellen Realität. Dieser rasante Wandel droht uns zu überfordern. Es gibt nicht nur

- einen beschleunigten *Rollenwandel* (Erwartungen an uns ändern sich),

- einen ständigen *Wertewandel* (vertraute Wertungen gelten nicht mehr), sondern auch
- einen ununterbrochenen *Bedeutungswandel* (Sinn wird immer schneller ungültig und muß durch neuen Sinn ersetzt werden).

Was gestern noch die neueste Vorstellung in Politik, Firmen-Philosophie, Lebensstil war, ist heute bereits lächerlich veraltet. Statt der alten Vorstellung: Menschen brauchen Kontinuität, »Konsistenz« (= innere Stabilität) und Sinn, gilt: Menschen von heute sind geprägt von ständiger Neugier, Experimentierlust und Wagemut. Denn Unsicherheit und Vieldeutigkeit (»Ambivalenz«) sind der Normalfall. Oder: Konsistenzorientierte Menschen müssen über emotionale Stabilität und soziale Kompetenz lernen, mit ständigem Wandel besser zurechtzukommen (= Ambiguitätstoleranz). Immer neue Orientierung, Sinnfindung und damit Verhaltensstabilisierung werden zu zentralen Problemen für jedes Individuum und jede Organisation.

Ist das Ich die Summe der Ergebnisse aller sozialen Kontakte? Von dem Sozialpsychologen *Kenneth Gergen* stammt die *Theorie des »sozial gesättigten Ich«;* eine »fruchtbare Hypothese«, eine Annahme, die unsere soziale Wirklichkeit unter neuen Gesichtspunkten zu untersuchen erlaubt. Persönlichkeit ist ein Sozialisationsprodukt. Bei ungünstiger werdenden Bedingungen gelingt es immer seltener, das »Lernziel Persönlichkeit« geradlinig und ein für allemal zu erreichen.

Ulrich Beck meint dazu: Kulturkritiker (und andere Wohlwollende) fordern die Individuen auf, biographische Lösungen für systemische Widersprüche zu finden, die jeden überfordern. Zum Beispiel überfordert die aktuelle Forderung im Management nach hoher Flexibilität die meisten Menschen, die eher Zuverlässigkeit und Sicherheit, Verläßlichkeit und dauerhafte Bindungen anstreben. Viele verzichten bereits auf mögliche Karrieren, um ihre Identität und Integrität zu bewahren – ein neues, noch ungelöstes Managementproblem im Zusammenhang mit unserem Thema (Näheres hierzu finden Sie auf den Übersichtsseiten am Ende dieses Kapitels).

Jedenfalls gilt es, an den Bedingungen zu arbeiten, will man Menschen nicht dauerhaft überfordern – in der Gesellschaft, in der Familie und in Organisationen. Allerdings haben sich in permissiven Gesellschaften auch »gebrochene« Biographien als sehr erfolgreich erwiesen. Man könnte auch (mit *Ulrich Neisser* und *Nicole Harsch)* sagen: Die (augenblickliche) Person entspricht immer dem letzten Stand ihrer Erzählung (ihrer Sinnbildung). *F. C. Bartlett* meint: Wenn eine Person gebeten wird, sich an etwas Bestimmtes zu erinnern, kommt ihr eine diffuse Einstellung zu diesem Gegenstand in den Sinn. Die Erinnerung, die Erzählung ist dann eine Konstruktion, die dazu dient, die Einstellung zu rechtfertigen. Im Laufe eines Lebens verändern sich somit die Erinnerungen ständig und passen sich immer dem Stand der erreichten Einstellungen an. *Das Ich ist eine fortlaufend neu geschriebene Erzählung.*

Eine häufig anzutreffende Erzählung ist: Ich war zwar in der Schule faul und unaufmerksam, aber meine Abschlüsse habe ich glänzend hinbekommen; ich habe eben eine hohe Intelligenz – ja, vor allem im nachträglichen Konstruieren einer genehmen Autobiographie! Das ist hinzunehmen, wenn es der inneren Stabilisierung dient. In den USA heißt das: being good at school is not cool – boys' ideal is the lazy genius.

Daher noch einmal: *Gibt es einen Kern der Person?* Alle älteren (klassischen) Persönlichkeitstheorien nehmen einen Personkern an, den sie als
- Seele (christliches Modell),
- Vernunft (Modell der Aufklärung) oder
- Wollen (voluntaristisches und Existentialismus-Modell) definieren.

Der Römer *Boethius* definiert Person als »das individuierte In-sich-selbst-Stehen eines vernunftbegabten Wesens«. Dieser Bestimmung des Begriffs folgten *Thomas von Aquin* und alle Philosophen bis hin zum Humanismus.

Heute definiert man nüchterner: Der Mensch ist die Summe seiner sozialen Kontakte! Bei der Identitätsproblematik wird das deutlich. Man braucht viele sinnbildende Bezugspunkte, um eine Person (Persönlichkeit) zu werden. Daher leiden Menschen darunter, wenn sie keine Arbeit haben, nicht in eine Familie eingebunden sind und dadurch schleichend die Fähigkeit einbüßen, soziale Beziehungen aufzubauen und zu erhalten.

Es wurde bereits festgestellt: *Thomas Metzinger* und andere halten das Selbst (das Selbstbewußtsein) für eine »Erfindung« der Evolution und das Ich-Erleben für eine Illusion. Bisher wurde im Gehirn kein Zentrum gefunden, das eine solche Erlebnis-Bündelungsfunktion wahrnehmen könnte. Es gäbe keine Substanz, die dem Denken, Empfinden und Handeln zugrunde läge. Das Gehirn ist ein vielfältig vernetztes informationsverarbeitendes System ohne Zentrum; Geist ist auf Gehirnfunktionen reduziert *(Paul und Patricia Churchland).*

Aber diese Erklärung stellt uns logisch nicht zufrieden. Vielleicht muß man gar nicht nach Substanzen suchen, sondern eben nach übergeordneten Systemfunktionen, nach zentral wichtigen Prozessen. Und genau diese nannte man bisher »Ich«. Und: Die generelle Annahme einer individuellen Substanz, eines »Ich« oder »Selbst«, das zur Selbstverantwortung fähig ist, vernunftbegabt und bewußt handelt, gehört zu den Grundannahmen unserer Kultur. Philosophie und Kulturwissenschaften allgemein sind ohne diese Vorstellung gar nicht möglich. Man sollte nicht vorschnell vor spektakulär vermarkteten Teilergebnissen einer Teilwissenschaft erschrecken, die zudem in reduktiven Biologismus zurückzufallen scheint.

»Auch eine säkularisierte Gesellschaft muß sich über ihr Menschenbild verständigen, denn es hat Folgen. Ist der Mensch nur Materie, nur die Summe der von ihm nachweisbaren chemischen, biologischen und physiologischen Vorgänge, oder ist seine Existenz auch noch in der geistigen Welt verankert, zu der die Wissenschaft keinen Zugang hat, von der sie auch nichts wissen will?« *(Stefan Dietrich* in: F.A.Z. vom 24.3.01, Leitartikel: Die Würde des Menschen ist unantastbar. Antwort auf die Thesen der Hirnforscher und ihrer biologistischen Ethik.)

Werden wir alle »multiphrene« Aspektepersönlichkeiten? In Zeiten schnelleren Wandels und zunehmender Informationsfluten wird es immer schwerer, eine eigene Persönlichkeit auszubilden, »Aspektepersönlichkeiten« nehmen zu. Was heißt das? Jeder hat für viele Situationen unterschiedliche Persönlichkeitsaspekte entwickelt, um allen widersprüchlichen Rollenanforderungen gerecht zu werden. Denn im Gegensatz zu den stabilen Gesellschaften der Vergangenheit kann sich die (nach-)moderne unstabile Gesellschaft keine Abweichungen leisten. Sie entwickelt Abwehrmechanismen. Individuen (Persönlichkeiten) klagen daher über zu viel mediengesteuerte political correctness; sie empfinden diese als primitive, aber wirksame Zwangsgewalt. Die Aspektepersönlichkeit dagegen paßt sich allen Meinungs- und Verhaltensforderungen bedenkenlos und unreflektiert an – und büßt Individualität und Authentizität ein.

Ist das autonome Individuum eine realistische Alternative? Niemand ist völlig autonom. Menschen sind in zahlreiche Sozialkontakte verwoben; sie sind »von Kultur aus« bis zu einem gewissen Grade *multiphren.*

Unsere Identität besteht (wenn man sich selbst ernsthaft prüft) aus widersprüchlichen Meinungen, Eigenschaften und Rollen. Anders kämen wir mit der komplexen Wirklichkeit im Alltag gar nicht mehr zurecht. Dieser Trend ist unverkennbar; mit »Individualisierung« ist er zaghaft umschrieben. Man müßte (mit *Zygmunt Baumann*) realistischerweise eine de jure- und eine de facto-Autonomie unterscheiden. De jure ist jeder Mensch in westlichen Gesellschaften frei (er besitzt einklagbare Grundrechte), de facto ist jeder in zahlreiche Verpflichtungen eingebunden, die seine Autonomie deutlich begrenzen. Je komplexer die Wirklichkeit wird, um so mehr. Moralisieren hilft hier nicht weiter, eher ein freiheitsvergrößerndes Bedingungsmanagement.

Mit der Auflösung der Persönlichkeit in viele *Aspektepersonen* müssen Verläßlichkeit und Moral nicht zugrunde gehen. Mit dem *Begriff »Multiphrenie«* (Phrenesie [gr.] = Wahnsinn!) erklärt *Gergen* diesen Zusammenhang. Er meint, daß moderne Menschen eine Flut von Möglichkeiten, Gelegenheiten, Verpflichtungen und Werten in ihrem Bewußtsein verarbeiten und dabei auch Widersprüchliches verkraften müssen, ohne daß sie dabei Sinnlosigkeit empfinden. Allerdings muß man diese Fähigkeit zur Toleranz von Vielfalt erst einmal lernen. Man kann daran auch psychisch scheitern, was die Zunahme psychischer Störungen und des Syndroms »multiple Persönlichkeit« beweisen.

»Wenn Du heute aufwächst, sagt man Dir, daß Du in Deinem Leben vier oder fünf mal Karrieren haben wirst. Was man Dir nicht erzählt: Du wirst auch vier oder fünf verschiedene Personen sein. In fünf Jahren wird es Dich nicht mehr geben!« *(Douglas Coupland* in Miss Wyoming.)

Müssen wir lernen, mit sozialer Desorientierung zurechtzukommen? Lernfähige Menschen richten sich in neuen Beziehungsformen ein, die ebenfalls von der Grundtendenz Vielfalt geprägt sind: Singlehaushalt statt Familie, Lebensabschnittspartner statt Lebenszeitpartner, Alleinerziehende statt Elternpaar, zahlreiche lockere und wechselnde Bekanntschaften statt lebenslanger oder Langzeit-Freundschaftsbeziehungen; kein Leben in der Gemeinde oder Familie, sondern ein ständiges Sich-Bewegen zwischen Beziehungsangeboten: situationsgebunden, rein funktional, wenig verpflichtend – und daher freiheitsgewährend. Jede Bekanntschaft bezieht sich lediglich auf einen engen Lebensbereich; man teilt mit jedem Menschen nur einen Ausschnitt seines Erlebens und seiner Interessen. Daneben pflegt man Quasi-Kontakte zu Medienangehörigen, an denen man sich orientiert. Es entsteht eine vor allem medienvermittelte »virtuelle« Erlebniswelt, eine »Event-Kultur«. Auch der Wissens- und Überzeugungshaushalt unterliegt einem ständigen Wechsel. Von Zeit zu Zeit wird grundentsorgt; man spricht von »Lebensabschnittsüberzeugungen«.

Dies ist vielleicht noch nicht das eigene Persönlichkeitsideal, es gibt aber in jedem Umfeld immer mehr Menschen, die diesem Bild (von *Gergen)* nahekommen, und es kann sich dabei um interessante und sympathische Menschen handeln – wenn sie die vielbelächelte »Ambiguitätstoleranz« entwickelt haben.

Einen Überblick über die aktuelle »Ich/Selbst-Problematik« und weitere wesentliche Ergebnisse der Gehirnforschung finden Sie am Ende dieses Kapitels.

Fazit: Die Persönlichkeitsvorstellungen entwickelten sich in fünf Schritten. Kernelemente davon sind in der heutigen Sicht und in den Menschenbildern des Managements »aufgehoben«:

1. Autonomie, lebenslang stabile und ständig wachsende Persönlichkeit als Ideal – und Möglichkeit: Antike, Humanismus, Humboldts Bildungsideal 1810.
2. Rollen-Person (Rollenverhalten, Rollenspiel): Die Person der Moderne, die in vielfältige soziale Netzwerke eingebunden ist und sich jeweils angepaßt verhalten muß. Ideal: Leben mit Rollendistanz (Prototyp: *Ralf Dahrendorf:* Homo Sociologicus – der Mensch als Rollenspieler).
3. Aktuelle Gehirnforschung: Der biologistisch gesehene, auf Gehirnfunktionen reduzierte Mensch. Der Mensch *ist* sein Gehirn.
4. Humanistische Rettungsversuche: *John Eccles:* Der Geist (das Ich) und sein Gehirn! Menschenwürdepostulate (Grundgesetz); Humanistische Psychologie.
5. Die »multiple Persönlichkeit« nimmt infolge der Komplexität zu *(Ian Hacking)*. Und: Modell »multiphrene Persönlichkeit«: Ich bin viele! *(Gergen, Metzinger, Roth).*

5.4 Das Informationen verarbeitende Ich: Das Problem »Bewußtsein«

Informationsverarbeitung und Wissensgewinnung sind die entscheidenden Fähigkeiten der Zukunft. Was haben sie mit emotional-sozialer Kompetenz zu tun? Sehr viel; sie bilden die Basis jedes kompetenten Umgangs mit anderen Menschen.

Was ist und wie funktioniert unser Bewußtsein? Zu einem Ich oder Selbst gehört ein Bewußtsein. Man versteht darunter herkömmlich das innere Bild, das wir von uns und der uns umgebenden Welt haben. Heute gilt es als identisch mit dem biologisch erklärbaren Gehirn und seinen Vorgängen.

Gehirnwissenschaften: Die neunziger Jahre waren »die Dekade des Gehirns/der Gehirnwissenschaft«, einer Gruppe von Disziplinen der Neuro- und der »Kognitionswissenschaften«. Sie erforschen das Bewußtsein und entschlüsseln die Gehirnfunktionen: Was sind Informationen, Wahrnehmungen, bewußte Handlungen? Wie sind Gedächtnis, Lernen, Denken und Sprache miteinander verknüpft? *(Paul Thagard:* Kognitionswissenschaft. Stuttgart 1999.)

Können wir wissen, wie unser Gehirn wirklich funktioniert? Wie die Wirklichkeit in unseren Kopf gelangt, und was unser Kopf daraus macht (oder was er damit anrichtet)? (Näheres hierzu unter Überblick am Schluß dieses Kapitels).

Wie funktioniert unser Bewußtsein von der Welt? Zur Zeit steht die neurologische (Gehirn-) Forschung im Mittelpunkt des allgemeinen Interesses. In kurzen Abständen bringen die Medien Forschungsberichte und daraus abgeleitete Spekulationen.

Wenn man die einschlägigen Berichte zusammenfaßt, so sind sich die Forscher jedenfalls darin einig, *wie* unser Bewußtsein von der Welt zustandekommt:

- *Signale aus der Außenwelt* gelangen über unsere Wahrnehmungsorgane (Auge, Ohr, Tastsinn, Riechsinn) in das Gehirn (Zentralnervensystem/ZNS).
- Im Gehirn werden sie von *Nervenzellen* (= Neuronen) verarbeitet. Dabei laufen elektro-chemische Prozesse ab.
- Das ZNS verwandelt diese (neutralen) Signale in psychisch faßbare *Eindrücke.* Es versieht die Signale mit Bedeutung und vollzieht den *Übergang vom Physischen ins Psychische.* (Wie das genau ge-

schieht, weiß man noch nicht). Wir nennen das Ergebnis »Bewußtsein«.

Nach dem Bewußtseinsphilosophen *Daniel C. Dennett* (evolutionär-hermeneutischer Ansatz) hat der Mensch Bewußtsein aus drei Gründen (zu drei Zwecken):
- zur Lösung des Überlebensproblems,
- zur Informationsverarbeitung (die diesem Zweck dient),
- zur Bildung von Intentionen (Handlungszielen und Sinn).

Daher sind das zugleich die wesentlichen Bewußtseinsfaktoren.

Eine zeitgemäße *Bewußtseinstheorie* liefert *Antonio Damasio* (Ich fühle, also bin Ich. München 2000): Das autobiographische Bewußtsein (das Selbst) entsteht, wenn ein Organismus in der Lage ist, Wissen über die eigene Biographie, den eigenen Namen, die Eltern, Erlebnisse und Pläne präsent zu halten. *Emotionen* sind (nach dieser Theorie) »innere Objekte«, mit denen der Körper genauso interagiert wie mit äußeren. Einmal »erfunden«, dehnt sich das Bewußtsein auf alle Programme der Informationsverarbeitung aus. Für Damasio ist Bewußtsein allerdings ein biologisches Phänomen unter anderen.

Damasio hält die Trennung von Geist und Gefühl (Leib und Seele) seit *R. Descartes* für einen Grundirrtum (Descartes‘ Irrtum. 1994). Emotionen sind die biologische Basis, die in allem Denken und Handeln enthalten ist. Er unterscheidet zwischen der (biologisch gesteuerten) Außen- und Innenwahrnehmung. Deutlich wird dieser Zusammenhang beim Vorgang des Erinnerns: Erinnern ruft die aktuelle Einstellung zum Gegenstand des Erinnerns hervor. Unser Gedächtnis schafft dann das Erinnerungskonstrukt, das diese aktuelle Einstellung rechtfertigt *(F. C. Bartlett/Ulrich Neisser u.a.)*.

Das erklärt auch die oft drastischen Abweichungen zwischen den historischen Erinnerungen von Zeitzeugen.

Offen bleiben dabei aber die Fragen:
- *Warum* sind es gerade *diese Eindrücke,* die aus den Signalen entstehen?
- Warum entstehen nicht *in jedem ZNS* aus identischen Signalen *dieselben Eindrücke?*

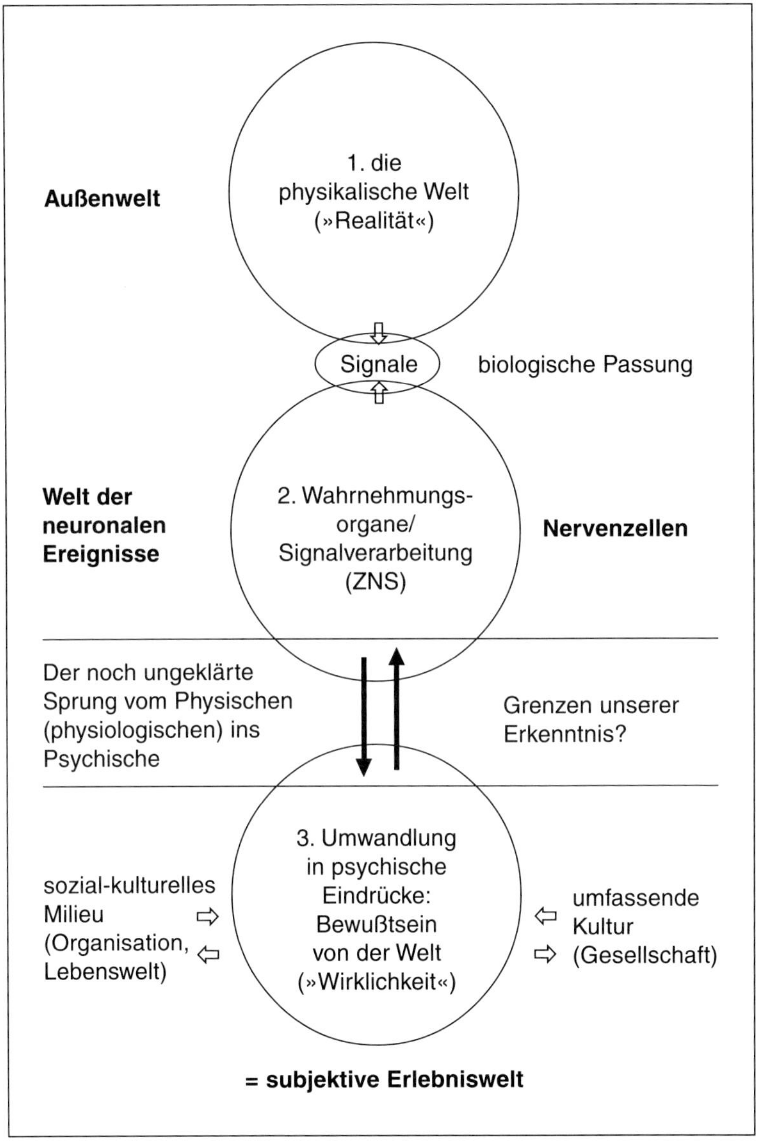

Abbildung 16: Das Drei-Welten-Modell (G. Roth)

Am anschaulichsten ist das *Drei-Welten-Modell* (nach *Gerhard Roth).* Es gibt danach

- die physische (physikalische) Außenwelt,
- die Welt der neurologischen (neuralen) Vorgänge (der Neuronen und deren Wirkungsweise) und
- die subjektive Eindruckswelt, also unser Bewußtsein von der Außenwelt und von uns selbst.

Bewußtsein funktioniert als »innergehirnliche« Vergleichs-/Abgleichsinstanz. Das limbische System stattet Informationen (und Wahrnehmungsprozesse) mit Gefühlen aus. »Bedeutung« ist ohne Gefühlsanteil nicht vorstellbar – gespeichert (und behalten) wird nur individuell Bedeutsames!

Fazit: Emotionales gehört nach dem Drei-Welten-Modell zur Eindruckswelt. Es unterliegt weitgehend unserer Verfügungsgewalt. Wir können es beherrschen lernen. Das ist die Basis für den Optimismus, über emotional-soziales Lernen und Handeln das Management zu reformieren und die Herausforderungen der Globalisierung und der New Economy zu bestehen.
Und: Das Modell von *G. Roth* führt folgerichtig zur aktuellen Sicht des Konstruktivismus (Näheres in Kapitel 7).

Zusammenfassender Überblick: Die Gehirnwissenschaften und die Folgen

Gehirnwissenschaften bearbeiten (vereinfacht) die substantielle Seite (die Hardware), Kognitionswissenschaften die funktionale Seite (die Software) des Gehirns. Eine extrem materialistische Position nehmen *Patricia und Paul Churchland* ein: Für sie ist die Neurobiologie für diese Fragen allein zuständig. Die evolutionäre Theorie vertritt z.B. *Thomas Metzinger* (in: Bewußtsein. Paderborn 1995). Der Streit dreht sich um die Frage, wie ein nicht-physikalisches Phänomen (Denken, Erleben usw.) von einem physikalischen (Gehirnvorgänge) hervorgebracht werden kann.

- Wie kann Materie geistige Erlebnisse bewirken?
- Wie entsteht einheitliche Wahrnehmung, die unser Selbstbewußtsein ausmacht?
- Die zentrale Erkennntislücke: Wie entsteht aus neuronalen Mustern ein Gedanke?

Einig ist man sich darüber, daß das Gehirn ein hohes Maß an individueller Variabilität besitzt und daß ein fortgesetzter Umbau der kognitiven Bestände im Gehirn stattfindet. Im Laufe eines Lebens verändern sich daher die neuralen Grundlagen (»die Intelligenz«) oft grundlegend.

Das Gehirn – biologische Kennkarte

In der Vernetzung von 100 Milliarden bis eine Billion Nervenzellen (Neurone = 10 000 Synapsen, bis zu 10 Trillionen Synapsen insgesamt) und 340 000 Kilometern Nervenfasern liegt das Geheimnis des Bewußtseins! Die Gehirntätigkeit ist das Feuern (= elektro-chemisches Reagieren) von Nervenzellen.

Hardware und Software bilden im Gehirn eine Einheit. In der Großhirnrinde ist jede Nervenzelle mit zehntausenden anderer verschaltet; hunderttausende Kilometer elektrischer Leitungen sind verlegt. Nicht beanspruchte Leitungen verkümmern, genutzte werden verdichtet.

»Wie kein anderes Organ spiegelt es die begrenzte Macht der Gene!« (Nach *Reinhard Wandtner*.)

Die etwa vier Millionen Module des Gehirns sind untereinander verbunden zu einem etwa »fünfzigdimensionalen Netz, das niemals im Modell nachgebaut werden kann«. *Sir John Eccles* vergleicht die vier Millionen Module mit Klaviertasten: 88 Tasten genügen ja bereits, um die gesamte Klaviermusik darzustellen. Unvorstellbar viel größer ist also die Kapazität des menschlichen Geistes.

Einen Überblick auf aktuellem Stand bietet *Hans Lenk*. Die wichtigsten **Ergebnisse der Gehirnwissenschaft** sind danach:

- Das Gehirn ist kein (bloßes) Erkenntnis-, sondern ein *Überlebensorgan* (evolutionäre Erkenntnistheorie).
- Das Verarbeiten der Informationen zu sinnvollen Elementen (Schemata) wird durch ein Zusammenwirken der Zentren geleistet. Solche *Gehirnkonstrukte* sind Wahrnehmungs-, Denk-, Problemlöse- und emotionelle Muster. Mit ihnen nehmen wir dann auf individuelle Weise geordnet wahr. »Wir können nicht *nicht* (interpretieren und) schematisieren!« (*Hans Lenk* 2001, S. 54.)
- Das limbische System liefert das Emotionale. Im Gehirn werden Informationen mit *Emotion* verbunden. Nur emotional »angereicherte« Daten (Reize, Signale) werden wahrgenommen. Ohne Bewertungsprozesse kein *Gedächtnis (G. Roth, Damasio, LeDoux).*
- *Bewußtsein* ist ein Aspekt der Funktionsweise des Gehirns (Formatio reticularis). Bewußtsein ist das Gefühl, daß wir über spezielle Fähigkeiten verfügen (über kognitive, affektive, emotionale) – es ist immer von der Aktivierung der Gefühle abhängig *(Damasio).*
- *Lernen* ist das Einspielen und Stabilisieren von »Synapsenüberbrückungen«. Lernen verläuft individuell und Lernergebnisse sind daher individuell verschieden.
- *Erkennen* ist eng mit Verhalten/Handeln verknüpft (Überlebensfunktion des Gehirngeschehens).
- *Hardware und Software* des Gehirns lassen sich nicht eindeutig abgrenzen (Interaktionsgefüge, modulare Funktionsweise).
- Was *wahrgenommen* wird, ist durch das bestimmt (determiniert), was im Gehirn bereits repräsentiert ist *(Sloman).*

Klassische und aktuelle Persönlichkeitsmodelle (die wichtigsten Positionen):

- *Sigmund Freud:* Das Bewußtsein besteht aus drei Akteuren! Damit stellt sich das Problem Authentizität.
- *Kenneth Gergen:* Es gibt gar keine Person, also keinen Persönlichkeitskern, sondern lediglich »Aspektepersonen«!
- *Thomas Metzinger:* Es gibt kein Zentrum des Ich, das alles steuert!
- *Gerhard Roth:* Sein Drei-Welten-Modell erklärt anschaulich den Zusammenhang zwischen Realität, Wahrnehmung und Bewußtsein.
- *P. M. Coons* meinte (1984), daß es ein Fehler sei, jede Persönlichkeit als völlig getrennt, als ganzheitlich oder autonom zu betrachten. »Die anderen Persönlichkeiten« ließen sich am besten als Persönlichkeitszustände oder als Personfragmente erklären.
- *William James* stellt fest: Ein Mensch hat so viele soziale Persönlichkeiten, wie es Individuen gibt, die ihn kennen und ein Bild von ihm im Kopf mit sich

herumtragen. Das Gefühl für das Ich ist interpersonaler Natur. (Zitiert nach *H. Gardner:* Abschied vom IQ. Stuttgart 1998 (2. Aufl.), S. 219.)
- *Franz Liebl:* Das biologische Modell der Informationsverarbeitung begreift den Menschen nur als Wirtswesen von selbstproduzierenden Informationseinheiten (Memen).
- *Antonio R. Damasio:* »Das Selbst tritt als Gefühl eines Gefühls in Erscheinung«.

Einfacher zu verstehen ist die Vorstellung »Aspekteperson« in dem Sinne, daß jeder von uns zunehmend immer mehr Standpunkte, Sichtweisen und widersprüchliche Informationsblöcke zu einer sinnvollen Einheit bringen muß, um seine Identität zu wahren, und daß Identität daher immer schwerer gelingt; so werden vielleicht »gebrochene Biographien« zur Normalexistenz.

Die These »Ich bin viele« kann auch bedeuten: Ich beziehe meinen Sinn aus verschiedenen Lebensbereichen (»Sinnprovinzen« nennt das die Wissenssoziologie). Ich kann im Beruf, in der Familie, in einer Religion oder Philosophie oder generell in der Kultur meinen Sinn finden. Mein Lebenssinn kann sich aber auch aus vielen unterschiedlichen Sinnbeständen bilden, die ich in diesen Erlebnisfeldern gewonnen habe. Jedes Sinnelement drückt sich in unterschiedlichen Begriffen und »Diskursen« aus. Solche unterschiedlichen »Sprachspiele« erlauben es mir, auch widersprüchlichen Sinn zu akzeptieren, ohne gleich in »kognitive Dissonanzen« zu geraten – wenn ich einen übergreifenden Sinn gebildet habe; existentielle Intelligenz hilft mir dabei.

Auch in den vielen Rollenspielen eines Lebens lernt man, sich in unterschiedlichen sozialen Bezügen mit ganz verschiedenen Sinnkonstruktionen zurechtzufinden. Man wechselt die Rolle mit den sozialen Bezugsgruppen. Auch hier gelingt es nur, eine eigenständige Person zu bleiben, wenn man eine gewisse Rollendistanz wahrt.

Joseph Freiherr von Eichendorff drückte das einmal (gegenüber seiner bürokratischen Rolle) drastisch so aus: »Aber glauben, daß der Plunder wirklich nicht der Plunder wär, das gelang mir nimmermehr ...«. – Eine deutliche Rollendistanz zu einem Sinnbestand, den man nicht in seinen Lebenssinn zu integrieren bereit ist. Heute käme das der (gesunden) inneren Kündigung nahe.

Auf diese Weise erklären Psychologie und Soziologie die Möglichkeit, ein Selbst zu behalten, obwohl die Zeitumstände nicht günstig sind.

Weltmodelle: Neben dem vorgestellten Weltmodell von G. Roth gibt es viele andere:

Vielweltenmodelle – Karl Raimund Popper unterscheidet

1. die physikalische Welt,
2. die subjektive Erfahrungswelt (Denken und Vorstellen) und

3. die geistigen Gebilde (das von Menschen Geschaffene, das dann wie eine Realität wirkt).

Nach *Jürgen Habermas* gibt es drei fundamentale Weltbezüge (ihnen entsprechen die Wissenschaftsdisziplingruppen Natur-, Geistes- [oder Kultur-] und Sozialwissenschaften):
1. Die Welt der objektiven Tatsachen = Naturwissenschaft.
2. Die nur dem Subjekt zugängliche Welt = Geisteswissenschaft.
3. Die Welt der sozialen Werte und Normen = Sozialwissenschaft.

Joseph Bochenski empfiehlt ein einfaches *Zweiweltenmodell:* Realität – Geist. Es hat in den Bildungsschichten bis heute Bestand, war philosophisch allerdings nie unangefochten.
Ein *Viele-Welten-Modell* empfiehlt der aktuelle Konstruktivismus. Er meint. Wir erkennen als Welt, was wir modellhaft in sie hineinlegen – wir bilden Wirklichkeit nicht ab, sondern wir konstruieren Wirklichkeit (= Kein-Welt-Modell, *Wolfgang Welsch)*; wir konstruieren viele Wirklichkeiten; im Extremfall hat jede Organisation und jede Familie ihre eigene (= Vielwelten-Modell).

Überblick: Kapitel 6

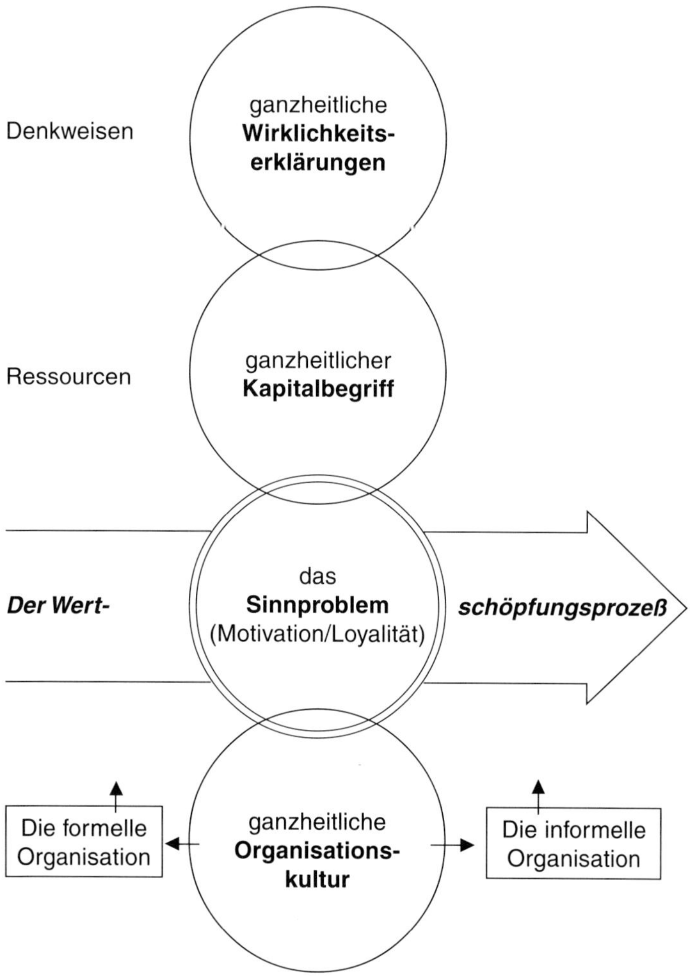

Aspekte der Ganzheitlichkeit

6 Das Prinzip Ganzheitlichkeit

Eine Ökonomie, die sich auf reine ökonomische Zusammenhänge beschränkt, ist eine verarmte Ökonomie.
Birger P. Pridat

Mit der Größe der Organisation nehmen Führungsprobleme sprunghaft zu. Unternehmenszusammenschlüsse verursachen statt Synergiegewinnen oft einen deutlichen Produktivitätsabfall. Liegt das auch daran, daß das Management von einer bestimmten Größe an den Wald vor lauter Bäumen nicht mehr in den Blick bekommt? Es gibt dann oft keine Gesamtkompetenz mehr, die Schnittstellen in ihrer Schädlichkeit zu erkennen vermag.

Eine nachhaltig lebensfähige Unternehmensführung kann nur auf der Grundlage eines ganzheitlichen Wertemanagements und einer verantwortungsvollen und unternehmerischen Praxis gedeihen. So lautet die Zentralthese von Mathias Schüz. (In: Werte-Risiko-Verantwortung. Dimensionen des Value Management. München 1999.)

6.1 Ursprünge und Gründe des ganzheitlichen Ansatzes im Management

Emotional-Soziales folgt ganzheitlichen Vorstellungen. Es ist immer »der ganze Mensch«, der wirkt, und es sind stets »ganzheitliche Situationen« in denen sich diese Kompetenz bewährt – und als Kompetenz (nicht als Einzelfertigkeit) ist Emotional-Soziales ebenfalls etwas »Ganzheitliches«.

Weshalb hat dieser Begriff heute eine solche – fast magische – Bedeutung? Sowohl bei den Potentialen (Intelligenzen) als auch bei den Fähigkeiten (Kompetenzen), bei der Sicht auf das Kapital und auf die Managementstrategien, ist der Trend zur Ganzheitlichkeit deutlich. Man möchte die ganze Fülle der menschlichen und systemischen Möglichkeiten ausschöpfen.

6.1.1 Das ganzheitliche Bild von der Wirklichkeit

In welche Richtung wandelt sich das Bild der Wirklichkeit? Auch das Bild von der Wirklichkeit wandelt sich vom Elementaren, Linearen, Disziplinären zum Vernetzten, Interdisziplinären. Forschungsergebnisse und Praxiserfahrungen zwingen uns zu einem Weltbildwandel. Das Analytische, Quantifizierende im Denken, Forschen und Handeln wird durch Qualitatives ergänzt, um die volle Wirklichkeit in den Blick und in den Griff zu bekommen. Erkenntnisvorbild hierfür ist das ökologische System, in dem »alles mit allem zusammenhängt«. In Analogie dazu sieht man auch »psychische und soziale Systeme«.

Die neue Sicht: Unsere Realität besteht nicht aus (autonom gedachten) Atomen, sondern aus »Häkchen«, aus miteinander verhakten Teilen, die nur in dem jeweiligen Kontext (Umfeld) ihre spezifische Bedeutung für das Ganze haben.

6.1.2 Die ganzheitliche Sicht im Management

Die herkömmliche arbeitsteilige Organisation entsprach der juristischen Logik, der technischen Rationalität und einfachen psychischen Mechanismen (Behaviorismus). REFA, Metaplan-, Planungs- und Organisationstechniken, Management-by-Lehren und perfektionierte Psychotechnik (Managementtechnik) boten die entsprechenden Erfolgsgarantien. Management bestand aus solchen und vielen anderen Rezepten. Diese Rezeptologie führte nach anfänglichen Erfolgen schließlich zu vielen Dysfunktionalitäten:

- *Schnittstellenvermehrung* bis zur Blockade der Produktivität,
- *Sinnbremse* mit den Folgen innere Kündigung, Burn-out und anderen psychischen Schäden,
- *Initiativ-Barrieren* bis zum Dienst nach Vorschrift usw.

Das Management hatte (zu) lange das zentrale Erfolgskonzept mißachtet: *Steigerung der Effizienz durch Reduzierung der Mitarbeiterprobleme.* Schließlich empfand auch das Management ein Ungenügen an der rigiden Psychotechnik. In mehreren Schüben suchte man nach Abhilfe:

1. Human Relations-Bewegung: Der soziale Aspekt wurde ins Mana-

gement einbezogen (in den USA in den dreißiger, in Deutschland in den fünfziger Jahren).
2. Human Ressource-Management: Das Humankapital wird entdeckt (achtziger Jahre).
3. Organisationskultur: Der Sinn-Aspekt wird ernst genommen (seit 1985).
4. Business Reengineering: Änderungsprozesse werden sensibel und ganzheitlich gesteuert (seit 1992).
5. Neue Ökonomie: Das gesamte Denken im Management wandelt sich grundlegend, es tendiert zum Ganzheitlichen, wenn es auch nur langsam in alle Managementkulturen eindringt. Großen Einfluß gewann dabei die Hochschule St. Gallen (St. Galler Modell) mit *Knut Bleichers* »Integriertem Management«, mit dem Begründer *Hans Ulrich,* mit den Methodikern *Gilbert Probst* und *Peter Gomez* und mit *Fredmund Maliks* ganzheitlich-evolutionärem Ansatz.

In Verwaltungen versucht man über »neue Steuerungsmodelle« (Verwaltungssteuerung) den Anschluß zu finden, gerät dabei jedoch erkennbar wieder in die alten Schablonen vom total regelbaren Managementgeschehen. Budgetierungen werden nach dem klassischen kameralistischen Denken implantiert, in den »Steuerungen« (!) werden die Selbstregelungskräfte ignoriert, weil sich das Management nicht von Überkommenem lösen kann – oder will. Macht abzugeben und Bedeutung zu teilen, erfordert Persönlichkeiten, die erst noch herangebildet werden oder durch einen Wechsel in den Elitebildungsprozessen rekrutiert werden müßten.

6.1.3 Neues Denken braucht das Management!

Aktuelle neue Denkweisen im Management versuchen dem Prinzip Ganzheitlichkeit Rechnung zu tragen.

Die *Chaostheorie* bemüht sich zu klären, wie sich aus chaotischen Prozessen immer wieder geordnete Zustände ergeben. Sie nennt das ein »geordnetes Chaos«, dessen Ordnungsmuster wir noch nicht bis ins letzte ergründet haben. Am bekanntesten ist der (spektakuläre) Schmetterlingseffekt: Der Flügelschlag eines Schmetterlings in Hongkong kann irgendwann in New York einen Orkan auslösen. Management muß sich darauf einstellen, daß auch Prozesse in Men-

schen und in Systemen entsprechend »chaotisch« verlaufen; es muß den Selbstentwicklungsprozessen Raum geben (also die vielen Schmetterlingseffekte nutzen) und sie strategisch einbeziehen. Auf die Frage: Was hält komplexe Systeme zusammen?, antwortet die Chaostheorie: Stabilität entsteht durch gegenseitig wirksame Fliehkräfte, die vielfältig miteinander verkoppelt sind.
Evolutionäre Erkenntnistheorien beschreiben die Realität als Anpassungsprodukt. Alles in der Welt hat eine Überlebensfunktion. Managementmaßnahmen müssen sich diesen Tendenzen demzufolge fügen. Aber: Sobald eine Theorie »alles« oder »nur« sagt, liegt der Verdacht des Reduktionismus nahe!

Systemtheorien beschreiben lebende Teile der Realität als offene Systeme, die mit der Umwelt Energie und Informationen austauschen, dabei jedoch selbständige und »eigenwillige« Einheiten bilden, die sich von anderen Einheiten des gleichen Typs unterscheiden, weil sie Selbstentwicklungskräfte besitzen. Systeme werden durch systemeigene Selbstbildungskräfte (Selbstorganisation und Selbstreproduktion) »autopoietisch« gesteuert. Alle Prozesse sind auf die Entstehung und Weiterentwicklung der eigenen Identität gerichtet; sie sind »selbstreferentiell«. Systeme reproduzieren ihre Eigenschaften, Verhaltenweisen und ihre Grenzen zur Umwelt selbst. Leben ist ein sich selbst produzierender Ordnungprozeß.

Daraus ergibt sich die heute vorherrschende Denkweise des *radikalen Konstruktivismus*. Unsere Wirklichkeit ist ein Ergebnis unserer individuellen und gemeinschaftlichen Konstruktionen. Auch Systeme sind (sozial und »ideologisch«) eine systemeigene Konstruktion; daher gleicht kein System völlig einem anderen. Management muß sich daher systemischer Verfahren bedienen, um der ganzen Wirklichkeit gerecht zu werden.

Herkunft: Diese Sichtweisen haben sich in der Biologie herausentwickelt (vor allem durch Arbeiten von *Humberto Maturana, Francesco Varela und Ilya Prigogine). Jürgen Kriz* beschreibt die Wirkungen auf soziale Systeme, *Hermann Haken* begründete die Lehre vom Zusammenwirken von Systemen als Synergetik. Synergieeffekte entstehen vor allem durch die Entwicklung optimaler Bedingungen, durch die Wechselwirkungskräfte und die Kombination der Systemwirkungen bei guter (systemgerechter, systemischer) Führung.
Der Soziologe *Niklas Luhmann* übertrug diese grundlegenden Erkenntnis aus der Biologie auf psychische und soziale Systeme (Individuen, Betriebe, Behörden, Familien). Dieser »Allgemeinen Systemtheorie« folgt die neue Sicht der Führungsmöglichkeiten.

Der hohe Autonomiegrad eines sozialen Systems, also z.B. einer Betriebseinheit oder eines Teams, begrenzt die Eingriffsmöglichkeiten von außen. Die systemeigene Selbstreproduktion beschränkt zugleich die Analysemöglichkeiten. Das sind die Gründe, die zur Entwicklung systemischer Verfahren zur verstehenden Analyse und zur verstehenden Intervention in psychische und soziale Systeme geführt haben (vgl. Kapitel 10).

Für das Management hat *John Naisbitt* 1989 zuerst zehn *Megatrends* festgestellt, die eine weltweite Veränderung bewirken. In aller Munde sind Auswirkungen mit den Bezeichnungen Globalisierung, Shareholder Value, virtuelles Management und Prozeßmanagement.

Prozeßmanagement z.B. zieht die praktische Konsequenz: Wirtschaftliches Handeln sollte sich möglichst ganzheitlich, schnittstellenfrei und auf übergreifende Ziele hin vollziehen.

Ganz neu ist der Trend zu ganzheitlichem Denken jedoch nicht. Exemplarisch hierfür war bereits der Grundsatzstreit Goethe – Newton (aus der Farbenlehre) und die Reaktion der Romantik auf die Folgen der ins Extrem getriebenen Aufklärung.

Ganzheitlichkeit verlangt vom Management die konsequente Pflege derjenigen Ressourcen, die Ganzheitlichkeit ermöglichen und fördern.

6.2 Die Ressourcenfrage

Ideen sind Kapital – der Rest ist nur Geld.
Deutsche Bank

Eine Kulturnation, die sich auf das Ökonomische beschränkt, verödet!
Nikolaus Schweickart, Vorstandsvorsitzender der Atlanta AG
(In: Die Zeit vom 10.5.01, S. 26)

These: Unternehmen, Verwaltungen und Non-Profit-Organisationen verfügen über viel ungenutztes Kapital! Sie verschenken damit einen Großteil ihrer potentiellen Produktivität!

6.2.1 Der ganzheitliche Kapitalbegriff

Das Kapital eines Unternehmens besteht nicht nur in Geld und materiellen Mitteln! Im Zusammenhang mit den neuen Intelligenz- und Kompetenzkonzepten steht ein neuer (umfassenderer) Kapitalbegriff. *Werner Böckenförde,* der frühere Verfassungsrichter, sagte einmal sinngemäß: Moderne Gesellschaften leben von Voraussetzungen (ideellen Gütern), die sie nicht geschaffen haben und die sie nach dem Verbrauch nicht wiederherstellen können. Er meinte damit, daß wir nicht nur unsere materiellen Ressourcen (z.B. die Natur) verbrauchen, ohne für ihre Regeneration zu sorgen, sondern daß das auch für den »Kitt der Gesellschaft«, für die Bindungsfähigkeiten, für die symbolische Wirklichkeit und die Institutionen gilt, die Bindungskräfte bündeln und Sinn hervorbringen. Solche Institutionen sind Schulen, Hochschulen, Vereine, Kirchen, Familien usw.

Es gibt bei ihnen eine deutlich erkennbare Erosion, eine Auflösung religiöser Milieus und einen deutlichen Akzeptanzverlust politischer Institutionen (verharmlosend Politik- und Politikerverdrossenheit genannt). Und es herrscht Unbehagen aufgrund der abnehmenden Leistungen des Bildungssystems, ein Umstand, der den Standort Deutschland zu gefährden beginnt, wie jüngste internationale Vergleichsuntersuchungen zeigen. Diese kulturgefährdende Entwicklung, das Ungenügen am bloß Materiellen und die Diskussion über die heraufziehende Informations- und Wissensgesellschaft führte dazu, den Kapitalbegriff zu erweitern und neu zu definieren.

6.2.2 Der vieldimensionale Kapitalbegriff

Den einseitigen (sozialhistorischen) Blick auf das *materielle Kapital* z.B. kritisierte zuerst der französische Philosoph (und Soziologe) *Pierre Bourdieu.* Kulturen unterscheiden sich darin, in welchem Maße sie über *Sozialkapital* (= Zusammenhalts-Ressourcen; Vertrauen) und *kulturelles Kapital* (= Bildung und Bildungswirkungen i.w.S.) verfügen und welche Kapitalform dominiert. Diese Auffächerung läßt sich um das *symbolische Kapital* erweitern, das in gemeinsam geteilten Werten und Sinnbildern besteht. Daran zeigt sich, in welchem Maße eine Gesellschaft Sinnbestände besitzt. Sinnbestände sind die »großen

Erzählungen« (*Jean-Francoise Lyotard).* Von diesen Zusammenhalt gewährenden und gewährleistenden Ressourcen hängt auch der Unternehmenserfolg ab, und zwar in immer stärkerem Maße, weil diese Ressourcen (ökonomisch betrachtet) zu immer »knapperen Gütern« werden.

Der erste Ansatz stammt aus Ideen von *Friedrich List* (1789-1846): Theorie der produktiven Kräfte, weiterentwickelt von *Gay S. Becker* u.a.: *Humankapital* nennt man seitdem die Summe der in einem System vorhandenen Potentiale und produktiven Kompetenzen. Über Maßnahmen des Human Resource, konkretisiert in der Personalentwicklung, wird das Humankapital ständig vermehrt und verbessert.

Fazit: Kapital (Ressourcen) gliedert man unter ganzheitlichen Gesichtspunkten (in Anlehnung an *Pierre Bourdieu)* in:

- **Ökonomisches Kapital** = die Summe des materiellen Wohlstands; auch kulturelles Kapital muß jeder durch den Einsatz materiellen/ökonomischen Kapitals für sich selbst erwerben.
- **Soziales Kapital** erlaubt die persönlichkeitsfördernde Nutzung vieler Beziehungsnetze und kultureller Angebote. Es ermöglicht, Vertrauensorganisationen und damit eine Kultur der gegenseitigen Achtung zu entwickeln. Damit kommt es dem Trend entgegen: weg von der Hierarchie, hin zum Netzwerk.
- **Kulturelles Kapital** (Sinnbestände) besteht aus **Sozialkapital** (Bindekräften) und
- **symbolischem Kapital.** Dieses besteht (nach *Bourdieu)* aus Zertifikaten, Anzeigern für Bildungswirkungen – in der Konsequenz aus daraus sich ergebenden Sinnbildungsfähigkeiten, die Bindekräfte voraussetzen und zugleich verstärken.

Auch Organisationen leben von diesen Kapitalbeständen. Wenn sie verbrauchtes Kapital nicht neu entwickeln, verlieren sie auf Dauer ihre Überlebensfähigkeit am Markt und in der Gesellschaft. *Bourdieu* entwickelte seinen Kapitalbegriff im Zusammenhang mit der Forschung über soziale Ungleichheit. Hier wurden seine Vorstellungen auf Organisationen (Betriebe, Behörden usw.) angewandt. Ursprünglich verstand *Bourdieu* kulturelles Kapital als die Summe der Bildung und der damit verbundenen Titel, symbolisches Kapital als Prestige, Ehre und Anerkennung. Dies alles bezogen auf den einzelnen. Auf die Kultur und die Organisation übertragen lassen sich diese Grundgedanken im oben beschriebenen Sinne interpretieren.

Ein **Beispiel** für die Wirkung des »weichen Kapitals«: Für das Handeln ist es wichtiger, welchen *Eindruck* Menschen von Situationen haben, um »in den Stand der Wahrheit zu gelangen«. Menschen versuchen, Situationen in ihrem Sinne zu gestalten; das Soziale läßt sich »dramatologisch« verstehen. Selbstdarstellungsrituale sind normales Verhalten, und »Kommunikation ist ein Strom wechselseitiger Inszenierungen« *(Ronald Hitzler*, in: Zeitschrift für Politik, 2/2000, S. 186f.)

6.2.3 Der Bindungsfaktor Sozialkapital

Verschwinden in nach-modernen Gesellschaften die Bindungsfähigkeiten und damit Sozialkapital? Emotional-soziale Kompetenz wirkt motivierend und zusammenführend. Jeder kennt die öde Langeweile, die sich ausbreitet, sobald man längere Zeit mit emotionalen und sozialen Analphabeten zusammensein muß. Geselligkeit ist eine Vorstufe von Bindung. In ökonomisch dominierten und mediengesteuerten Gesellschaften wird eine ständig abnehmende Bindungsfähigkeit beklagt.

Zentrale Aufgabe der vielberufenen Zivilgesellschaft wird es sein, Bindungsverlusten entgegenzuwirken und neue Bindungsformen zu fördern. Dasselbe gilt für Organisationen aller Art. Bindungsarten befinden sich in schnellem Wandel. Es werden Anpassungsleistungen erwartet, die ein großes Maß an Einfühlungsvermögen, Toleranz und Kreativität verlangen, und das sind typische Merkmale einer emotional-sozialen Bildung. Hieraus entwickelt sich eine völlig neue und diffizile Managementaufgabe mit weitreichenden Konsequenzen.

Beispiele für neue Bindungsformen: Von der lebenslangen Ehe zur Patchworkfamilie und Lebensabschnittsbindung; vom lebenslangen Arbeitsverhältnis in einem Unternehmen zur kurzfristigen Bindung an eine Aufgabe, ein Projekt. Unternehmen arbeiten bereits mit abnehmenden Stammbelegschaften und einer zunehmenden Zahl an »Söldnern«; High Potentials bilden eine »Ich-AG« und verkaufen ihre Kernkompetenzen meistbietend über ihre »Ich-Aktie«. Die Sorge um (und für) die Vermarktung der eigenen Potentiale und Kompetenzen steht im Mittelpunkt vieler neuer Konzepte.
In der Gesellschaft wird das Schwinden von Bindungskräften allenthalben beklagt; jedenfalls wird es so wahrgenommen. Die Ursachen liegen im Ansehensverlust der herkömmlichen gesellschaftlichen Institutionen. Parteien- und Kirchenbindungen lösen sich immer mehr auf. Stabile Milieus schwinden. Parteienverdrossenheit, Wechselwähler, Kirchenaustrittswellen sind die sichtbaren

Erscheinungen. Vor allem jedoch werden mangelhafte oder fehlende Erziehung und Sozialisation als Voraussetzung zur Bindungsbereitschaft beklagt. In der »Spaßgesellschaft« wird zunehmend versäumt, emotionale und soziale Potentiale zu entwickeln. Wie weit das gehen kann, lesen wir täglich in der Zeitung. Neue Tätertypen tauchen auf, vor denen wir uns zu Recht fürchten. Sie sind meist regellos aufgewachsen, materiell über-, emotional unterversorgt. Sie haben kein Verhältnis mehr zu unserer Welt der Regeln und Normen. Drastisch zeigt es der folgende Fall.

Bilden wir so wertvolles Sozialkapital? *Susanne Gaschke* berichtet in Die Zeit (vom 11.5.00, S. 6) von einer »erziehenden« Mutter. Ihr Sohn, ein Fünftklässler, wird häufig von Stärkeren ohne Grund verprügelt. Die überforderte Lehrerin meldet das der Mutter und fragt nach Schwierigkeiten daheim. Gleichmütig meint die Erziehende sinngemäß: Keine Schwierigkeiten, ich bin das gewohnt. »Die beiden älteren Brüder stecken ihm den Kopf auch gelegentlich ins Klo – aber ich halt mich da raus!«

Lehrer beklagen: Kinder lernen heute nicht mehr generell die einfachsten Begrüßungs- oder Achtungsformen, wie sie unter zivilisierten Menschen üblich sind (waren?). Sie verwenden eine verkümmerte, klischeehafte, verarmte Sprache, die zu differenziertem Denken und Argumentieren ungeeignet ist und bei Sprachästheten Ekel auslöst. Ihnen fehlt grundsätzlich die Fähigkeit, sich in andere hineinzuversetzen.

Bei diesen Defiziten zeigt sich der deutliche Zusammenhang zwischen sprachlicher, sozialer und emotionaler Erziehung. In manchen Klassen sind Untersuchungen zufolge 40 Prozent der Schüler nicht bildungsfähig oder -willig. Die Konsequenzen für den Arbeitsmarkt und den sozialen Frieden lassen sich leicht schlußfolgern.

Vielleicht liegen hier die Gründe für die (in den Wirtschaftsteilen der großen Zeitungen) immer wieder geführten Klagen aus der Wirtschaft über sozial inkompetenten Nachwuchs?

Otto Schily, der Bundesinnenminister, meinte (im Mai 2001) dazu: Wir erhalten immer mehr »kaltherzig-brutale Charaktere, wenn die emotionale Erziehung (weiterhin) versäumt wird!«.

Robert Putnam unterscheidet beim Sozialkapital die Bindungsfunktion und die brückenbauende. Aus seiner Sicht ist Sozialkapital unverzichtbar für das Vertrauen in Demokratie und für deren Effizienz, aber auch für jeden sozialen Zusammenhalt (Malening Democracy Work. 1993). Basis jedes Sozialkapitals ist für ihn gelingende Kommunikation. *Claus Offe* (Bielefeld) spricht in diesem Zusammenhang von **Sozialvermögen,** das eine Gesellschaft (oder eine Organisation) besitzt.

6.2.4 Der Sinnbildungsfaktor kulturelles Kapital

Die vielbelächelte »Komplexitätsreduktion« ist eine sehr erfolgreiche Sinnbildungsstrategie! Nur über ganzheitliches Denken und Handeln gelingt Menschen die »Komplexitätsreduktion« *(Niklas Luhmann):*

- Leben und Arbeiten ist in viele undurchschaubare Zusammenhänge eingebettet.
- Mit dem Verstehen dieser Zusammenhänge sind Menschen zunehmend überfordert.
- Um einen Sinn hineinzubringen, »reduzieren sie Komplexität« auf vielfältige Weise:
  - durch *Identitätsbildung:* Man möchte wissen, wer man ist.
  - durch *Identifikation:* Man möchte wissen, wohin (und wozu) man gehört.
  - durch *Sinnbildung:* Man möchte wissen, warum man etwas tut, warum man lebt.
  - durch *Wissens-Integration:* Man möchte Ordnung in seine Wissensbestände bringen. Neben Verfügungswissen möchte man auch Orientierungswissen erlangen – und man möchte Verfügungs- in Orientierungswissen zu überführen lernen.
  - durch *soziale Integration:* Man möchte seine vielfältigen sozialen Beziehungen miteinander in Einklang bringen.

Ganzheitlichkeit bringt Sinn in eine Institution oder in eine Aufgabe. Gesellschaften (Kulturen) und deren Institutionen (Organisationen) haben daher immer auf *Sinnbildung* geachtet. Sinn findet man meist in übergreifende »Erzählungen« gebündelt vor. Oft waren es Verdichtungen zu Legenden und Organisationsmythen. Heute stellt man eine allgemeine Erosion fest. Philosophen haben dafür ein treffendes Wort: »Dekonstruktivismus«. *Lyotard* sprach in diesem Zusammenhang vom »Ende der großen Erzählungen«.

6.2.5 Symbolisches Kapital »große Erzählung«

Der französische Philosoph *Jean Francoise Lyotard* fragt kritisch: *Wer kennt noch eine glaubwürdige »große Erzählung«,* in der früher einmal

Bindung über gemeinsam geteilte Sinnbestände entwickelt wurde? Neben

- *nationalen* (und nationalistischen) Gründungslegenden (Französische Revolution, die Grande Nation, Bismarcks Reichsgründung [Zweites Deutsches Reich], der Lange Marsch Maos, die glorreiche Oktoberrevolution) und
- *religiösen* (Konfessionen, Freikirchen, fundamentalistische Orthodoxie)
- gibt es auch *organisatorische* Mythen (Gründungslegenden, Erfolgslegenden, Überlebensgeschichten).

In Organisationen, Dienststellen oder Abteilungen, die eine längere personale Kontinuität erleben, existieren legendenhafte Erzählungen, an denen man seine Identität festmacht und Exklusivität behauptet. Unsere Zeit entwertet solche Mythen immer schneller und läßt neue kaum noch entstehen. Diese Aufgabe übernehmen die Massenmedien, aber ihre Erzählungen sind sehr kurzlebig und zudem meist äußerst banal. Offensichtlich entsprechen sie jedoch den Bedürfnissen einer »Spaßgesellschaft« – um jeden Preis.

Mit der **These vom »Ende der großen Erzählungen«** meint *Lyotard,* daß sich bisher in der Geschichte Nationen, Familien und Gemeinschaften ihre Sinngeschichten erzählten. Mit dem Ende des »ideologischen Zeitalters« sind viele sozial-politische Sinngebungen unglaubwürdig und damit wirkungslos geworden; dasselbe gilt für die großen Mythen und Glaubenssysteme der religiösen und nationalen Sphäre. Die große Erzählung »Demokratie« hat durch die Entwicklung in Parteienstaaten mit einer alltagsfernen politischen Klasse, mit Finanzaffären und flächendeckender Ämterpatronage belastet, an Glanz verloren. Demokratie wird (leider) zunehmend nur noch funktional, manchmal zynisch betrachtet. Die große Erzählung vom ehrlichen Kaufmann, vom uneigennützigen Unternehmensgründer und vom Manager von Format hat durch gewisse Abfindungsexzesse nach Firmenübernahmen und durch Korruptionsskandale ebenfalls ihre Glaubwürdigkeit eingebüßt. Hinzu kommt ein deutlicher Traditionsverlust. Lifestyle-Industrie und Event-Folklore ersetzen Traditionen und Institutionen, die an Gehalt und Gestalt verlieren. Alles wird zur Ware: *rent a friend, buy a religion.*
Diese Bestandsaufnahmen (aus Presseberichten und der soziologischen Literatur) zeigen, daß sich gesellschaftliche Umbrüche z.Zt. schneller als jemals zuvor und grundsätzlicher (die Grundsätze und Grundlagen betreffend) vollziehen.

Das ist nicht kulturkritisch gemeint, sondern analytisch. Es ergibt sich z.B. aus den Feuilletons der großen Tages- und Wochenzeitungen und scheint die gesellschaftlich gebilligte »massenmediale Konstruktion der sozialen Wirklichkeit« zu werden. Natürlich wirkt sich das alles auch auf das Verhalten in Organisationen aus und wird damit zu einem Managementproblem. Generell wird sich das Management den Umfeldfragen aus Legitimationsgründen stärker als bisher zuwenden müssen.

Fazit: Organisationen müssen darauf achten, daß sie kulturell autonom und anspruchsvoll sind: Die Sinngebung in einer Organisation ist eine viel zu ernste Sache, um sie einer Werbefirma zu überlassen!

6.2.6 Managementaufgabe: Kapital- oder Ressourcenpflege

Wenn sich Traditionen als Bindemittel auflösen – was tritt an deren Stelle? Das ist die große emotional-soziale Preisfrage unserer Zeit. Unternehmen versuchen es mit Visionen, also mit zukunftsweisenden, langfristige Ziele aufzeigenden Horizonten. Aber nicht jeder Manager kann damit glaubwürdig umgehen. Manche Visionen wirken auf die Mitarbeiter so, daß sie den Berufszynismus eher fördern, statt daß sie Bindungskräfte entwickeln helfen. Dasselbe gilt für Unternehmenskulturen, die mehr auf Außenwirkung als auf Sinngebung und Vertrauensbildung aufgebaut sind. Corporate Identity besteht manchmal nur aus Sprüchen.

Um *Sozialkapital (also Bindungskapital)* zu entwickeln, braucht man Menschen mit hohem EQ. Die Entwicklung von *Humankapital (also menschlichen Kompetenzen)* verlangt Gesellschaften, deren Arbeits- und Bildungssystem für das ständige Nachwachsen ganzheitlicher Fähigkeiten sorgt. Vom Humankapital sagte bereits *Friedrich List* (1833 in seinem Buch »Theorie der produktiven Kräfte«), daß es das Wertvollste ist, das eine Gesellschaft besitzt. Es ist auch die Basis erfolgreicher Unternehmen, und es sichert Nachhaltigkeit. Von Verwaltungen verlangt schon das Grundgesetz dessen Pflege. Viele Non-Profit-Organisationen (karitative und der Gesundheit dienende z.B.) sehen offiziell darin ihre Kernkompetenz.

Netzwerke verbessern die individuelle und die kollektive Produktivität *(Robert D. Putnam:* Bowling alone). Nach *Putnam* haben Staat, Gesellschaft und Wirtschaft einen ständigen Bedarf an nachwachsendem Sozialkapital. Soziale Netzwerke verbinden sich miteinander zu einem sichernden Geflecht. Faustregel: »Je mehr Gesangsvereine, desto besser die Verwaltung« – und desto geringer die Kriminalitätsrate!

Fazit (1): Das Kapital (die Ressourcen) einer Organisation hat (ganzheitlich gesehen) die folgende Struktur:

Ökonomisches Kapital
(in Geldeinheiten meßbar)

Sozialkapital	**kulturelles Kapital**	**symbolisches Kapital**
(= Bindekräfte Sozialklima)	(= Sinnbestände; »Vertrauenskultur«)	(= sinnbildliche Aktivitäten; Sinnbildungsstrategien; Visionen)

Humankapital
(= Summe der entwickelten Potentiale und Kompetenzen)

Basis – Kulturelles Kapital: Sozialkapital + symbolisches Kapital

Das Gegenmodell zum differenzierten Kapitalbegriff: Manche Ökonomen und sehr viele Manager halten grundsätzlich an ihrem Modell des *economic man* fest, dem durch eigenen Nutzen zum Handeln angetriebenen Menschen. In der primitiven Form wird er zum Mitarbeiter, der nur auf monetäre Signale hört oder zum absoluten und total manipulierbaren Konsummenschen. In der Sozialkritik taucht er als Event-Mensch auf, der verantwortungs- und bindungslos nur seiner Lust frönt (fun society). Das Unbehagen an diesem wirklichkeitsfremden Modelldenken (Modellplatonismus) nimmt zu. Menschen sind erheblich differenzierter. Daher versagen Managementtechniken auch zunehmend. (Vgl. *Brodbeck, Karl-Heinz:* Die fragwürdigen Grundlagen der Ökonomie. Darmstadt 1998.)

Fazit (2): Die Ökonomie hat sich im Menschen und in den zentralen Ressourcen getäuscht! Sie muß diesen Fehler so schnell wie möglich korrigieren.
Zwar hat *Gebhard Kirchgässner* den economic man als Schreckgespenst entmythologisiert; er ist längst nicht mehr das Menschenbild der seriösen Betriebswirtschaftslehre. Im Betriebsalltag und in den Köpfen vieler Manager spielt er jedoch immer noch seine verhängnisvolle Rolle (vgl. die Theorie X von *McGregor).*

Manager brauchen Sensibilität, psychisch-soziale Analysefähigkeiten, Einfühlungsvermögen, soziales Geschick (emotional-soziale Intelligenz) und Kompetenz, um die überlebenswichtigen, vielfältigen Ressourcen zu pflegen und weiterzuentwickeln.

6.3 Konsequenz: Ganzheitliches Denken und Handeln

Ganzheitlichkeit zeigt sich im Management konkret darin, daß ein Manager mit seinem Handeln oder Unterlassen psychische, soziale, ethisch-humane und meist auch ästhetische Effekte auslöst, die ökonomische Auswirkungen haben. Nur die Auswirkungen werden über das Controlling gemessen und im Qualitätsmanagement bewertet; deren Ursachen bleiben dagegen meist unerkannt. Ganzheitliche Sicht meint vor allem, möglichst viele der relevanten Ursachen und Wirkungen wahrzunehmen und zu »verstehen«.

6.3.1 Die interdisziplinäre Sicht der Wirklichkeit

Wandel in den Wissenschaften. Die alles zergliedernden und analytisch vorgehenden *Naturwissenschaften* waren lange Zeit das Leitbild der Wissenschaft überhaupt. Auch Psychologen (vor allem die amerikanischen Behavioristen) und Soziologen (seit *Auguste Comtes* »Sozialer Physik«) eiferten ihnen nach. Nur dieses Vorgehen galt als »exakte Wissenschaft«. Im Umkehrschluß waren dann die anderen (Geistes- und Sozialwissenschaften) nicht objektiv, also eigentlich unwissenschaftlich. Aber gerade mit der Objektivität hat die Naturwissenschaft seit *Max Plancks* Quantentheorie (für den Mikrobereich) und *Albert Ein-*

steins Relativitätstheorie (für den Makrobereich) ihre Probleme. Neuerdings wird der Allgemeingültigkeitsanspruch des naturwissenschaftlichen Wissenschaftsideals und des damit zusammenhängenden Weltbildes auch von Naturforschern bezweifelt *(Erwin Chargaff, Ilya Prigogine, Humberto Maturana).* Zwar darf man nie hinter den einmal erreichten Stand der Rationalität zurückgehen; aber das vorherrschende wissenschaftliche Paradigma ist ergänzungsbedürftig – in Richtung Ganzheitlichkeit.

Spürbar wird der **Wandel** z.B. in der »weichen Medizin«, in der Kritik an der »Apparate-Medizin«, in der ganzheitlich vorgehenden Homöopathie, die immer mehr Patienten anzieht. Krankheiten werden nur noch selten als »Maschinenschaden« behandelt; immer mehr Ärzte sehen in ihnen psychosomatische, bio-psycho-soziale (also ganzheitliche) Ursachen.
Hochschulen bildeten bisher für einen bestimmten Beruf aus (Arzt, Anwalt oder Richter, Ingenieur). Künftig werden sie für ein flexibles Management ausbilden müssen, weil sich die Berufsbilder zu schnell grundlegend verändern. An der Hochschule Landau gibt es das »Fach Sozialwissenschaften«; darin sind politologische, soziologische und ökonomische Inhalte integriert. Die Ausbildung orientiert sich an einem interdisziplinären Profil. Zentrale »Schlüsselqualifikationen« liegen im Sprachlichen und im Wissenschaftstheoretischen.

Die Konsequenz: Immer mehr Aspekte werden in die wissenschaftliche (und praktische) Analyse und in das Vorgehen überhaupt einbezogen; immer mehr Disziplinen müssen beteiligt werden, um ein Phänomen zu entschlüsseln, ein Problem zu lösen. Nach einer langen Phase der zunehmenden Spezialisierung und Aufgliederung der Wissenschaft in immer feinere Disziplinen folgt nun die Phase des Wiederzusammenführens; man nennt das neue Vorgehen daher auch interdisziplinär.

Sind Ganzheitlichkeit und Interdisziplinarität identisch? In den Wissenschaften führte das neue Denken zur Überprüfung des Weges in die immer weitere Spezialisierung, in der Praxis zum Nachdenken über die negativen Konsequenzen der Arbeitsteilung. Forschende Wissenschaftler sind heute notwendigerweise Spezialisten für das Detail eines Details. In der Tendenz: Ein Spezialist weiß von nichts alles – ein Generalist weiß von allem nichts! Wenn man das zu Ende denkt, dann bedeutet es: Der Spezialist kann mit seinem Wissen allein nichts Rechtes anfangen, weil er es nicht in einen sinnvollen Kontext einbetten, seine Bedeutung im ganzen und für das Ganze nicht beurteilen kann. Der klassische Generalist wäre ihm dabei keine Hilfe, denn er weiß alles zu oberflächlich.

Den Ausweg bietet der Interdisziplinäre. Es ist ein wissenschaftlich Ausgebildeter, der *ein* Gebiet gut beherrscht und zusätzlich über die angrenzenden (relevanten) Zusammenhänge so viel weiß, daß er sein Spezialwissen in der Gesamtbedeutung zutreffend bewerten und es zu dem Kontext in Beziehung setzen kann. Er ist außerdem wissenschaftstheoretisch gebildet, d.h., er kennt die Theorieansätze und Methodenprobleme der Nachbarwissenschaften. Wissenschaftstheorie wird damit zum neuen studium generale für alle Fächer. Dies wäre eine aktuelle Sicht des klassischen Orientierungswissens.

Fazit: Interdisziplinäres Denken und Handeln erfaßt mehr Aspekte der Wirklichkeit, nutzt verschiedene Methodenarsenale (quantitative, qualitative), verarbeitet mehr relevante Informationen und generiert (entwickelt) daraus mehr praxisbedeutsames Wissen.

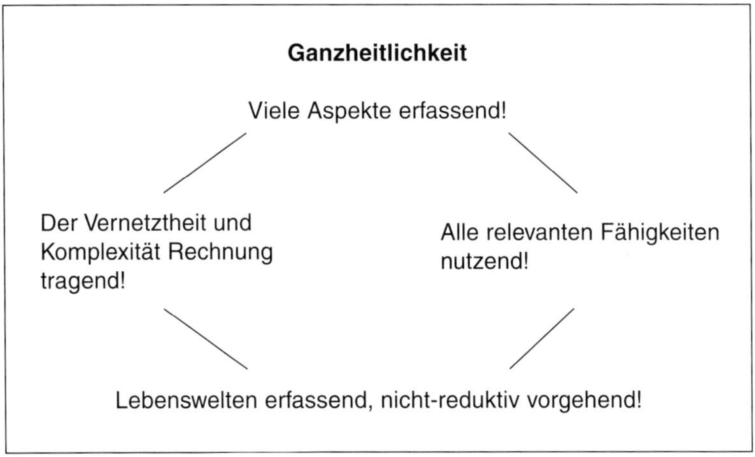

Abbildung 17: Ganzheitlichkeitsaspekte

6.3.2. Organisationen sind eine Kultur

Ganzheitlichkeit wird heute in Organisationen systematisch entwickelt und gefördert. *Organisationskulturen* sind typisch ganzheitliche Gebilde. Sie wirken sehr intensiv als Bedingungsfelder auf das Verhalten der Mitarbeiter. Sie tun das über Leitwerte und Leitideen. Damit binden sie Loyalitäten und bieten Identitäts- und Identifikationsmöglichkeiten.

Ganzheitlichkeit hat einen *humanen Aspekt.* Menschen streben in der Entwicklung ihrer Persönlichkeit nach Ganzheitlichkeit. Heute nennt man das gerne Identitätsfindung. Identität bedeutet, zu wissen, wer man ist und sein möchte; sie ist für Menschen existentiell wirksam und bedeutsam. Ohne stabile Identität entwickeln sich keine Moral, keine Kompetenz und kein Glück. Die Kritik der Humanistischen Organisationspsychologie richtete sich gegen Versäumnisse und Mängel der Führung, die alle darauf beruhten, daß man diesen (humanen) Gesichtspunkt vernachlässigte.

Vieles ist der Sinnbildung und Identitätsfindung heute nicht günstig:
- Der Zerfall der Arbeitsgesellschaft,
- die ständige Forderung nach Flexibilisierung,
- der Verlust an grundlegender Orientierung im »nach-metaphysischen Zeitalter« *(Jürgen Habermas).* (Näheres hierzu siehe unter Überblick am Ende dieses Kapitels.)

Manche Firmen lenken das Denken und Empfinden der Mitarbeiter auch über eine schlüssige Firmenphilosophie. Darin formulieren sie die übergreifenden Sichtweisen, nach denen gehandelt, kommuniziert, verkauft, gekauft, organisiert und geführt werden soll. Damit versucht man, bisher vernachlässigte philosophische und kulturelle Wirkungsgrößen ökonomisch nutzbar zu machen.

Ganzheitlichkeit steht heute als Leitbegriff (Leitbild, Leitwert) in manchen Unternehmensprofilbeschreibungen (Unternehmensgrundsätzen, -leitbildern) und in vielen Unternehmensphilosophien. Dabei darf *philosophy* in diesem (US-amerikanischen) Sinne nicht mit der klassischen europäischen Disziplin Philosophie verwechselt werden. Zur Abgrenzung siehe den Überblick am Schluß dieses Kapitels.

Organisationen können (aus ganzheitlichen Gründen) zeitbedingte Sicht- und Denkweisen nicht mehr ignorieren. Sie übernehmen unbemerkt philosophische Standards.

Heute ist unter Philosophen die vorherrschende Sicht,

1. daß das, was wir *Wirklichkeit* nennen, von uns als den Akteuren dieser Wirklichkeit konstruiert wird (methodischer oder radikaler Konstruktivismus),
2. daß sich die komplexere *Realität* nicht linear verhält, sondern in »geordneten chaotischen Prozessen« verläuft (Chaostheorie), und
3. daß man daher ganzheitlicher denken und handeln muß, um dieser Realität gerecht zu werden (vgl. das ganzheitlich-evolutionäre Management der St. Galler Schule).

Diese Erkenntnisse und Annahmen laufen darauf hinaus, daß wir uns die soziale, ökonomische, psychische Wirklichkeit komplex und vernetzt vorstellen müssen. Komplexer jedenfalls als unsere veralteten »Managementtechniken« in Unternehmen, Verwaltungen und Non-Profit-Organisationen unterstellten. Ihre »reduktive« (die Wirklichkeit unzulässig vereinfachende, auf wenige einfache Vorgänge reduzierende und damit verfälschende) naive Sicht führt inzwischen immer öfter zu kontraproduktiven Ergebnissen.

Unter *Reduktionismus* versteht man in der Wissenschaftstheorie Denkweisen, die komplexe Prozesse in unzulässiger Weise auf wenige Grundvorgänge zurückführen.

Beispiele: In der Soziobiologie werden soziale Prozesse und Ergebnisse auf Biologisches zurückgeführt; in der behavioristischen Psychologie werden psychische, geistige, seelische Prozesse auf mechanische physiologische Vorgänge reduziert; der Mensch ist die Summe seiner Verhaltensmechanismen.

Im Extremfall: Alles, was geschieht, ist auf die Grundwissenschaft Physik reduzierbar, so das ältere Paradigma. Gegenwärtig erobert die Biologie die Position als Leitwissenschaft (z.B. in der Soziobiologie und in der evolutionären Erkenntnistheorie, vor allem aber in der biologistisch denkenden Gehirnforschung).

6.3.3 Ganzheitlichkeit als Managementansatz

Einen Ausweg aus dem aktuellen Sinndilemma verspricht der konsequente ganzheitliche Managementansatz, der auch die weichen Faktoren berücksichtigt und ein emotional-sozial intelligentes Führungsverhalten zum Ideal und zur Strategie macht. Emotional-soziales Denken und Handeln braucht eine solide Sinnbasis. Nur wer gelernt hat, ganzheitlich zu denken, alles Wichtige angemessen zu berücksichtigen, ist und wirkt emotional stabil.

In den sechziger Jahren entwickelte *Hans Ulrich* die Grundlagen für das *St. Galler Managementmodell* (und legte zugleich den Grundstein für die verhaltensorientierte Betriebswirtschaftslehre). Darin sollte der Grundwiderspruch der Managementlehre durch konsequente Systemorientierung aufgehoben werden. Der neue Systemansatz sollte dem Manager helfen, Gesamtzusammenhänge zu erkennen. Die zunehmende Komplexität und Dynamik verlangten diesen Paradigmenwechsel. *H. Ulrich* stellte daher folgerichtig die Humanaspekte erstmals konsequent in den Mittelpunkt. Er sprach von »weichen Werkzeugen« der Führung. Die Selbstentwicklung des Systems sollte im Mittelpunkt stehen – nicht mehr die technokratische »Führung« im herkömmlichen Verständnis. (Vgl. vor allem: *Knut Bleicher:* Das Konzept Integriertes Management. Frankfurt a. M./New York 1992 [2. Aufl.]: In diesem Klassiker werden daraus die praktischen Konsequenzen gezogen.)

Was Ganzheitlichkeit nicht ist! Ganzheitlichkeit in dem hier gemeinten Sinne ist nicht Esoterik in ihren vielfältigen Ausprägungen, und es ist auch keine verschwommene, diffuse Managementmystik. Der Begriff Kultur, der Ganzheitlichkeit konkretisiert, sollte auch nicht auf Teil-Wirklichkeiten angewandt werden. Wir sprechen heute von Streitkultur, Seminarkultur, Prüfungskultur, Eßkultur, Eventkultur. In manchen Fällen geben wir damit analytisch auflösbaren Wirklichkeiten eine »ganzheitliche Bedeutung«, die ihnen nicht zukommt – und ersparen uns die Analyse. Es sei denn, man benutzt das Wort Kultur als Metapher.

Auch hier gilt: Wir dürfen mit dem ganzheitlichen Ansatz nicht hinter die bisher erreichte Stufe der Rationalität zurückfallen. Ganzheitlichkeit bezeichnet zu Recht nur solche Zusammenhänge, die wir nicht auflösen dürfen, ohne die Sache damit zu zerstören; es sind solche, für die gilt: Das Ganze ist mehr als die Summe ihrer Teile!

Fazit: Das Problem Ganzheitlichkeit führt zu drei grundlegenden praktischen Konsequenzen für
- das Bildungssystem (die Qualifizierung),
- die Kapitalpflege/den Ressourceneinsatz,
- die langfristigen Strategien.

Der Qualifizierungsaspekt – Für den Manager gilt: Generalisten rangieren vor Spezialisten.

Die Laufbahnen spalten sich daher auf: Spezialisten gehören in die Fachlaufbahn; (recht verstandene) Generalisten in die Führungslaufbahn. Führen besteht vor allem im Zusammenführen von Menschen und Ideen zur optimalen Problemlösung. Generalisten brauchen dazu vor allem interdisziplinäre, soziale und emotionale Schlüsselfähigkeiten. Denn: »(Nur) in einem Spezialgebiet gut ausgebildet sein, heißt heute meist ungebildet sein!«

Der Kapitalaspekt – Managen bedeutet vor allem Ressourcenoptimierung. Kapitalvergeudung ist ein häufiger Managementfehler. Kapital wird umfassend verstanden:
- Sozialkapital wird durch optimale soziale Bedingungen entwickelt (Bedingungsmanagement),
- kulturelles (symbolisches) Kapital fördert und entwickelt eine humane Organisationskultur (Kulturmanagement),
- Humankapital muß durch konsequente Personalentwicklung und personbezogenen Personaleinsatz gesichert und gefördert werden (Human Resource-Management).

  Denn: *»Die falsche Person am falschen Ort kann eine gute Idee in eine Katastrophe verwandeln«.*

Der Strategieaspekt – Management ist ganzheitlich, wenn alle Strategien nachhaltig ausgerichtet sind, d.h., wenn sie die Zukunft einbeziehen.

»Ganzheitliche Führung richtet sich auf langfristige Effektivität und nimmt Mehrkosten in Kauf, um nachhaltig (zukunftsbewußt) zu wirken!«

Der Ganzheitsaspekt (im engeren Sinne) – Führung ist um so effektiver, je mehr erfolgsbedeutsame Aspekte einer Situation und eines Prozesses erfaßt werden. Mit jedem Versäumnis leidet die Effektivität. *Systeme rächen sich, wenn der eigene Vorteil nicht zu einem Vorteil des Systems führt! (H. Ulrich/G. Probst, P. Gomez).*

Hintergrundinformationen zu Kapitel 6

Der Zusammenhang Ganzheitlichkeit und Philosophie – Ganzheitlichkeit und Kultur

Philosophie ist der Diskurs über das Wesentliche! *(Dominique Folscheid)*

Die Philosophie (als eigentliche »Ganzheitswissenschaft«) fragt seit *Aristoteles*,

- wie wir unangreifbare (?), exakte Erkenntnisse gewinnen (Erkenntnistheorie),
- was die Wirklichkeit (die Erscheinungen) und die Realität (die Welt) bedeutet,
- was der Mensch eigentlich ist (Ontologie und Anthropologie) und
- wie wir uns daher verhalten sollen (Ethik).

Jede Epoche fand ihre eigentümliche Antwort auf diese grundlegenden Fragen. Hier geht es vor allem um die Erkenntnistheorie: »Wie kommt die Welt in unseren Kopf?«, und: »Was ist das – »die Welt?«

Die Entwicklung zur philosophischen Ganzheitlichkeit:

In der Erkenntnistheorie verlief der Prozeß in der Neuzeit (sehr vereinfacht dargestellt)

- vom naiven Empirismus und Positivismus (unsere Sinne gewährleisten ein getreues Bild der Realität)
- über den ebenso naiven Rationalismus (die menschliche Vernunft enthält alle Kriterien für wahr und falsch)
- zum kritischen Rationalismus *(Immanuel Kant:* Kritik der reinen Vernunft): Es gibt deutlich definierbare Erkenntnisgrenzen, und: auch die Moral folgt aus der Vernunft. Sie besteht im Kern darin, daß man im anderen die Vernunft achtet und sich *daher* moralisch verhält. Konsequent ist aber auch die Erkenntnis *Descartes',* daß Tiere rational gesehen nur Automaten sind – mit allen Folgen für den Umgang mit ihnen. Man denkt unwillkürlich an die augenblickliche Landwirtschaftskrise. Ebenso folgt aus dem Rationalprinzip (nach *David Hume),* daß sich aus dem Sein kein Sollen ableiten läßt, so daß die rationalistische Ethik immer noch vergeblich nach der moralischen Letztbegründung sucht.

Der nächste Schritt erfolgte

- zur aktuellen erkenntnisskeptischen Sprachphilosophie: Erkenntnis gibt es nur innerhalb der Grenzen unserer Sprache. Und die Sprache formt die Erkenntnisse in der ihr jeweils eigentümlichen Weise.
- Am weitesten reicht die Skepsis der aktuellen Dekonstruktivisten *(Lyotard, Derrida, Foucault).* Sie zweifeln grundsätzlich. Ziel ist »die Überwindung der Reste an Metaphysik« in unserer Kultur *(Derrida).*

Dieser Grundsatzzweifel beginnt mit *Friedrich Nietzsche,* der alle Wertvorstellungen und überhaupt alles Geistgeschaffene (also die gesamte Kultur) in Frage stellt, und ist heute philosophisches Allgemeingut. Mit dem Ende aller Metaerzählungen (Christentum, Sozialismus, Forschrittsglaube), die einen letzten Bezugspunkt für alle Teil-Diskurse geboten hatten, gibt es keine Möglichkeit mehr, Kategorien zur allgemeinverbindlichen Bewertung zu finden. Objektivität ist damit eine Illusion geworden; Wahrheit gibt es nur noch als Aspektebetrachtung.

Vor allem als Wissenschaftstheorie, also als Wissenschaft von der Wissenschaft. Sie fragt grundsätzlich, disziplinübergreifend:

- Auf welchem Wege erlangt man in diesem Gegenstandsbereich zuverlässige Erkenntnisse? Welcher Ansatz, welche Herangehensweise erlaubt eine tragfähige Erklärung? (=Paradigma)
- Welche Theorien vermögen möglichst viele Einzeldaten sinnvoll (!) und wirksam zu bündeln, so daß sie einen überzeugenden Erklärungszusammenhang bilden? (=Theoriebildung)
- Welche Methoden erlauben eine objektive (!) Datengewinnung? (= Methodologie)

Die aktuelle ganzheitliche Philosophie umfaßt beide Seiten der Erkenntnisgewinnung, den Wirklichkeitsbezug über das analytische Denken (»Die Welt ist alles, was der Fall ist« [*L. Wittgenstein,* Tractatus = Positivismus, kritischer Rationalismus]) und den über die Intuition, das Denken in Bildern, Metaphern und Bedeutungen; sowohl der hermeneutische *(Hans-Georg Gadamer)* als auch der phänomenologische Ansatz *(Edmund Husserl)* wird berücksichtigt. Immer wieder in der Philosophiegeschichte rebellierten ganzheitlich denkende »Romantiker« gegen analytisch, zergliedernd vorgehende »Aufklärer«. Das aktuelle Management folgt der ganzheitlichen (»romantischen«) Sicht.

Einen guten Einstieg in das ganzheitliche Denken der Philosophie (mit dem Schwerpunkt Ethik) bietet *Michael Hauskeller:* Auf der Suche nach Gründen. Wege und Abwege der Ethik. Kusterdingen (Schweiz) 1999. Reihe: Die Graue Edition. Über die Ansätze vgl. vor allem *Helmut Seiffert* (siehe Literaturverzeichnis).

Ganzheitlich existentiell gesehen: Ganzheitlichkeit ist ein humaner Anspruch; er richtet sich gegen die »Entfremdung« (ein Begriff der siebziger Jahre nach *Herbert Marcuse)* und »Verdinglichung«, einer Tendenz der Moderne: Der Mensch wird zur Sache (*Jürgen Habermas, Theodor W. Adorno). Adorno, Horkheimer* und *Habermas* richten ihre Kritik gegen die Nebenfolgen der Moderne (Dialektik der Aufklärung). Ähnliche Nebenwirkungen befürchten heute viele unter der Alleinherrschaft des Ökonomischen im Neo-Liberalismus (so z.B. *Viviane Forrester:* Der Terror der Ökonomie. Wien 1997).

Ganzheitlich kulturell gesehen (das Sinnproblem): Menschen streben nach ganzheitlicher Sicht. Sie suchen Sinn in ihrem Tun und in ihrem Leben überhaupt. Wenn sinngebende Institutionen an Bedeutung und Glaubwürdigkeit verlieren, wird Sinn zu einer knappen Ressource. Sinnproduzenten unterschiedlicher Qualität drängen dann auf die »Sinnmärkte«.
Sinnvermittler sind heute vor allem die Massenmedien. Hier haben die neuen »Deutungseliten« ihr Forum. In Organisationen sollen Visionen, symbolische Führung und Organisationskulturen diese Funktion übernehmen (zusammenfassend »normatives Management« genannt).
Es gibt auch gefährliche Sinnanbieter. Die Esoterik z.B. expandiert auf dem Buchmarkt. Sie nutzt das entstehende Sinnvakuum und die steigende Sinnnachfrage. Sie bietet fast food für die Seele. Auch manche Sekten haben in der »nachreligiösen« und »postideologischen« Nachmoderne Konjunktur. Beide dringen in die Seminarangebote der Unternehmen ein und stillen dort ein Sinnbedürfnis, das eine hilflose Führung, die sich an die harten Faktoren klammert, nicht zu decken versteht.
Sinn ist ein schwieriges Wort. *Günther Bien* versteht unter Sinn »steuernde Orientierungssysteme letzter Instanz«. Das ist der »große Sinn«, der Gesamtsinn unseres Lebens. Im Alltag geht es eher um den »kleinen Sinn«, die Sinnbausteine, wie Sinn in der Tätigkeit, in der Organisation, der man unterliegt, in den Zielen, denen man folgen muß usw.
Sinn hat daher mit Orientierung zu tun. Wir erleben überall infolge zunehmender Komplexität Orientierungsverlust, schwindende Sinnstiftungskompetenz bei vertrauten Institutionen und zugleich inflationäre Angebote an Sinnsurrogaten bei Gurus, in Psycho- und Esoterikmärkten und in der Wachstumsbranche Erlebnisindustrie.
Rüdiger Safranski: Die »Lebensbewältigungskompetenz« nimmt aus diesen Gründen ab und muß neu gestiftet werden. Das meint auch das Konzept eQ (Lebensintelligenz, existentielle Intelligenz). Um die zunehmende Komplexität bewältigen zu können, fehlt uns nach *Odo Marquardt* (Philosoph in Gießen) ein hohes Maß an »Inkompetenzkompensationskompetenz«. *Niklas Luhmann* nannte das »Komplexitätsreduktionsfähigkeit«. Die komplexen Begriffe sprechen für sich!
Religion macht gesund! Religiöse Menschen sind gesünder! Solche Botschaften geisterten kürzlich durch die Medien. Der Grund ist banal: Weil auch Religion dem Leben und Tun einen Sinn verleiht, hat sie schützende und stützende Auswirkungen. Dasselbe gilt für eine geschlossene philosophische Sicht, falls diese heute noch möglich ist, und es gilt für viele andere »grundlegende« Sinnkonstruktionen. Leider verführt diese Möglichkeit auch dazu, sich unlauteren Sinnanbietern auszuliefern.

Sinnprobleme und »verkürzte Vernunft«

Das »rechnende Denken« (Ernst Bloch), die »instrumentelle Vernunft« (Frank-

furter Schule) verhindert den Gebrauch der vollen Vernunft und die Sinnbildung. Neurosen (und andere psychische Probleme) entstehen aus den unbeantworteten Grundfragen (*Ernst Bloch:* »Die Brennkraft der Fragen«). Sinnprobleme sind allgegenwärtig
– kleine im privaten und beruflichen Alltag,
– große bei den existentiellen Fragen (nach *I. Kant:* Was kann ich wissen? Was soll ich tun? Was darf ich hoffen? Was ist der Mensch). Für viele Menschen ist heute die schwer herstellbare überdauernde Identität eine solche Grundfrage (Wer bin ich eigentlich?). Auch die allgegenwärtige Spaßgesellschaft vermag diese Probleme nur vorübergehend in den Hintergrund zu drängen.

Ganzheitlichkeit und Wissen: Ziel des ganzheitlichen Vorgehens ist auch, »des zersplitterten Wissens wieder Herr [zu] werden« *(Walter Zimmerli).* Entweder durch interdisziplinäres Handeln (Teams aus Vertretern unterschiedlicher Disziplinen und Erfahrungsbereiche) oder transdisziplinäres Vorgehen (philosophisch, ganzheitliches Zusammenfügen); auf jeden Fall durch Ernstnehmen der Zusammenhänge. Der grundlegende Aspekt der Ganzheitlichkeit: Man kann (darf) bei der Betrachtung von Management/Führung die Marktbedingungen und die dadurch beeinflußten Verhaltensmöglichkeiten nicht ignorieren:

- New Economy/Globalisierung = Flexibilitätsdruck, Zeitdruck.
- Folgen für Organisationen = Die Schnelligkeit und »Intelligenz« der Anpassungsreaktionen entscheiden über den Erfolg und das Überleben.
- Mitarbeiter müssen dafür bereit und fähig gemacht werden. Sie müssen von Beginn an durch Sensibilisierung daran beteiligt werden, müssen die Strategien mitverantworten und durch mehr Selbständigkeit dafür gerüstet werden usw.
- Wettbewerb findet über knapper werdende Ressourcen statt. Es geht um die knapper werdende Aufmerksamkeit der Kunden, um das Bereitstellen knapper werdender Güter wie Zuwendung, Beziehungen, Erlebniswerte usw.
- »Weiche Güter und Ressourcen« treten damit in den Vordergrund der Wettbewerbsstrategien. Kundenbeziehungsmanagement, emotional-soziale Kompetenz und ähnliche Begrife zeigen die Richtung.

Ganzheitlichkeit in der Wissenschaft: »Heute verändert sich die Wissenschaft selbst, und die mechanistischen Prinzipien werden durch subtilere Konzepte von Interaktion und Beziehung ersetzt. Die Quantenmechanik war der erste Vorbote eines neuen, holistischen Weltbildes nicht-lokaler Vernetztheit, in dem eine viel kompliziertere Kausalität am Werk ist als in der konventionellen Mechanik. Wir haben inzwischen auch eine *Komplexitätstheorie*, die zu verstehen versucht, wie emergente Eigenschaften in komplexen Systemen (z.B. in Gehirnen) entstehen. Oft sind diese Eigenschaften nicht auf das Verhalten ihrer Teilkomponenten und Interaktionen reduzierbar, obgleich immer eine Beziehung zwischen beiden Ebenen besteht. Es gibt, mit anderen Worten, keine Widersprüche zwischen den Eigenschaften der Teile eines komplexen Systems und der Ordnung, die aus ihm entsteht. *Bewußtsein* scheint eine dieser emergenten Eigenschaften zu sein...« *(Brian Goodwin, Biologe,* in: F.A.Z. vom 9.1.01, S. 52*)*.

Ganzheitlichkeit und das neue Denken im Management: Der Höhepunkt des Ganzheitlichkeitsdenkens in der Philosophie liegt im Deutschen Idealismus *(Schelling, Hegel),* in der (Weimarer) Klassik (vor allem *Goethe)* und in der Romantik *(Novalis u.a.).* Damals (um 1800) wurde eine Naturphilosophie entworfen, die Natur und Kosmos als lebendes Ganzes betrachtete. Sie wandte sich gegen die mechanistische Auffassung der Aufklärung mit ihrem monokausalen, deterministischen Denken und ihren analysierenden, sezierenden Methoden *(Karen Gloy* a.a.O., S. 154). Hier knüpfen die aktuellen ganzheitlichen Vorstellungen an:
- die Selbstorganisationskonzepte (Autopoiese),
- die Chaosforschung,
- die ökologischen Denkweisen (Nachhaltigkeitskonzepte) und
- das allgegenwärtige New Age, aber auch
- die Allgemeine Systemtheorie, die »systemischen Verfahren« und die vielen »theorielosen« ganzheitlichen Ansätze und Konzepte im Management.

Management lernt auch aus östlicher und westlicher Mystik: A. Stikker: Östliche Weisheit und die ganzheitliche Weltanschauung des *Teilhard de Chardin* als Leitlinie des Wertehandels. Bern 1988.
Die gemeinsame Überzeugung: Lebensvorgänge lassen sich nicht durch kausal-mechanische Gesetzmäßigkeiten allein erklären. Sie werden von einer übergreifenden Gesetzmäßigkeit gelenkt, einer »Ganzheitskausalität«. Die Teile bestimmen sich vom Ganzen her – dem Ganzen gebührt der Vorrang! Das läßt sich leicht bei allen sozialen Vorgängen in Organisationen beobachten. So entsteht das Sozialklima, die Kultur einer Organisation, Gruppendynamaik und vieles andere mehr, das den ökonomischen Erfolg stärker beeinflußt als die Finanzdaten allein erkennen lassen.
Klaus Michael Meyer-Abich, der die ökologische Ganzheitlichkeitslehre maßgeblich beeinflußt hat, spricht von »Tat-Sachen«. Sachen werden erst durch unser Hinzutun (Taten) zu dem, was sie für uns (dann) sind. Hier zeigt sich der enge Zusammenhang zwischen dem Ganzheitlichkeitsdenken und dem aktuellen radikalen Konstruktivismus (siehe nachfolgendes Kapitel).

Überblick: Kapitel 7

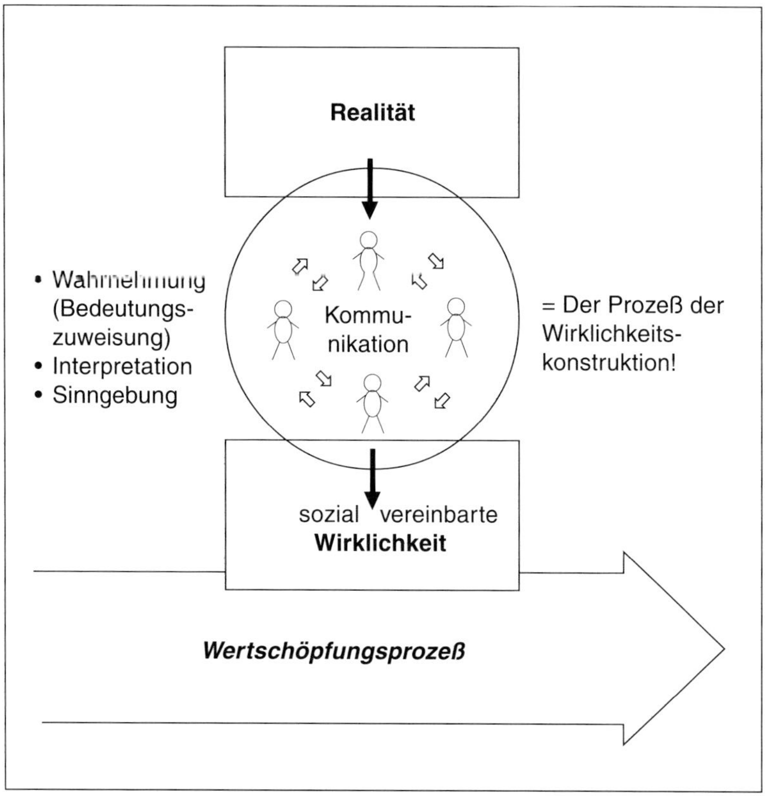

7 Zeitgemäße ganzheitliche Wirklichkeitsmodelle

Daten sind noch keine Realität. Menschen reagieren nicht auf Objekte, sondern auf Bedeutungen!
Herbert Blumer

7.1 Unser Bild von der Wirklichkeit

7.1.1 Erkenntnistheoretische Voraussetzungen der emotional-sozialen Wende

Emotional-soziale Kompetenz ermöglicht es, die soziale und personale (siehe Abschnitt 7.2) Wirklichkeit vollständiger und damit wirklichkeitsnäher zu erfassen. Hierfür gibt es Methoden; die bekannteste und bewährteste ist das *systemische Vorgehen.* Es beruht auf dem *neuen* Weltbild des *Konstruktivismus.* Vereinfacht heißt das, daß wir unsere Wirklichkeit in Gemeinschaft mit anderen konstruieren, und daß wir auf diese selbstgemachte Wirklichkeit reagieren, als sei sie objektiv. Weil das so ist, gibt es auch nicht zwei Organisationen mit genau derselben (sozialen und sinnbezogenen) Feinstruktur. Das bedeutet konkret, daß herkömmliche, lediglich auf »das Objektive« ausgerichtete Analyseverfahren gegenüber sozialen Systemen versagen müssen. Dies erkannt und für methodische Abhilfe gesorgt zu haben, ist ein Verdienst der Systemiker.

Wir werden diese wichtige Konsequenz des emotional-sozialen Handelns in Kapitel 10 behandeln. Zunächst müssen wir uns darüber klar werden, was es mit dem Konstruktivismus als dem heute vorherrschenden Denkmuster auf sich hat.

Wie kommt die Welt in den Kopf – oder: Wie konstruieren wir unsere Wirklichkeit? Wir erleben unseren Alltag so, als bestünde die soziale Umwelt aus objektiv beobachtbaren Fakten, auf die man nur angemessen reagieren müsse, um Erfolg zu haben. Diese Meinung teilt man in Philosophie und Sozialwissenschaften nicht. Hier gilt, daß wir unsere soziale Umwelt durch Interpretation, Bedeutungszuweisung, Vereinbarungen darüber und durch Benennungen konstruieren. Unsere Welt ist daher ausschließlich sozial und sprachlich vermittelt. Man könnte es auch so ausdrücken: Wir schaffen uns die Gesellschaft, die dann auf uns einwirkt.

Und das gilt nicht nur für »die Gesellschaft«, sondern für alle Organisationen und Institutionen, also auch für die Familie, die Behörde, den Betrieb. Jede Gruppe ist eine eigene Interpretationsgemeinschaft mit eigenem (narrativem, erzähltem) Wissen. So entstehen »soziale Systeme« mit spezifischen Eigenschaften und eigener Individualität und Identität. Wie kein Individuum einem anderen völlig gleicht, so sind auch die (aus Individuen und deren sozialen Wechselwirkungen) entstandenen Gemeinschaften aller Art individuelle Gebilde. Sie haben ein eigenes »Kollektivbewußtsein«, ein eigenes Weltbild, eigene Vorstellungen von richtigem Verhalten (in diesem System) usw.

Selbst hochgradig pathologisches Verhalten kann in einem bestimmten System eine sinnstiftende und funktional bedeutsame Wirkung haben. Erkenntnisse über ein solches Sozialsystem und Hilfen bei Konflikten und anderen »Krankheitserscheinungen« können daher auch nur bei Kenntnis des Systemcharakters (!) wirksam sein. Dieses Vorgehen nennt man heute folgerichtig »systemisch«.

Was ist Realität und was ist Wirklichkeit? Auch Konstruktivisten setzen eine objektiv vorhandene *Realität* voraus. Aber wir erreichen sie nicht, sondern wir konstruieren gesellschaftlich (kulturbedingt) eine eigene *Wirklichkeit*, auf die wir uns einigen. Das gilt ebenso für die Wissenschaft. Auch ihr Weltbild ist eine Konstruktion. Vorsichtig läßt sich schlußfolgern: Je ganzheitlicher (interdisziplinärer, die Sichtweisen vieler Disziplinen verbindend) wir vorgehen, desto näher kommen wir der Realität (mindestens jedoch der Wirklichkeit). Und daraus folgt: Je ganzheitlicher (vollständiger) wir psychische und soziale Systeme untersuchen, desto mehr erfahren wir über deren Wirklichkeitskonstruktion.

Die soziale Wirklichkeit entwickelt sich durch Kommunikation aus

- einer Vielzahl von Erwartungen, Annahmen, Meinungen (dem Sinngefüge) und aus
- sozialen Beziehungen, Zu- und Abneigungen, Netzwerken (dem Sozialgefüge).

»Biologistischer« denkt der neurologische Konstruktivismus. Er führt die Prozesse der Wirklichkeitskonstruktion ausschließlich auf die neurologischen Bedingungen des Gehirns zurück *(Gerhard Roth)*; eine »Person« spielt dabei keine wesentliche Rolle.

Nach der zentralen Aussage der Ganzheitspsychologie ist das Ganze mehr als die Summe seiner Teile. Nimmt man diesen Satz ernst, dann läßt sich über ein analytisches Verfahren, z.B. allein über die Erhebung bedeutungsneutraler Daten, das Ganze nicht erfassen und nicht »verstehen«. Hier stößt die empirische Sozialforschung mit ihren akribischen Methoden an Grenzen. Allerdings stellt auch der Empiriker über Theoriebildung (Teil-)Ganzheit her; er könnte anders seine Forschungsergebnisse gar nicht verstehen und niemandem verständlich machen.

Zusammenfassend gesagt: *Realität* ist das, was auch ohne unsere Bemühungen einfach da ist; *Wirklichkeit* nennen wir *alles,* was wir gemeinschaftlich konstruiert haben, um mit der so hergestellten Wirklichkeit gut zurechtzukommen (radikaler Konstruktivismus). Wissenschaft hat danach keine Erkenntnisbedeutung, sondern nur einen *funktionalen Zweck* (methodischer Konstruktivismus). *Soziales* (also Beziehungen, Organisationen) besitzt nur eine konstruierte Wirklichkeit, denn die daran Beteiligten und die Außenbetrachter machen Soziales durch ihre Deutungen erst zu dem, was es ist (sozialer Konstruktivismus).

Der Zusammenhang mit der philosophischen **Erkenntnistheorie:** Damit gehen die neuen Ansätze nicht hinter Kant zurück. Er unterschied das Ding an sich von dem durch Menschen Erkennbaren. Nach seiner Theorie können wir Realität immer nur innerhalb unserer Anschauungsformen (Raum, Zeit) und Erkenntnis-Kategorien (Ursache-Wirkungs-Prinzip usw.) wahrnehmen; weiter reicht unser Erkenntnisvermögen nicht. Das sind die Grenzen der Vernunft. Heute sieht die Sprachphilosophie diese Grenzen durch die Sprache (die sprachlichen Möglichkeiten) noch enger gezogen.
Der aktuelle Dekonstruktivismus unterstellt die radikale Auflösbarkeit aller Stabilisatoren unserer Empfindungen und unseres Denkens *(Jacques Derrida, Michel Foucault, Jean-Francois Lyotard);* vgl. z.B. *Peter Engelmann (Hrsg.):* Postmoderne und Dekonstruktion. Stuttgart 1997 (Reclam).

Bedingungsfelder: Menschen deuten Situationen und handeln aus Erfahrung. So werden Situationen und Organisationen ständig reproduziert, verändert, entwickelt. Symbolische Führung nimmt hierauf Einfluß. Einstellungen und Interpretationen der Leitung und der Mitglieder bestimmen den Charakter von Organisationen stärker als formale Regelungen *(Herbert Mead, Herbert Blumer:* Symbolischer Interaktionismus. 1969). *Sinnvolle und akzeptierte symbolische Führung ist Deutungshoheit!*

7.1.2 Wie geht die Konstruktion der sozialen Wirklichkeit konkret vor sich?

Nach Ansicht der *Konstruktivisten* entwickelt sich in jeder kleinen sozialen Umwelt ein systemtypisches Geflecht (oder Gespinst) von Anpassung, Kompromissen, Veränderungswünschen und Kompensationen, erreichter, nicht erreichter oder nicht erreichbarer Wünsche. Die interaktiv (= im gegenseitigen Handlungsaustausch) entwickelten Gewohnheiten und Privatnormen konstruieren eine individuelle Beziehung zum jeweiligen sozialen Umfeld und damit eine eigene *Lebenswelt.*

Schließlich kommen dann die *Handlungszwänge* nicht mehr nur von außen, sondern sie sind verinnerlicht (internalisiert); sie stutzen die aufgebaute Beziehung, und sie sichern den Bestand des sozialen Systems in der konstruierten Art und Weise. Betriebsblindheit hat also eine systemische Schutzfunktion. Diese Vorgänge erschweren jedoch die Erkennbarkeit und die Steuerung sozialer Systeme – und sie behindern den Wandel und die Innovation. Je weniger Einsicht in diese Zusammenhänge bei den Betroffenen existiert, desto hilfloser sind sie diesen *Systemzwängen* ausgesetzt. Weil es sich bei »dem Systemischen« um emotional-sozial-kognitive Zusammenhänge handelt, sind Menschen mit systemsensibler Intelligenz zur Systemveränderung, -steuerung und -optimierung besser geeignet. Eine »betriebsblinde« Organisation, die bei ihrer Elitebildung nicht auf diese Kompetenzen achtet, schadet zuerst sich selbst.

Gibt es eine richtige und passende Analysemethode? Quantifizierende Forschungsmethoden werden immer problematischer. Bloße Zahlen, die man exakt erhoben hat, sagen wenig über die qualitative Seite (den empfundenen Sinn und die Bedeutung sowie die sozialen Wirkungen) einer Beziehung oder eines Beziehungsgeflechts aus. Die ausschließlich quantifizierende Forschung führt zu scheinexakten »naiven Theorien«. Für die Erkenntnis von Ursachen und Wirkungen in sozialen Systemen werden rein *quantifizierende Methoden* zunehmend unbrauchbar.

Neben die *Qualitäten erfassenden Methoden* (z.B. das Assessment-Verfahren und neuartige Beurteilungsverfahren) treten *»verstehende« Methoden,* die subtilere Zusammenhänge zu erkennen vermögen. Prototyp ist das systemische Vorgehen.

Denken alle bereits konsequent konstruktivistisch? Keineswegs; der

Konstruktivismus ist eine unter vielen Erkenntnistheorien. In der Realität des Alltags, auch im Management, geht die neue Vorliebe für den *Konstruktivismus* oft mit einem heimlichen *Idealismus* einher. Ersterer erleichtert das Verstehen der vielen Konstrukte wie Systemmythen, Managementlegenden, »Gruppenerzählungen« und das Relativieren der zahlreichen organisatorischen »Ideologien« und Organisationspathologien. Letzterer erlaubt daneben das Ausbilden einer stabiliserenden Organisationskultur und bindender Wertvorstellungen, die man nicht gerne relativiert sieht und für die man eine »Letztbegründung« besitzt. Kurz gesagt: Bei aller Beteuerung, daß die konstruktivistische Sicht dominiert, sind die meisten Menschen (auch Manager) in ihren erkenntnistheoretischen Grundansichten meist Pluralisten, oft ohne sich darüber Rechenschaft zu geben – und ohne daß die Wirklichkeit darunter zu leiden scheint.

Der *soziale* Konstruktivismus allerdings dürfte inzwischen allgemeiner Konsens sein, denn anders lassen sich die vielen unterschiedlichen (oft in sich widersprüchlichen) kulturellen und sozialen Wirklichkeiten nicht schlüssig erklären. Symbolische Führung (und symbolische Politik) macht sich dies erfolgreich zunutze. Der Konstruktivismus ist auch die Voraussetzung für die bewußtseinsformenden Effekte unserer Mediengesellschaft.

Das Modell der konstruierten Wirklichkeit erklärt drei rätselhafte Zusammenhänge:

1. daß es zeit-, kultur-, schicht- (Milieu-), familien-, organisationstypische Wirklichkeitsauffassungen gibt, die innerhalb dieser Menschengruppen unzweifelhaft gelten. Es stört nicht, daß die Wirklichkeit anderswo ganz anders gesehen wird. (Der Konstruktivist hat eine Erklärung: Es *ist* eine andere Wirklichkeit!)
   Dogmatiker und Fundamentalisten aller Art halten ihre individuellen Weltbildern für *die Wahrheit.* Totalitäre Systeme zwingen sie anderen auf. Sie können andere Sichtweisen nicht ertragen, weil sie ihr mühsam erreichtes inneres Gleichgewicht gefährden. Fundamentalisten (in Politik, Religion, Medien und in Organisationen [sogenannte Gurus]) glauben sich berufen, alle Menschen auf ihre Weltsicht verpflichten zu dürfen – oder zu müssen.
2. daß (außer in absolut angepaßten Gesellschaften, in denen bereits der eigene [abweichende] Gedanke ein Verbrechen gegen die Gesell-

schaft ist) alle Menschen durch ihre *Vernunft* Teile des konstruierten Weltbildes anzweifeln und ein individuelles an dessen Stelle setzen. Wir nennen das Meinungsfreiheit.
Das schaffen auf Dauer jedoch nur wenige, denn der Nutzen einer eigenen Welt ist gering, solange man andere nicht von deren Richtigkeit überzeugen kann. Künstlern gelingt es manchmal über ihr Werk, die eigene Weltsicht durchzusetzen oder mindestens diskussionswürdig werden zu lassen.
3. daß die vielen »kleinen Erzählungen«, die wir über unser Leben erfinden (oder: mit denen wir *unser Leben erfinden*), die bereits gespeicherten Erinnerungsbestände verändern (an unsere aktuellen Bedürfnisse anpassen). Damit ist unser Ich die Summe dieser Erzählungen – nach dem jeweils letzten Stand der Anpassung. Bei Strafe der Isolierung dürfen wir uns mit unseren Erzählungen nicht allzuweit von den Erzählungen (dem Erzähltyp) anderer Menschen in unserem Umfeld (in unserer Kultur) entfernen. Auf diese Weise bringen wir unsere Individualität immer wieder mit der sozial konstruierten Wirklichkeit in Übereinstimmung. (*Thomä, Dieter:* Erzähl Dich selbst. Lebensgeschichte als philosophisches Problem. München 1998. Thema Persönlichkeit. Wir Selbstdarsteller. Band 509. Psychologie heute. Weinheim)

Gibt es berufsmäßige (und berufene) Wirklichkeitskonstrukteure? In Gesellschaften bilden sich zum Zweck der ständigen Anpassung der Menschen einer Kultur an die gesellschaftlich konstruierte Wirklichkeit spezifische Berufsgruppen. Es sind die *Medienmacher*. Massenmedien sorgen dafür, das sich in allen wichtigen Fragen eine einheitliche Sicht durchsetzt. Sie wirken an der sozialen Konstruktion von Wirklichkeit maßgebend mit. Das stabilisiert Gesellschaften. Für die meisten Menschen besitzen sie ein *Interpretationsmonopol*. Die Lebenswelt der meisten Menschen ist mediengeprägt. Umso wichtiger wird die (bereits besprochene) Medienkompetenz. Es ist im Kern eine *»Medienabstands-Kompetenz«*, die uns erlaubt, dem Mediendruck zu widerstehen und in Fragen, die uns unmittelbar angehen, eine eigene Meinung zu bilden (siehe Kapitel 3).

Für diese *kritische Funktion* gibt es ebenfalls Spezialisten (Philosophen, Künstler, »Intellektuelle«). Von diesen erwartet die Gesellschaft geradezu Abweichungen vom Gewohnten. Wirklichkeitskritische Positionen dieser »Experten für Abweichungen« beunruhigen die Gesellschaft wenig, weil das Erproben neuer Sichtweisen zu deren Beruf gehört und den eigenen Alltag wenig berührt.

Gelingt es, eine grundlegend neue Sicht (= eine neue Wirklichkeit) für eine sehr wichtige, existentiell bedeutsame Frage durchzusetzen, so sprechen wir von einem *Paradigmenwechsel,* d.h. vom Umsturz einer grundlegenden Sichtweise. Vom Paradigmenwechsel in revolutionärer Bedeutung spricht man seit *Thomas S. Kuhn:* Die Struktur wissenschaftlicher Revolutionen. 1962/1973 (deutsch). (Beispiele hierzu im Überblick am Ende dieses Kapitels.)

7.2 Die eigene Person als wichtigste (konstruierte) Wirklichkeit

Die logische Konsequenz aus dem radikalen Konstruktivismus ist, daß jedes Bewußtsein seine eigene Wirklichkeit besitzt (»Lebenswelt«)! Und das wiederum ist die Grundannahme der individualisierten Führung, die nicht pauschalierend vorgeht, sondern die Besonderheiten des einzelnen Menschen und des jeweiligen sozialen Systems in ihr Handeln einbezieht. Dies gelingt aber nur, wenn eine ausreichende Sensibilität für diese Besonderheiten ausgebildet und wenn die Bereitschaft entwikkelt wurde, eine solche flexible Führung zu wagen. Die Gesamtheit dieser Fähigkeiten und Bereitschaften nennt man emotional-soziale Kompetenz.

Hat jedes Bewußtsein seine eigene Wirklichkeit? Um diese Frage zu beantworten, müssen wir einen kurzen Ausflug in die Selbstbildproblematik machen. Im Umgang mit Kunden, Kollegen oder Mitarbeitern/Vorgesetzten gilt als oberste Verhaltensregel: Schützen Sie das Selbstwertgefühl des anderen, denn das Selbstbild eines Menschen ist sehr fragil.

Zunächst ist die Vorfrage zu beantworten: Was heißt »Selbst«? Wir denken, empfinden und handeln von einem angenommenen Zentrum her, jedenfalls, wenn wir es bewußt tun. Man nennt dieses Zentrum daher auch das *Bewußtsein.* Personen sind für das, was sie tun, verantwortlich. Das Recht weist uns die Verantwortung für ein Handeln nur zu, wenn es in vollem Bewußtsein geschah. Wir unterstellen, daß es diesen Kern der Person tatsächlich (noch) gibt. Sie werden sich an die Theorie von *Gergen, Roth* und *Metzinger* erinnern, die hier Zweifel anmeldeten, die man jedoch nur »methodisch« verstehen sollte. Diese Zweifel dienen eher der wissenschaftlichen Forschung; für den Alltag (in der Wirklichkeit) haben sie keine Bedeutung (vgl. Abschnitt 5.2).

Selbstwertgefühl und Selbstkonzept bilden »die Person«. Im Mittelpunkt der Persönlichkeitspsychologie steht daher das *Selbst.* Wir haben von unserem Selbst eine Vorstellung: unser *Selbstkonzept* (= Entwurf). Wir haben auch eine Vorstellung davon, was wir (im Verhältnis zu anderen) wert sind: unser *Selbstwertgefühl.* Wenn wir von jemandem sagen, er habe ein stabiles Selbstbewußtsein, meinen wir, daß er von sich selbst eine hohe Meinung hat und daß er diese auch überzeugend nach außen vertreten kann. Er hat ein sicheres Auftreten – wer möchte das nicht gerne haben?

Wie entsteht das Selbstkonzept – wie entwickelt sich »Identität«, woher beziehen wir unser Selbstwertgefühl? Die Psychologie hat hierzu viele unterschiedliche Antworten gegeben. Wenn man sich vorstellt, daß unser Selbstkonzept in ständigem Austausch mit anderen (den Selbstkonzepten anderer) entsteht und steht, kann man sich die Bedeutung der Art und Weise unserer Beziehungen zu anderen auf unser Selbst vorstellen. Man kann sich dann auch leicht vor Augen halten, daß von allen Menschen, mit denen wir ständig umgehen, ununterbrochen *Beziehungsbotschaften* bei uns ankommen. In der Art und Weise, wie man mit uns umgeht und mit uns spricht, aber auch in dem, worüber man mit uns spricht, was man uns anvertraut und zutraut, erkennen wir, wie man zu uns steht.

Beispiel: Eine 30jährige hat sehr viele Institutionen erlebt, in denen ganz spezifische Beziehungsbotschaften an sie ergangen sind. Man kann sich die Wirkungen denken.

- Das Elternhaus hat sie in ihren Eigenschaften und mit ihren Fähigkeiten akzeptiert (oder nicht akzeptiert).
- Lehrer und Mitschüler haben ihr rückgemeldet: Du bist intelligent, und du schaffst es (oder: Du schaffst es ja doch nie). Du bist attraktiv und geschickt (oder: Du bist unattraktiv und ungelenk).
- Ausbilder oder Hochschullehrer haben ihr signalisiert: Du bist ein sehr kreativer und selbständiger Mensch, wir achten dich als autonome Person (oder: Du bist von uns abhängig, und ob wir dich etwas werden lassen oder nicht, hängt von deiner Anpassungsbereitschaft ab. Bilde dir ja nicht ein, du wärst allein durch dich wichtig!).
- Die jeweiligen Leidensgenossen (Geschwister, Spielkameraden, Mitschüler,

Kollegen) haben in Gestik, Mimik und verbal deutlich gemacht, welchen Stellenwert im Gruppengefüge sie hatte; sie haben ihr eine Rolle übertragen, zugemutet. Um sozial gewissermaßen zu überleben (denn wer möchte schon ohne Partner sein), hat sie die jeweils zugemutete Rolle angenommen und schlecht und recht gespielt. Sie hat sich schließlich daran gewöhnt, immer eine solche Rolle (die des schwarzen Schafs, des Unbeachteten, des Stars) zu spielen. Endlich hat sie sich auch so definiert: Ihr Selbstkonzept (ihr Selbstbild) war (vorerst: bis zur nächsten irritierenden Rückmeldung) fertig.

Ist unser Selbst eine Konstruktion der anderen? Wenn die 30jährige aus unserem Beispiel es recht bedenkt, dann ist ihr Selbst die Summe der im Laufe des bisherigen Lebens erhaltenen Beziehungsbotschaften. Je nachdem, welcher Art diese waren, hat sie die Umwelt als eine Welt voller Richter und Rivalen oder als eine Welt voller Hilfsbereiter, Wohlwollender erlebt. Was Wunder, wenn sie in den anderen Menschen immer entweder den Richter und Rivalen oder den wohlwollenden Mitmenschen sieht. Sozial-emotionales Lernen findet also ständig statt, nur nicht immer in dem gesellschaftlich oder betrieblich gewünschten Sinne, und nicht immer unter human zu nennenden Lernzielen.

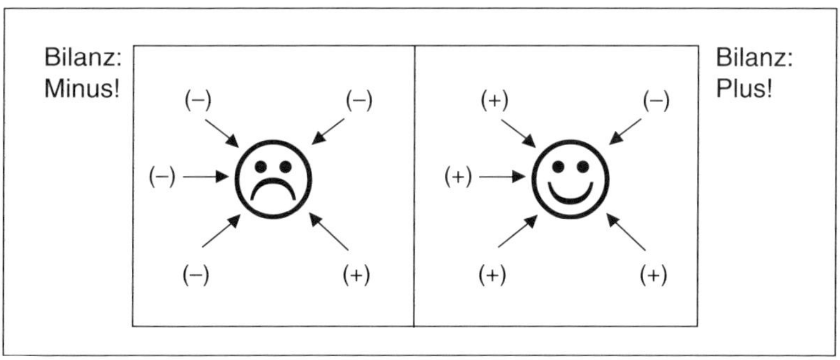

Abbildung 18: Beziehungsbotschaften und ihre Wirkungen

Selbstwertgefühl und Selbstachtung = Der gute Ruf, den man bei sich selbst hat!

Nun ist das Selbst keine ganz simple Konstruktion. Es besteht aus vielen Aspekten. Die sechs Säulen unseres Selbst sind nach *Nathaniel Branden*:

– *Selbstreflexion* = bewußtes Leben, ständige Selbstprüfung,

- *Selbstakzeptanz* = Grad der Zufriedenheit mit uns selbst, sich selbst annehmen,
- *Selbstbehauptung* = Offenheit für unsere Interessen und unsere Ansprüche, nicht auf alles zu verzichten »um des lieben Friedens willen«,
- *definierte Ziele*, die wir autonom gewählt haben und die uns als Person (als Selbst) kennzeichnen,
- *psychische Integrität*, also das Fehlen krankhafter Selbstzweifel,
- *Selbstachtung* = Ein gesundes Selbstvertrauen in die eigenen Fähigkeiten und das eigene Weltbild.

»Früher, als ich unerfahren und bescheidener war als heute, hatten meine höchste Achtung andere Leute. Später traf ich auf der Weide außer mir noch andere Kälber, und nun schätz' ich sozusagen erst mich selber!« *(Christian Morgenstern).*

Selbstwertgefühle sind sehr produktiv! Eine emotional-sozial kompetente Führung kennt die Bedeutung des Selbstwertgefühls für die Produktivität. Sie betrachtet den Selbstwertschutz als Voraussetzung für den Betriebserfolg und die Selbstwertsteigerung als Kapitalzuwachs. Entsprechend sensibel wird geführt.

Der Grad unserer *Selbstachtung* ist das wichtigste Kriterium unserer psychischen Gesundheit und beeinflußt unser Denken, Sprechen und Handeln – und unser Aussehen. Man sieht uns unsere Selbstachtung an! Unser Selbstbild besteht aus einer Vielzahl von Bildern und Vorstellungen davon,

- wie wir eigentlich sein sollten. Das ist unser (nie ganz erreichbares) Ideal-Selbst;
- wie wir tatsächlich sind (genauer: wie wir uns empfinden) und
- wie uns die anderen (vermutlich) sehen.

Je größer wir den Abstand zwischen *Selbstbild* und angenommenem *Fremdbild* oder zwischen Selbstbild und *Selbstideal* vermuten, desto größer ist unsere Unsicherheit im Umgang mit anderen und/oder unser Minderwertigkeitsgefühl – und umgekehrt. Wenn wir nicht spüren (wahrnehmen), daß Selbstbild und Fremdbild voneinander abweichen, stört uns das nicht: Unsensible sind meist sehr selbstbewußt! Psychologen sprechen von »schützender Unwissenheit« und »glücklicher Selbstüberschätzung« (Psychologie heute, 4/00, S. 10ff.).

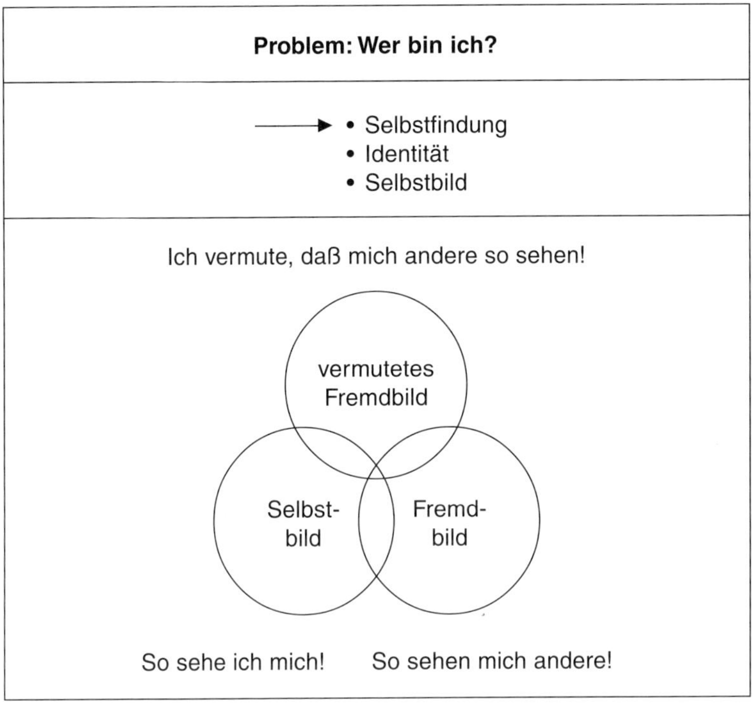

Abbildung 19: Selbstbildprobleme

Über ein Coaching können Diskrepanzen verringert werden, indem man dem Betroffenen konsequent realistische Rückmeldungen zur Selbststabilisierung bietet. Im Führungsalltag wird die zentrale Bedeutung des Selbstwertkonzepts für Motivation, Loyalität und Handlungserfolg immer noch unterschätzt.

Wenngleich durch die Individualisierungstendenzen sich die Motive der Menschen immer stärker auffächern und sich immer weniger schematisch zur Motivation nutzen lassen, so bleibt doch ein *Motiv* für jeden Menschen im Mittelpunkt: sein *Selbstwert.* In Organisationsmaßnahmen und Führungsakten wird dieses zentrale Motiv oft mißachtet, so daß alle teuren Motivatoren nichts mehr bewirken – man spürt die Absicht und ist verstimmt!

Fazit: Selbstwertstärkung sollte im Zentrum der Führungsaufmerksamkeit stehen:
- Man organisiert nur mit, nie gegen die Betroffenen,
- man gibt jedem Mitarbeiter seinen eigenen Verantwortungsbereich – und sei er noch so klein,
- man achtet bei Kritik und Anerkennung die Persönlichkeit des Betroffenen,
- man fördert streng nach einsehbaren Leistungskriterien, damit sich niemand zu Unrecht vernachlässigt fühlt.

Mit diesen wenigen Führungsgrundsätzen hat man fast eine Erfolgsgarantie. Nun kann man rätseln, weshalb sie so häufig mißachtet werden, obwohl sie sich doch jedem Aufmerksamen aufdrängen: *Es sind Banalitäten, aber offensichtlich keine Selbstverständlichkeiten!*

Auch Erfolge und Mißerfolge sind individuelle Konstruktionen!

Psychologen teilen Menschen hinsichtlich ihrer Erfolgschancen in zwei Gruppen:
- die Erfolgszuversichtlichen und
- die Mißerfolgsängstlichen.

Ein extremes Beispiel: Der erfolgszuversichtliche Schüler hat von zehn Leistungen neun nicht geschafft. Seine Argumentation: neun mal waren die Bedingungen so ungünstig, daß man es nicht schaffen konnte, einmal konnte sich meine Fähigkeit durchsetzen, weil es dabei faire Bedingungen gab.
Der Mißerfolgsängstliche hat von zehn Aufgaben eine nicht gelöst. Sein Selbstwertgefühl erleidet ein Desaster, denn neunmal waren es lediglich die günstigen Umstände, die den Erfolg herbeiführten, einmal hatte er die Chance, seine wahren Leistungen zu beweisen, und da versagte er – natürlich.
Der Unterschied besteht im wesentlichen in der Zurechnung der Ursachen: external oder internal; man nennt das die »Attribution«.

Woran erkennt man Personen mit niedriger bzw. hoher Selbsteinschätzung?

Solche mit niedriger Selbsteinschätzung
- schreiben sich selbst negative Eigenschaften zu,
- haben eine pessimistische Zukunftserwartung,
- sind wenig kreativ (trauen sich so etwas nicht zu),
- meiden Herausforderungen,

- befürchten weitere Frustrationserlebnisse,
- zeigen eine große Distanz zwischen Real- und Idealkonzept,
- setzen sich extrem hohe oder extrem niedrige Ziele,
- halten sich für nicht liebenswert und befürchten, andere zu enttäuschen, wenn diese sie näher kennenlernen,
- fühlen sich sozial isoliert,
- meiden soziale Kontakte,
- schreiben Erfolge anderen oder den Bedingungen, Mißerfolge sich selbst zu.

Personen mit hoher Selbsteinschätzung
- haben ein erfolgsorientiertes Selbstkonzept, das auch mit Niederlagen zurechtkommt,
- sind von ihren Fähigkeiten überzeugt,
- sind bereit, Bindungen aufzugeben, um Ziele zu erreichen,
- pflegen gern soziale Kontakte und übernehmen bereitwillig Gruppenfunktionen,
- schreiben Mißerfolge äußeren Umständen, Erfolge ihren Fähigkeiten zu. Sie sind sie das Gegenteil des ersten Typs.

Beide kommen in der Extremform selten vor, alle Menschen gehören jedoch tendentiell entweder zum ersten oder zum zweiten Typ. Die *Basis der Verhaltensdisposition ist,* wie man an den Beispielen leicht erkennen kann, das *Emotional-Soziale.* Mit einer Verbesserung dieser Fähigkeit werden Menschen selbstsicherer und erfolgszuversichtlicher.

7.3 Menschenbilder und implizite Persönlichkeitstheorien

Die Diskussion um emotional-soziale Intelligenz und Kompetenz wird geführt, seitdem sich das Menschenbild im Management grundlegend geändert hat. Es ist nicht mehr der Mitarbeiter, der nur des Geldes wegen einen Teil seiner Zeit und Energie verkauft, sondern es ist der Mensch in seinem ganzen Widerspruch, den man engagiert und dessen ganzheitliche Bedürfnisse man befriedigen muß, wenn man ganzheitliche Gegenleistungen erwartet. Man nennt ihn den »complex man«. Mit ihm treten ganz neue Fragen in den Mittelpunkt der Managementstrategien.

Kann es sein, daß sich Manager bisher ein verkürztes Bild vom Menschen machten, daß sie ihn nur im Ausschnitt wahrnahmen – und daß Führung daher so oft scheitert?

Implizite Persönlichkeitstheorien: Jeder trägt ein Bild vom (anderen) Menschen (vom Menschen überhaupt) in sich, von dessen Realität er fest überzeugt ist, denn es bestätigt sich täglich. Es ist ganzheitlich – manchmal im guten, manchmal im schlechten Sinne. Unsere »implizite Persönlichkeitstheorie« lenkt unsere Urteile über Menschen und deren Verhalten. Sie steckt in jedem unserer sozialen Akte. Die beiden Extreme sind der Typ X und der Typ Y (nach *D. McGregor).*

Manager des weit verbreiteten *Typs X* gestehen »Untergebenen« keine Selbstverantwortung und keine Selbstentfaltungskräfte zu. Sie ignorieren ihr gesamtes emotional-soziales Potential und geben ihnen keine Entfaltungschancen. Damit verkümmern sie. Wir erleben wieder einmal den für das Selbstverständnis von Betriebsdiktatoren so beruhigenden Mechanismus der sich selbst erfüllenden Prophezeiung. Das heißt, wenn Manager Mitarbeiter für unselbständig halten, werden sie es (auf mittlere Sicht) sein.

McGregors Typ Y entspricht dem Menschenbild der Humanistischen Psychologie. Es ist der emotional-sozial intelligente, einsatzwillige, Selbständigkeit begehrende Mitarbeiter. *McGregor* unterstellt allen Menschen solche Potentiale. Er stellte fest, daß Vorgesetzte, deren Handlungen aus diesem (impliziten) Persönlichkeitsbild erwachsen, bei ihren Mitarbeitern diese Potentiale wecken und zu entwickeln pflegen.

Erweitern wir Typ Y zum Typ Z als Persönlichkeitstheorie, die den Erkenntnissen über die multiple Intelligenz entspricht. Es ist der »individualisierte«, einmalige Mensch, dem wir zugestehen, daß seine individuellen Lebenspläne und Wünsche legitim sind, und daß wir uns bemühen, ihnen in Organisation und Führung Rechnung zu tragen. Ursprünglich verstand man hierunter den Gruppenmenschen, den Prototyp des fleißigen, selbstlosen Firmenmenschen (japanisches Modell).

Menschenbilder: Welches Menschenbild-Ideal herrscht im Management vor? Es ist der mündige, individualisierte, seine vielen Wahlen frei und unabhängig treffende, gegen soziale Ungleichheit und Ungerechtigkeit hochsensible, politisch korrekte und damit vielfach »betroffene« Mensch.

Der Mechanismus, der uns immer recht gibt: Wenn wir uns – am vorherrschenden Menschenbild orientierend – unserer individuellen Ausprägung (unserer »impliziten Persönlichkeitstheorie«) folgen, sorgt ein einfacher Mechanismus dafür, daß wir ständig darin bestätigt werden. *Robert Merton,* ein amerikanischer Soziologe, nannte ihn *»self fulfilling prophecy«.* Unsere »Prophezeiung« (in diesem Fall: unser Menschenbild) wird deshalb ständig bestätigt, weil wir selektiv beobachten, das Beobachtete in unserem Sinne interpretieren und sich die von unserem Urteil Betroffenen schließlich diesem Urteil fügen. Man kennt diesen Mechanismus in Beurteilungsvorgängen auch als *Pygmalion-Effekt.*

Die Bezeichnung stammt aus einer klassischen Geschichte. Der junge Grieche Pygmalion verliebte sich in eine Skulptur so heftig, daß sie durch seine intensive Zuneigung lebendig wurde. (Andere sagen, die Göttin Aphrodite habe ein Einsehen gehabt und die steinerne Schöne belebt, so daß Pygmalion nicht vor Liebe sterben mußte). Gemeint ist damit, daß man durch seine Vorstellungen selbst »Steine zum Leben erwecken« kann.

Hat jede Führungskraft auf Dauer die Mitarbeiter, die sie verdient? Der Mechanismus der sich selbst erfüllenden Prophezeiung hat zur Folge, daß sich Kinder in der Erziehung, Schüler im Unterricht, Mitarbeiter bei der Führung auf mittlere Sicht immer erwartungsgemäß verhalten. Der Mensch ist immer so, wie wir ihn uns vorstellen. Pygmalion ist überall! Schon die falsche Menschenbildvorstellung ist der erste grobe Führungsfehler, aus dem viele andere notwendig folgen.

Fallbeispiel: Der junge Lehrer übernimmt den Unterricht in zwei Klasssen. Sein Mentor (zugleich in ein Forschungsprojekt eingebunden) erklärt ihm, daß er sich bei der Klasse A nicht besonders bemühen müsse. Die Schüler seien alle aus gutem Hause, lernbereit, diszipliniert und intelligent. Anders sei das bei den Schülern der Klasse B. Sie stammten durchweg »aus einem schlechten Elternhaus«, ihr Fleiß ließe zu wünschen übrig, ebenso ihre Disziplin.
Angesichts seiner Vorinformationen verstärkt der unerfahrene Lehrer unbewußt jede Lernregung der Klasse A mit aufmunternden Worten, denn es zeigen sich auch bei halbrichtigen Antworten deutlich Lerneifer und Kreativität. Dieselben Reaktionen beantwortet er in der Klasse B – weil sie anscheinend aus Unaufmerksamkeit und Renitenz erfolgen – mit Rügen und abwertenden Bemerkungen. Als beide Klassen nach angemessener Zeit die gleiche Klassenarbeit schreiben, bestätigt sich seine Einschätzung des Schülerverhaltens. Die Leistungen sind (wie zu erwarten war) völlig unterschiedlich, obwohl beide

doch den »gleichen Unterricht« genossen haben. Freudig bestätigt der Anfänger seinem Mentor sein bereits ausgeprägtes pädagogisches Gespür. »Sie hatten natürlich völlig recht mit Ihrer Bewertung der Schülergruppen. Und ich sah es auch sofort«. Nun wird ihm eröffnet, daß er an einem Experiment mitgewirkt hat. Beide Klassen hatten das gleiche Leistungsniveau – *vor* dem Unterricht! Jeder kann sich leicht die motivierenden und demotivierenden Wirkungen der Verhaltensweisen des Lehrers auf die Schüler vorstellen. Seine Prophezeiung mußte psycho-logisch eintreffen; er hat sie durch nichtbewußtes, aber konsequentes Verhalten im Sinne der Vorinformation (des Vorurteils) geradezu herbeigeführt.

Dieses Experiment wurde in ähnlicher Form mit dem geschilderten Ergebnis tatsächlich mehrmals durchgeführt. Es erschütterte den Glauben an gerechte Urteile, auch von Urteilsexperten. Es läßt sich generalisieren. Bei Mitarbeitern in einem Betrieb oder einer Behörde wäre es nicht anders verlaufen. Der einfache Mechanismus der sich selbst erfüllenden Prophezeiung zeigt, daß wir immer ganzheitlich wahrnehmen. Wenn wir sicher sind, daß uns jemand betrügen will, sehen wir alles, was er sagt und tut, und seine ganze Umgebung unter diesem Blickwinkel. Wir tun damit vielen anderen Merkmalen »unrecht«. Aber das bewahrt uns auch vor Risiken. Ganzheitliches Wahrnehmen und Erleben scheinen im Alltag die Regel zu sein. Die Wissenschaft versucht, mit methodischem Vorgehen diese Effekte zu eliminieren.

Offensichtlich stört Ganzheitlichkeit die »Objektivität« der Ergebnisse. Aber: Wenn man Ganzheitlichkeit konsequent ignoriert, erhält man Ergebnisse, die sich (verständlicherweise) in der Wirklichkeit nicht wiederfinden lassen, wissenschaftlich jedoch exakt sind. Großartig, aber falsch! – sagt dann der Praktiker.

Auch der sogenannte *Halo- (Hof) oder Überstrahlungseffekt* spielt uns Streiche bei der Sicht der Wirklichkeit; zugleich zeigt er, daß und wie wir ganzheitlich wahrnehmen. Dieser Effekt bewirkt, daß wir ein dominierendes Merkmal »hochrechnen«; es überstrahlt alles andere. Besonders beim Beurteilen kann das für den Beurteilten fatale Folgen haben – oder auch angenehme, je nach dem Merkmal und je nach dem Vorurteil des Beurteilers über solche Merkmale.

Beispiel: Menschen, die immer lächeln, werden als sozialverträglich, klug und zuverlässig beurteilt. Und zwar ohne daß man diese Eigenschaften jemals nachprüft. Die Eigenschaft Lächeln überstrahlt alle anderen. Das gilt auch für viele andere (ganzheitlich wirkende) Eigenschaften.

Fallbeispiel: In einer Prüfung saß eine äußerst charmante Studentin, die jedoch eine etwas nachlässige Sprache verwendete und daher alle Fragen zwar »charmant« (was immer das sein mag), aber nicht präzise und nicht gerade in besonders gepflegtem Hochdeutsch beantwortete. Bei der Schlußdiskussion waren sich alle Prüfer über eine gute Note schnell einig. Der Vorsitzende wies darauf hin, daß an dieser Person besonders ihre angenehme (!) und wohltuend (!) klare Sprache bemerkenswert wäre. Alle waren erstaunt, als einer der Prüfer (ein Pedant, ein Beckmesser) viele sprachliche Schnitzer anführte. Er hatte genau hingehört und war dem Charme (dem ganzheitlichen Eindruck) nicht völlig erlegen. Er hatte auch die individuellen Besonderheiten (sprachliche Mängel) gesehen. Allerdings hatten diese sprachlichen Unebenheiten nichts an dem ganzheitlichen Eindruck geändert, der als »angenehm und wohltuend« (ganzheitlich) zutreffend beschrieben wurde. Es blieb in der Abstimung daher bei der guten Note – und das wohl zu Recht. Zwar wäre bei einem analytisch angelegten Verfahren eine schlechtere Bewertung herausgekommen; im wirklichen Leben jedoch werden die meisten Menschen (Mitarbeiter, Kunden, Freunde usw.) diesem Charme ebenfalls erliegen, und die Kandidatin wird im Beruf und im Privatleben Erfolg haben, weil die Wahrnehmung der Person durch die Eigenschaft »Charme« überstrahlt wird und Beckmesser im wirklichen Leben (wiederum zu Recht) eine Außenseiterrolle spielen.
So ähnlich entsteht vermutlich auch Charisma. In der Psychologie beugt man sich diesem häufigen Phänomen und spricht in diesem Zusammenhang von der »sozialen Validität«.
Das heißt: Ist auch dieses Prüfungsergebnis (im strengen Sinne der Prüfungsmethodik) nicht valide (Es wurde nicht das bewertet, was zu bewerten war!), so wird es sich im wirklichen Leben trotzdem bewahrheiten. Ja: »Grau, treuer Freund, ist alle Theorie, und bunt des Lebens goldner Baum!« *(Johann Wolfgang von Goethe).* Was auch nicht unbedingt logisch ist, aber wohl jedem leicht einleuchtet!

Wie erleben Menschen ganzheitlich? Implizite Persönlichkeitstheorien und Menschenbilder zeigen, daß wir Menschen immer ganzheitlich erleben und bewerten. Jeder kennt die Wirkung der ersten Begegnung, des ersten Eindrucks – und der Liebe (oder Abneigung) auf den ersten Blick. Offensichtlich aus dem biologischen Urbestand stammen solche Verhaltensreaktionen. Sie ermöglichen uns eine blitzschnelle Orientierung. Nur schwer können wir uns von dieser Art Ganzheitlichkeit lösen. Ganzheitlichkeit läßt sich methodisch verbessern. *Empathie* ist eine Möglichkeit, Menschen differenzierter zu begegnen und vom »Klischee des ersten Eindrucks« wegzukommen – aber auch sozial bedeutsame Eigenschaften (z.B. Charme) in ihrer Funktion zu erkennen und anzuerkennen.

Ein anderer Weg zu mehr Wahrnehmungsgerechtigkeit ist das *systemische Verfahren*. Es bezieht die Umfeldbedingungen in die Bewertung ein. Der Mensch ist zwar nicht der Sklave seines Umfeldes, aber ohne seine Lebens- und Arbeitsbedingungen läßt sich ein Individuum nicht verstehen. Emotionale Kompetenz besteht zu einem großen Teil darin, Menschen ganzheitlich zu sehen und ihnen dennoch in ihren Besonderheiten gerecht zu werden. Denn: *Jeder Blick auf eine Sache, der nicht verfremdet, ist falsch. (Paul Valery)*

Fazit – Die Risiken der Nichtbeachtung: Am gefährlichsten sind die Manager, die behaupten: »Wenn ich einen Menschen zur Tür hereinkommen sehe, weiß ich schon, wie er eigentlich ist!« Sie nennen das Menschenkenntnis.
Psychologisch gesehen ist das ledigleich eine hochgradige »Halo-Effekt-Erkrankung«. Manche Manager leiden daran unheilbar. Man sollte ihnen die Verantwortung für andere Menschen entziehen, und zwar aus Gründen der Organisationsethik. Damit es erst gar nicht zu solchen Krankheitssymptomen kommt, sollten Nachwuchsmanager in das systemische Denken (siehe Kapitel 10) und in die Grundzüge der Persönlichkeitspsychologie (siehe Kapitel 5 und 7) eingeübt werden, bevor man »sie auf Menschen losläßt«.

Hintergrundinformationen zu Kapitel 7

Der Ursprung des Konstruktivismus. Nach Ansicht der phänomenologisch arbeitenden Soziologie *(Edmund Husserl, Alfred Schütz, Richard Grothoff* 1989) ist unser Alltag (auch der betriebliche Alltag) eine vergesellschaftete Welt, in der uns bestimmte Erlebnis- und Wahrnehmungsmöglichkeiten und -zwänge vorgegeben sind. Sie hat für alles, was es wahrzunehmen gibt, bereits *Wahrnehmungsmuster*, für alles Denkbare *Denkmuster* und für unsere Erlebnisse *Empfindungs-* oder *Erlebnismuster* bereitgestellt. Bedienen wir uns folgsam dieser Muster, so erregen wir nirgendwo Anstoß; tun wir es im Einzelfalle nicht, so müssen wir unsere abweichende Wahrnehmung verteidigen. Jede Zeit, Region und Kultur (aber auch jede Organisation) erlaubt nur eine begrenzte Zahl an Interpretationen des Wahrgenommenen und an Erlebnisstilen. Lebenssinn (z.B. Sinn in der Arbeit) entsteht bei Menschen im Umgang mit dem vorstrukturierten Alltag; er bestimmt und begrenzt unsere Erlebnismöglichkeiten und definiert damit weitgehend unsere individuelle Lebenswelt. »Normalität« hat daher eine notwendige gesellschaftliche und organisatorische Funktion.
Die Funktion des Konstruktivismus: Der *Konstruktivismus* hat den Blick der Forscher und der Praktiker für die Besonderheiten und Feinheiten der Lebenswelten und für die Vorgänge der sozialen Konstruktion dieser Wirklichkeiten geschärft (in der Soziologie: *Erving Goffmann, Peter Berger, Thomas Luckmann;* in der Psychologie *Paul Watzlawick, Jean-Claude Kaufmann*). Am besten wird die neue Sicht durch das *Thomas-Theorem* (sozialer Konstruktivismus) ausgedrückt: *Was Menschen sozial für real halten, das ist real!*

Gegenpositionen – Man sollte nicht übersehen: Der Konstruktivismus ist *eine* erkenntnistheoretische Sichtweise unter vielen anderen. In den Köpfen der Manager und Mitarbeiter konkurriert er mit traditionellen Sichtweisen (Erkenntnistheorien). Wir stellen die wichtigsten daher kurz vor:
Der *Naturalismus* behauptet: Alles ist Natur. Alles ist daher innerweltlich erklärbar. Es gibt nichts Transzendentes. Diese Sicht verschärft der radikale Konstruktivismus. Alles (auch die Natur) ist außerdem sozial konstruiert. Es gibt daher keine Wahrheit und auch keine Objektivität. Alles ist bloßes »Begriffsdesign«. Der Standpunkt der *aktuellen Gehirnforschung:* Alles ist Folge der Gehirnfunktionen.
Der *Idealismus* (in seinen zahlreichen Formen) meint: Der Geist ist ein schöpferisches Organ. Geistiges ist so real wie Materielles. Für den Menschen ist es meist wichtiger. Und: Es gibt neben dem wahrnehmbaren Natürlichen (vielleicht) auch Übernatürliches (auch Transzendentales oder Transzendentes: Die Welt hat einen metaphysischen Kern!). Unsere Erkenntnisgrenzen versperren

uns jedoch den Zugang. Diese Sichtweise erlaubt kulturunabhängige Sinnbildung (ewige Wahrheiten, religiösen Glauben) und das Formulieren beständiger Werte. Manche meinen auch, daß in der Realität Werte, Moralforderungen und Schönheit vorgefunden werden (können): »Wär' nicht das Auge sonnenhaft ...« *(J. W. von Goethe)*: Die menschliche Natur ist zu bestimmten Empfindungen und Erkenntnissen vorgeprägt, z.B. durch einen ästhetischen, einen moralischen und einen religiösen Sinn. (Ein gut lesbarer Überblick: *Gerhard Gamm:* Der Deutsche Idealismus. Stuttgart [Reclam] o. J.)

Paradigmenwechsel revolutionierten unsere Weltbilder!
Sie beweisen die Wirkung der Konstruktion von Wirklichkeit. Beispiele hierfür sind:
Galilei/Newton/Kopernikus (physikalischer Weltbildwechsel),
Martin Luther (Wechsel der religiösen Grundlagen),
die Französische Revolution (Wechsel der politischen Grundwerte),
Charles Darwin (Wechsel des Menschenbildes [2. Kränkung]; Ursprung der aktuellen, erweiterten evolutionären Erkenntnistheorie),
Albert Einstein/Max Planck (Revolutionierung der Makro- und der Mikrophysik; grundlegender Umbruch im naturwissenschaftlichen Denken).

Paradigmenwechsel im ökonomischen Weltbild (Beispiele):
Adam Smith (Wechsel der volkswirtschaftlichen Grundansichten),
F. Winslow Taylor (1911: Wechsel in der Sicht auf das Management = wissenschaftliche Betriebsführung),
Die **neunziger Jahre des 20. Jahrhunderts:** Revolutionäre Sichtwechsel
- Chaostheorie, evolutionäre Erkenntnistheorie, der seit *Arthur Schopenhauer* (Die Welt als Wille und Vorstellung) latente Konstruktivismus setzt sich auf breiter Front durch;
- Intelligenz wird völlig neu gesehen: »multiple Intelligenz«, besser: Ganzheitliche Intelligenz;
- Kompetenzen werden neu definiert;
- Ressourcen oder Kapital wird ganzheitlicher gesehen;
- professionelles Management wird neu bestimmt: Manager sind nicht mehr Chefingenieure von Mensch-Maschine-Systemen, sondern Katalysatoren. Sie müssen Menschen, Ideen und Kapital zusammenführen, für Synergien sorgen, Produktivitäten entdecken und fördern und diese Kräfte an unübersichtlichen Märkten zum Erfolg führen. Das gelingt dauerhaft nur, wenn sie zugleich die emotionalen, sozialen, humanen und ästhetischen Bedürfnisse der Mithelfenden (Mitarbeiter) richtig deuten und bedienen können. *(Omar Aktouf:* Traditional Management and Beyond. Boucherville, Quebec 1996: Die Geschichte der Managementtheorien und deren state of the art.)

Übergreifend bedeutsam: *Wilhelm von Humboldt/Ludwig Wittgenstein* – Wechsel in der Sicht, **welche Bedeutung die Sprache für unsere Erkenntnis hat.** Ergebnis: Die Grenzen meiner Sprache sind die Grenzen meiner Welt – sind die Grenzen der Sprache die Grenzen der Welt?
Unsere Logik steckt in den Sprachspielen. Jede Disziplin und jede Erfahrungswelt hat ihre eigenen sprachlichen Besonderheiten (Diskurse). Ein Teil der Mißverständnisse zwischen den Angehörigen dieser Erfahrungs- und Wissensbereiche beruht darauf, daß sie die Sprachspiele der anderen nicht deuten können. *Karl-Otto Apel* nennt Sprachspiele »konkrete Einheiten von Sprachgebrauch, Lebensform und Welterschließung«. Danach sind Sprachspiele Arten des Erlebens, Verstehens und Sprechens.

Die aktuelle Sprachphilosophie und die Konstruktion der Wirklichkeit
Sprachphilosophie beherrscht seit dem »linguistic turn« das Denken und Erkennen – auch wenn man sich damit nicht beschäftigt hat, ist man ihren Modellen irgendwie verpflichtet. Zur Zeit gibt es drei Richtungen, die sehr vereinfacht die folgenden Anliegen haben:

1. Im deutschsprachigen Raum wird Sprachphilosophie beherrscht von *Hans Georg Gadamers* Hermeneutik (= Auslegekunst). Sprache ermöglicht das Sinnerfassen, die Antizipation von Ganzheit, Welterschließung und -auslegung. Sprache ist jedoch immer schon historisch und situativ »kontaminiert« (struktureller Aspekt).
2. Die französische Sicht: Sprache hat etwas mit Macht und Herrschaft zu tun. Alle Diskurse sind machtbestimmt (sozialer Aspekt).
3. Die amerikanische Sprachphilosophie hebt vor allem ab auf die Befreiung des Menschen von der »Verhexung durch Wörter«; »political correctnes« ist in diesem Zusammenhang ein bekanntes Phänomen (Machtaspekt).

»Die Kuriosität der Natur (und der Kultur: U.G.) verdirbt die einfachen Erklärungsversuche. Die Bemühungen, verständliche und trotzdem kompetente Bücher darüber zu schreiben, werden von diesem Umstand arg in Mitleidenschaft gezogen!« (Ulrich Kühne)

Überblick: Kapitel 8

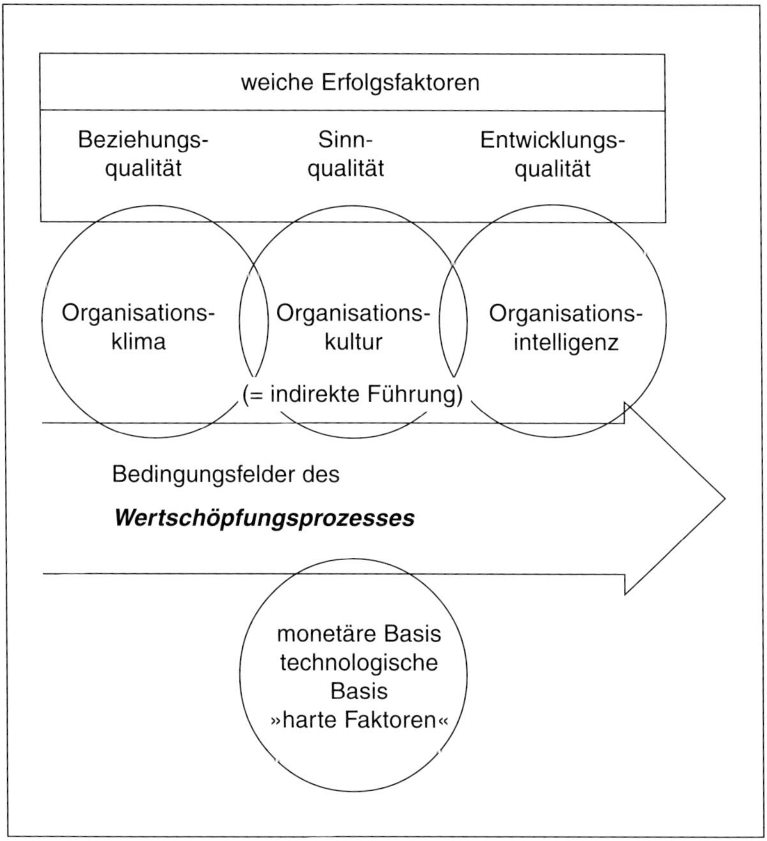

8 Ganzheitliche Bedingungsfelder für das Reifen emotional-sozialer Kompetenzen

Erfolgreiche Unternehmen koordinieren und integrieren über Leitbilder und Werte – andere über Regeln!

Unternehmen sind erfolgreich durch ihre Mitarbeiter! (Jeffrey Pfeffer). Aber:

- Nur in einer Vertrauenskultur mit hilfreichen Rückmeldungen entsteht emotional-soziale Kompetenz.
- Nur in einer intelligenten Organisation wird emotional-sozial kompetente Führung belohnt.
- Nur unter emotional-sozial kompetentem Top-Management können sich solche Bedingungen entwickeln: »Wie der Herr, so's G'scherr«. (Diese Erkenntnis war bereits in agrarischen Gesellschaften verbreitet.)

8.1 Der ganzheitliche Mensch braucht Ganzheitlichkeit fördernde Bedingungen

Führungs- und Arbeitsbedingungen werden immer komplexer. Wie löst man die daraus entstehenden Probleme? Bekanntlich gibt es kein Handeln ohne Bedingungen. Wie die Bedingungen, so das Handeln! Oder: »In dummen Bedingungen können auch Kluge nichts Rechtes bewirken!« Emotional-sozial Kompetente erwarten und brauchen Bedingungen, die ihre Fähigkeiten würdigen, fördern und nutzen.

Welche Bedingungsfelder muß das Management beachten und beeinflussen? Menschen leben in vielfältigen Bedingungsfeldern oder Kontexten, in ökonomischen, sozialen, mentalen, physischen und symbolischen.

- *Ökonomischer Kontext:* Wie sind die ökonomischen Beziehungen geregelt, was gilt als »wirtschaftlich«, welche Bedeutung hat dieser Aspekt im Gesamtzusammenhang; wie wird »Wirtschaftlichkeit« geprüft?
- *Sozialer Kontext:* Mit wem gehe ich häufig um? In welche sozialen Netzwerke bin ich eingebunden? Wie empfinde ich deren Qualität?

- *Mentaler Kontext:* Wer bin ich (bis jetzt)? Wie ist der Stand meines Selbstkonzepts und meines Selbstwertgefühls? Welche Beziehungsbotschaften erhalte ich regelmäßig? (Oder: Wie deute ich sie?)
- *Physischer Kontext:* Wo muß ich mich bewähren? Fühle ich mich dabei physisch wohl? Wie stabil fühle ich mich Anforderungen gegenüber? Empfinde ich mich als gesund; wie ist der Grad meines Wohlbefindens?
- *Symbolischer Kontext:* Worüber spricht man hier, und wie spricht man darüber miteinander? Welche Wertvorstellungen gelten hier – kann ich sie vorbehaltlos teilen? Gibt es offene Diskussionen? Werden meine Meinungen angehört und werden sie beachtet, wenn sie gut begründet sind? Am wohlsten fühlt man sich da, wo die eigenen Meinungen von möglichst vielen geteilt werden. Aber schon die Beachtung durch die anderen stabilisiert. Manche Menschen brauchen ständige Aufmerksamkeit. Weil diese ein sehr knappes Gut ist, werben oder kämpfen alle gegen alle darum – oft auch mit allen Mitteln.

Warum ist die Bedingungsfeldgestaltung eine zentrale Aufgabe? Wegen der immer komplexer werdenden Bedingungen greift das Optimieren des Führungsstils zu kurz. Führung ist mehr als eine Stilfrage. Zentrales Problem ist die Bedingungsfeldgestaltung. Dabei gilt es mehrere *Bedingungsaspekte* im Auge zu behalten. Sie beziehen sich auf die oben vorgestellten Kontexte.

Fazit: Als **Aspekte** lassen sich neben den ökonomischen Bedingungen, die nur zum Teil frei gestaltbar sind, unterscheiden:
- das Sozialklima (Sozialgefüge),
- das Führungsklima (Machtgefüge),
- die Organisationskultur (Sinngefüge),
- die normgebenden mentalen Modelle (Vorbilder, Erlebnis- und Denkmuster),
- die ästhetische, materielle und technologische Ausstattung (Umfeld- und Ressourcengefüge) und
- der Intelligenzgrad der Organisation. Diesem Aspekt widmet sich das neue Wissensmanagement mit dem hehren Ziel einer »lernenden Organisation«.

Aus diesen heterogenen Merkmalen setzen sich im wesentlichen Arbeits- und Lebensbedingungen zusammen.

Bedingungs-Management wird immer mehr zu einer zentral wichtigen Basisfunktion im Management.

Warum ist unter den Arbeitsbedingungen *der Bedingungsfaktor »Zeit haben« so wichtig?*

Das richtige Zeitmanagement wird mit zunehmender Arbeitsverdichtung immer wichtiger. Für viele wird es geradezu überlebenswichtig, denn Zeitstreß ist so gesundheitsschädlich, daß man ihn lebensbedrohend nennen darf. Zeit als Ressource ist extrem verhaltenswirksam. So hängt Hilfsbereitschaft (also ein ethischer Faktor) davon ab, ob man Zeit hat. In entsprechenden Experimenten waren 63 Prozent der Teilnehmer selbstlos zu helfen bereit, wenn sie dafür genügend Zeit zur Verfügung hatten; unter Zeitdruck halfen nur rund zehn Prozent (*John Darley/Daniel Batson,* Priceton).

Die *Macht der Umstände* scheint sogar größer zu sein als psychische Dispositionen und Charaktereigenschaften: Gelegenheit macht Diebe und Wohltäter!

Verhaltensänderungen gelingen daher am besten, wenn man die Umfeldbedingungen an der richtigen Stelle, zum richtigen Zeitpunkt und mit geeigneten Mitteln gezielt ändert *(Malcolm Gladwell:* Der Tipping Point [Die Tipping-Point-Theorie]. Berlin 2000).

Beispiele: Durch die konsequente Verfolgung aller Bagatelldelikte (ab 1992) hat die Polizei in New York die Verbrechensrate drastisch vermindert. Das Milieu kippte, als der Tipping-Point erreicht war (die kritische Masse). Die dahinter stehende Philosophie: In ästhetisch verkommenen Milieus sinkt das Verhaltensniveau. Auch Organisationen können davon lernen.
Unter bestimmten Bedingungen breiten sich Moden, Ideen und Verhaltensweisen gleichsam epidemisch aus. Man spricht von »sozialen Epidemien«. Symbolische Führung (und Politik) kann so etwas auslösen bzw. verhindern.

Welche Möglichkeiten bietet die symbolische Führung? Die Art und Weise, wie man miteinander spricht und worüber man spricht, organisationskulturelle Elemente und der Ruf, den die Organisation drinnen und draußen genießt, das sind die wichtigsten symbolischen Bedingungen. Das neue Management widmet sich diesem Teil des Bedingungsfeldes mit besonderer Sorgfalt. Dabei stoßen Manager mit herkömmlicher Ausbildung und althergebrachten Einstellungen schnell an ihre Grenzen.

Welche Wettbewerbsbedeutung haben sinnstiftende Bedingungen? Elisabeth Noelle-Neumann stellte in Erhebungen über den Wertewandel einen schleichenden Sinnverlust fest. Empfinden Menschen Sinnverlust, dann schwinden Loyalität, Motivation und Engagement. Sinn reguliert unsere Bindekräfte an Menschen, Institutionen und Tätigkeiten *(Walter Böckmann).*

Menschen mit Erfolgsintelligenz erkennen eher als andere, ob ihre Umwelt der Entwicklung ihrer Potentiale (Talente) förderlich oder hinderlich ist. Sie wählen Umwelten, die ihnen Entfaltung erlauben, und sie tragen gern aktiv dazu bei, daß Umwelten solche Qualitäten annehmen *(Sternberg* a.a.O. 1998, S. 21).

Emotional-sozial kompetente Menschen sind kundensensibler, kreativer und sozialer als emotional ungebildete. Die herkömmliche Führung erhält mit ihnen jedoch ein neues Problem. Sie engagieren sich nur, wenn sie in ihrem Einsatz einen Sinn erkennen können bzw. wenn man ihnen nicht untersagt, diesen Sinn selbst herzustellen. In bürokratischen Organisationen wird ihnen das erschwert. Viele Arbeitsplätze sind unnötig sinnleer organisiert, und manche Führungskraft sieht ihre Hauptaufgabe darin, den Mitarbeitern immer wieder die eigene Macht zu demonstrieren. Hochentwickelte Menschen sind gegen dysfunktionale Macht allergisch. Sie sehen darin eine zweckwidrige und kränkende Beschneidung von Spielräumen. Sie suchen in der Arbeit vor allem Selbstentfaltungschancen. Nimmt man ihnen diese, beginnt sie ihre Tätigkeit zu langweilen.

Macht ohne Begründung und ohne Legitimation ist für selbstbewußte Menschen der wirksamste Demotivator.

Hieraus ergibt sich die Forderung: Wer Leistung will, muß Sinn bieten! (Walter Böckmann.) Seit Mitte der achtziger Jahre wird im Management das Konzept Organisationskultur diskutiert. Unternehmen und Verwaltungen sind gut beraten, ihre spezifische Kultur bei allen Managementmaßnahmen im Auge zu behalten. Sie produziert (konstruiert!) Werte, Normen, Verhaltensregeln und Umgangsformen, kurz: Sie ist ein wichtiger Sinngeber. Kultur ist nichts für »Macher«; sie läßt sich nicht herstellen, sondern sie muß entwickelt werden. Nur wer Kultur hat, kann Kultur entwickeln. Emotional-soziale Kompetenz muß also zuerst im Topmanagement aufgebaut werden, anders kann eine entwicklungsfreundliche Organisationskultur nicht wachsen und reifen.

Es gibt aber auch Fälle, in denen Intrapreneure unabhängig vom Management, gewissermaßen im eigenen Auftrag, erfolgreich *Kulturinseln* gebildet haben. Gelingt es ihnen, eine kritische Masse an Mit-Intrapreneuren heranzubilden, bevor die Immunabwehrreaktionen des Systems wirksam werden, oder haben sie im oberen Management Förderer, so ist auch dies ein gangbarer Weg zur Organisationskultur-Optimierung (»Tipping-Point-Effekt-Management«).

Vertrauenskultur – das Bedingungs-Optimum? Organisationen entwickeln häufig Corporate Identity-Strategien, aber selten eine entsprechende Organisationskultur. Sie ist das emotionale Mehr zum bloßen äußeren Schein! *Manchmal ist der Aufwand für das Outfit höher als der für den Output!*

Kultur entsteht im Aushandeln der Bedingungen für das Verhalten. Nach dem Faktor Zusammenarbeit lassen sich Organisationskulturen (und Kulturen überhaupt) als Vertrauens- oder als Mißtrauenskulturen einstufen. Nur wer *Vertrauen* gewährt, kann Vertrauen erwarten. Kontrolle ist gut, aber Vertrauen ist besser. Aus der Sicht von heute gilt: Vertrauen ist gut, denn Kontrolle wird wegen der Komplexität zunehmend unmöglich! Vertrauen erfordert und ergibt sich z.B. aus:

- konsequenter *Verfahrensgerechtigkeit* (beim Führen, Beurteilen, Fördern und Befördern),
- der strikten Wahrung der *Menschenwürde* in allen Beziehungen (auch beim Tadeln),
- der ausschließlich *funktionalen* Definition und Handhabung von *Herrschaft* jeder Art über andere Menschen.

Die aktuelle Vertrauensdiskussion: Vertrauen ist das Öl im sozialen und seelischen Getriebe! – so der Soziologe *Anthony Giddens*. Der Entwicklungspsychologe *Erik Erikson* spricht vom Ur-Vertrauen, das Kinder erwerben müssen, damit sie seelisch überlebensfähig werden. *Niklas Luhmann* (der 1999 verstorbene Soziologe) stellte fest: Vertrauen hängt eng mit Selbstsicherheit zusammen; für den Soziologen *Piotr Sztompka* ist Vertrauen eine gesellschaftliche Ressource, die um so wichtiger wird, je komplexer sich Gesellschaften entwikkeln. Dasselbe gilt für komplexe Gebilde wie Unternehmen und Verwaltungen (so *Ulla Gosmann*, in: Psychologie heute (24), Heft 6/1997, S. 44-49) Das Systemvertrauen, also das Grundvertrauen, das Menschen z.B. in politische, ökonomische und administrative Systeme setzen (oder verweigern), ist der wesentliche Faktor der Systemlegitimation. An der Ruhr-Universität Bochum besteht deshalb ein Zentrum für Vertrauensforschung (ZfV).

Warum wird Selbstverantwortung zu einem wesentlichen Bedingungsfaktor? Weil Führung im herkömmlichen Sinn immer mehr zur organisatorischen Lebenslüge wird!

Je komplexer die Aufgaben werden, desto mehr wird Führung im klassischen Sinne zu einer Fiktion. Zyniker meinen, man kann das »kooperativ« lösen: Ihr tut so, als ob ihr führt – und wir tun so, als ob wir gehorchen! Das aktuelle Paradigma im Management wandelt sich z.Zt. vom allwissenden, allmächtigen und alles entscheidenden Manager (oder bürokratischen, machtbewußten Vorgesetzten) idealtypisch zum hochkarätigen Dienstleister für weitgehend selbständige Mitarbeiter, für »interne Kunden«, die sich zu Intrapreneuren entwickeln, oder für selbstverantwortliche Teams aus Intrapreneuren. Der Intrapreneur denkt unternehmerisch und handelt so, als gehöre ihm der Betrieb bzw. als sei er für seine Verwaltung verantwortlich.

Mit der Selbstverantwortung wächst der Sinn der Tätigkeit; so entwickeln sich Loyalität und Identifikation. Beides sind Einstellungen, die aus Emotional-Sozialem bestehen und den Kern der weichen Erfolgsfaktoren bilden.

Ein (Scherz-)Fall: Bei seinem 25jährigen Jubiläum wurde der Postbeamte von dem örtlichen Reporter gefragt: »Sie haben nun fast 25 Jahre gestempelt. Wie haben Sie eine so langweilige Tätigkeit eigentlich ertragen?« Die erstaunte Antwort: »Wieso langweilig? Es war doch jeden Tag ein anderes Datum!« – Das klingt naiv, aber vielleicht ist damit gemeint: Denken Sie an die große Verantwortung, denn Stempel sind Urkunden. Und beim ständigen Umstellen, da braucht es schon einen verantwortlichen Beamten, damit rechtlich nichts schiefgeht!
Auch empfundene Verantwortlichkeit bringt Sinn in die Tätigkeit. Für die Motivation läßt sich hieraus viel lernen!

Sinnbildungsintelligenz – eine zunehmend wichtiger werdende Ressource! Einstellungen oder Fähigkeiten, sich zu binden und loyal zu sein, entstehen nur, wenn man über Sinnbestände verfügt oder in der Lage ist, immer wieder neuen Sinn zu bilden. *Howard Gardner* spricht in diesem Zusammenhang (wie in Kapitel 2 bereits dargestellt) von der existentiellen Intelligenz (eQ). Er meint damit die Fähigkeit, vor allem den rechten Sinn für ein gelingendes Leben zu haben. Im kleinen gehört dazu das Vermögen, in seiner Tätigkeit immer wieder Sinn zu entdekken. Die Bedeutung für die Persönlichkeitsentwicklung ergibt sich allein daraus, daß man einen erheblichen Teil seiner kostbaren Lebenszeit mit beruflichen Tätigkeiten zubringt.

Im guten Sinne »symbolische Führung« verlangt z.B. ein hohes Maß an sprachästhetischer, kommunikativer Kompetenz und viel Einfühlungsvermögen. Im Sinne von *Joseph Freiherr von Eichendorff:* »Und die Welt hebt an zu singen, triffst Du nur das Zauberwort!« – wenn es auch nicht immer so anspruchsvoll sein muß!

8.2 Führen heißt vor allem: Den Zusammenhalt sichern

1. These: Das soziale Kapital ist eine Schlüssel-Ressource. Management hat als ständige Aufgabe das *Entwickeln von Sozialkapital.* Dazu gehören die emotionale, soziale und humane Potentialentwicklung und der produktive Einsatz der vorhandenen Fähigkeiten.

2. (Anti-) These: Emotionales, Soziales und Humanes sind etwas Schönes, aber sie behindern das harte Durchgreifen, die Konkurrenz um knappe Ressourcen und den Gewinn von Marktanteilen!

Können emotionale und soziale Kompetenzen produktiv sein? Produktivität setzt ein produktivitätsbereites System voraus. Betriebe (und Verwaltungen) sind um so produktiver (effektiver), je mehr Zusammenhalt, reibungslose Zusammenarbeit und gegenseitige Loyalität sie aufweisen. Marktanteile gewinnt man vor allem durch das Eingehen auf Kundenbedürfnisse. Auch der faire Umgang gehört zu den menschlichen Bedürfnissen. Nur Mitarbeiter, die man wie (interne) Kunden behandelt, lernen, Kunden einfühlsam zu behandeln. Diese einfach nachvollziehbaren psychologischen Grunderkenntnisse führen zur Synthese.

3. Synthese: Manager müssen um Marktanteile kämpfen. Je mehr knappe Ressourcen sie dafür aktivieren, desto erfolgreicher werden sie sein. Nachdem alle Unternehmen ihre harten Faktoren optimiert haben, sind es vor allem die *weichen Faktoren, die den Wettbewerbsvorteil ausmachen.* Das läßt sich mit der einfachen Formel ausdrücken:
- Es sind Menschen, die Produktivität produzieren.
- Menschliche Fähigkeiten und Bereitschaften (= Kompetenz) entscheiden über den Erfolg.
- Führung muß diese Kompetenz entwickeln, nutzen und gebührend würdigen.

Wie löst man das klassische Führungsproblem »Kohäsion«? Wie erreicht man, daß sich aus ganz unterschiedlichen Menschen mit vielfältigen Funktionen und Aufgaben so etwas bildet wie ein Sozialgefüge, und daß die Organisation nicht nur eine Kultur *hat,* sondern eine Kultur *ist* (oder wird)*?* Wie wird aus den vielen Menschen und Organisationsteilen eine gemeinsam handelnde Einheit? Die einschlägigen *Konzepte* (oder Bedingungen) dazu sind: Organisationskulturentwicklung, Sozialklimapflege, Förderung informeller und formeller Gruppen, Teamentwicklung, Projektarbeit und Entwickeln einer modularen Organisation sowie die Förderung der alles durchdringenden und ständig wirkenden Kommunikation.

Führungsaufgabe Sozialklimapflege: Das älteste Konzept ist das *Sozialklima,* das sich älteren Theorien zufolge über einen kooperativen *Führungsstil* herstellen (!) läßt. Diese verkürzte Sicht teilt heute niemand mehr.

Ein Blick in die Sozialklimaforschung: In den dreißiger Jahren haben amerikanische Forscher in den bekannten Hawthorne-Experimenten *(Mayo, Roethlisberger, Dickson)* durch eine Felduntersuchung in einem Elektrokonzern (gewisssermaßen zufällig) die große Bedeutung der sozialen Bedingungen als Zufriedenheitsfaktor entdeckt. *Heute sind soziale Bedingungen und Bindungen Erfolgsfaktoren (Netzwerkorganisation, Teamorganisation usw.).*

Parallel dazu (in den vierziger Jahren) beschrieben amerikanische Forscher *(Lippit, White, Lewin)* nach Experimenten in Ferienlagern die Wirkungen des *Führungsstils* auf die Einstellungen und das Verhalten der Geführten. Seitdem wird Führung in Führungslehren (verkürzt, reduktiv) auf den Stil reduziert behandelt. Inzwischen weiß man: Der kooperative Führungsstil ist zwar eine notwendige, aber keine hinreichende Bedingung von Führungserfolg.

Trotzdem waren diese beiden ersten Versuche, das Soziale in der Arbeitswelt als Wirkungsgröße (zunächst als ›Zufriedenmacher‹, dann als Motivator) zu behandeln, für vieles bahnbrechend. Seitdem wird auf die *soziale Zufriedenheit* und den *Gruppenzusammenhalt* Wert gelegt. Wenn auch manchmal nach dem Prinzip: Reichlich Milch bekommt man nur von glücklichen Kühen! Aber Kühe geben noch keine Milch, wenn sie *nur* zufrieden sind.

Zufriedenheit allein ist noch keine Motivation! Betriebsklimauntersuchungen zeigen die Bedeutung der sozialen *Zufriedenheit* für das

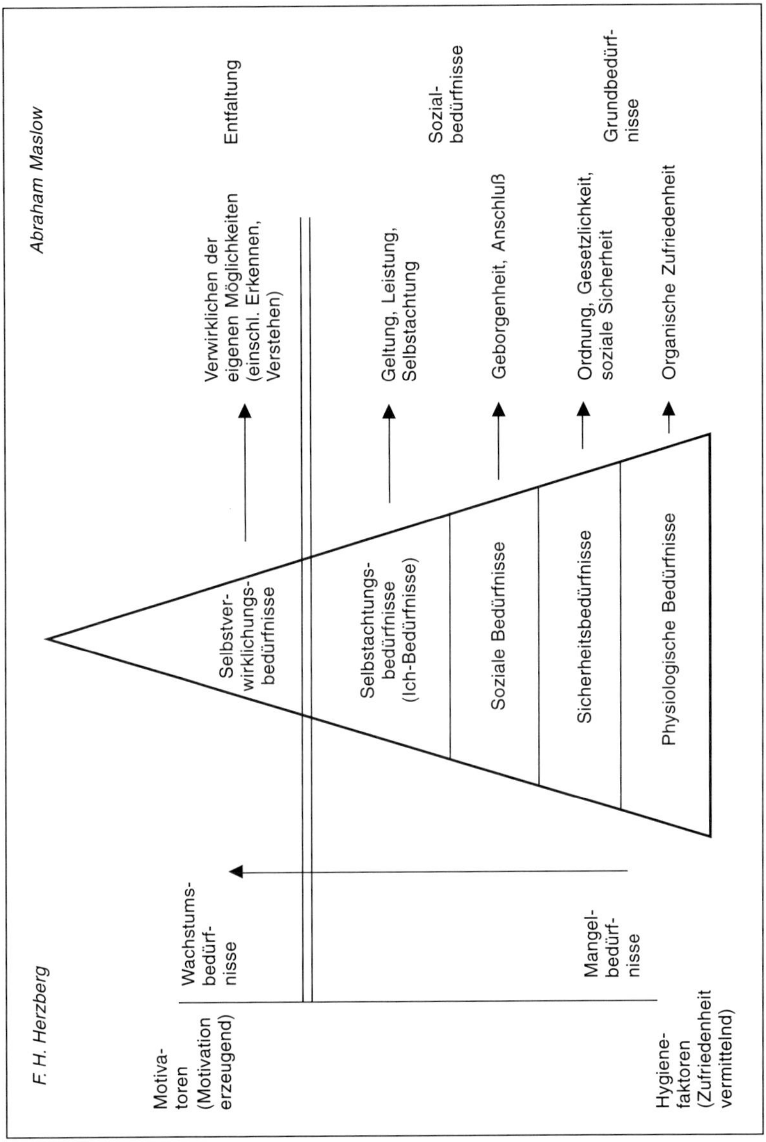

Abbildung 20: Die Bedürfnispyramide von Maslow/Herzberg

Wohlbefinden insgesamt und für das Gemeinschaftsgefühl. *Leistungsbereitschaft* entsteht jedoch erst, wenn auch die natürlichen menschlichen Entfaltungsmotive geweckt und bedient (!) werden. In dem bekannten Motivationsmodell (vgl. Abbildung 20) von *Maslow* und *Herzberg* werden diese Faktoren als Zufriedenmacher von den eigentlichen Motivatoren abgegrenzt. Es handelt sich dabei um ein sehr vereinfachtes Modell komplexer Motivations- und Zufriedenheitspozesse, bei dem sich zeigt: Ein gutes Sozialklima ist der erste Schritt zu einer sinngebenden Organisationskultur!

Bedingungsfeld »Sinn« oder: Führungsaufgabe Organisationskulturgestaltung! Zusammenhalt gelingt auf Dauer nur, wenn es einen gemeinsam geteilten Sinn gibt. Diesem ist das Konzept *Organisationskultur* (Unternehmens- oder Verwaltungskultur) auf der Spur. Sinn wird über Symbole vermittelt. Corporate Identity versucht dies, meist noch mechanistischem Denken verhaftet, über äußerliche Symbole wie »Logos«, Fahnen, Sprüche (!) und die vielgelästerten Hochglanzbroschüren zu bewirken.

Es lassen sich zwei grundlegende Situationen unterscheiden:

- Organisationen haben eine Kultur – das heißt: Ein neuer Faktor kommt hinzu.
- Organisationen sind eine Kultur = es findet ein Paradigmenwechsel statt! Erst in diesem zweiten Fall sind Organisationen Sinnsysteme mit Handlungseinfluß.

Fazit – *Die Grundannahme der Humanistischen Psychologie:* Es gibt den Konflikt zwischen den Organisationsbedingungen und dem Selbstentfaltungsanspruch von Menschen in Organisationen. Manche Organisationen hemmen durch eine dysfunktionale oder in sich widersprüchliche Organisationskultur Motivation, Lernbereitschaft und Innovation und vergeuden so massiv Ressourcen.

8.3 Bedingungsfeld Gruppen und Teams

Führen heißt, mit selbständigen Gruppen und kreativen Teams umgehen zu können. Der Teamgedanke war ein wesentlicher Auslöser dafür, daß soziale Kompetenzen in den Mittelpunkt rückten. Er ließ die Erkenntnis reifen, daß Sozialkompetenz (als Fähigkeit) und Sozialkapital (als Ressource) für den Organisationserfolg immer unverzichtbarer werden. Professionelles Management ist daher heute zu einem erheblichen Teil Sozialkapitalentwicklung.

Teams gelingen, wenn man das »Ich-wünschte-ich-wäre-dabeigewesen-Gefühl« auslösen kann. Teams haben jedoch einen Fehler: Je besser sie sind, desto weniger Achtung haben sie vor Organigrammen, Hierarchien und Systemideologien.

Emotional-soziale Teamfähigkeit: Mit der Zunahme von Teamarbeit treten Teamfähigkeiten in den Mittelpunkt der Kompetenzdiskussion. Es ist ein Komplex sozialer, personaler, fachlicher und methodischer Fähigkeiten. Hierzu gehören vor allem:

- *Kooperatives Verhalten:* Unterstützungsbereitschaft; gemeinsame Ziele erkennen und verfolgen, als wären es eigene (Intrapreneuring); Achtung vor der Leistung anderer (Kooperationsprinzip); Kompromißfähigkeit in Sachfragen.
- *Integrationsverhalten:* Streben nach Konsens; Bereitschaft zur Einordnung in die Gruppe; Toleranz gegenüber andersartigem Verhalten, wenn es zum gemeinsamen Ziel führt.
- *Informationsverhalten:* Zuhören und moderieren können; Informationen mit anderen gemeinsam in Wissen verwandeln können.
- *Selbstkontrolle:* Reflexionsfähigkeit; Bereitschaft zu ständigem Selbstmanagement. (Zur Moderation von Teams, einer sozialen Schlüsselkompetenz, siehe Anhang 2.)

8.4 Bedingungsfeld Kommunikation

Deutsche Manager haben keine Zeit für Beziehungsarbeit! Die meisten befragten Manager halten Beziehungsarbeit (-management) für sehr wichtig, aber sie haben dafür kaum Zeitreserven. Die Entschuldigung: hoher Arbeits- und Zeitdruck; die wahren Ursachen: fehlende soziale Kompetenz und Unkenntnis der Methoden Coaching, Moderation, Konfliktlösung, Teamentwicklung. (Studie der Führungsakademie Bad Harzburg; F.A.Z. vom 21.5.01, S. 29. Dort ist auch die Bezugsquelle übers Internet angeführt.)

Deutsche Manager praktizieren keine effektive Kommunikation. Sie verursachen damit 18 Prozent der Produktivitätsverluste. Informationen werden nur unzureichend weitergegeben und müssen von vielen immer wieder neu beschafft werden. Solche Organisations- und andere Managementfehler verursachen mangelnde Arbeitsmoral bei vielen Mitarbeitern. Jährlich werden in mittelständischen Unternehmen damit 78 Arbeitstage verschleudert. (Peter Czipin, Wien; F.A.Z. vom 22.5.00., S. 20.)

Führung ist zu 80 Prozent Kommunikation! Gespräche führen heißt, Menschen (zusammen-)führen! Und: Gespräche ändern Menschen!

Wie fördert man konkret Kommunikation? Moderieren heißt: Menschen, Ideen und Vorschläge zusammenführen. Ziel ist es, die Mitglieder einer Besprechung durch die Art und Weise der Moderation zufriedener und motivierter zu machen. Die vielen Ideen und Vorschläge sollen zu einem sinnvollen und verwertbaren Ergebnis zusammengebunden und auf ihre Verwertbarkeit geprüft sowie anschließend zu einem nutzbaren, hilfreichen Ganzen verknüpft werden. Jeder aktiv Teilnehmende muß sich in dem schließlich akzeptierten und praktisch verwendeten Vorschlag wiederfinden können.

In der Moderation überschneiden sich die Funktionen Lernen, Anleitung zum Lernen sowie Informationen verarbeiten und in anwendungsreifes Wissen überführen. Ein zunehmend größer werdender Teil der beruflichen Sozialisation vollzieht sich in Teams. *Moderation wird damit zu einer zentralen Führungskompetenz.*

Moderationsqualität entscheidet darüber, ob und in welchem Ausmaß emotional-soziales, kreatives und kognitives Humankapital entsteht und gefördert wird. Es gibt das Phänomen der »kollektiven Kreativität«; Menschen sind vor allem kreativ, wenn sie gemeinsam an akzeptierten Projekten arbeiten dürfen, in denen sie ihre (natürlichen) Kreativitätspotentiale entfalten können.

Worin unterscheiden sich soziale und kommunikative Kompetenz? Praktisch gesehen gar nicht! Sozialkompetenz hat (wie bereits festgestellt) einen wichtigen Teilfaktor: Die kommunikative Kompetenz, also die Fähigkeit, mit anderen konfliktfrei und sinnbildend zu kommunizieren. Verbindendes Element ist die betriebliche/behördliche *Kommunikation.* Aus diesem Grunde boomt die Weiterbildung für diesen Erfolgsfaktor. Als harter Faktor betrachtet, geht es um Kommunikationstechnik. Kommunikation ist jedoch – recht verstanden – *der* Ganzheitlichkeit sichernde zentrale »weiche Faktor«.

Der Beitrag der Kommunikationswissenschaft: Nicht von ungefähr gibt es viel Neues in der Kommunikationswissenschaft und eine »kommunikative Ethik« bei den Philosophen *Karl-Otto Apel* und *Jürgen Habermas:* die Diskursethik (Näheres hierzu in der Übersicht am Ende dieses Kapitels).

In der Kommunikationslehre werden die Erkenntnisse über das, was in der Kommunikation alles geschieht (und es geschieht fast alles über Kommunikation!), zusammengefaßt. Nach dem (Sozial-)Philosophen *Jürgen Habermas* ist gesellschaftliche Praxis kooperative Verwirklichung von Vernunft. Einfacher ausgedrückt: Die Art und Weise, wie man miteinander kommuniziert, entscheidet darüber, welchen ethischen Standard das Zusammenleben und Zusammenwirken erhält. *Sprache und Kommunikation sind Schlüsselfaktoren für Führung und Zusammenarbeit.*

Mit optimierter Kommunikation gut gerüstet ins Wissensmanagement? Völlig neu gesehen wird Kommunikation im aktuellen Wissensmanagement. Ihre Qualität entscheidet darüber, ob die Organisation zu einer »schnell lernenden« wird oder sie gegenüber anderen zurückfällt und damit überflüssig wird. Dies meint der bekannte Slogan: Wer nicht mit der Zeit geht, der geht mit der Zeit!

Die wichtigsten *Funktionen* von Kommunikation sind in diesem Zusammenhang:

- Informationen sammeln (intern und extern, z.B. über Benchmarking),
- Informationen in Wissen verwandeln (Informationen in Zusammenhänge bringen, strukturieren, auf Kontexte beziehen usw.),
- Wissen anwendungsgerecht aufbereiten, präsentieren, dokumentieren,
- Wissen kommunikativ weitergeben (zielgerichtet kommunizieren),
- Wissen rechtzeitig und gut dosiert für die Verbrauchsstellen bereitstellen,
- Wissen »pflegen« (Wissen veraltet immer schneller),
- aus erreichbarem Wissen neues Wissen entwickeln,
- Wissen in Lernprozesse überführen (didaktische Funktion),
- Lernprozesse so organisieren, daß sie zu neuem Wissen führen: Organisieren, Arbeiten und Lernen miteinander verknüpfen (methodische Funktion). (Näheres zur emotional-sozial kompetenten Kommunikation siehe Anhang 3.)

8.5 Verhaltensänderung über Kommunikation

Wann kann man von einer Verhaltensänderung sprechen? Mit Verhaltensänderung ist hier nicht gemeint, daß sich Menschen so grundlegend ändern, daß sie ein völlig anderer Mensch werden, sondern daß sie ihren nächsten Verhaltensschritt überdenken und u.U. ihre Pläne revidieren. Aus solchen kleinen Schritten setzt sich dieses Lernen meist zusammen. Man lernt schrittweise, immer besser zu werden.

Besser zu werden ist ein *Verhaltensziel,* das Einsicht in Kontexte voraussetzt. Kein noch so authentischer und autonomer Mensch setzt seine Ziele ohne Rücksicht auf vielfältige Bedingungen und auf die Pläne anderer Menschen. Diese Erkenntnis schließt nicht aus, daß man manchmal durch ein Aha-Erlebnis plötzlich eine ganz neue Sicht gewinnt und damit alles bisher Gelernte unter einem neuen Blickwinkel betrachtet.

Ziele lassen sich nur über Kommunikationsprozesse durchsetzen. Überzeugung gelingt nur unter entsprechenden kommunikativen Umfeldbedingungen.

Auch sonst dient Kommunikation nicht nur zum Austausch von Nachrichten, sondern es wird (meist) auch eine Verhaltensänderung des anderen beabsichtigt. Eltern reden auf ihre Kinder ein, schimpfen, ermahnen, vergleichen mit anderen. Vorgesetzte ordnen an, mahnen, rügen, loben, arbeiten mit »Liebesentzug« – meist ohne jeden Erfolg. Der psychologische Grund: Der andere empfindet (erlebt) negative Mitteilungen dieser Art als Angriff auf sein Selbstwertgefühl und wehrt sich. Er zeigt »Reaktanzverhalten«, entwickelt Widerstand oder Ignoranzstrategien.

Lob wirkt nur, wenn bestimmte psychische Wirkungsmöglichkeiten beachtet werden. Lob eines Vorgesetzten, der bei Mitarbeitern als sozialer Analphabet gilt, wird eher als peinlich empfunden.

Führen heißt auch, Verhalten anderer in der Weise zu beeinflussen, daß bei allen die Bereitschaft wächst, auch fremde Standpunkte gelten zu lassen. Dazu braucht man Argumentationsfähigkeiten und das Vermögen, zu erkennen, was der andere ohne Selbstwertverlust leisten kann (Empathie).

Wie erzielt man eine Verhaltensänderung in die gewünschte Richtung? Eine Verhaltensänderung verlangt, daß ein bisher geübtes Verhalten aufgegeben und ein neues gezeigt wird. Dazu muß sich der Betroffene entschließen, und er muß unter vielen Verhaltensmöglichkeiten genau diese Wahl treffen.

Ein bewährtes Verhaltensänderungsverfahren (der Vorgang besteht aus dem Dreischritt: Unfreezing – Changing – Refreezing):
- *Unfreezing* (= das Auftauen lange erfolgreich geübter und damit verfestigter Verhaltensmuster) ist für alle Betroffenen ein Problem. Man muß erkennen, daß die bisher geübten Verhaltensweisen nicht die einzigen und besten sind. Ist die Verhaltensstabilität aufgeweicht, aufgelöst, muß nach passenden Alternativen gesucht werden. Sind sie gefunden oder werden sie vorgeschlagen, sind sie in Übungen zu erproben. Die Erprobung muß natürlich so realitätsnah wie möglich erfolgen, am besten am gewohnten Arbeitsplatz.
- *Changing* (= der Verhaltenswechsel) findet nur statt, wenn die neue Verhaltensweise in ihrer Brauchbarkeit, Machbarkeit und Wirkung mehrmals durchgespielt werden kann. Hierzu ist ein »Entwicklungshelfer« nützlich. Ideal ist es, wenn gleichzeitig mehrere dasselbe Verhalten wechseln. Man nennt das etwas umständlich, aber treffend »Betriebsfamilien-Qualifizierung«.
- *Refreezing* (= Einfrieren des neuen Verhaltens) gelingt nur, wenn man das noch nicht zur zweiten Natur gewordene Verhalten mehrmals in wechselnden Situationen und auch unter Risiko anwenden konnte. Dabei sind Verstärkungen (Lob, Belohnungen, Anerkennung) nützlich, die dem Lernenden zeigen, daß sich die Verhaltensänderung lohnt. Andernfalls schlägt das lang gewohnte Verhalten bald wieder durch.

Die Erfahrung lehrt, daß man nichts bereut, von dem man nicht eingesehen hat, daß man es auch besser machen kann! Verhaltensänderung ist ein Selbstwertproblem *(Kardinal Martini)*.

Die Nutzung des Gelernten ist übrigens das Hauptproblem bei der Übertragung des in Fortbildungsseminaren Gelernten auf die eigene Berufssituation. Es wird unter *»Transferproblem«* in der betrieblichen Didaktik seit je her heftig diskutiert. Mit dem neuen Ansatz *(R. Arnold, P. Faulstich, H. Geißler:* Verbindung von Organisieren, Arbeiten und Lernen) in der betrieblichen Didaktik ist das Transferproblem gelöst.

Intelligenz und Verhaltensänderung: Viele glauben noch an die statische Intelligenz. Diese Annahme hatte einmal ihre gesellschaftsstabilisierende Funktion. Man hatte Intelligenz und war damit zu Höherem berufen, oder man hatte sie nicht und mußte sich dann in Abhängigkeit bescheiden. Begabung war außerdem in wunderbarer Weise an gesellschaftliche Schichten und Ränge gebunden. Ausnahmen bestätigten nur die Regel. Diese ideologische Funktion ist durch den gesellschaftlichen Wandel obsolet geworden. Der Schweizer Entwicklungsforscher *Jean Piaget* u.a. haben nachgewiesen, daß wir nur einen ganz geringen Teil unserer Begabung im Laufe des Lebens nutzen. Sehr früh schon werden aus der Vielzahl unserer Möglichkeiten einige wenige durch Anregung und Förderung ausgebaut. Der Rest verkümmert, bleibt ungenutzt oder wird durch rigide schulische oder betriebliche Maßnahmen unterdrückt.
Methodenprobleme: Lebenshilfegurus bieten neuerdings Großveranstaltungen an, in denen man angeblich durch suggestive und hypnotische Effekte dramatische Verhaltensänderungen erzeugen könne. Vor allem Motivationsänderungen sollen sich auf diese Weise erreichen lassen. Seriöse Verhaltenswissenschaftler warnen vor solchen Veranstaltungen (so *Oswald Neuberger* in: DAS vom 26.5.00, S. 80ff.).

Je mehr Energie Menschen in ihre emotional-soziale Bildung investieren, desto lernfähiger (= intelligenter) werden sie. Menschen mit Erfolgsintelligenz nutzen ihre intellektuellen Stärken und kompensieren oder korrigieren ihre Schwächen *(Sternberg* a.a.O. 1998, S. 31). Sie ändern ihr Verhalten laufend. Es lohnt sich für eine Organisation, »menschliche Fähigkeiten nicht als statisch, sondern als dynamisch und flexibel zu begreifen«.

Mitarbeiter und Vorgesetzte brauchen ständiges Lern-Feedback! Aus diesem Grunde werden »Vorgesetztenbeurteilungen« erprobt. Die Idee hierzu entstand in den siebziger Jahren, als die ersten zaghaften Reformversuche gemacht wurden (Harzburger Modell, kooperative Führung). Bei dem vorherrschenden hierarchiegeprägten Denken *mußte* das ein Fiasko werden. Die *Gründe des Scheiterns:*
- Man kann kein Verhalten korrekt bewerten, das man selbst nicht zeigen muß.
- Angestauter Unmut schlug sich in schlechten Urteilen nieder, weil es keine entsprechenden ausgleichenden, versachlichenden Rückmeldemöglichkeiten gab.
- Durch das Instrumentarium und durch die Bezeichnung allein wurde die Hierarchie in Frage gestellt. Das verunsicherte die ohnehin meist fragile Autorität zusätzlich.

Kurz gesagt: Unkenntnis über sozial-psychologische Zusammenhänge, mangelhafte emotionale und soziale Kompetenz, unsensibles Management und Unkenntnis über psychisch-soziale Abläufe ließen die gute Idee (und viele andere) scheitern.

Inzwischen kennt man sensiblere und wirksamere *Rückmeldeverfahren*. Durchzusetzen scheint sich die sogenannte 360-Grad-Beurteilung und -Förderung. Der Grundgedanke hierbei ist, daß statt einseitiger Beurteilungen von oben nach unten wechselseitige Rückmeldeverfahren eingeführt werden. Dabei werden Kritikfähigkeit, also abgewogene und begründete Kritik (Urteile nach Kriterien), und Feedbackfähigkeiten mitgelernt. Das entspricht dem Stand der Weiterbildungsentwicklung: Möglichst viele Qualifizierungsverfahren mit der Alltagsarbeit zu verbinden und durch ständige Reflexion des eigenen Verhaltens zu permanenter Organisationsentwicklung zu gelangen. Es ist der Grundgedanke der lernenden Organisation.

Fazit: Zu den wichtigsten Kompetenzen und Handlungsfeldern der indirekten Führung, auf die alle neuen Konzepte zulaufen, gehören
- das Gestalten der Handlungsbedingungen für die Mitarbeiter generell,
- das professionelle Moderieren von Gruppen und Teams (das Optimieren der sozialen, kulturellen und der Leistungsbedingungen),
- das Beherrschen der Kommunikation (das positive Beeinflussen der Interaktionen zwischen Mitarbeitern und die gezielte Verhaltensänderung). Außerdem:
- das Heranbilden von Intrapreneuren und
- das Beherrschen von Interventionsmethoden (Coaching, Supervision, systemische Analysen).

Personal-Auswahlverfahren sollten diese Kriterien in den Mittelpunkt stellen.

Hintergrundinformationen zu Kapitel 8

Die Diskurstheorie von *Jürgen Habermas:* Herrschaftsfrei miteinander sprechen – kommunizieren statt manipulieren!
Wenn wir unsere Wirklichkeit über Sprache und Kommunikation konstruieren, kommt der Art und Weise unseres Kommunizierens »wirklichkeitskonstruktive« Bedeutung zu.
Die Erkenntnisse der Kommunikationstheorie (siehe auch Anhang 3) bilden eine Einheit und eignen sich nicht als Steinbruch für »Kommunikationstechniken«. Die Diskursethik meint, daß sich unser soziales Leben insgesamt ethisch reformieren ließe, beachteten alle Teilnehmer die Regeln eines »herrschaftsfreien Diskurses« (wenn also stets nur *Argumente* gelten würden und nicht Macht und Einfluß). *Habermas* hält unsere »Diskurse« (unsere Gespräche, die gesamte Kommunikation) für das einzige Mittel, die technizistisch und bürokratisch verengte Vernunft, die halbierte Rationalität, durch den rechten Gebrauch, durch die freie Entfaltung unserer »kommunikativen Vernunft« zu heilen.
Auch das wäre ein nachhaltig wirkendes Vorbild für symbolische Führung. Zu Ende gedacht will *Habermas* damit die gesellschaftliche Konstruktion der sozial-humanen Wirklichkeit optimieren.
Jürgen Habermas: Theorie des kommunikativen Handelns. Frankfurt/M. 1987 (4. Auflage).
Seine Theorie des herrschaftsfreien Diskurses meint (vereinfacht) »den zwanglosen Zwang des besseren Arguments«.

Sprachspiele sind die Arten der sprachlichen Behandlung von Alltagsproblemen (Lebensweltfragen) – Diskursformen sind die Arten der Kommunikation über Fragen, die die Öffentlichkeit angehen. In beiden gibt es Muster und Modelle, an denen man sich orientiert.
Karl-Otto Apel und *Jürgen Habermas* haben das Modell des herrschaftsfreien Diskurses entwickelt, der zur (vereinbarten) »Wahrheit« zu führen vermag. Diskursergebnisse treten an die Stelle der objektiven Wahrheiten.

Von der großen zur kleinen Erzählung – vom gesellschaftlichen zum organisatorischen Sinnangebot! Nachdem der Gesellschaft die traditionellen, kulturellen, politischen und religiösen »großen Erzählungen« zunehmend unglaubwürdig oder gleichgültig werden, müssen Teilgemeinschaften sich unter »kleinen Erzählungen« zusammenfinden. Solche »Erzählungen mittlerer Reichweite« (nach der Metapher »Theorien mittlerer Reichweite« von *Robert Merton)* können neue Bindekräfte entwickeln. Das ist das Kernkonzept der amerikanischen Kommunitaristen. Sie stellten fest, daß sich Loyalität und Solidarität um so leichter entwickeln und um so stabiler werden, je kleiner die Gemeinschaften sind. Sie entwickeln sich also eher in Teams und Gruppen als in großen Abteilungen aus »Einzelkämpfern«.

Dafür müssen Führungskräfte gründlich gebildet werden. Auch hierfür genügen weder das herkömmliche Training noch der modische Crash-Kurs. Nur wer selbst Sinn empfindet, kann Sinn glaubwürdig vermitteln; nur wer sich selbst loyal und solidarisch verhält, kann diese Tugenden vermitteln und glaubwürdig einfordern. Führungskräfte müssen jedenfalls aus ökonomischen Überlebensgründen in der Lage sein, dem schwindenden Sinn entgegenzuwirken.

Überblick: Kapitel 9

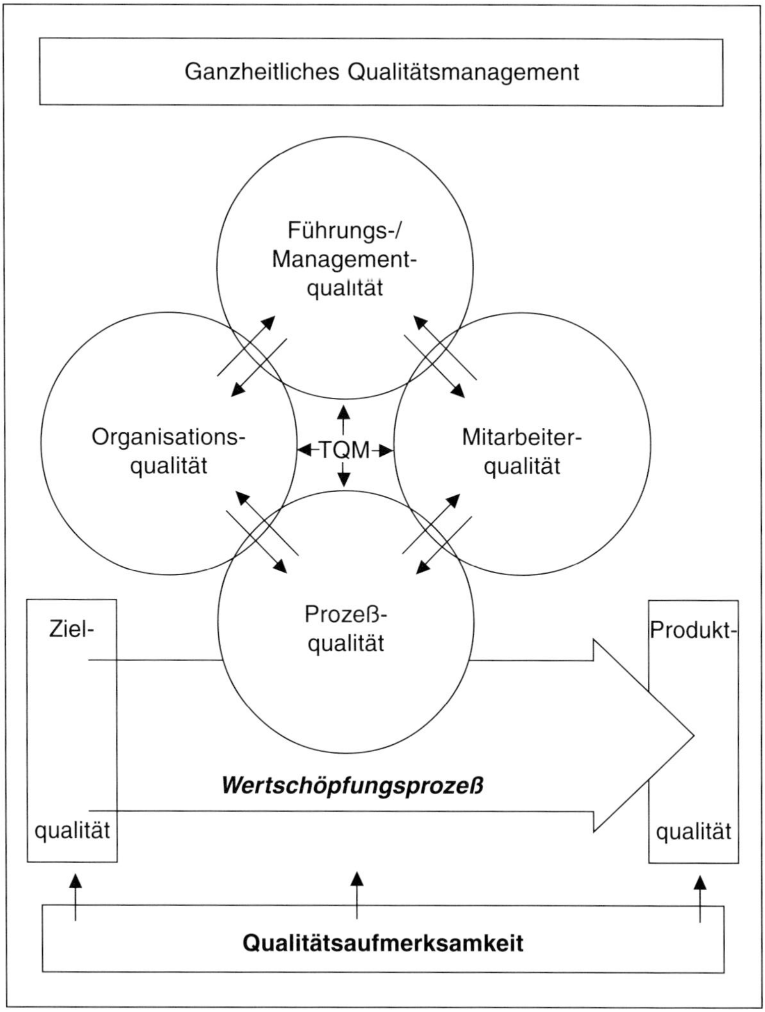

9 Ganzheitliches Qualitätsmanagement

Qualität ist niemals endgültige Norm, sondern immer etwas Werdendes!

Deutsche Manager sind im weltweiten Vergleich die fleißigsten – jedenfalls wenn die geleistete Arbeitszeit als Maßstab herangezogen wird. Leider nutzen sie ihre Arbeitszeit nicht effizient. Zu diesen Ergebnissen kommt eine Studie des Bürobedarfsherstellers Leitz, bei der 2.500 Führungskräfte in verschiedenen Ländern befragt wurden (F.A.Z. vom 13.1.00, S 31).

These: *Produktivität läßt sich nur dauerhaft verbessern, wenn die weichen Faktoren in die Qualitätskontrolle einbezogen werden! Die Konsequenz ist das ganzheitliche (totale) Qualitätsmanagement (TQM).*

9.1 Mindestanforderungen an ein TQM-System

Die Grundidee des allgegenwärtigen Qualitätsmanagements ist das ständige Streben nach Verbesserung, und zwar immer im Blick auf die Kunden. Im Qualitätsmanagement drohen zwei *Mißerfolgsfallen:*

1. Die Qualitätsaufmerksamkeit beschränkt sich auf die monetär erfaßbaren Größen,
2. das Qualitätssicherungsverfahren ist zu aufwendig, weil hochformalisiert.

Im ersten Fall entstehen Opportunitätskosten (= Kosten durch Vernachlässigen wichtiger Größen), im zweiten Fall Transaktionskosten (= Kosten durch Wahl eines zu teuren Systems, also Bürokratiekosten).

Die Anforderungen der Gesellschaft an die Qualität der Dienste und Produkte: Mit zunehmender Komplexität treten neben die fachlichen Anforderungen soziale, kommunikative, symbolische, emotionale. Der Wirtschaftsstandort gewinnt an Attraktivität, wenn er neben wirtschaftlichem Wohlstand (ökonomischem Kapital) auch sozial ein menschenwürdiges Leben ermöglicht (soziales Kapital) und den sozial-kulturellen Zusammenhang nicht verliert (kulturelles/symbolisches Kapital). Aber: Soziale Marktwirtschaften haben es schwer, ihre mental-sozialen

Werte zu verteidigen; vor allem, da sich in allen Gesellschaften die »raubkapitalistischen« Tendenzen verstärken. Für viele Gesellschaften ist dies das eigentliche Standortproblem. Manche Manager unterwerfen sich passiv den Marktzwängen, anstatt ihnen aktiv, elastisch ein humaneres Konzept entgegenzustellen. Sie besäßen damit auf Dauer die bessere Strategie, die fähigeren Mitarbeiter und das erfolgreichere Führungssystem.

Die Anforderungen der Mitarbeiter und des Systems: Die *Qualitätsaufmerksamkeit* muß sich daher vor allem auf die Führung richten. Denn die Aufgaben eines Managers im Zeitalter der Globalisierung und der New Economy erfordern mehr Kompetenzen, als man sich mit der Schulweisheit von MBA-Absolventen vorstellen kann. Nur auf diese Weise erhält man die Organisation wettbewerbsfähig.

Warren Bennis: Führen ist wie Flöhe hüten! Hier hilft nur das übergreifende Führungsprinzip: Emotional-soziale Qualität produzieren.

Qualitätsmanagement ist von den Grundgedanken her das Gegenteil von Formalem! Qualität ist ein weicher Faktor. Sie läßt sich schwerer bestimmen und messen als Quantität. Umso erstaunlicher ist es, daß in vielen Organisationen gerade die sozial-emotionalen Aufgaben und »Produkte« trotz des beständigen Bekenntnisses zu dieser neuen Sicht noch immer nicht in die *Qualitätssicherungsverfahren* einbezogen werden. Dabei werden die sozialen Prozesse, die zu qualitativ hochwertigen Produkten und Dienstleistungen führen, immer erfolgsbedeutsamer. Die Qualitätssicherung hat bei diesen Prozessen zudem bei allen Beteiligten besonders hohe Lerneffekte.

9.2 Kriterien für Führungsqualität

Woran erkennt man die Qualität von Führung? Personbezogene Prozesse, also die gesamte Führung, lassen sich in Qualitätskriterien beschreiben.

Man braucht dazu allerdings dreierlei:

- Die genaue *Definition* des Prozesses (erreichbar über Ergebnisgespräche, Jahresgespräche, Fehlermanagement und andere aktuelle Formen der systembezogenen Analyse),
- *Kriterien*, nach denen man Qualität in diesen Prozessen mißt (gewonnen z.B. durch Erfahrungen aus der Arbeit als Moderator oder durch

professionelle Kriterienkataloge für zweckmäßige Kommunikation, Beurteilung, Lernhilfen, Motivation usw.),
- *Meßwerte,* an denen man erkennen kann, ob die Qualität erreicht worden ist. Denn man braucht Einigung darüber, woran man all dieses erkennen kann, also systemtypische Indikatoren (Anzeiger) für Qualität.

Wo es keine Standards gibt, gibt es auch keine Verbesserung! Wenn möglich, sollten die Mitarbeiter ihre Standards selbständig entwickeln. Damit wächst deren Akzeptanz.

Zentrale Forderung: Qualität in alle Prozesse bringen! Bisher ging es bei der Produktion von Gütern und Dienstleistungen vor allem um die Menge. Die Kunden werden aber immer anspruchsvoller und »individualisierter«. Qualität ist längst der entscheidende Wettbewerbsfaktor, aber Qualität wird individuell definiert. Qualität der Produkte und Dienste entsteht aus der Qualität der Prozesse, vor allem der sozialen.

Aber: *Franz Liebl* (Witten-Herdecke): Es kommt (auch bei der Qualität) nicht auf die Realität, sondern auf deren Wahrnehmung an. Im Marketing entscheidet nicht die Qualität des Produkts, sondern das »Wahrnehmungsmanagement«. Marketingfachleute sind Experten für Wirklichkeitskonstruktionshilfen, die damit Kunden »bedienen«.
Ein Beispiel aus der ständigen Organisationsentwicklung: Es ist naiv, von Mitarbeitern Kundenfreundlichkeit zu erwarten, die in ihrem Arbeitsverhältnis verunsichert, von ständigen Neuerungen überfordert und frustriert und durch Arbeitsverdichtung gestreßt sind. Hieran zeigt sich, daß die Qualität eines Prozesses von der Qualität des jeweils vorgelagerten abhängt: Mitarbeiterverhalten kann nur so gut sein wie das Führungsverhalten! Hieraus ergibt sich die Forderung, die Qualitätsbasis Unternehmensführung in den Qualitätsblick zu nehmen. Sie liefert die Qualitätsmodelle, an denen sich alle übrigen orientieren. Aber wer traut sich, das zu tun? Bei der vorherrschenden Beraterhörigkeit wird man das meist einem externen Institut anvertrauen. Jedenfalls sollte die Führung sich hierbei das Heft nicht völlig aus der Hand nehmen lassen. Denn: Auch für das bestqualifizierte Institut gilt, daß es weniger Systemkenntnis besitzt als die Insider. Es gilt aber auch, daß Insider ohne ausgleichende Meßmethoden manchmal zur Betriebsblindheit neigen.

Das Meßproblem: Qualitätsaufmerksamkeit muß umfassend sein und von allen geübt werden. Qualitätsprüfung nur von oben greift zu kurz, wird als unnötige, zusätzliche Kontrolle empfunden und kann häufig nur Oberflächenqualität erfassen. Tätigkeiten sind nur in wenigen Fällen eindeutig beschreibbar. Sie können nur von den Ausübenden in ihrer jeweiligen Besonderheit voll erfaßt (verstanden) werden.

Beispiele:
- In einfacheren Produktionsbeziehungen gibt es bewährte und anerkannte Qualitätskriterien und Meßwerte.
- In manchen Fällen kann Qualität vorgetäuscht werden. Gelingt es nicht, den Ausübenden für die Mitwirkung zu gewinnen, besitzt er kein Qualitätsbewußtsein, sind Kontrollen unwirksam.
- In anderen Feldern wird die Qualität ausschließlich durch den Agierenden bestimmt. Beispiele sind der Hochschullehrer, der Förster und der Sozialarbeiter (natürlich beiderlei Geschlechts!): Der Student, der Wald und der Klient zeigen erst mittel- bis langfristig, ob die Arbeit zum Erfolg geführt hat. Außerdem kann der Erfolg in diesen diffizilen Aufgaben nur von einem Fachmann beurteilt werden.

Kurz gesagt: Je mehr sich Arbeitsprozesse ausdifferenzieren, je komplexer sie werden und je mehr sie sich in Prozessen vollziehen, an denen viele Menschen teilnehmen, desto wichtiger wird das Einbeziehen der Mitarbeiter in das umfassende Qualitätsmanagement. Hier ist wirkliche Qualitätsgarantie nur über konsequentes Intrapreneuring möglich. Bei der zunehmenden Umstellung der Arbeitsprozesse in Netzwerkarbeit, Projekte und Teams wird die außengelenkte Qualitätssicherung vollends zur Farce. Das Team muß Qualität verinnerlichen, zumal bereits die Qualität des Teamprozesses weitgehend über die Qualität des Produkts entscheidet.

Wie gelangt Qualität in komplexe Führungsprozesse? Führung selbst ist ein vielseitiger Prozeß mit zahlreichen Auswirkungen:
- Man führt Mitarbeiter,
- beeinflußt Kollegen auf derselben Ebene,
- berät und beeinflußt Vorgesetzte und
- muß sich selbst ständig managen, um dies alles bewirken zu können.

Dabei sind die Möglichkeiten und Schwierigkeiten sehr unterschiedlich. Führung wird als Verhaltensbeeinflussung definiert. Beeinflussungsprozesse verlaufen in all diesen Beziehungen zudem wechselseitig. Gerade die wechselseitige (interaktionale) Führung erfordert den emotional-sozial Kompetenten – auf beiden Seiten. Entsprechend muß sich Qualitätskontrolle vollziehen.

Entsteht Qualität aus Organisationsformen? Nicht allein aus ihnen, aber Kapitel 8 zeigte (hoffentlich), daß nur eine lernfreundliche, aufgabenadäquate, sinngebende Vertrauensorganisation der Qualität eine Chance bietet. Nur so erhalten die emotional-sozial Kompetenten und Kreativen Entfaltungschancen, um Qualität zu produzieren.

Fazit: Es gibt eine Vielzahl von Anregungen in der aktuellen Literatur, um die Qualitätsvoraussetzungen zu optimieren, aus denen sich Meßkriterien für Führungsqualität ableiten lassen:
- Modulare Organisation (aus selbständigen Einheiten gebildet, daher lernfähig),
- wissensbasierte Organisation (offene Formen, damit Wissen produziert und nicht blockiert wird),
- lernende Organisation (konsequente Organisation von Lernprozessen parallel zu den Arbeitsvorgängen),
- synergiefreundliche Organisation (Führungsverfahren, die den gegenseitigen Austausch von Innovationen fördern),
- Prozeßorganisation (die Schnittstellen vermeidet) usw.

Die Qualität der Organisationskultur: Führung hat neben der Gestaltungs- und Entwicklungsfunktion immer auch eine Erhaltungsfunktion. Das zentrale systemische Problem besteht darin, die knappe Ressource Loyalität zu vermehren. Das gelingt am zuverlässigsten durch eine sinngebende Organisationskultur, die als Anreiz wirkt. Sie muß wegen der zentralen Bedeutung ebenfalls in die Qualitätsaufmerksamkeit einbezogen werden.

Die Qualität einer Kultur ist eine *Interpretationsfrage:*
- Welche Elemente der Organisationskultur sollen einbezogen werden?
- Wie wird Qualität definiert, d.h., an welchen Kriterien soll Qualität gemessen werden?
- Welche Maßstäbe sollen dafür gelten; woher werden die Maßstäbe gewonnen?
- Woran erkenne ich, daß Qualität vorliegt; welche Indikatoren sollen beobachtet und beachtet werden?

Die Qualität des Top-Managements: Manager denken ständig an das Wohl ihres Unternehmens – und sie denken immer in Gemeinwohlkategorien!

Diese idealisierende Sicht teilt man heute nicht mehr. Die klassische Managementtheorie sah einen *»Grundkonflikt«* nur zwischen der Leitung (der Organisation) und den Mitarbeitern. Die neuere Principal Agent-Theorie denkt realistischer. Sie unterstellt, daß auch Manager opportunistisch handeln. Sie denken nicht ständig an das Wohl des Unternehmens (bzw. ihrer Verwaltung usw.), sondern aus Selbsterhaltungsgründen haben sie immer (auch) ihre eigene Machtposition und ihre Karriere im Blick – und oft rangiert dies an erster Stelle. Manager in AGs beispielsweise handeln oft im Interesse der Organisation, aber gegen die Interessen der Aktionäre. Der Shareholder Value (Unternehmenswert) soll sie an die Interessen der Anleger binden. Anleger denken nicht immer langfristig. Sie können das Management dazu bringen, gegen die Interessen des Unternehmens kurzfristige Gewinne zu machen. Hier tut sich ein neuer Loyalitätskonflikt auf.

Auch das Management hat *Zielkonflikte*. Sie nehmen in dem Maße ab oder werden (rational) beherrschbar, in dem Manager und Mitarbeiter emotional-sozial kompetenter werden. Die Gründe haben wir in den vorhergehenden Abschnitten dargelegt.

Außerdem liegen hier auch Chancen des ganzheitlichen Ansatzes. Ein System ist langfristig so zu gestalten, daß die Anreize für das Management *und* für die Mitarbeiter gleichermaßen zielführend wirken. Alle Anreize müssen die Energien wirksam sowohl auf die vereinbarten (kurzfristigen) Ziele (= den sichtbaren Erfolg) als auch auf die akzeptierten (langfristigen) Visionen (= den dahinter stehenden Sinn) lenken. Diese Kraft haben materielle Anreize allein nicht mehr – der interne *Qualitätswettbewerb* kann ein qualitativ hochwertiger Anreiz werden.

Kursstürze haben schonungslos **Führungsfehler** aufgedeckt, meint Personalberater *Zehnder International*. Nach einer Befragung bei 1.600 Führungskräften definierte das Institut den zentralen Führungsfehler als mangelhaften Ausgleich zwischen harten und weichen Qualifikationen.
Am erfolgreichsten sind Führungskräfte, die anderen Aufmerksamkeit entgegenbringen, sie mitberatend und mitgestaltend einbinden (= von Bindung). *Ralph Jacobsson* beschreibt in »Leading for a Change« Führungskunst als Fähigkeit, jedermann in die kollektive Verantwortung einzubeziehen. Charakterfehler, die Führungsergebnisse verderben, sind vor allem Unbescheidenheit und Forschheit. Schneidige Problemlöser, die eigentlich nur clevere Nachahmer sind, und sprunghafte Umstrukturierer ruinieren jede Firma.

Jim Collins meint, Disziplin ist keine Sekundärtugend, sondern ein Kulturelement. Kultivierte, disziplinierte Mitarbeiter brauchen keine Kontrollen. Kombiniert mit ethischer Führung ist kultivierte Disziplin die Alchemie der über viele Jahre hinweg mit anhaltend überdurchschnittlichen Wachstumsraten und Ergebnissen geführten Unternehmen. Von den 1.435 untersuchten Unternehmen entsprachen nur elf den idealtypischen Kriterien! (F.A.Z. vom 28.5.01, S. 30.)

Beispiel: Die unverständlich überzogenen Vergütungen für Vorstände (Experten nennen sie »obszön«) bei gleichzeitiger Personaleinsparung wirken nicht gerade als Anreiz, dem System mehr Loyalität entgegenzubringen. Aus psychologischen Experimenten weiß man, daß solche Unverhältnismäßigkeiten zwischen Leistung und Gegenleistung das natürliche »Reziprozitätssystem« stören. Das heißt, selbst die Begünstigten empfinden diese Vergütung nicht als Gegenleistung, sondern sie unterstellen andere Motive, so daß kein Anreiz zu loyalem Verhalten daraus erwächst. Korruptionsskandale der jüngsten Zeit zeigen das deutlich.

Fazit: Erfolge im Qualitätsmanagement sind langfristig nur zu erwarten,
- wenn eine emotional-soziale Basis gelegt wurde (Organisationskultur),
- wenn die emotional-sozialen Kräfte aller Beteiligten durch aktive Mitwirkung für die Idee aktiviert wurden und
- wenn es ein System emotionaler und sozialer Anreize gibt, auf langfristige Qualität zu achten.

9.3 Die Qualitätsmisere der Führung an einem Fallbeispiel

Die Literatur über die Managementwirklichkeit ist voll von schwerwiegenden *Führungsmängeln* aller Art. Noch drastischer klingen Erfahrungsberichte, die aus vielen Gründen nicht in die Öffentlichkeit gelangen. Sie laufen darauf hinaus, daß Mitarbeiter ihre Führungskräfte als nicht ehrlich, unzuverlässig und nicht gerecht erleben. Sie sind es meist aus Schwäche und aus fehlender Professionalität. Viele von ihnen sind als Person zu schwach, ihren Machtwillen offen zu zeigen; sie benutzen unlautere Methoden, und sie sind davon so sehr vereinnahmt, daß sie zu ihren eigentlichen Aufgaben nicht mehr kommen. Kurz gesagt: *Die*

Qualitätsmisere besteht vor allem in der fehlenden emotional-sozialen Kompetenz!

Unprofessionelle Manager haben ein Problem beim Umgang mit Untergebenen: Es darf niemand so klug sein wie sie selbst! Und es sollte niemand annehmen, sie hätten ein Problem!

Fallbeispiel: Nach einem Beurteilungsdurchgang gab es wegen der wenig nachvollziehbaren Bewertungen Unmut und »Frust« bei den Betroffenen. Viele fragten ihren Vorgesetzten, was man tun könne, um seine Beurteilung künftig zu verbessern. Neben Ausflüchten gab es eine eindeutige Kernaussage: Eine herausgehobene Beurteilung kann nur erwarten, wer Initiative und Engagement zeigt.
Hatten die Mitarbeiter (in diesem Fall sagt man besser »Untergebenen«) bisher das unbestimmte Gefühl, man dürfe sich schon deshalb nicht hervortun, weil man damit die Lichtgestalt des Chefs verdunkeln könne, so sannen sie nun naiv und gutgläubig auf Bewährungssituationen. Diese ergaben sich leicht. Viele sahen plötzlich, daß nicht alles, was angeordnet wurde, aktuellen Anforderungen der Realität und den Möglichkeiten eines professionellen Managements entsprach. Immer mehr trauten sich jetzt, über ihre Arbeitsabläufe und über Maßnahmen der Leitung nachzudenken und zu sprechen. Dabei entdeckten sie eine Fülle von Ungereimtheiten und Verbesserungsmöglichkeiten.
Mitarbeiter K reichte zwei abgewogen formulierte, rein sachliche Verbesserungsvorschläge ein. Mitarbeiter M machte eine Eingabe, die von der Form her wie eine Rüge klang, in der Sache jedoch berechtigt war. Zunächst geschah gar nichts, dann wurde M zum Chef gerufen – und ein Donnerwetter ging auf ihn nieder. Schnell, wenn auch für seine künftige Karriere möglicherweise zu spät, wurde ihm klar, daß er seinen Chef völlig mißverstanden hatte. Initiative und Engagement sollten sich gefälligst im Schicklichen bewegen, wobei dieser Bereich jedoch undefiniert blieb.
K erwartete, daß er ebenfalls eines Donnerwetters gewürdigt werde. Aber es geschah nichts, außer daß ihn sein Chef auf dem Flur jetzt einfach übersah; er war quasi nicht mehr vorhanden. Dabei fiel K eine beiläufige Bemerkung ein, die dieser kürzlich gemacht hatte. Sie lautete, daß es Mitarbeiter gebe, die eigentlich schon tot seien, es aber noch nicht gemerkt hätten. Gemeint war ganz offensichtlich der karrierebezogene Tod.

Die Folge: Fast alle Mitarbeiter lenken nun einen Großteil ihrer Energien auf das Bewältigen der entwürdigenden Situationen, in denen sie zu arbeiten gezwungen sind. Sie bilden zur emotionalen Stabilität hocheffiziente Jammerzirkel (= Selbsthilfegruppen). Weil die Führung Sachprobleme nicht ernst nimmt, sehen auch die Untergebenen dazu keinen Anlaß mehr.

Effektivität (= Zielbezug) und Effizienz (= Kosten-Nutzen-Verhältnis) entwickeln sich ungünstig; Lernvorgänge führen lediglich zur »Anpassungskompetenz«; soziale und emotionale Potentiale werden fehlentwickelt. Verbesserungsvorschläge werden nicht mehr gemacht. Alles dient ausschließlich der Systemstabilisierung.

Angst vor Veränderungen ist das zentrale Führungsmotiv. Wirtschaftlich, sozial, human und mental betrachtet ist das eine Katastrophe – aber offensichtlich stört das nicht besonders, denn über »symbolische Politik« kann man das wieder schönreden.

Haben wir eine durchgehende Führungsmisere? Wenn man außerhalb offizieller Erhebungen mit Menschen spricht, die in abhängigen Positionen beschäftigt sind, hat man dieses Gefühl. Die Stellungnahmen weichen drastisch von denen ab, die man halb- oder ganz offiziell während formeller Befragungen aller Art erhält. Fragt man nach den Gründen, so stößt man auf geheime Ziele, irrationale Weltbilder und strenge Sprachregelungen, die fast jedes System herausbildet. *Hinter die Kulissen, also in die eigentliche Wirklichkeit der Systeme, gelangt man mit herkömmlichen Analyseverfahren nicht.*

Beispiele: Angehörige einer Großbank geben sich modern, flexibel, weltgewandt. In Privatgesprächen klagen sie über Bürokratieprobleme in ihrer Organisation. Mitarbeiter (und Führungskräfte) einer Weltfirma genießen ihr hohes Prestige, das sich aus der Mitgliedschaft ergibt – sie beklagen aber gegenüber guten Bekannten, daß die Führungsverfahren rigide und starr seien, daß man mit kreativen Vorschlägen nur schwer Gehör fände und daß man in ständiger Arbeitsplatzunsicherheit leben müsse.

Verwaltungsangehörige besuchen brav und angepaßt die angeordneten Sitzungen, auf denen sich Vorgesetzte produzieren und zu profilieren (zu »positionieren«) versuchen – untereinander beklagen sie dann die Öde der Sitzungen, die Unmöglichkeit, eigene Ideen einzubringen, und die generelle Unprofessionalität, mit der sie geführt werden.

9.4 Mehr Qualität durch Systemverstehen

Komplexe Systeme gilt es zu verstehen – man kann sie nicht erklären!

Worin unterscheiden sich Erklären und Verstehen? Unterschiede in der Sicht der Wirklichkeit hängen auch damit zusammen, welche Erkenntnismethoden man nutzt. Wissenschaftstheoretiker unterscheiden beim wissenschaftlich abgesicherten Zugang zur Wirklichkeit (vereinfacht dargestellt) das Erklären und das Verstehen.

Erklärendes Vorgehen ist an Daten interessiert. Standardverfahren sind Methoden der empirischen Sozialforschung, die an naturwissenschaftlichen orientiert sind; sie richten sich auf Ursache-Wirkungsbeziehungen, also auf exakt meßbare Kausalitäten. Im Menschlichen und vor allem im Zwischenmenschlichen geht es jedoch selten exakt kausal zu. Hier haben kleine Ursachen oft große und ganz unterschiedliche Wirkungen – was wiederum von dazwischentretenden (intervenierenden) Ursachen abhängt. Es bedarf einer umfangreichen Erfahrung, um ein annähernd zutreffendes Bild in diesem »chaotischen« Geschehen zu gewinnen.

Wie macht man »exakte« Erfahrungen? Dieser Frage widmen sich viele Methodiken. Man nennt sie meist »hermeneutische Verfahren«, »verstehendes Vorgehen«, »qualitative Forschung«. »Verstehen« heißt: Interpretationen, Deutungen, Bewertungen nachvollziehen.

Ist Verstehen »kritisches Herangehen«? Kritik melden wir an, wenn Geschehnisse, Entscheidungen, Verhältnisse in unserem beruflichen Umfeld nicht mit unseren verinnerlichten Grundsätzen übereinstimmen. Aber wir haben auch unsere Grundsätze in sozialen Milieus gewonnen; sie sind seltener unser eigenes Denkergebnis, als wir glauben. Menschen empfinden und definieren sich autonomer, als sie sind – und unter den gegebenen Bedingungen sein können. Reflektierte Kritik stellt dies in Rechnung.

Heißt »verstehen« mit Unübersichtlichkeit zurechtkommen? Von allen Menschen werden Zeiten schnellen Wandels (auch in weltanschaulichen Grundsätzen) als bedrohlich erlebt. Das aktuelle Beispiel ist die zunehmende Totalökonomisierung unserer Lebenswelten durch das Leitprinzip Shareholder Value. Der ökonomische Grundsatz: »Gut ist, was den Kapitalgebern nutzt!«, lenkt zunehmend alle Managemententscheidungen und gestaltet die Arbeitsbedingungen völlig neu. Verläßlichkeit, Sicherheit und andere traditionelle Wertvorstellungen verlieren an Geltung. Eine »neue Unübersichtlichkeit« zwingt zu Denk- und Empfindungsmustern, die das ökonomische Überleben sichern. Wie sollen Menschen, die eine geringe Toleranz gegenüber Vieldeutigkeit aufweisen, völlig andere Wertvorstellungen und ein starkes Bedürfnis nach Sinn haben, all dies noch »verstehen«?

Fazit (1): Der Verstehensbegriff meint in den Sozialwissenschaften, die sich mit diesem Phänomen befassen, vor allem: Welche Methoden sind am zuverlässigsten, systemische Bedingungen und Psychologisches wahrheits- und wirklichkeitsgetreu zu erfassen? Welche Methoden ermöglichen es uns, Organisationsmythen zu entlarven und Dysfunktionalitäten aufzudecken, obwohl viele Betroffene und Mächtige ihre gesamte Energie darauf richten, diese Erkenntnis zu erschweren? Welche Methoden erlauben uns, Menschen zu helfen, die unter Organisationsbedingungen leiden und dies nicht auszudrücken vermögen?

Beispiel: Nehmen wir den Fall eines Unternehmens, das eher im Windschatten des Wettbewerbs lebte und in dem die klassischen Arbeitstugenden gepflegt wurden, das nun aber plötzlich in den globalen Wettbewerb gelangt.
Das Management an der Spitze und im Mittelfeld wird ausgewechselt. Junge, dynamische »schöpferische Zerstörer« (nach *Joseph A. Schumpeter)* übernehmen die Macht. Plötzlich gelten ganz andere Tugenden und Werte. Wer sich schnell anpaßt, hat beruflichen Erfolg; wer das nicht schafft, fällt der »Verschlankung« anheim. Die »Überlebenden« (survivors) versuchen sich in schneller Anpassung. Zwei Seelen leben, ach, in ihrer Brust. Niemand kann dem anderen jetzt noch etwas anvertrauen. Alle suchen die Aufmerksamkeit und das Wohlwollen der neuen »Herrschaft« – oft in vorauseilendem Gehorsam. Das Betriebsklima verschlechtert sich durch dieses Verhalten rapide. Es wird rauher, unehrlicher, »kälter«; die Unternehmenskultur nimmt andere Werte und Normen an; die beruflichen Anforderungen wandeln sich grundlegend; jahrelang gültige Tugenden verlieren an Wert, neue müssen eingeübt werden.
Das Management spürt bei allen Mitarbeitern so etwas wie einen inneren Widerstand bei äußerer Servilität. Es beauftragt eine Beraterfirma, die Situation zu erforschen und Strategien vorzuschlagen, mit denen man wieder ein produktives Arbeitsklima erreichen könnte. Eine solche Befragung erbrächte zumindest eine »ehrliche« Analyse des (empfundenen) Arbeitsklimas. Das Problem bleibt: Wie reagieren »schöpferische Zerstörer« auf unangenehme Nachrichten? Sind sie lernbereit?

Die aktuelle und wirksamste Methode des »Systemverstehens« ist die systemische!

Nehmen wir an, die Beratungsfirma ist auf dem neuesten Stand. Sie wendet ein »verstehendes Verfahren« an, z.B. das »systemische«. Sie wird durch methodisch geplante Einzelgespräche herauszufinden versuchen, welche Ideologie (neudeutsch: »Denke«) zur Zeit in der Organisation herrscht, welche Ursachen für eine Klimaverschlechterung von den Mitarbeitern als ausschlaggebend empfunden werden und wie die Mitarbeiter ihre Führung und ihre Tätigkeit erleben. Es soll nicht geklärt werden, welche Wirkungen »objektiv« vorliegen, sondern welche positiven und welche negativen Wirkungen die Mitarbeiter *empfinden*. Damit wird ein Psychogramm des sozialen Systems »Firma« beschrieben; die Situation wird so weit erforscht, daß man vieles »verstehen« kann, was bisher unerklärlich (!) blieb – und was mit bloßen Datensätzen auch nicht aufzuspüren wäre.

Qualitätsarbeit hat viele Aspekte und Möglichkeiten:
- Das um die weichen Faktoren erweiterte *Controlling,*
- die *Evaluation* (Fehler-, Krisen-, Konfliktmanagement) mit ständigen Rückmeldungen während der Prozesse, nicht erst am Schluß einer Aktion, und
- *das umfassende (totale) Qualitätsmanagement.*

Das Qualitätsmanagement läßt sich getrennt vom Controlling als eigener Vorgang organisieren, kann jedoch auch in das umfassende Controlling einbezogen werden. Dann wird durch Evaluation (also durch ständige Rückmeldung der Qualitätsmerkmale und -werte) ein begleitender Verbesserungsprozeß organisiert. Das ist wirkungsvoller als eine nachträgliche Qualitätskontrolle mit entsprechenden Sanktionen.

Fazit (2): Für das Gelingen, d.h. für die Akzeptanz durch die Betroffenen und Begünstigten und für die Aussagefähigkeit des TQM, ist das *Einbeziehen der Führungshandlungen* zentral wichtig. Dieser bisher vernachlässigte und immer noch desolate Faktor in der Wertschöpfungskette muß als zentraler Erfolgsfaktor erkannt und in die Qualitätsaufmerksamkeit einbezogen werden.
Immer mehr setzt sich auch an der Börse die Einsicht durch: Unternehmen (und Verwaltungen usw.) sind nur so gut wie ihr Führungssystem!

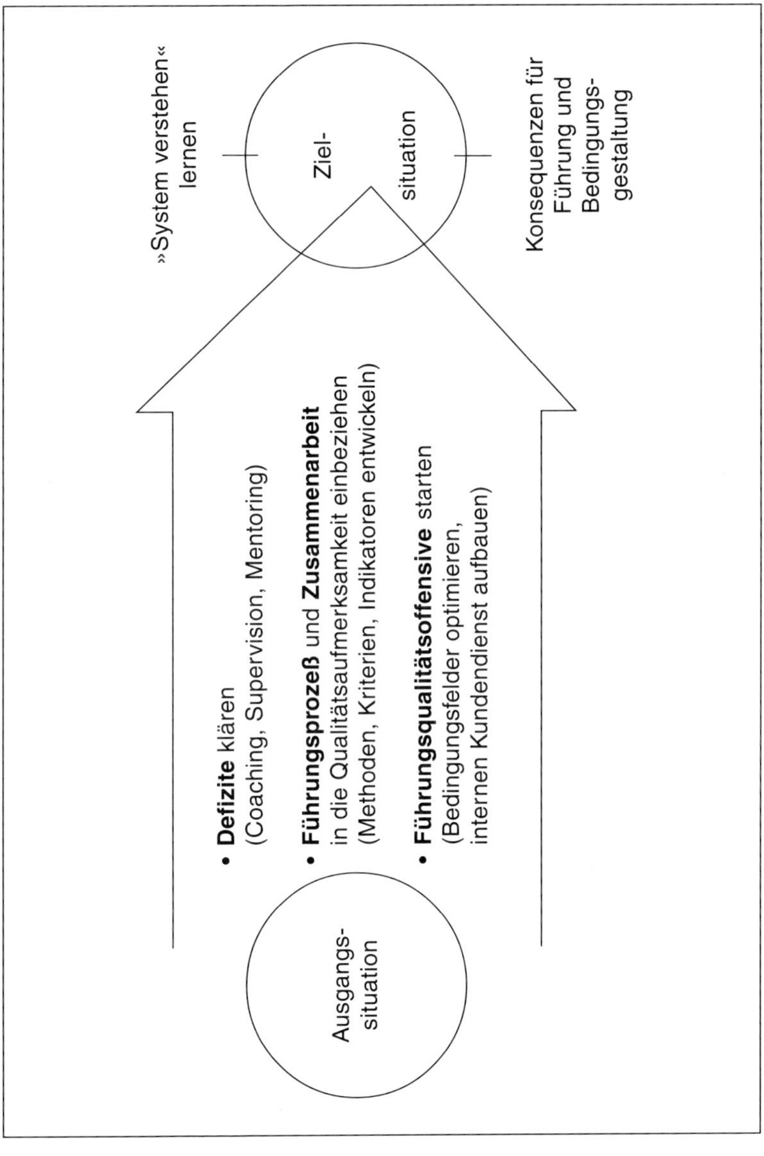

Abbildung 21: Qualitätsmanagement der weichen Faktoren

Überblick: Kapitel 10

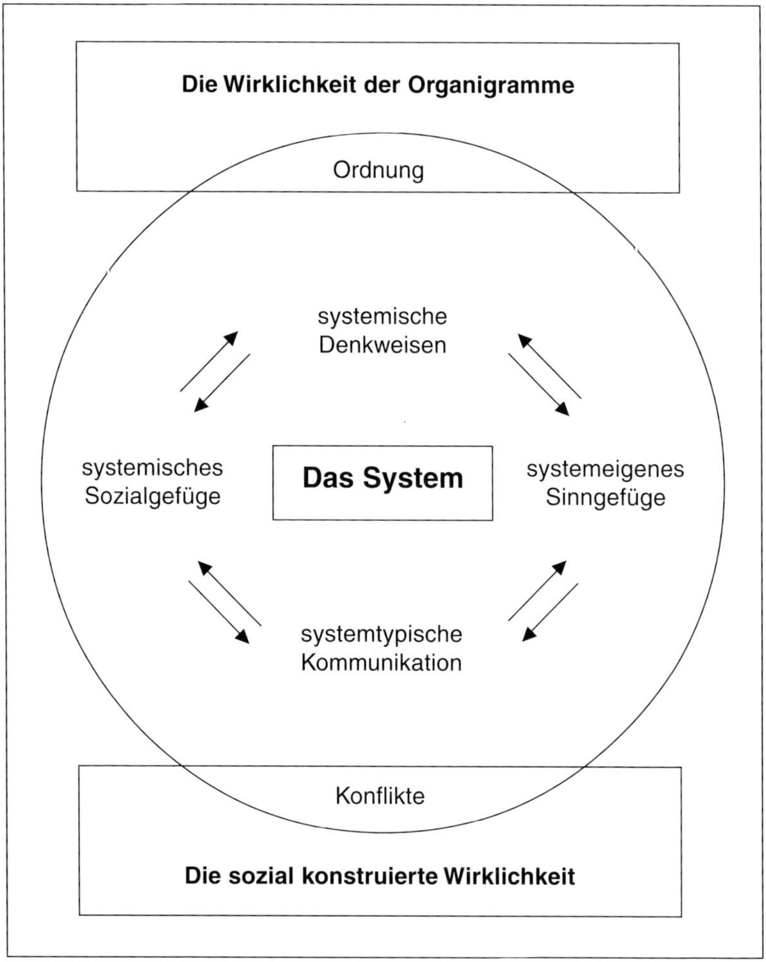

10 Ganzheitliche Analyse: Das systemische Vorgehen

10.1 Die Gründe

Unternehmen neigen wie Menschen dazu,
so krank zu sein wie ihre Geheimnisse!
Pascale

Systeme bilden sich die Menschen heran, die sie brauchen!
Herbert Marcuse: Der eindimensionale Mensch

Was führte zu dem Ansatz, der sich »systemisch« nennt? Max Weber beschrieb im ersten Viertel des 20. Jahrhunderts die Folgen der Aufklärung und das Grundprinzip der Moderne als »Entzauberung der Welt«. Das Rationalitätsparadigma (= die rationale Grundannahme) erlaube den Menschen weniger Irrationalität, weniger Magisches und Geheimnisvolles. Kräfte des Gefühls (und der ganzheitlichen Vernunft) wurden generell geringgeschätzt. Gefühl (und Geist) meint in diesem Fall: Die innere Übereinstimmung mit dem, was zweckrational gesehen nicht aufgeht. Gefühlsaufmerksamkeit und ganzheitliche Sichtweisen verschwanden damit zunehmend aus dem Leben und vor allem aus den rational organisierten Systemen.

Die anfängliche Euphorie, das Aufklärungspathos der reinen Verstandeswelt, wich schließlich einer Empfindung der Leere. Die Erkenntnis trat ins Bewußtsein: Das »Wegrationalisierte« war nicht nur Irrationales; es umfaßte auch Kräfte, die dem Leben Sinn geben. Dies ist nicht nur der tiefere Grund für das Wiederauftauchen des Emotionalen als wertvolle, sinngebende Ressource, des Sozialen als wichtige Kompetenz einer Zivilgesellschaft und des Ganzheitlichen, sondern auch für wirksamere Verfahren der Wirklichkeitserkundung und der Intervention in »kranke Wirklichkeiten«.

Warum systemisches Denken und Handeln? Das »systemische Denken und Handeln« hat sich seit den siebziger Jahren zunehmend durchgesetzt. Es ist auch eine Reaktion auf die Erkenntnis, daß sich alles Stabile in Auflösung befindet. Wir haben uns daran gewöhnt, nicht mehr in Substanzen, sondern in Prozessen zu denken. Im Management spricht man von Kunden-, Führungs-, Kommunikations- und Qualitätsprozessen und von dem alle diese umfassenden Wertschöpfungsprozeß. Prozeßmanagement ist seit dem Ansatz Business Reenginering als Führungsrealität selbstverständlich.

Der *zweite Grund* ist die *Einsicht in die Struktur von Systemen*. Man spricht von Systemwissenschaften und Systemansätzen. Psychische Systeme (Individuen) und soziale Systeme (Betriebe, Behörden, Schulklassen, Parteien usw.) sind nicht nur durch soziale Wechselwirkungen gekennzeichnet, die ihr Sozialklima bestimmen, sondern auch durch eine spezifische Kultur. Sie entwickeln Rechtfertigungsideologien, Denkweisen und Wirklichkeitsdeutungen, aus denen heraus sie handeln. Außenstehende verstehen manche Äußerungen und Reaktionen eines Systems nur, wenn sie in dessen Tiefenstrukturen eingedrungen sind.

Drittens war die systemische Theorie am Beginn eine Reaktion auf die Unzufriedenheit mit Methoden und Ergebnissen der *Psychotherapie*. Sie beginnt daher folgerichtig mit der Entwicklung einer »systemischen Therapie«. Inzwischen gibt es rund 400 verschiedene Therapieformen.

In die Managementlehre brachte *Peter M. Senge* das Thema des Systemischen ein (Die fünfte Disziplin. Stuttgart 1996 [3. Aufl.], und: Fieldbook zur Fünften Disziplin. Stuttgart 1996 [2. Aufl.]). Er setzt den Schwerpunkt bei der Optimierung der systemischen Organisations- und Lernvorgänge.

10.2 Die Zwecke

Jede Organisation hat ihr eigenes emotionales Umfeld!

Welchen Zwecken dienen systemische Verfahren? Systemische Ansätze haben sich aus der Therapie heraus entwickelt. Heute kennt man
- eine systemische Unternehmensberatung,
- systemische Interventionsformen (im Coaching),
- systemische Methoden bei der Analyse von Konfliktgründen in Organisationen aller Art
- und systemische individuelle Beratung.

Ausgelöst wurde die Weiterentwicklung durch den Wunsch, Menschen einen »individuengemäßen Halt in der Haltlosigkeit finden zu lassen« *(Helm Stierlin).* Individuen soll geholfen werden, Gewißheit zu finden. Sie sollen

- davor bewahrt werden, Gewißheit zu verfehlen, wo sie möglich ist, und
- lernen, Ungewißheit zu ertragen, wo Gewißheit nicht zu haben ist.

Systemisches Vorgehen soll

- in einer chaotischen Realität Ordnung (»Wirklichkeit«) auf immer höherem Niveau immer wieder neu konstruieren,
- Menschen wieder Stabilität vermitteln und zugleich die Fähigkeit, unumgängliche Ambivalenzen (= Nichteindeutigkeiten) besser zu ertragen und zu bewältigen,
- damit zugleich konfliktverhindernd und -lösend wirken. Dabei sind innere, familiäre und berufliche Konflikte gemeint, aber auch die gegenseitige Wechselwirkung, die diese Konfliktfelder auslösen;
- menschliche Ressourcen erkennen, ausbauen und stabilisieren.

Systemische Begleitung (Coaching, Therapie, Hilfe) hält nichts von der defizitären Sichtweise und dem herkömmlichen Krankheitsbegriff, der Individuen vorschnell in die Passivität und Hilfsbedürftigkeit drängt.

Was heißt »systemische Sozialisation«? Eine wichtige Funktion hat das systemische Vorgehen auch im Prozeß der Sozialisation. Es soll die »bezogene Individuation« und die »Ko-Individuation« fördern.

Was bedeutet das? Helm Stierlin stellt fest, daß sich Menschen nur im Miteinander wechselseitig dazu verhelfen können, Individuen zu werden. Ihre Entwicklung vollzieht sich im »Aufeinander-Bezogensein«. Bei einem relativ störungsfreien Verlauf nützen sie sich dabei gegenseitig. Sie finden eine sinnvolle Balance zwischen Selbständigkeit und Bindung. Es entsteht weder der Egozentriker noch das Kollektivwesen, die beiden extremen Fehlformen der Sozialisation. In Organisationen aller Art findet Sozialisation ständig statt. Negative Folgen haben alle zu tragen (zu *er*tragen), die darin tätig sind und die damit umgehen müssen.

Das soziale Problem: Die Übersetzung fremder (schwer verstehbarer) Situationen in die eigene Situationsdefinition; oder: Die Umdeutung einer Situation aus einer fremden Lebenswelt in eine solche der eigenen.

Fazit: Der systemisch Vorgehende kann auf ganzheitliche Weise Lebens- und Arbeitssituationen mit ihren Antrieben, Annahmen, Absichten und Erwartungen erkennen, verstehen und bewerten. Eine linear denkende und handelnde Führungskraft schadet meist mehr, als sie nützt, weil sie die Realität in ihrer Komplexität nicht differenziert genug wahrnimmt und daher nicht versteht.
Und: Wer die *individuelle Wirklichkeit* verfehlt, der kann sie auch nicht leidmindernd und damit zielführend beeinflussen.

10.3 Die systemische Kompetenz

Management (Führung) ist neben dem rein sachlichen Tun vor allem
- Beziehungsarbeit,
- Sinnarbeit und
- Intervention in Personen.

Wenn sich Organisationen in »komplexe Systeme« verwandeln, ist die ihnen gemäße Analyse- und Interventionsform »das Systemische«!

Ein **System** ist etwas anderes (und es ist mehr) als die Summe seiner Teile. Systeme erhalten sich selbst, grenzen sich gegen die Umwelt ab und stehen mit dieser im ständigen Austausch von Energie und Informationen. Systeme haben unterschiedliche Probleme und definieren sich durch ihre systemspezifische Problemlage. Systeme sind immer »Problemsysteme« *(Helm Stierlin* 1997, S. 150f., 199).

Systemische Intervention verändert Bedeutungen, Fühlen, Denken, Kommunizieren und Handeln. Sie ändert verfestigte Muster des Erlebens, des Handelns und der Beziehungen zwischen Menschen.

Systemische Analyse soll effektivere Erlebens- und Handlungsmuster und befriedigendere Beziehungsmuster in den Blick bringen und die Voraussetzungen für deren Entwicklung schaffen *(Günter Schiepek 1999, S. 46, 148f.).*

Man kann die *Grundsätze* der systemischen Vorgehensweise im Umgang mit Menschen und Organisationen generell anwenden, wenn man diese als »Systeme« begreift.

Zwei wesentliche Grundsätze: Systemisches Vorgehen dient dazu, Individuen und Organisationen oder Organisationsteilen in der zunehmenden Instabilität, Unübersichtlichkeit und Mehr-Deutigkeit wieder etwas zu vermitteln, aus dem heraus sie in die Lage versetzt werden, ihren »Sinnbedarf« zu decken; systemisches Vorgehen dient der »Härtung der Realität« *(H. Stierlin).*

Die individuelle *Systemkompetenz* ist eine wichtige neue Führungsqualität. Denn die Übernahme verantwortlicher Managementaufgaben beruht auf dem förderlichen Umgang mit komplexen, selbstorganisierenden Systemen in mindestens ebenso komplexen Umwelten. Systemkompetenz ist eine zentrale Führungskompetenz *(G. Schiepek,* 1999, S. 418).

Zur Systemkompetenz gehören nach *Schiepek*:
- das Berücksichtigen von Sozialstrukturen und Kontexten,
- das Klären von Rollen, Aufgaben und Aufträgen sowie entsprechender Erwartungen,
- Team-, Delegations-, Präsentations- und Feedbackfähigkeit.

Im Detail zählen dazu der *erfolgreiche Umgang mit den wichtigsten Dimensionen des Systems* (Zeit, Emotion, Kommunikation, Beziehung) und mit dem System als Ganzem. Der richtige Umgang z.B. mit der *Dimension Zeit* bedeutet:
- die Eigendynamik von Systemen kennen und nutzen können,
- die sensiblen Momente (»Kairos«) und Aufnahmebereitschaften erspüren, nutzen und fördern können (»Tipping-Point-Management«),
- Perspektiven, Orientierungen und Ziele entwickeln können,
- mit den Grenzen von Planung, Vorhersage, Veränderung umgehen können,
- zwischen Aktion und Reflexion wechseln können,
- Geduld entwickeln, Zeitdruck vermeiden,
- Zeitrituale nutzen können.

Der erfolgreiche Umgang mit der *emotionalen Dimension* verlangt:
- sich selbst beschreiben können,
- die eigene Lebensqualität fördern können,
- die vorhandenen Kräfte und Energien nutzen können,

- fokussieren (etwas auf den Punkt bringen, zielgerichtet denken und handeln) und sich konzentrieren können,
- Zugehörigkeiten erzeugen, Kultur schaffen können,
- mit emotionalen Belastungen umgehen können,
- Informationen, Hilfen, Unterstützungen nutzen können,
- die eigenen Motive klären können,
- Ambiguitätstoleranz besitzen: Mit Vielfalt, Unübersichtlichkeit und Widersprüchen umgehen können.

Der erfolgreiche Umgang mit *Kommunikation (Dimension Beziehung)*. Um soziale Kontaktfähigkeit zu besitzen, muß man:
- Sprache sinnbildend und zielführend einsetzen können,
- für Aufnahmebereitschaften sensibel sein,
- die flexible Selbstdarstellung beherrrschen: Ein Gespür für Situationen, Kontexte und Regeln besitzen.

Der erfolgreiche Umgang mit der *Ganzheit »System«*. Zur Systemförderung muß man:
- Selbstorganisationsbedingungen optimieren können,
- fehlerfreundlich sein,
- in kritischen Zeiten Stabilität und Sicherheit ausstrahlen können,
- Heuristiken (Methoden) beherrschen. (Nach *Schiepek* 1999, S. 418f.)

Welche Ziele hat und welche Methoden kennt das systemische Vorgehen? Ziel und Zweck der Intervention sind:
- Umdeutungen einer wenig hilfreichen (aber von den Systemmitgliedern trotz der Dysfunktionalitäten geschätzten) Wirklichkeit in eine wirksamere und positiv empfundene, aktivierendere, selbstwertstärkende, konfliktfreiere. *Wirklichkeit wird gemeinsam neu konstruiert!*
- Das Einführen neuer, hilfreicherer Unterscheidungen. *Wirklichkeit wird gemeinsam neu definiert und geordnet!*
- Das Eröffnen neuer Perspektiven. *Die Möglichkeiten, mit der* vorgefundenen (oder neu konstruierten, neu geordneten) *Wirklichkeit sinnvoller umzugehen, werden vermehrt!*
- Das Vermitteln neuer Optionen. *Die Wünsche, Ziele und Erwartungen an die Wirklichkeit werden neu gestaltet!*

Dabei darf der Intervenierende weder ein »mitschwingendes Rohr im Winde« noch ein vermeintlich Halt bietender Guru sein *(H. Stierlin)*, sondern er soll das bereitstellen, was man heute gern Hilfe zur Selbsthilfe nennt. Systemische Hilfen sind daher niemals verkündete Wahrheiten, sondern gemeinsam entwickelte, das systemische Feld berücksichtigende Daseinschancen. Sie erweitern den geistigen Horizont, aktivieren emotionale Potentiale und vermehren die Handlungsmöglichkeiten.

Welche Bedeutung hat das richtige Fragen im systemischen Prozeß? Das Standardinstrument ist die Frage, denn die »Mikro-Intervention« vollzieht sich zu 90 Prozent über Fragen. Fragen dienen vor allem den *Zwecken:*
- Informationen einholen,
- Respekt bezeugen,
- Wahrnehmungsprozesse anstoßen und
- Ressourcen aktivieren.

Die *Sprache* hat im systemischen Prozeß zwei Hauptfunktionen:
- Sie wirkt klärend und ordnend, indem sie deutlich Unterschiede formuliert, und
- sie wirkt hinterfragend: Grundannahmen werden in Frage gestellt, Fehlerfeedback hilft, Ursachen für Konflikte zu finden usw.

10.4 Die Methoden: Systemisches Vorgehen an Praxisbeispielen

Im folgenden sind *Praxisfälle mit systemischer Auflösung* (systemische Fragen, die eine »professionell gebildete emotionale Kompetenz« zeigen!) aufgeführt. Es wurden alltägliche (banale) Beispiele gewählt, weil »ein System« sich bekanntlich aus solchen zusammensetzt.

Die nachstehenden Feststellungen sind *Denkimpulse zum Verständnis der Fallbeispiele:*
- Hierarchien sind in Organisationen kein Problem, wenn die Kommunikation funktioniert.
- »Falsche Kommunikation« verursacht Systemstörungen auf allen Hierarchieebenen.
- Je mehr die Meßbarkeit der Mitarbeiterleistungen (wegen zunehmen-

der Komplexität) schwindet, desto gravierender wirkt sich »falsche Kommunikation« aus
- auf das Leistungsverhalten (Motivationsschwund),
- die Streßanfälligkeit (Konflikthäufung) und
- die Akzeptanz der Ziele und der Organisation (Loyalitätsverlust).

– Eindeutigkeit und Klarheit sind oberstes Gebot für Kommunikation und Interaktion. Sie sind die Basis »gesunder Organisationen« (= Systeme); »kranke Organisationen« kennzeichnen vor allem Doppeldeutigkeiten und unklare Kommunikationsprozesse.
– Mitarbeiter (und deren Ressourcen), Leistungsergebnisse und Systemakzeptanz leiden in »kranken Systemen«. Sie schaffen viele krankmachende »double bind-Situationen«.

Beispiel: Ich brauche engagierte Mitarbeiter, die selbständig handeln – und immer tun, was man ihnen sagt! *(Dieter Hildebrand,* Der Anbieter.)

Die Lösung: Eine gemeinsame Basis aus kleinsten gemeinsamen Nennern herstellen, um die Zahl der Mißverständnisse und Kränkungen und den daraus folgenden Ressourcenverschleiß zu minimieren.

Nicht das Problem ist das Problem, sondern das, was man daraus macht! (Paul Watzlawick)

Einführung in das Fallbeispiel: Es handelt sich bei diesem Fallbeispiel um eine Problemsituation, wie sie in jedem Unternehmen (Non-Profit oder Profit) vorkommen kann. Mit den kurzen Dialogabschnitten zwischen Abteilungsleiter (AbtL) und Mitarbeiter (MA) soll auf wichtige *Formen systemischen Fragens* aufmerksam gemacht werden, um verschiedene Interventionsziele und -methoden zu verdeutlichen.

Im ersten Dialogabschnitt stehen folgende *Interventionen* im Zentrum:
– Der Mitarbeiter soll durch die Anwendung verschiedener Fragetechniken des Interviewers den Anstoß und die Möglichkeit erhalten, über sein Problem aus verschiedenen Blickwinkeln nachzudenken. Dadurch kann aus einer undurchsichtigen Problemlawine eine neue, besser überschaubare Situation entstehen, die es dem Mitarbeiter ermöglicht, adäquate Lösungswege zu finden.
– Der Interviewer will durch die Fragen (wie ein Detektiv) den Botschaften des Mitarbeiters auf »die Spur« kommen. Hierbei interpretiert er nicht die Aussagen des Mitarbeiters; es geht vielmehr darum,

die »subjektive Wahrheit« und das »subjektive Problemerlebnis« zu erfahren. Interpretieren birgt immer das Risiko, die eigene Perspektive der Analyse zugrunde zu legen – und absolut zu setzen.
- Der Interviewer geht nicht von einer linearen Problementwicklung aus. Das subjektive Problemempfinden konstruiert seinen Inhalt stets aus multikausalen Zusammenhängen, die Klient und Interviewer erst erkennen müssen. Die Fragen zielen auf die möglichen Verknüpfungen multikausaler Faktoren und Wechselwirkungen.
- Der Interviewer sollte immer wieder Gesprächsinhalte zusammenfassen, um zu überprüfen, ob die Dialogpartner in »der Spur« ähnlicher Wahrheitsverständnisse sind.
- Die systemische Befragung will dem *Indexgesprächspartner* verdeutlichen, daß er keiner ohnmächtigen Problemsituation ausgesetzt ist, sondern daß er aktiv an der Problemerkennung und Problemlösung mitwirken kann. *(Indexgesprächspartner nennen wir hier den unter einer Situation Leidenden.)*
- Der Indexgesprächspartner sollte nach den Gesprächsverläufen den gemeinsam erarbeiteten Lösungsweg als für sich umsetzbar definieren können. Das heißt, nicht der Befrager schlägt Lösungen vor, sondern der Indexgesprächspartner entwickelt Schritt für Schritt entlastende Lösungsmöglichkeiten.

Fallstudie: Der Abteilungsleiter Vertrieb erfährt in einem Jahresgespräch vom Mitarbeiter für Beschwerderegelungen beiläufig, daß dieser unter ständigem Streß leidet, obwohl er seine Arbeit eigentlich gern tut. In Absprache mit dem unmittelbaren Vorgesetzten, dem Sachgebietsleiter, bittet er den Mitarbeiter zu einem Gespräch. Er tut so etwas häufiger, weil er als Coach und Supervisor ausgebildet ist und auch systemische Kenntnisse besitzt. Die unmittelbaren Linienvorgesetzten nehmen diese Dienstleistungen gern in Anspruch (Modell: Der Vorgesetzte als hochwertiger Dienstleister seiner Mitarbeiter oder »internes Kundenmanagement«). Die Dialogabläufe sind hier im Zeitraffer wiedergegeben. Coachinggespräche sind wie alles Systemische ein Prozeß.

Das Gespräch:

AbtL: Sie sprachen beiläufig in unserem Jahresgespräch von anhaltendem Streß. Was können wir da für Sie tun? Was ist Ihr Problem?

MA: Ich leide wirklich unter Streß!

AbtL: Versuchen Sie doch bitte zu erklären, was Sie unter Streß verstehen. Woran erkennen Sie, daß Sie unter Streß stehen? *(= Suche nach der individuellen Wirklichkeitsdefinition!)*

MA: Ich gerate manchmal fast in Panik, habe Herzklopfen und fühle mich plötzlich unfähig, die einfachsten Fälle zu lösen.

AbtL: Also, Sie reagieren auf Streß mit Panik, Herzklopfen und Unfähigkeit. Woran würde ich noch erkennen, daß Sie unter Streß stehen?

MA: Ich scheue dann den Blickkontakt mit meinen Gesprächspartnern, spiele ständig mit meinen Händen und kann kaum noch einen vollständigen Satz herausbringen. Das ist mir immer sehr peinlich.

AbtL: Beschreiben wir das einmal als nervös. Ist das in Ordnung? Dann kommen, wie zuvor von Ihnen beschrieben, Panik- oder Peinlichkeitsgefühle und Herzklopfen hinzu. Sich unfähig zu fühlen, einfache Fälle zu lösen, das kann noch andere Gründe als nur Streß haben. Können wir vielleicht erst einmal auf Ihre Empfindung eingehen, die Sie als Streß bezeichnen, um später Ihr Gefühl der Unfähigkeit zu besprechen? *(= Verdeutlichen verschiedener Problemebenen!)*

AbtL: Können Sie sich an andere Zeitpunkte erinnern, in denen Sie weniger oder keinen Streß empfanden? *(= Suche nach Ausnahmen!)*

MA: Ja, eigentlich geht das bis Mitte der Woche noch gut.

AbtL: Was genau wird denn ab Mitte der Woche anders?

MA: Die E-Mails »bedrohen« mich zum Beginn der Woche noch nicht – ich habe da noch das Gefühl, meinen Arbeitsanfall zu überblikken, ihn zu beherrschen. Das wird meistens von Mittwoch nachmittag an anders.

AbtL: Das war doch sicher nicht immer so. Gab es Zeiten, in denen die ganze Arbeitswoche mit dem Regelarbeitsanfall auf Sie überschaubarer wirkte? *(=Suche nach Ausnahmen!)*

MA: Früher wurde mehr telefoniert. Da konnte ich alles nacheinander abwickeln. Es häuften sich keine Berge an Aufträgen an.

AbtL: Können Sie auch Unterschiede in ihrer Belastung feststellen, seit es die E-Mails gibt? Seit wann etwa empfinden Sie den unkontrollierbaren Arbeitsanfall besonders als Streß? *(= Suche nach Unterschieden!)*

MA: Zu Beginn hatte ich dieses Bedrohungsgefühl durch die E-Mails und die unerledigten Aufträge noch nicht – aber seitdem das Qualitätsmanagement eingeführt wurde, habe ich immer Angst, nicht so gut zu sein wie die anderen – das heißt vor allem: nicht so schnell zu sein.

AbtL: An dieser Stelle möchte ich das Bisherige zusammenfassen, wie *ich* es verstanden habe. Ich bitte Sie, mich sofort zu korrigieren, wenn ich etwas anders wiedergebe, als Sie es für sich verstehen:

- Sie leiden unter Zeitstreß. Sie empfinden diesen Streß aber immer erst von der Wochenmitte an.
- Sie führen den Streß auf die bis dahin aufgelaufenen Aufträge zurück, die als E-Mails in großer Zahl bei Ihnen eingehen. Sie haben das Gefühl, dann die Kontrolle über den Fortgang der Erledigung zu verlieren.
- Sie stellen fest, daß vor allem das Qualitätsmanagement diesen Leistungsdruck ausgelöst oder ihn jedenfalls vermehrt hat. *(= Überprüfen des gemeinsamen Nenners!)*

MA: Ja, so ist meine Situation. Sie haben sie genau getroffen.

AbtL: Sie erleben aber doch nicht nur auf der Arbeit Streß, sondern sicher auch in anderen Lebenssituationen. Können Sie eine solche Situation beschreiben und sagen, wie Sie dann mit ihrem Streß umgehen? *(= Suche nach weiteren Unterschieden!)*

MA: Ich habe auch daheim häufig das Gefühl, unter Druck zu stehen. Vor allem, wenn ich notwendige Arbeiten längere Zeit aufgeschoben habe. Aber da habe ich es ja in der Hand, einen Ausgleich zu schaffen. Ich fahre dann zum Beispiel Fahrrad, so für eine halbe Stunde. Dann geht es wieder.

AbtL: Stellen Sie sich vor, Sie hätten auch hier, also bei ihrer Arbeit, die Möglichkeit, bei auftretendem Streß oder sogar schon zur Streßvermeidung etwas ganz anderes zu tun – was würden Sie dann beispielsweise gerne tun? *(= Anstoß zur kreativen Problemlösung!)*

MA: Da gibt es eine Projektgruppe »Kundenbeziehungsmanagement«, zu der könnte ich einiges beitragen. Oder: Wir haben einen Qualitätszirkel »Beschwerdemanagement«. Auch dazu könnte ich Erfahrungen einbringen und Konzeptionelles anbieten. Oder Kollege B. könnte mich am Mittwoch unterstützen, damit ich die bis dahin angefallenen Aufträge abarbeite, bevor ab Donnerstag neue hinzukommen.

...

Der Dialog ist damit nicht zu Ende. Jetzt müßte der AbtL eine *vorläufige Vereinbarung* mit dem Mitarbeiter treffen und diese möglichst bald realisieren. Nach angemessener Zeit wäre dann in einem weiteren Gespräch zu ermitteln, wie die gemeinsam gefundene »Lösung« die Situation für den Mitarbeiter bisher verändert hat.

In diesem fiktiven Dialog sollte verdeutlicht werden, daß der Interviewer an dem Indexgesprächspartner ein »wahr«haftiges Interesse zeigen und empfinden muß. Um ein Problem herum gibt es eine Fülle von Informationen; in den Gesprächen versucht man, möglichst viele davon zu erhalten und zu nutzen. Sie dienen vor allem dazu, dem Indexgesprächspartner zu verdeutlichen, daß an seinem »Problem-Erleben« verschiedene Faktoren beteiligt sind. Im systemischen Sinne bedeutet dies: Durch das Zusammenwirken verschiedener Erlebnisse – im geschildertem (und im folgenden) Fall vor allem durch die Interaktionen, die als kränkend empfunden wurden – konstruiert sich (oder konstruiert der Indexgesprächspartner) die belastende Situation. Vor allem gilt es zu erkennen: Eine solche Situation ist nie das Ergebnis eines, sondern immer das Resultat vieler Auslöser.

Weitere Möglichkeiten, das Wechselspiel verschiedener Systemmitglieder zu verdeutlichen und aus ausweglos erscheinenden Situationen die Chance zu erkennen, etwas an ihnen verändern zu können, zeigen die folgenden Fragebeispiele.

Eine wichtige Erkenntnis vorweg: Nicht die Komplexität der Systeme lähmt, sondern das Erleben der eigenen Handlungsgrenzen oder der Handlungsunfähigkeit. Die eigentliche Lösung liegt darin, daß man Handlungsfähigkeit zurückgewinnt und den Marionettenstatus verlassen kann. Das Gefühl der Hilflosigkeit und das Empfinden von Kontrollverlust sind häufig die eigentlichen Streßoren.

Eine andere Situation mit demselben Mitarbeiter.

Situationsbeschreibung: Der MA arbeitet seit einem Jahr mit der Möglichkeit, einmal in der Woche sein Arbeitsgebiet durch die Teilnahme an einer Arbeitsgruppe abwechslungsreicher zu gestalten. Außerdem erhält er an diesem Tag Hilfe durch einen Kollegen, so daß sich der ursprüngliche streßauslösende Zustand wesentlich verändert hat.

Aber: Seit einiger Zeit kommt es bei ihm häufiger zu verbalen Angriffen auf Kollegen und zu Rückzugstendenzen bei den Teamsitzungen. Er erklärt in einem weiteren Gespräch mit dem AbtL, die Kollegen akzeptierten ihn nicht mehr, obwohl er doch so viel Neues beitrüge, und sie machten ihn daher ständig wütend.

Im Gesprächsverlauf ist es nun wichtig, die Botschaft des »Wütendseins« auf das System seines Arbeitsumfeldes näher zu beleuchten, um die Ursachen des erneuten Streßgeschehens herauszufinden. Der AbtL möchte so viele Informationen wie möglich gewinnen, um mit dem MA die verschiedenen Interaktionen seines Umfeldes auszuloten und ihm zu helfen, ein entspanntes Verhältnis zu seinen Kollegen zu finden. Auch hierbei steht wieder im Zentrum, die subjektive Wahrheit zu erfragen, um die Prozesse, die der MA mit seinen Kollegen erlebt, durchschaubar zu machen.

Man kann zu dem Gespräch die unmittelbaren Kollegen einladen. Die systemische Fragetechnik ermöglicht es jedoch, *allein über den Indexgesprächspartner* Informationen über das Systemumfeld zu erfragen. Dazu gibt es bestimmte Fragearten.

Gehen wir bei der folgenden Darstellung der »Fragetechniken« aber von der Situation aus, daß an dem Gespräch der AbtL, der Indexgesprächspartner (L) und der direkte Kollege M teilnehmen.

AbtL
- Kollege L (Indexgesprächspartner)
- Kollege M

AbtL
- Kollege L – direkte Befragung
- Kollege M – indirekte Befragung (es werden Informationen über L eingeholt)

Aus Verständnisgründen stellen wir Ihnen diesen Gesprächsverlauf in der Struktur vor. *Mögliche Fragen* an *Herrn L (Index-MA).* Der AbtL fragt z.B.:
- Wem, glauben Sie, ist es zuerst aufgefallen, daß Sie wütend sind?
- Was denken Sie: Welche Reaktion löst es bei Herrn M aus, Sie wütend zu sehen?
- Wem ist es Ihrer Meinung nach egal, daß Sie wütend sind?
- Wieviel (Prozent) Ihrer Wut kriegt Herr M als Ihr nächster Kollege zu spüren? Und wer am wenigsten?
- Wenn Sie keine Veranlassung mehr hätten, wütend zu sein: Wer würde zuerst merken, daß Sie Ihr Verhalten geändert haben?
- Was würde sich für Sie ändern, wenn Sie keine Wut mehr empfinden müßten?
- Stellen Sie sich vor, Sie wären von morgen an nicht mehr wütend: Was wäre dann anders?

- Was glauben Sie: Wer ist außer Herrn M beunruhigt, Sie wütend zu erleben?
- Wer würde Sie zuerst auf Ihre Wut anssprechen?

Mögliche Fragen an Herrn M. Der AbtL fragt z.B.:
- Worin liegen Ihrer Meinung nach die Gründe, daß Herr L wütend ist?
- Wie denken Sie, daß die anderen Kollegen mit der Wut des Herrn L umgehen?
- Wieviel Prozent Ihrer Kollegen, glauben Sie, können trotzdem noch auf Herrn L zugehen und wieviel Prozent nicht?
- Was denken Sie, wie Ihr gemeinsamer Vorgesetzter mit der Wut von Herrn L umgeht?
- Wer würde Ihrer Meinung nach auf die Wut von Herrn L zuerst reagieren – und wer würde es gänzlich unterlassen?
- Was meinen Sie: Wie lange dauert es noch, bis Ihr gemeinsamer Vorgesetzter Herrn L auf sein Verhalten ansprechen wird?
- Woran würden Sie erkennen, daß sich die Wut von Herrn L gelegt hat?
- Was würde sich für Sie verändern, wenn Herr L nicht mehr wütend wäre?

Die zirkulären Fragetechniken ermöglichen den Blick auf das mögliche Erleben (den Blickwinkel anderer) – immer aus der subjektiven Sicht des Befragten. Und diese persönliche Sichtweise gilt es zu erfahren, da sie der Ursprung subjektiven Verhaltens ist und jede Interaktionen beeinflußt – negativ oder positiv. Jeder kann diese Fragen beantworten, da wir uns ständig um das Verständnis anderer Menschen in unserem Umfeld bemühen – meist jedoch mit frustrierenden Methoden. Wir versuchen z.B. herauszufinden, *warum* unser Gegenüber in einer bestimmten Art und Weise handelt; wir unterstellen ihm Motive und Interessen, und das ohne die Energie, diese »Unterstellungen« überprüfen zu wollen. Durch die Art der systemischen Befragung wird die Situation wortwörtlich »rund«; wir nehmen perspektivisch vollständiger »wahr«.

Hierbei ist es von Vorteil, »sich im Kreis zu drehen«. Man erhält auf dieser sich gedanklich drehenden Plattform den freien Blick auf andere Perspektiven. Nur muß man sich (um im Bild zu bleiben) diese Plattformen (die verschiedenen Sichtweisen der Menschen) noch durch ein »System« miteinander verbunden vorstellen.

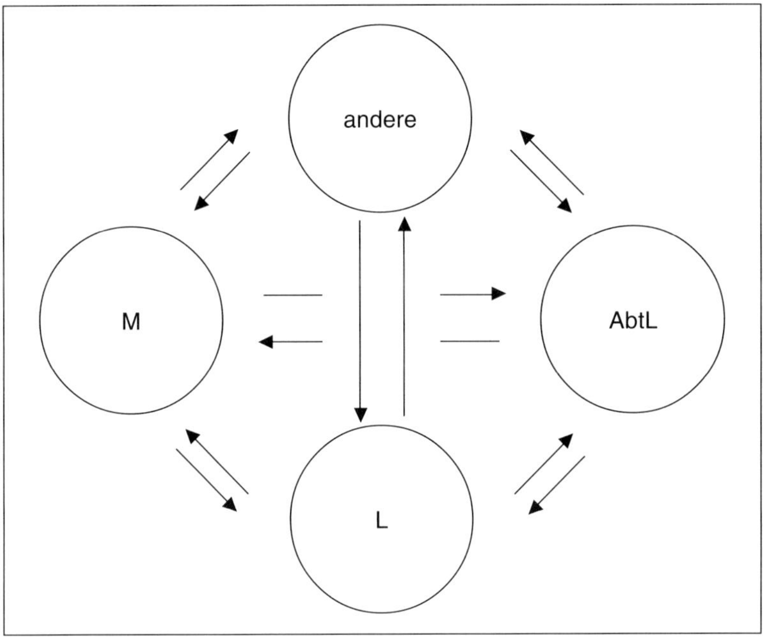

Abbildung 22: Der Blick von der Plattform

Dies sind nur Beispiele dafür, wie man prozeßhafte Interaktionen ganzheitlicher bewußt machen kann, um somit die eine subjektive Wahrheit durch andere subjektive Wahrheiten zu ergänzen. Gerade die *Art* dieser Fragestellung, die auf Empathie abzielt, verhindert, daß Gefühle oder Redewendungen wie die folgenden auftreten können:
- *»Ich habe es doch schon immer gewußt!«*
- *»Ich habe wieder einmal recht behalten!«*
- *»Der/die ... ist daran ganz alleine schuld!«*

Statt dessen werden Impulse für eine ganz neue (realistischere) Verknüpfung der Zusammenhänge hergestellt, wie z.B.
- *»So könnte es auch sein!«*
- *»Jeder von beiden hat auf seine Weise recht!«*
- *»Auf welche Weise ergänzt sich die Sichtweise des anderen mit meiner?«*

Man kommuniziert *und* beobachtet die Reaktion der anderen. Dabei gilt es zu erkennen: »Was muß am System geändert werden?« Oder: »Welche Änderung am System ist die wahrscheinliche Folge?«

Wichtig bei solchen Gesprächen ist es außerdem, zu wissen, daß es nicht *die* einzige richtige Lösung gibt. Aus den vom AbtL gegebenen, sehr unterschiedlichen Impulsen kann und wird sich jeder Beteiligte für eine Lösung entscheiden, die ihm wichtig erscheint. Lösungen können für die Beteiligten von unterschiedlich Bedeutung sein, oder es können sogar Lösungen entstehen, die der AbtL gar nicht als Lösungsmöglichkeit mit einbezogen hatte.

Der Fall des unter Streß leidenden L ist typisch für die einfachen Alltagsprobleme in der Führung und Zusammenarbeit. L fehlten offensichtlich emotional-soziale Kompetenzen; nach der ersten Intervention stellte sich heraus, daß er sich »mitschuldig« fühlte, weil er (aus noch zu erkundenden Gründen) zum Störenfried in der selbstgewählten neuen Aufgabe (Projektgruppe) wurde. Der Fall zeigte (hoffentlich) ansatzweise, wie ganzheitlich systemische Interventionen zu handhaben sind. Vielleicht weckt er auch Interesse an der systemischen Literatur; jedenfalls sind systemische Interventionen die einzige realistische Möglichkeit, um

- Probleme,
- unklare Konflikte in ihren Ursachen,
- Frustrationen und daraus erwachsende innere Kündigung,
- Mobbing, mikropolitisches Verhalten und andere Verhaltensauffälligkeiten,
- aber auch gruppendynamische Probleme und vieles andere mehr in der Feinstruktur aufzuklären und dann wirksam helfen zu können.

Lösungsansätze und Schlußfolgerungen:

1. Läßt sich der Streß, der durch Zeitdruck entstanden ist, mit *organisatorischen Mitteln* abbauen? Etwa über Maßnahmen des Qualitätsmanagements, einer Organisationsänderung im Kundendienst?
2. Läßt sich der Streß, den die Projektgruppe erzeugt, durch eine Verbesserung der *Teamfähigkeit* des MA oder des Moderators vermindern?
3. Gibt es für diesen MA einen *Arbeitsplatz*, an dem diese beiden Stressoren nicht auftreten?

Man hört förmlich die (verständlichen) Einwände: So viel Aufhebens um eine einzelne Person, die zudem wohl nicht so recht weiß, was sie eigentlich will. Der Führungsaufwand lohnt sich jedoch aus mehreren Gründen:

1. *Er hätte positive Ausstrahlungseffekte auf andere.* Viele Menschen sind wahrscheinlich in derselben Lage. Sie verheimlichen jedoch ihre Schwierigkeiten, weil sie Nachteile befürchten, wenn sie zu offen sind. Nun würden auch sie den Mut haben, sich ehrlicher zu äußern. Damit entwickelte sich das Ganze schrittweise in eine Vertrauenssorganisation.
2. *Das umsichtige und einfühlsame Verhalten dieses Managers hätte Modellwirkung auf andere Führungskräfte.* Manager glauben manchmal, Härte zeigen zu müssen, indem sie Emotionales, Soziales und Symbolisches demonstrativ geringschätzen. Sie halten sich an die Fakten – und übersehen dabei, was »Fakten« (= als sozial konstruierte Wirklichkeit) entstehen läßt! Gleichzeitig leiden sie auch selbst an ihrer sozialen Unfähigkeit. Ein solches Beispiel (ein positives Verhaltensmodell) könnte ihnen ohne Gesichtsverlust aus Schwierigkeiten helfen, die sie weder sich selbst noch anderen eingestehen mögen.
3. *Das »System« (die Organisation) wird mit jedem Erfolg solcher Maßnahmen »gesünder«, lernfähiger und damit intelligenter.* Die Organisation kann nur auf diese Weise emotional-sozial lernfähig werden. Indem immer mehr Mitglieder solche Lernprozesse durchlaufen und ihre angenehme Wirkung spüren, werden die emotional-sozialen Kompetenzinseln immer größer, bis sie die gesamte Organisation einnehmen. Dann hat die Organisation erfolgswirksam emotional-sozial gelernt. Sie hat einen zeitgemäßen und bedeutsamen Erfolgsfaktor weiterentwickelt.

Ein exemplarischer Fall: Ein Führungsseminar geht zu Ende. Wie das so üblich ist, tritt ein hoher Vertreter der Organisation ans Pult, dankt der Referentin und sagt u.a.: »Das war sicher für unsere Mitarbeiter alles sehr interessant. Ich selbst hatte solche Führungsprobleme allerdings nie.« Die Reaktion der Referentin: »Sehen Sie, *das* ist Ihr Problem!«

Ein konsequent emotional-sozial kompetentes, d.h. ein humanverträgliches und zugleich ökonomisch erfolgreiches Management ist auf Dauer nur in einer Gesellschaft möglich, deren Bildungsziele sich in dieselbe Richtung bewegen. Wirtschaft kann nur dann ein »menschliches Antlitz« haben, wenn sich die gemeinsam geteilte Sicht durchsetzt, daß es ›dem Menschen nichts nützt, wenn er die ganze Welt gewönne und dabei Schaden an seiner Seele nähme‹. Durchsetzen wird sich ein humanes, sinnvolles und moralisch vertretbares Management jedoch nur, wenn man erkennt, daß es zugleich das ökonomisch nützlichste ist.

Nachwort

Wir erleben zur Zeit eine grundlegende Veränderung unserer Sichtweisen und Handlungsorientierungen – nicht nur im Management. Hier jedoch wirkt sich dieser Wandel am stärksten aus; seine Konsequenzen betreffen uns alle. Am deutlichsten zeigt sich das in der aktuellen Diskussion über die wesentlichen Erfolgsfaktoren.

Es zeichnet sich bereits ab, daß der herkömmliche Typ des machtbewußten, durchsetzungsstarken Managers durch ein neues Managerideal abgelöst wird: den emotional-sozial kompetenten Dienstleister interner Kunden. Die aktuelle Diskussion dreht sich um neu entdeckte Potentiale und veränderte Fähigkeitsanforderungen. Stichworte hierbei sind: Multiple Intelligenz (IQ + EQ = EQ2/EQ^2/eQ), soziale und personale Kompetenz, Schlüsselfähigkeiten, ganzheitliche Führung.

Change Management oder Organisationsentwicklung darf sich nicht mehr im ständigen Überarbeiten der Organigramme, im hektischen Proklamieren neuer Managementkonzepte und in der Suche nach neuen Übernahmeobjekten, ohne Rücksicht auf deren »Systemverträglichkeit«, beschränken. Nach dem Scheitern vieler Strategien, die ausschließlich dem alten Paradigma der »harten Faktoren« folgten, treten human-soziale Ansätze stärker ins Blickfeld – jedenfalls bei den »realen Utopisten«; ältere »Fundis« schwören immer noch auf den nüchternen Shareholder Value-Manager, der kurzfristiger Gewinne wegen seine Seele und seine Mitarbeiter verkauft. Damit er im Interesse des Überlebens (bzw. Entstehens) einer menschengerechten Welt ein Auslaufmodell wird, ist es für ein zukunftsorientiertes Management höchste Zeit.

Die Lehren aus der jüngsten Entwicklung sind:

- Nur wer emotional-sozial kompetent ist, hat (auf Dauer) Erfolg im Leben und im Beruf! Managementbildung ist um die weichen Faktoren zu ergänzen.
- Emotionale Fähigkeiten lernt man nur ganzheitlich. Hierfür gilt: Nur wenn die ganze Person lernt, lernt der Mensch nachhaltig! Das Bildungsmanagement ist neu zu konzipieren.
- Je emotional-sozial kompetenter jemand ist, desto interessanter wird er für andere – und desto erlebnisfähiger wird er selbst! Das Self Management verlangt neue Lernziele.

- Aber: Man erwirbt emotional-soziale Kompetenz nur, wenn es
  - eine entsprechende Lernkultur,
  - ein dafür günstiges soziales Klima,
  - emotional-sozial kompetente Verhaltensmodelle gibt; und
  - wenn man in einem das emotional-sozial intelligente Handeln begünstigenden, offenen System leben und wirken darf.

Fazit: Nur in intelligenten Organisationen können emotional-sozial intelligente und kreative Menschen Gutes bewirken!

Anhang 1: Kompetenzübersichten

Wir bieten Ihnen an dieser Stelle eine **Übersicht** *über die wesentlichen Merkmale der Kompetenzen. Die Anhänge könnten dazu dienen,*
- sich über Defizite Rechenschaft zu geben (Selbstmanagement),
- im Rahmen einer Potential- und Fähigkeitsanalyse praxisgerechte Personalentwicklungsmaßnahmen oder Lernziele für eine ganzheitliche Qualifizierung abzuleiten,
- *Kriterien für ein umfassendes Qualitätsmanagement zu gewinnen.*

Die Kompetenzbereiche und ihre wesentlichen Einzelmerkmale:

Fachkompetenz
- Kenntnisse und Fertigkeiten (aus Lehre und Studium).
- Weiterbildungsergebnisse: Kenntnisse und Fertigkeiten, die auf Lehre oder Studium aufbauen (und sich in diesem Rahmen bewegen).
- Die allgemeinen Anforderungen des Arbeitsplatzes erfüllen.

Methodenkompetenz
- Methodische Fähigkeiten aus Ausbildung und Studium.
- Allgemeine (fächerübergreifende) Arbeitsmethoden wie
  - Heurismen (= Findungsmethoden),
  - Problemlösemethoden (z.B. Kreativitätstechniken, Entscheidungsverfahren),
  - Darstellungs-, Präsentationsmethoden usw.
- Spezielle Arbeitsmethoden wie
  - Analysemethoden für den Bereich »Betriebliche Diagnostik« (auswählen, beurteilen usw.),
  - Befragungsmethoden, REFA-Methoden, Forschungstechniken, Führungsmethoden (M.b.O., Delegationsmethoden, Kontrollmethoden usw.) beherrschen.

Sonderfall Kreativität

Zur Methodenkompetenz gehört auch die heute im Mittelpunkt stehende *Kreativität*. Kreative Fähigkeiten sind (nach *Nütten/Sauermann* 1988, S. 91f):

- Gedankenflüssigkeit,
- reicher Wortschatz,
- divergentes Denken (»sich nicht mit einer Lösung zufriedengeben«),
- Originalität (Seltenheit und Qualität) des Denkens und der Ergebnisse,
- Elaboration (exaktes Ausarbeiten),
- Re-Definition (das Wesentliche herausfinden),
- unkonventionelles Denken,
- Penetration (Durchdringen eines Problems).

Begleitende intellektuelle Fähigkeiten:
Flexibilität im Denken,
- Problemaufspüren (sensitivity to problems),
- kritische Realitätskontrolle,
- Organisationsfähigkeit,
- Konzentrationsfähigkeit.

Begleitende Persönlichkeitsmerkmale:
- Nonkonformismus,
- Offenheit gegenüber neuen Erfahrungen (Neugiermotivation),
- intrinsische Motivation,
- optimistische Grundhaltung,
- Expression innerer Prozesse (= die Fähigkeit, über innere Erlebnisse zu sprechen),
- Verhinderung von Stereotypen und Gewohnheiten (Lust am »Anders-Machen«),
- aktives Verarbeiten von Konflikten,
- Risikobereitschaft und -verhalten,
- Toleranz gegenüber Mehrdeutigkeit,
- Vorliebe für Schwierigkeiten,
- Ausdauer und Frustrationstoleranz,
- Selbstbewußtsein, Selbstsicherheit, Unabhängigkeit.

Merktafel: Kreative Mitarbeiter zeichnen sich durch elf typische Merkmale aus, wie aus Tabelle 4 ersichtlich wird.

Kreatives Merkmal	Praktische Ausprägung
1. Divergentes Denken	Sich nicht mit einer Lösung zufriedengeben
2. Unkonventionelles Denken	Begeisterung für Neuerungen
3. Gedankenflüssigkeit	Einfallsreichtum
4. Orginalität	Ungewöhnliche Ideen
5. Problemaufspüren	Chancen frühzeitig erkennen
6. Elaboration	Exaktes Ausarbeiten von Ideen
7. Reicher Wortschatz	Passende Ausdrucksweise
8. Konzentrationsfähigkeit	Gegenüber Personen und Sachen das Wesentliche herausfinden
9. Re-Definition	
10. Realitätskontrolle	Kritisches Prüfen von Verbesserungsvorschlägen
11. Organisationsfähigkeit	Reibungsloses Funktionieren von Arbeitsabläufen

Tabelle 4: Elf typische Merkmale kreativer Mitarbeiter

Zur **Sozialkompetenz** (ähnlich wie zur intra- und interpersonalen Intelligenz) gibt es zahlreiche Gliederungen. Sie laufen auf ein einfaches Schema hinaus, wenn man Sozialkompetenz auf dem Hintergrund der Anforderungen eines generalisierten Arbeitssystems spiegelt:
- Selbstbewußtsein haben (Selbstsicherheit und Humor besitzen);
- der Selbststeuerung mächtig sein (Situationen kontrollieren können);
- Selbstmotivation haben, keines fremden Motivators bedürfen (Antriebsstärke);
- Empathie besitzen (andere Menschen in ihren Besonderheiten verstehen können);
- mit anderen Menschen konfliktfrei umgehen können.

Elemente der Sozialkompetenz für ein Arbeitssystem:
- Fähigkeit, fremdes Expertenwissen zu nutzen (= Wissenstransfer);
- Fähigkeit, andere Meinungen zu berücksichtigen, objektiv zu bewerten, die eigene Meinung zu ändern (= Lernfähigkeit);
- Fähigkeit des konfliktfreien sozialen Umgangs (= Umgangsformen beherrschen);

- Fähigkeit, Verantwortung zu übernehmen, einzusehen, daß Freiheitsrechte immer mit Verantwortung verknüpft sind;
- Fähigkeit, mit einzelnen und mit Gruppen zu kooperieren;
- Fähigkeit, viele Standpunkte zusammenzuführen und Ergebnisse in Abstimmung mit anderen zu erreichen;
- Fähigkeit, Wissen an andere verständlich und akzeptabel zu vermitteln;
- Vertrauen schenken können;
- eine eigene Individualität besitzen, sich nicht opportunistisch verhalten müssen, um als Person zu bestehen;
- fremde Vorschläge und fremde Weltbilder akzeptieren können, ohne in »kognitive Dissonanzen« (= innere Unstimmigkeit) zu geraten,
- Fähigkeit, menschliche Beziehungen anregend und befriedigend mitzugestalten.

Personale Kompetenz in Arbeitssystemen:
- Mit den (objektiven und individuellen) Stressoren fertig werden;
- seine Zeit im Griff haben;
- auch im persönlichen Umfeld methodisch arbeiten;
- emotional stabil sein;
- Werte besitzen, aus Wertentscheidungen heraus handeln;
- ein (gut begründetes) positives Selbstbild besitzen.

Anhang 2: Moderatorenregeln

Moderation wird zu einer zentralen Schlüsselfähigkeit, weil immer mehr Menschen immer mehr Teams, Projekte und Arbeitsgruppen moderieren müssen. Moderation ist nicht Führung, aber wer nicht ordentlich moderieren kann, der kann erst recht nicht führen!

Die wichtigsten Empfehlungen für den sozial-emotional kompetenten Moderator im Überblick

- Sichern Sie Zielklarheit! – Ziele geben Sinn.
- Übersehen Sie keine Wortmeldung! – Menschen fühlen sich leicht übersehen.
- Loben Sie gute (weiterführende) Beiträge individuell! – Lob wirkt nur selbstwertsteigernd, wenn der Empfänger sich darin wiedererkennt.
- Sichern Sie Zwischenergebnisse! – Ohne Überblick geht der Sinn einer Veranstaltung verloren.
- Hören Sie aufmerksam zu, bevor Sie reagieren! – Würdigen Sie jede Aussage als persönlichen Standpunkt.
- Werten Sie nicht vorschnell! – Sie verletzen leicht jemanden, wenn Sie die Bedeutung abwerten, die jemand einer Sache geben möchte.
- Steuern Sie durch Fragen! – Fragen sind das am wenigsten den Selbstwert von Menschen tangierende Führungsmittel.
- Sorgen Sie für Abwechslung! – Bei Monotonie geht die Lust am Tun verloren; die Emotionen finden keinen »Spielraum«.
- Übersehen Sie keinen Teilnehmer! – Jeder möchte seinen Selbstwert steigern, indem er (und seine Äußerungen) ernst genommen werden.
- Sichern Sie das Endergebnis! – Ein gemeinsam erreichtes Ziel führt Menschen zusammen, stiftet Sinn und ist ein wichtiger sozialer Motivator.

Die häufigsten Fehler bei Besprechungen sind:

1. Das Ausufern, die Zielunklarheit, das Verschwinden des Themas.
2. Das Verzetteln, die fehlende Zielsteuerung, das Ausweichen auf Nebensächlichkeiten.
3. Das Zerreden, indem man sich im Kreise dreht. Es entsteht der Eindruck: *Es ist zwar schon alles gesagt, aber noch nicht von allen!*

Diese drei Mängel sind Folgen unbeholfener Zielführung durch den Moderator. Darunter leidet zugleich der Zusammenhalt. Gruppenkohäsion, Gruppenzufriedenheit mit allen Synergieeffekten, die eine Gruppe auslösen kann, beruhen vor allem auf dem Gefühl der Mitglieder, die eigene Zeit in der Gruppe besser genutzt zu sehen als bei der Alleinarbeit.

Der professionelle Moderator stellt konsequent drei Fragen, sobald eine Besprechung in diese Probleme abzugleiten droht:

1. Was macht noch Schwierigkeiten ? – Gibt es ungelöste Restprobleme?
2. Was ist daher jetzt vor allem wichtig ? – Was ist die aktuelle und praktische Seite des Problems ?
3. Was soll hier (in dieser Besprechung) erreicht werden ? – Die richtige Prioritätenordnung.

Kommunikative und soziale **Team-Probleme** löst man, indem man sich an die folgenden **Empfehlungen** hält:

- Immer gut vorbereitet sein. Nur so hat das Team den Eindruck, daß es vom Moderator ernst genommen wird.
- Immer frei sprechen. Teams ermüden schnell, wenn das Formale überhand nimmt. Ablesen von Texten wirkt im Team zu formalistisch, bürokratisch und einfach langweilig. Langeweile erträgt keine Gemeinschaft.
- Schreiben Sie sich jedoch die ersten und die letzten drei Sätze auf und halten Sie sich an die Aufzeichnung – diese Teile (Beginn und Schluß) werden am besten behalten und sie wirken am stärksten nach. Jede Teamsitzung soll auch bleibende Elemente enthalten, um die Bedeutung der Teamarbeit zu bestärken.
- Sprechen Sie so wenig und so kurz wie möglich. Je mehr Menschen miteinander sprechen, desto stärker wird das Gefühl, nicht genügend zu Wort zu kommen. Kommunikation ist ein menschliches Grundbedürfnis. Seine Stärke kann man daran erkennen, daß manchmal viele Menschen gleichzeitig aufeinander einreden, und daß es keinen stört, daß der Effekt gering ist. Es ist offensichtlich nur wichtig, daß man sich äußern darf. Teammoderatoren müssen dafür sorgen, daß das natürliche Sprechbedürfnis aller ausreichend befriedigt wird.
- Sprechen Sie möglichst anschaulich. Abstraktes kann man nicht erleben.

- Behandeln Sie immer nur eine Frage gleichzeitig. Grenzen Sie anderes ab, zerlegen Sie die Fragestellung. Damit bleibt der Überblick gewahrt.
- Man erwartet von Ihnen, daß Sie die verlorengegangene Ordnung immer wieder herstellen. Bei kreativen Menschen werden Ordnung und Disziplin zu Sekundärtugenden. Trotzdem leiden auch sie unter Ordnungsverlust. Sie erwarten, daß in dem kreativitätsfördernden Teamprozeß jemand da ist, der den Ausgleich bewirkt.
- Reden Sie alle Teilnehmer immer mit ihrem Namen an. Bekanntlich ist der eigene Name das Wort, das jeder am liebsten vernimmt. Das hat etwas mit dem in der Zusammenarbeit mit anderen besonders gefährdeten Selbstwertgefühl zu tun. Durch Namensnennung erlebt man die eigene Bedeutung.
- Beziehen Sie eigene Zusammenfassungen auf Fragen und Beiträge der Teilnehmer. Damit würdigen Sie deren Beiträge.
- Bleiben Sie immer in der angekündigten Zeit. Pünktlichkeit ist bekanntlich die Höflichkeit selbst der Könige.
- Beachten Sie alle Wortmeldungen – und sprechen Sie Teilnehmer gezielt an, die sich noch nicht gemeldet haben. Jeder möchte eigentlich teilnehmen, manche trauen sich nicht. Sie erwarten aber von einem Kommunikationsexperten, daß er ihnen dazu verhilft.

Anhang 3: Grundriß einer emotional-sozialen Kommunikationslehre

Führen ist zu 80 Prozent Kommunikation – mit steigender Tendenz! Kommunikation ist die wichtigste Operation eines effektiven Systems! Kommunikation ist die zentrale Managementfähigkeit – auf allen Ebenen. Wer die Grundzüge der Kommunikation nicht beherrscht, hat keine Chance, emotional-sozial Erfolg zu haben. Die neue Denkweise über Intelligenz und Kompetenz verändert auch die Kommunikationslehre.

Muß die Kommunikationslehre umgeschrieben werden? Nein, aber ihre wesentlichen Elemente müssen unter den neuen Zielen neu bewertet werden. Das gilt für die zentralen Bausteine, vor allem für
- die Kommunikationsmodelle,
- das Wahrnehmungsproblem,
- die Abwehr »unfairer Dialektik« und
- die Möglichkeiten der Verhaltensänderung über Kommunikation.

Kommunikationsmodelle: In zahlreichen vereinfachten Vorstellungen (Modellen) versuchen Kommunikationswissenschaft und Psychologie die entscheidenden Elemente des Vorgangs zu bestimmen, den wir »Kommunikation« nennen.

Die Sprache (Zeichen) hat darin drei Funktionen:
- die *Darstellungsfunktion:* Gegenstände, Sachverhalte, Ideen werden als Symbol dargestellt.
- die *Ausdrucksfunktion:* Der Zustand des Senders, d.h. dessen Befindlichkeit wird über Zeichen transportiert.
- die *Appellfunktion:* Die Erwartungen des Senders (der Zweck, den er mit der Mitteilung verfolgt) werden vom Empfänger gedeutet (nach *Karl Bühler).* Manchmal dominiert eine vierte,
- die *Selbstdarstellungsfunktion.*

Unterstellt wird in zahlreichen Modellen, daß sowohl der Sender als auch der Empfänger eine Deutung (Interpretation, Bedeutungszuweisung) vornimmt. »Reine« Sachverhalte werden nicht kommuniziert. Die Wissenschaften bemühen sich, den Deutungsanteil auf ein erträgliches Maß zu reduzieren. Sie erstreben »Objektivität«. In der Erkennt-

nistheorie und der Sprachphilosophie (sowie der Wissenschaftstheorie) streitet man darüber, wie weit dies menschenmöglich ist. Vereinfacht ausgedrückt:
- Gesagt ist nicht gehört,
- gehört ist nicht verstanden,
- verstanden ist nicht einverstanden,
- einverstanden ist noch nicht ausgeführt,
- ausgeführt ist nicht beibehalten.

Schulz von Thun, der populärste Kommunikationswissenschaftler, hat Mitteilungen *(Nachrichten)* analysiert und *zwei Grundbestandteile* festgestellt:
- den Sachinhalt und
- die Begleitinformationen.

Beispiel: »Ich habe Ihnen den Vorgang heute schon herausgesucht, weil Sie ihn vielleicht bei der Besprechung brauchen. Es war nicht einfach, aber mir hat es Spaß gemacht. In diesem Bereich kenne ich mich zum Glück gut aus.«
Manager nehmen meist nur den Sachinhalt (linke Gehirnhälfte!) wahr und übersehen die wichtigen Begleitinformationen (rechte Gehirnhälfte!), die häufig das eigentlich Bedeutsame sind. Der Mitarbeiter macht eine Sachaussage manchmal nur, um etwas Emotionales, Soziales zu transportieren. Es gehört emotional-soziale Sensibilität dazu, »verstehend« zuzuhören.
Aus einem auf den ersten Blick unbedeutenden und beiläufigen Hinweis erkennt der emotional-sozial kompetente Vorgesetzte:
- Der Mitarbeiter will mir zeigen, was er besonders gut kann (Selbstaussage);
- er appelliert an mich, ihn langfristig da einzusetzen, wo er sich besonders gut auskennt (Appell, Handlungserwartung);
- er sorgt sich darum, daß ich für die Besprechung gut vorbereitet bin (Beziehungsaussage).

Die drei wichtigsten Begleitinformationen, die der sensible Gesprächspartner immer mithört, gehören zum Emotional-Sozialen (siehe Abbildung 23: Das Vier-Ohren-Modell [*Schulz von Thun*]):
- Die *Selbstaussage*, die auch in einer »hochwertigen Personanmeldung« bestehen kann. Solche Selbstdarstellungsaussagen bestehen gern darin, daß sich aus einer Abwertung anderer von selbst die Aufwertung der eigenen Person ergibt. Das kann auch subtiler geschehen als in dem folgenden drastischen Beispiel: »Ach, Sie waren wieder

auf Mallorca? Das muß schön sein, eine meiner Hausangestellten fährt da auch regelmäßig hin und trifft sich dort mit vielen Kolleginnen.«

- Der *Appell*, der etwas fordert, wünscht, anmahnt und der oft auch nonverbal auftritt (Gesichtsausdruck, Lächeln, trauriger Blick usw.). Selbstaussage und Appell sind die emotionalen Anteile an der Kommunikation. Eigentlich gehört das Appellohr dem heutigen Denken nach auf die rechte Seite!
- Die *Beziehungsaussage*, der eigentliche soziale Anteil. Er signalisiert, wie man zueinander steht. Auch dieser Aspekt wird gern nonverbal ausgedrückt. Am äußeren Verhalten, an der Stimme, am Blickkontakt erkennt der Sensiblere, in welcher Beziehung die beiden Partner zueinander stehen.

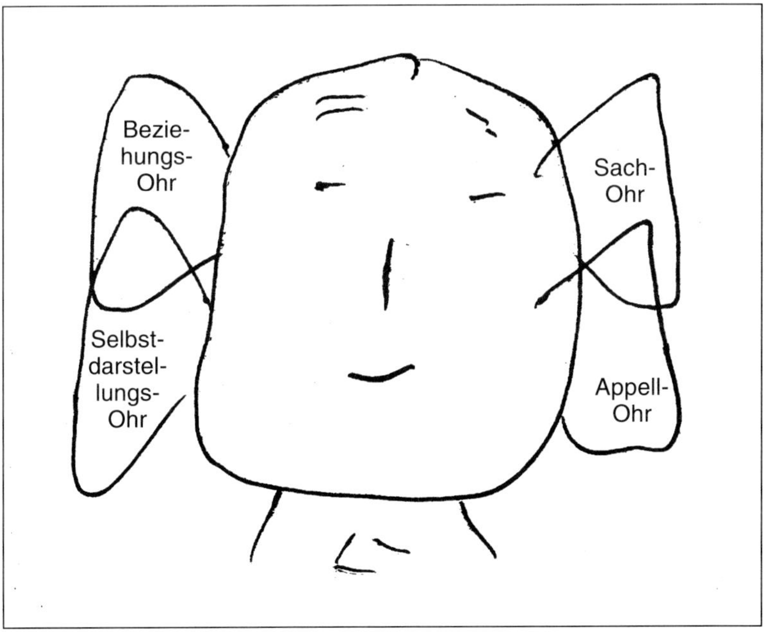

Abbildung 23: Das Vier-Ohren-Modell

Grundkurs emotional-sozial kompetente Kommunikation

Welche Mindestkenntnisse braucht eine Führungskraft über Funktion und Wirkungen von Kommunikation, wenn sie den emotional-sozialen Bedürfnissen gerecht werden möchte? In der Kommunikation ist der emotional-sozial Kompetente Meister!

Definition: Kommunikation ist (funktional betrachtet) ein Übertragungsvorgang zwischen einem Sender und einem Empfänger, in dem Zeichen produziert und weitergegeben werden.
Kommunikation ist (anthropologisch gesehen) eine menschliche Grundfähigkeit und zugleich ein menschliches Grundbedürfnis.

Die neuralgischen Punkte jeder Kommunikation sind zugleich die emotional-sozial schwierigsten. Die wichtigsten emotional-sozialen (oftmals heiklen) *Elemente* jeder Kommunikation sind:
- die Frage,
- das Feedback (die Rückmeldung) und
- das Zuhören.

Es gibt *drei Grundregeln* (oder Prinzipien), die den Kommunikationserfolg im Regelfall gewährleisten:
1. Wer fragt, der führt!
2. Wer begründet, der überzeugt!
3. Wer zuhört, dem hört man zu!

Das Kommunikationsmittel **Frage** läßt sich vielfältig wirksam einsetzen, z.B. um Dauerredner zu bremsen, ohne daß man sie verletzt; um seine Position ins Spiel zu bringen, ohne daß man als dominant empfunden wird; um ein Gespräch zu versachlichen.

Beispiele: Wie meinst du das, wenn du sagst ...?
Und was wäre, wenn jemand deine Regel nicht befolgte?
Kann es sein, daß wir die Gründe für deine Ansicht noch nicht gehört haben?

Zu den wichtigsten Elementen gehört *das richtige Argumentieren.* Wenn Sie konsequent **Argumente** einbringen, mit denen sie ihre Meinung stützen, zwingen Sie den anderen, ebenfalls nach Argumenten zu suchen. Eine Diskussion zwischen reifen Menschen sollte immer dazu führen, daß sich nicht Meinungen durchsetzen, sondern Argumente, also die besser begründete Sicht (»herrschaftsfreier Diskurs«). Diese Bezeichnung läßt erkennen, daß selbst eine streng rationale Diskussion nur gelingt, wenn emotional-soziale Fähigkeiten vorliegen. Zum Beispiel, ob der/die Gesprächspartner bereit und fähig ist/sind, sich der Logik von Argumenten zu überlassen. *Zuhören ist offenbar schwerer als Reden!* Man braucht Empathie, um längeres Zuhören zu ertragen.

Ob jemand aufmerksam zuhört, das erkennt man am besten an seinen **Rückmeldungen.** Rückmeldungen signalisieren Aufmerksamkeit und wirken wie Handlungs- und Lernhilfen. Bei den meisten Handlungen wird uns gesagt oder gezeigt, wie sie auf andere wirken. Man erhält eine Rückmeldung« (»Feedback«).

Die einfache **Grundregel** hierzu lautet: Feedback fair und hilfreich geben!

Die üblichen Reaktionen sind jedoch:

1. Rückmeldungen ignorieren – und so bleiben, wie man ist.
2. Rückmeldungen als Angriffe gegen die eigene Person werten – zurückschlagen und sich langfristig sozial isolieren.
3. Rückmeldungen zur Optimierung des eigenen Sozialverhaltens nutzen, was leider noch zu selten geschieht.

Je nach Art der Rückmeldung ist dann die *Wirkung.* Ein Handlungskonzept, eine Einstellung, eine Meinung wird beibehalten oder verändert. Rückmeldungen können sich auf den Inhalt der Nachricht oder auf die emotionale Lage des anderen beziehen.

Die Rückmeldung über den **Inhalt** zeigt, daß man verstanden hat und einverstanden ist. Man nennt das eine *Paraphrase*, wenn sie darin besteht, den Inhalt der Nachricht in Kurzfassung zu wiederholen und dem anderen damit zu signalisieren, daß sein Verhalten verstanden und gebilligt wurde.

Rückmeldungen in Form einer Zusammenfassung des Gesagten, die sich auf den **emotionalen Zustand** beziehen, heißen *Verbalisierung.* Sie signalisieren, daß man sich auch um die emotionale Situation kümmert. Beide Rückmeldungen sind gleich wichtig (= ganzheitliche Kommunikation).

Erfolgreicher kommunizieren durch Regelbeachtung!

In der Kommunikation tauschen ein Sender und ein Empfänger Nachrichten aus: Im Gespräch wechselt man diese Rollen ständig. Für beide Rollen gibt es **Empfehlungen,** die zum Kommunikationserfolg beitragen können. In der Kommunikationslehre gilt der Grundsatz: Es ist meist der Empfänger, der alle Kommunikationsfolgen anrichtet! Und zwar durch Fehlinterpretation, Vorurteile, mangelnde Aufmerksamkeit und »übergroße Beziehungs-, Appell- und Selbstaufwertungsohren«, d.h., indem er die Begleitinformationen überbewertet und im Sinne seiner Vorurteile interpretiert.

In der Rolle als Empfänger sollten Sie daher beachten:

- Quittieren Sie alle wichtigen Nachrichten durch eine Rückmeldung. Damit nehmen Sie an der Gesprächs*führung* teil.
- Man kann verbal und nonverbal rückmelden, durch Worte, Gesten, Mimik, Körperhaltung. Nutzen Sie alle Möglichkeiten, um dem Gespräch emotional Farbe zu geben.
- Fragen Sie zurück, um zu erforschen, was der andere eigentlich will. Übernehmen Sie durch Fragen streckenweise die Gesprächsführung, um auch ihren Standpunkt zur Geltung zu bringen. In einem »herrschaftsfreien Dialog« führen beide Seiten das Gespräch.
- Stellen Sie durch Rückmeldung Gemeinsamkeiten fest; das erleichtert die Kommunikation und verbessert die Kommunikationsbeziehung. Vermeiden Sie jedoch faule Kompromisse.
- Formulieren Sie immer positiv. Damit wird vielen Konflikten vorgebeugt.

Wichtig für das Management: *Auch (sinnvolle) Beurteilungen sind ein hilfreiches Feedback!*

Inzwischen gibt es zahlreiche Rückmeldestrategien. Zu ihnen gehören auch **Leistungsbeurteilungen.** Wenn man sich von ihnen eine verhaltenssteuernde Wirkung erhofft, müssen sie den Grundregeln wirksamen Feedbacks folgen. Sie müssen dem Beurteilten sagen, wo seine Stärken liegen, die er weiter ausbauen sollte, und wo er noch Defizite auszugleichen hat. Beurteilungen sind nichts anderes als erweiterte und verbesserte Rückmeldungen über Leistungen und Verhalten. Der Zweck besteht darin, hilfreiche Informationen zur Verhaltensverbesserung von kompetenter Seite zur Verfügung zu stellen. Mitarbeiter, die solche Rückmeldungen als zutreffend und hilfreich erfahren, werden auch leicht einsehen, daß sie so eingesetzt und gefördert werden, wie es ihrem augenblicklichen Entwicklungsstand entspricht.

Erhebungen ergaben, daß rund 90 Prozent aller Beurteilungsverfahren nicht dem möglichen Stand der Erkenntnis auf dem Gebiet der beruflichen Diagnostik entsprechen, also hinter dem Stand der Wissenschaft weit zurückliegen. Wenn man bedenkt, wie wichtig im Zusammenhang mit der Notwendigkeit des permanenten emotional-sozialen Lernens gerade dieses Lernelement ist, kann man den ökonomischen, psychischen und sozialen Schaden abschätzen.

Diese Erkenntnis dürfte leider (noch) für Rückmeldungen generell zutreffen! Es besteht ganz offensichtlich bei der Kommunikation speziell und im Führen generell ein erheblicher emotional-sozialer Lernbedarf.

Abkürzungsverzeichnis

DAS – Zeitung: Allgemeines Deutsches Sonntagsblatt (erschien bis 2001)
DBW– Zeitschrift: Die Betriebswirtschaft
F.A.Z. – Frankfurter Allgemeine Zeitung
io management (Management-Zeitschrift)
NZZ – Neue Zürcher Zeitung
OE – Zeitschrift: Organisationsentwicklung
Prokla – Zeitschrift für kritische Sozialwissenschaft
VOP Zeitschrift: Verwaltung, Organisation, Personal
WISU – das Wirtschaftsstudium. Zeitschrift für Ausbildung, Examen und Berufseinstieg
WiST – Wirtschaftswissenschaftliche Studien
zfo – Zeitschrift: Führung + Organisation
ZfP – Zeitschrift für Personalforschung
Zfwu – Zeitschrift für Unternehmensethik

Abbildungs- und Tabellenverzeichnis

Literaturhinweise und Quellen

Kurzkommentierte Literatur – nach Abschnitten und inhaltlichen Schwerpunkten geordnet. Dabei ist keine vollständige Bibliographie beabsichtigt; sie wäre auch unmöglich. Weitere aktuelle Quellen finden Sie jeweils in den aufgeführten Werken.

Kapitel 1: Herausforderung »emotional-sozial kompetente Führung«

New Economy

Was ist neu an der neuen Economy? In: WISU, 6/00, S. 806ff.

Deckstein, Dagmar/Felixberger, Peter: Arbeit neu denken. Wie wir die Chancen der New Economy nutzen können. Frankfurt/M. 2000: Wir erleben zur Zeit einen fundamentalen (die Fundamente ändernden) Wandel der Gesellschaft und der Wirtschaft.

Rifkin, Jeremy: Access. Das Verschwinden des Eigentums. Frankfurt/M./New York 2000: Die elementare Formel für das kommende Zeitalter. In der Access-Ökonomie wird dauerhafter Besitz immer unwichtiger; entscheidend sind künftig das Maß der Flexibilität und des Wissens.

NZZ Fokus: Schwerpunktdossier der Neuen Zürcher Zeitung: New Economy, Nr. 8/2000.

Prokla 122 – Zeitschrift für kritische Sozialwissenschaft, 3/01: Themenheft New Economy – neuer Kapitalismus? Hierin finden Sie eine makroökonomische Gesamtsicht und alle aktuellen Definitions- und Erklärungsversuche.

Globalisierung

Loch, Dietmar/Heitmeyer, Wilh. (Hrsg.): Schattenseiten der Globalisierung. Frankfurt/M. 2001: Zentrum für interdisziplinäre Forschung, Univ. Bielefeld (ZiF): Dieser Sammelband vereinigt Beiträge zu allen bedeutsamen Aspekten des Vorgangs »Globalisierung«.

Schenk, Karl-Ernst/Schmidtchen, Dieter/Streit, Manfred/Vanberg, Viktor (Hrsg.): Globalisierung und Wirtschaft. Jahrbuch für Neue Politische Ökonomie. 19. Band. Tübingen 2000: Berichte der Jahrestagung für Neue Politische Ökonomie 1999. Läßt sich Globalisierung durch Menschenrechte und Sozialstandards steuern (eindämmen) (Fragestellungen der Sozioökonomie)? Bedeutung der NGOs für den Globalisierungsprozeß usw.

Merkur (51.). Stuttgart. Sonderheft 9/10.97: Globalisierung: Hierin ebenfalls

zahlreiche Beiträge aus Wissenschaft und Publizistik über Dimensionen der Globalisierung (vor allem kritische Ansätze).
In diesem Zusammenhang gelten als vorausschauende Klassiker:
Gertz, Dwight/ Jaoao, P. A. Baptista: Grow to be Great. Landsberg/Lech 1996.
Handy, Charles: Die Fortschrittsfalle. Wiesbaden 1995.
Smith, Adam: An Inquiry into the Nature of Causes of the Wealth of Nations. Indianopolis 1981 (Nachdruck).

»Weiche Faktoren« in der Organisation und im Management

Gosepath, Stefan (Hrsg.): Motive, Gründe, Zwecke. Theorien praktischer Rationalität. Frankfurt/M. 1999: Über die Reichweite rationaler Handlungserklärungen und die Grenzen praktischer Rationalität generell.

Hierzu gehört auch die Kritik des Modells »economic man«. Der economic man ist der idealtypische Nutzenmaximierer. Jeder einigermaßen rational Angelegte gehört diesem Typ an. Aber es gibt zwei gewichtige Einwände gegen *das reduktive Modell:*

1. Menschen sind weitaus weniger rational, als hierin unterstellt wird. Man kann das in fast jedem Alltagsgespräch feststellen. Meist werden Entscheidungen erst nachträglich »rationalisiert«.
2. Rational ist nicht nur derjenige, der seinen Nutzen rein monetär maximiert. Bei Entscheidungen spielen (zum Glück) auch Selbstwertgründe, Prestigegesichtspunkte, Schielen nach der »sozialen Erwünschtheit«, ethische, ästhetische und psychische Motive im weiteren Sinne mit. Das heißt: Der »Nutzen« wechselt zeitbedingt, milieubedingt, entwicklungsbedingt usw. Hier müßte die Differenzierung des »economic man« ansetzen.

Wirtschaftspsychologie und -soziologie

Kirchler, Erich M.: Wirtschaftspsychologie (ökonomische Psychologie). Göttingen 1995.
Reinhold, Gerd: Wirtschaftssoziologie. München 1997.
Wiswede, Günter: Einführung in die Wirtschaftspsychologie. München. 1995 (2. Aufl.).
Wottawa, Heinrich/Gluminski, Iris: Psychologische Theorien für Unternehmen. Göttingen1995.

Ethik in Management und Marktwirtschaft als ethisch-soziales Problem

Castel, Robert: Die Metamorphosen der sozialen Frage. Eine Chronik der Lohnarbeit. Konstanz 2000 (franz. 1995): Eine glänzend geschriebene, wissenschaftlich umfassende und dazu leicht lesbare Gesamtdarstellung der Lohnarbeitsproblematik und damit des Kerns der Wirtschaft. Mit einem historischen Teil und einer bedrückend realistischen Gegenwartsanalyse. Hier steht der arbeitende Mensch in seiner gegenwärtigen sozialen Situation im Mittelpunkt.

Chomsky, Noam: Profit over People. Neoliberalismus und globale Weltordnung. Hamburg, Wien 2000: Eine überpointierte Kritik!

fwu (Zeitschrift für Unternehmensethik) Berlin. 1. Jahrg. 2000. Themenheft 1/00: Individual- versus Institutionenethik: Die Resozialisierung des homo oeconomicus.

Korff, Wilhelm: Handbuch der Wirtschaftsethik. Gütersloh 1999 (4 Bände).

Krugman, Paul: Schmalspur-Ökonomie. Am Ijmuiden (NL). 2000.

Krupinski, Guido: Führungsethik für die Wirtschaftspraxis. Wiesbaden 1993

Leisinger, Klaus M.:Unternehmensethik. Globale Verantwortung und modernes Management. München 1997.

Palazzo, Bettina: Interkulturelle Unternehmensethik. Wiesbaden 2000: Der Vergleich USA – Deutschland.

Suntum, U. van: Die unsichtbare Hand. Ökonomisches Denken gestern und heute. Am Ijmuiden (NL) 1999.

Ulrich, Peter: Integrative Wirtschaftsethik. Grundlagen einer lebensdienlichen Ökonomie. Bern 1997, und: Unternehmensethik in der Praxis.St.Gallen 1998.

Zum Begriff »reflexive Modernisierung«

Beck, Ulrich/Giddens, Anthony /Lash, S.: Reflexive Modernisierung. Frankfurt/M. 1996: Kernkompetenz = systemisches Wissen und Können über Soziales erwerben und nutzen!

Weingart, Peter: Die Stunde der Wahrheit. Zum Verhältnis der Wissenschaft zu Politik, Wirtschaft und Medien in der Wissensgesellschaft. Weilerswist 2001: Nach Weingart (dem Bielefelder Wissenschaftssoziologen) geht die technokratische Utopie, in der das Wissenschaftssystem alle Experten anderer Systeme zu kontrollieren imstande ist (Wissenschaftsgesellschaft), dem Ende entgegen. Die Wissenschaft verliert ihre Sonderstellung als Instanz, die gesichertes Wissen autoritativ verkündet. Dagegen wird aber das Prinzip der Forschung, des hypothetisch-experimentellen lernenden Umgangs mit Informationen zum allgemeinen Handlungsprinzip (Wissensgesellschaft)! Die aufgabenbezogene Forschung nimmt damit zu.

Mentalitätenwandel

Behr, Michael: Wertewandel und neuer Arbeitstyp. In: Berliner Debatte Initial, 5/01.

Neckel, Sighard: Die Macht der Unterscheidung. Essays zur Kultursoziologie der modernen Gesellschaft. Frankfurt/M. 2000.

Esoterik im Management
Faivre, Antoine: Esoterik im Überblick. Geheime Geschichte des abendländischen Denkens. Herder 2001.
Schwertfeger, Bärbel: Der Griff nach der Psyche. Was umstrittene Persönlichkeitstrainer in Unternehmen anrichten. Frankfurt/M. 1998.
Stamm, Hugo: Achtung Esoterik. Zwischen Spiritualität und Verführung. Pendo 2001

Ganzheitliches Controlling
Lingenau, Volker, in: WiSt, 6/1998, S. 274-281: Entwicklungsgeschichte des Controlling.
Müller, Armin: Grundzüge eines ganzheitlichen Controlling. München 1996.
Pietsch, Gotthard/Scherm, Ewald: Neue Controlling-Konzeptionen. In: WISU, 2/01, S. 206-213: Überblick über den Stand der Entwicklung für Studierende.
Steinle, Claus/Eggers, B./Lawa, D. (Hrsg.): Zukunftsorientiertes Controlling: Unterstützungs- und Steuerungssystem für das Management. Wiesbaden 1997 (3. Aufl.).
Einen Gesamtüberblick über die aktuellen Definitionen und Einsatzmöglichkeiten bieten:
Pietsch, Gotthard/Scherm, Ewald: Die Präzisierung des Controlling als Führungs- und Führungsunterstützungs-System. In: Die Unternehmung, 5/01, S. 395-412.

Neue Managementkonzepte
Deckstein, Dagmar/Felixberger, Peter: Arbeit neu denken. Frankfurt/M/New York 2000.
Gonschorrek, Ulrich/Gonschorrek, Norbert: Managementpraxis von A bis Z.
Leitfaden durch die aktuellen Managementkonzepte. Frankfurt/M. 1999/Zürich 2000: Alle aktuellen Managementansätze und -konzepte für den praktischen Gebrauch aufbereitet und auf dem geistesgeschichtlichen und sozialen Hintergrund dargestellt. Hierin finden Sie auch aktuelle Bibliographien zu allen Managementkonzepten und -ansätzen.

Management oder Führung?
Gonschorrek, Ulrich: Personalmanagement. Ein Lehrbuch zum Selbststudium. Berlin 2001 (2. Aufl.): Eine geschlossene Führungslehre.
Nicolet, Ursula: Führen wird zur Profession. Veränderungsprozesse verlangen Leadership und Coaching – und nicht nur Management. In: iomanagement, 3/00, S. 40-45.
Zaleznik, Abraham: Führen ist besser als managen. München 1990: Die aktuelle Diskussion »Führen oder Managen«.

Die Managementrolle

Conrad, Peter: Managementrolle Emotionsarbeiter. In: Staehle, Wolf-H. (Hrsg.): Handbuch Management. Die 24 Rollen der excellenten Führungskraft. Wiesbaden 1991, S. 411-447.

Freimuth, Joachim (Hrsg.): Die Angst der Manager. Göttingen 1999.

Freimuth, Joachim/Zirkler, Michael (Hrsg.): Lizenz zum Führen? 360-Grad-Feedback in der Personal- und Organisationsentwicklung. Hamburg 2001.

Slater, Robert: Wer führt, muß nicht managen! (Jack Welchs Erfolgssstrategie). Landsberg/Lech 2000.
Darin auch: Bühner, Rolf: Management-Rolle Intrapreneur.

zfo 2/00: Coaching von Führungskräften (Bestandsaufnahme), S. 199-207.

Kapitel 2: Die emotionale Intelligenz: Das erfolgsbedeutsame Schlüsselpotential

Sozialer Wandel

Berger, Peter L. (Hrsg.): Die Grenzen der Gemeinschaft. Konflikt und Vermittlung in pluralistischen Gesellschaften. Bertelsmann-Stiftung 1997.

Buss, Eugen: Das emotionale Profil der Deutschen. Frankfurt/M. 2000.

Etzioni, Amitai: Die Entdeckung des Gemeinwesens. Stuttgart 1995, und: Die Verantwortungsgesellschaft. Individualismus und Moral in der heutigen Demokratie. Frankfurt/M. 1997: Etzioni empfiehlt einen »Dritten Weg« zwischen Sozialismus (Etatismus) und Marktliberalismus (staatsfreie Gesellschaft). Der dritte Weg ist die »faire Gesellschaft«. Die wirtschaftliche Effizienz muß sich (fernab jeder Ideologie) an ihrer konkreten »Gesellschaftsfähigkeit« messen lassen.

Lempp, Reinhart: Die autistische Gesellschaft. Geht die Verantwortlichkeit für andere verloren?. München 1996.

Diagnostik im Management

Jäger, R. S./Petermann, F. (Hrsg.): Psychologische Diagnostik. Weinheim 1993 (3. Aufl.), und zu den z.Zt. aktuellen Testverfahren: die Zeitschrift Diagnostica.

Binder, Wolfgang/Wieder, Petra C.: Management Audit auf der Basis eines 360° Feedback. In: Personalwirtschaft, 4/1998, S. 20-29.

Einen Überblick über den Stand der Beurteilungs- und Rückmeldeverfahren mit genauen Literaturverweisen bei U. und N. Gonschorrek: Management-Praxis von A bis Z. Leitfaden durch die aktuellen Managementkonzepte. Frankfurt/M. 1999 und Zürich 2000, S. 422.

Emotionen
Standardquelle: Handbuch der Psychologie. Göttingen 1983 (Hogrefe), Band 12 (2 Teile), Teil 1, S. 493ff. Neuauflage 1999.
de Sousa, Ronald: Die Rationalität des Gefühls. Frankfurt/M. 1997: Von der Affektlogik, der Logik der Gefühle (2. Aufl. 2001).
Hülshoff, Thomas: Emotionen. Einführung für beratende Berufe. München 1999.
LeDoux, Joseph: Das Netz der Gefühle. Wie Emotionen entstehen. München 1998: Gefühle sind Autopiloten, die uns auf dem unsicheren Feld der Wahrnehmung durch die Welt realer und eingebildeter Bedrohungen führen, während wir glauben, die Vernunft (der Verstand) säße am Steuer!
Parkinson, Brian/Totterdell, P./Briner, R./Reynolds, Sh.: Stimmungen. Struktur, Dynamik und Beeinflussungsmöglichkeiten eines psychologischen Phänomens. Stuttgart 2000.
Rauland, Marco: Chemie der Gefühle. Hirzel 2001.
Roth, Gerhard, in: Psychologie heute, 9/1998, S. 70-73: Überblicksartikel – Die emotionale Wende.
Shapiro, Lawrence E.: EQ für Kinder. dtv 2001.
Steiner, Claude: Emotionale Kompetenz. dtv 2001.
Zohar, Donah: SQ – Spirituelle Intelligenz. Bern, München 2000.

Emotion und Vernunft
Die philosophischen Grundlagen findet man in der zeitgenössischen Philosophie:
- John Rawls und Jürgen Habermas sehen in Emotionen universale Fairneßregeln;
- Hans Jonas, Ernst Tugendhat und Ronald DeSousa sehen in emotionalen Erfahrungen die Möglichkeit, einen verbindenden Sinn zu finden. Inzwischen werden Emotionen (Gefühle) pragmatisch gesehen und utilitaristisch genutzt.

Ciompi, Luc: Die emotionalen Grundlagen des Denkens. Entwurf einer fraktalen Affektlogik. Göttingen 1997.
Damasio, Antonio D.: Ich fühle, also bin ich. Die Entschlüsselung des Bewußtseins. München 2000: Der Titel stellt sich gegen Descartes' »Cogito ergo sum« (Ich denke, also bin ich). Damasio nimmt den Standpunkt der naturwissenschaftlichen (reduktiven) Sicht ein. Das Bewußtsein ist damit nur »einseitig« beleuchtet und keineswegs ganz (ganzheitlich) erklärt. Das Buch zeigt jedoch die vorherrschende Denkweise, an der sich auch Managementkonzepte orientieren. Wesentliche Aussagen: Das Selbst ist ein Ergebnis von Körperbefindlichkeiten. Körperliche Äußerungen (neuronale Karten) sind in der Form von Gefühlen repräsentiert. Diese Vorgänge schaffen das Selbst, und zwar

– das Proto-Selbst: Das Modell des Körpers im Gehirn;
– das Kern-Selbst: Hier und jetzt bin ich! (als biologisches Phänomen), und
– das autobiographische Selbst: Die Summe unserer Einstellungen, Verhaltensweisen und Erinnerungen.

Dennett, Daniel C.: Spielarten des Geistes. Wie erkennen wir die Welt. Ein neues Verständnis des Bewußtseins. München 1999: Eine philosophische Theorie des Bewußtseins.

Dörner, Dietrich: Bauplan für eine Seele. Reinbek 1999: Dörner hat das »Lohausen-Projekt« entwickelt. Er zeigte darin die Bedingungen für eine komplexe Problemlösung; sein Ziel ist die Berechenbarkeit von Kognitionen und Emotionen.

Meier-Seethaler, Carola: Gefühl und Urteilskraft. Ein Plädoyer für die emotionale Vernunft. München 1997.

Empathie

Ciaramicoli, Arthur P./Ketcham, Katherine: Der Empathiefaktor. München 2001.

Zur Umsetzung in Führungsverfahren

Cooper, R. K./Sawaf, A.: Emotionale Intelligenz für Manager. München 1997 (Die Rehabilitierung des Gefühls bewirkte Richard Rorty in den USA bereits in den achtziger Jahren. Sie gehört zum Kern der »kulturalistischen Wende«. Die Nutzbarmachung beginnt mit: Cooper, Sawaf: Executive EQ: Wie man »emotional Intelligence in business« umsetzt.) – Inzwischen ist »der Buchmarkt (...) heute eine einzige große sensitive Zone« (Michael Jeismann, in: F.A.Z. vom 14.10.97).

Goleman, Daniel: Emotionale Intelligenz. München 1995/1997. Und: Emotionale Intelligenz zum Führen unerläßlich. In: Harvard Business Manager, 3/1999, S. 27-36, sowie: EQ^2 – Der Erfolgsquotient. München, Wien 1999.

Höhler, Gertrud: Herzschlag der Sieger. Die EQ-Revolution. Düsseldorf 1999.

Pietschmann, Bernd P.: Emotionale Intelligenz – Brauchen wir neue Führungskonzepte? In: Personal 3/1998, S. 232-135.

Psychologische und neuronale Grundlagen und Konsequenzen

Blackmore, Susan: Die Macht der Meme. Die Evolution von Kultur und Geist. Heidelberg 2000: Sozialverhalten unter evolutionärer Betrachtung. Modell der »mentalen Modularität«: Verhalten/Fähigkeiten = abgegrenzte Verarbeitungseinheiten. Meme arbeiten einander zu (Memplexe).

Buss, Eugen: Das emotionale Profil der Deutschen. Frankfurt/M. 2000.

Eisenberg, Götz: Amok – Kinder der Kälte. Über die Wurzeln von Wut und Haß. Reinbek 2000.

Forward, Susan: Emotionale Erpressung. München 2000.

Gardner, Howard: Kreative Intelligenz. Frankfurt/New York 1999. Abschied vom IQ 1983/Stuttgart 1998 (2. Aufl.): Ein Standardwerk. Gardner stellt dar, warum er den klassischen Intelligenzbegriff verläßt; er entwickelt seine Theorie der multiplen Intelligenzen und stellt sie den klassischen und den aktuellen Konzepten gegenüber. Im übrigen ein leicht lesbares und fundiertes Werk.

Goleman, Daniel: EQ^2 – Der Erfolgsquotient. München/Wien 2000.

Goleman, Daniel: Durch flexibles Führen mehr erreichen. In Harvard Business Manager, 5/2000, S. 9-23.

Habbal, Rolf W.: Faktor Menschlichkeit. Führungskulturen im Zeichen der Net-Economy. Ueberreuter 2000.

Hacking, Ian: Multiple Persönlichkeit. Zur Geschichte der Seele in der Moderne. Frankfurt/M. 2001:
In diesem Buch finden Sie einen Überblick über das Krankheitsbild »multiple Persönlichkeit«, das in der Nach-Moderne sprunghaft zunimmt.
An die Ursachen von Streß und Angst herankommen. Motto: Der Mensch wird über Emotionen programmiert.

Hülshoff, Thomas: Emotionen. Einführung für beratende Berufe. München 1999.

Kluge, Alexander: Chronik der Gefühle. Frankfurt/M. 2000 (2 Bd.).

Linke, Detlef: Einsteins Doppelgänger. Das Gehirn und sein Ich. München 2000: Eine Kritik des »neuronalen Materialismus«. L. reflektiert die reduktiven Ansätze der Neurologie, die so tun, als gäbe es das Gehirn ohne den Rest des Menschen (den Körper).

Löwisch, Dieter-Jürgen: Kompetentes Handeln. Bausteine für eine lebensweltbezogene Bildung. Darmstadt 2000.

Meier-Seethaler: Gefühl und Urteilskraft. Ein Plädoyer für die emotionale Urteilskraft. München 1997

Mitscherlich, Alexander: Sachbildung und Gefühlsbildung. Versuch, die Welt besser zu bestehen. Frankfurt/M. 1970.

Schmidt, Peter: EQ-Training. Die Praxis der emotionalen Intelligenz. München 2000.

Searle, John: Die Wiederentdeckung des Geistes. München 1993: Gefühl, Gedächtnis, Empfindungen sind höherrangige Eigenschaften komplexer Gehirne. Sie werden von Nervenzellen hervorgebracht, sind jedoch nicht mit ihnen identisch! (Gegenthese zu Paul und Patricia Chruchland).

Weber, Thomas P.: Darwin und die Anstifter der neuen Biowissenschaft. Köln 2000.

Göppel, Rolf: »Emotionale Intelligenz« als Bildungsziel. In: Neue Sammlung. Bd. 39 (1999) H 4, S. 563-584: Ein grundlegender Gesamtüberblick aus pädagogischer Sicht.

Joel, Davis: Faszination Gehirn: Entschlüsselung letzter Geheimnisse. Frankfurt/M. 2000.

Trainingsmethoden

Dietz, Ingeborg/Geiselhardt, Edgar: Emotionale Intelligenz. Persönlichkeitstraining auf neuen Wegen. In: Personalführung, 3/98, S. 58-63, und: Lernziel »emotionale Intelligenz«: Empathie und Menschenkenntnis. In: Personalführung, 8/00, S. 52-57.

Martens, Jens-Uwe: Verhalten und Einstellung ändern. Windmühle Hamburg 1998 (4. Aufl.): Affektive Lernziele erreichen.

Theilacker, Jörg B./Sobeck, Barbara: EQ-Training. Ihr Weg zum Erfolg. München 1999.

Multiple Intelligenz

Gardner, Howard: Multiple Intelligenz. 1983, und: Kreative Intelligenz. Frankfurt/M. 1999: Intelligenz spielt im Leben keine Rolle! – Das ist die am nachhaltigsten widerlegte Legende der Psychologie – falls man die ganze Intelligenz damit meint und nicht nur den IQ!

Erfolgsintelligenz

Sternberg, Robert J.: Erfolgsintelligenz. München 1998; Goleman, Daniel: EQ^2 – Der Erfolgsquotient. München 1999: Binet + Goleman = Sternberg: IQ + EQ = EQ2 (= Erfolgsintelligenz).

Vgl. auch: Becker, Gary S.: Der ökonomische Ansatz zur Erklärung menschlichen Verhaltens.Tübingen 1993 (2. Aufl.): 1992 Nobelpreis für Ökonomie.

Zu den zwei Sphären des Gehirns

Buzan, Tony/Dottino, Tony/Israel, Richard: Gehirngerecht führen. Die eigenen Potentiale und die der Mitarbeiter entdecken und ausschöpfen. Landsberg 2000. Buzan entwickelte auch das Konzept Mind Mapping.

Gazzaniga, M. S: Das erkennende Gehirn. Paderborn 1989 und Spektrum der Wissenschaft 12/1998, S. 84 – 89.

Hoffman, Donald D.: Visuelle Intelligenz. Wie die Welt im Kopf entsteht. Stuttgart 2000: Warum gibt es Schach-Computer, die jeden Großmeister schlagen können, aber keinen Seh-Computer, der einem Kleinkind überlegen ist? Die bisher vernachlässigte visuelle Intelligenz umfaßt nahezu die Hälfte der Großhirnrinde.

Lenk, Hans: Einführung in die Erkenntnistheorie: Interpretation – Interaktion – Intervention. München 1998, und: Das Denken und sein Gehalt. 2000 sowie Kleine Philosophie des Gehirns. Darmstadt 2001.

Zdenek, Marile: Die Entdeckung des rechten Gehirns. Berlin 1988.

Intelligenz allgemein und KI

Eine einfache überblickartige Einführung – Funke, Joachim: Was ist Intelligenz? München 2000.

Darin finden Sie weitere Literatur, die inzwischen unbeherrschbar geworden ist. Im Mittelpunkt der populären Darstellungen steht das unfruchtbare Scheinproblem: Intelligenz erworben oder vererbt?

Franck, Egon: KI. Eine grundlagentheoretische Diskussion der Einsatzmöglichkeiten und Grenzen. Tübingen 1991: Künstliche Intelligenz (KI) ist das Großprojekt der Computerwissenschaften, die Suche nach einer neuen Form intellektuellen Lebens in der Cyber-Welt (John von Neumann, Hans Moravec).

Zimmerli, Walter Ch./Wolf, Stefan: Künstliche Intelligenz. Philosophische Probleme. Stuttgart 1994: Überblickaufsätze: Die Intelligenzvorstellungen lassen z. Zt. zwei extreme Richtungen erkennen,

- die verengte Vorstellung der »rechnenden« Intelligenz bis hin zur KI und
- die erweiterte ganzheitliche Vorstellung. Intelligenz ist danach Potential für ganzheitliche, umfassende, interdisziplinäre, human orientierte Erkenntnisleistungen. Diese Vorstellungen werden diskutiert in den Konzepten EQ, multiple Intelligenz und mit direktem Anwendungsbezug als »Erfolgsintelligenz«, »Glücksintelligenz«, »kreative Intelligenz«, »Handlungsintelligenz«, moralische Intelligenz« usw.

Zur ersten Richtung: *Ben Goertzel* (Kognitionsforscher und Internetpionier) sieht in dem Zusammenwirken von Computerwissenschaft und Biotechnologie eine neue Naturwissenschaft entstehen. Laborexperimente werden bald schon von Computern eigenständig durchgeführt werden können (der Computer als Forscher); siehe F.A.Z. vom 26.06.01, S. 50. Vgl. auch Spielbergs Science-fiction-Film A.I. (nach: A. I. Lab-Forschungszentrum für KI).

(Überblick in: Perspektiven der Psychologie. Eine Standortbestimmung. München 1996: Psychologie ist die Schnittstelle zwischen Natur- und Sozialwissenschaften.)

Beziehungsintelligenz/soziale Intelligenz/Kompetenz

Ciaramicoli, Arthur: Der Empathiefaktor. dtv. 2001: Der Empathiefaktor als Basis gelingender Beziehungen, vor allem in der Liebe.

Cole, Jonathan: Über das Gesicht. München 1999.

Dörner, Klaus: Der gute Arzt. Lehrbuch der ärztlichen Grundhaltungen. Stuttgart 2001: Eine Anleitung zum Erwerb emotional-sozialer Kompetenz für Ärzte. Solche Ratgeber entstehen zur Zeit für alle Berufe, die mit sozialen Kontakten zu tun haben. Sie zeigen das generelle Bedürfnis, diesen Kompetenzbereich zu entwickeln.

Glasmacher, Christoph: Soziale Medienkompetenz. In: Psychologie heute, 6/99, S. 62.

Gross, Stefan F.: Beziehungsintelligenz. Landsberg/Lech 1997.

Herbert, Martin: Soziale Kompetenz. Göttingen usw. 1999: Ein Übungsbuch.
Margraf, Jürgen/Rudolf, Katharina (Hrsg.): Training sozialer Kompetenz. Baltmannsweiler. 1995.
Mohr, Rolf: Bedeutung und Vermittlung sozialer Kompetenz. In: io management, 3/00, S. 30-34: Überblick.
Mummendey, Hans Dieter: Psychologie der Selbstdarstellung. Göttingen 1995 (2. Aufl.).
Siehe auch: Psychologie heute, 3/1996., S. 20-29.

Glücksintelligenz

Bruckner, Pascal: Verdammt zum Glück. Der Fluch der Moderne. Berlin 2001: Verlust des alten Glücksvermögens in der Moderne. *Neil Postman* warnte schon in den sechziger Jahren: Wir amüsieren uns zu Tode; er meinte die heraufziehende Spaßgesellschaft.
Csikszentmihalyi, Mihaly: Flow. Das Geheimnis des Glücks. Stuttgart 1995 (4. Aufl.). (Mihaly Csikszentmihalyi = sprich: Tschik send mihaji).
Pieper, Annemarie: »Glückssache«. Die Kunst, glücklich zu leben. Hamburg 2001: Über Glücksvorstellungen, Glückskategorien (Glücksphilosophie), Glücksexperten (Philosophen, Dichter, Psychologen).
Schmid, Wilhelm: Philosophie der Lebenskunst. Frankfurt/M. 1999 (3. Aufl.): Dasselbe Anliegen aus der Sicht der Philosophie, die damit ein klassisches antikes Thema wieder aufnimmt, mit den Schwerpunkten erfülltes Leben als Liebenkönnen und humanes Sterben.
Sprenger, Reinhard K.: Die Entscheidung liegt bei Dir! Frankfurt/M. 1999 (8. Aufl.): Sprenger will zeigen, wie man durch aktives Tun der alltäglichen Unzufriedenheit, die uns am Glücklichsein hindert, entkommen kann.
Vgl. auch die »Arbeitstexte« Glück; Glück und Moral. Stuttgart 1983, 1987 (Reclam Arbeitstexte für den Unterricht) mit zahlreichen Textbeispielen aus der Literatur.

Neue Führung – Führung neu denken

Blanchard, Ken: Gung Ho! Reinbek 2000.
Müller, Uwe Renald: Machtwechsel im Management. Freiburg, Berlin, Wien 1997 und
Matheis, Richard: Leadership Revolution. Frankfurt/M., Wiesbaden 1995:
Diese Bücher stellen je eine eigene Führungsvision vor, die den dargestellten Problemen Rechnung trägt.

Humanistische Psychologie und Humanistisches Management

Die wichtigsten Vertreter des humanistischen Ansatzes sind Abraham Maslow, Kurt Goldstein, Karl und Charlotte Bühler, Erich Fromm (Sein statt Haben!), Karen Horney, Viktor Frankl (Sinn finden, Logopädie), Carl Rogers (Kongruenzprinzip), Wolfgang Köhler (lernpsychologische Grundlagen: Die bekannten Aha-Erlebnisse als Lernsprünge!), Kurt Koffka/Max Wertheimer (Ganzheitspsychologie), Kurt Lewin (Feldtheorie: Menschen sind feldabhängig, d.h., sie können sich nur schwer aus den Vorstellungen lösen, die in ihrer relevanten Umgebung vorherrschen!).

Immer noch grundlegend wichtig: Bühler, Charlotte/Allen, Melanie: Einführung in die Humanistische Psychologie. Frankfurt/Berlin/Wien 1983.

Ein neuer Ansatz: Czikszentmihalyi, Mihaly: Dem Sinn des Lebens eine Zukunft geben. Stuttgart 1995:

Dieser Ansatz wurde sehr populär; er fand besonders im Management Beachtung. Die Grundgedanken finden sich alle in der klassischen Literatur über Glück.

Inhumane Methoden (unfaire Dialektik)

Greene, Robert: Power. Die 48 Gesetze der Macht. München 1999.

Senger, Harro von: Strategeme. Lebens- und Überlebenslisten aus drei Jahrtausenden. München, Wien 2000, und: Die List. Frankfurt/M. 1999.

Sun Tsu (Sunzi): Die Kunst des Krieges. München 1998.

Die im der Managementtraining sehr populäre Rhetorik mit der Grundintention: Wie verkaufe ich mich gut?, wurde in letzter Zeit durch das allgemeinere Kommunikationstraining ersetzt. Der Wandel signalisiert, daß Management immer weniger im »Verkünden« und immer stärker im »Verbinden« besteht. Deshalb (und aus anderen guten Gründen) nehmen wir auch keine Literatur zur »unfairen Dialektik« auf, in der Methoden angeführt sind, wie andere rhetorisch übervorteilt werden können. Diese Literatur erfreute sich im Management vor der China-Euphorie großer Beliebtheit.

Das klassische Leib-Seele-Problem und das Bewußtsein

Eccles, John C.: Wie das Selbst sein Gehirn steuert. München 1994 und

McGinn, Colin: Wie kommt der Geist in die Materie? Das Rätsel des Bewußtseins. München 2001: Eine originelle Lösung des Leib-Seele-Problems. Fazit: Unsere Art, Wissenschaft zu betreiben, ist die falsche Grammatik für dieses Problem! »Das Buch ist eine gute Einführung in die Leib-Seele-Problematik – seine Lösung hoffentlich falsch!« (Manuela Lenzen.)

Roth, Gerhard: Die emotionale Wende. In: Psychologie heute. 9/98, S. 70-73: Ein Projekt von Neuro- bzw. Kognitionsforschung, Gehirnforschung, Psychologie und Sozialpsychologie.

Seifert, Josef: Das Leib-Seele-Problem in der gegenwärtigen philosophischen Diskussion. Darmstadt 1979.

Themenheft: »Neuro-Psychologie« (Gilbert Mohr, Hrsg.). In: Psychologische Rundschau, 3/1998.

(Zum Phänomen *Bewußtsein* siehe Meinhold, Werner J./Condrau , G./Langer, G.: Das menschliche Bewußtsein. Zürich, Düsseldorf 1998.)

Qualitative Methoden

Flick, Uwe: Qualitative Forschung. Reinbek 1999 (4. Aufl.): Eine gut lesbare Einführung.

Flick, Uwe/Kardorff, E. v./Steinke, I. (Hrsg.): Qualitative Forschung. Reinbek 2000: Ein umfassendes Handbuch.

Sutter, T. (Hrsg.): Beobachtung verstehen. Verstehend beobachten. Opladen 1997: Der Titel drückt das Problem treffend aus!

Management-Knigge

Commer, Heinz/Thadden, Johannes von: Manager-Knigge 2000. Erfolgreich auftreten – Im Unternehmen national und international. Düsseldorf 1997.

Die Ratgeberliteratur hierzu boomt zur Zeit.

Kapitel 3: Neue Fähigkeitspotentiale für neue Systeme

Kompetenzen

Csikszentmihalyi, Mihaly: Wie Sie das Unmögliche schaffen und Ihre Grenzen überwinden. Stuttgart 2000.

Gross, Stefan F.: Beziehungsintelligenz. Landsberg 1998.

Herbert, Martin: Soziale Kompetenz. Göttingen usw. 1999: Ein Übungsbuch.

Hoffmann, Donald D.: Visuelle Intelligenz. Stuttgart 1999.

Kremer, Alfred J.: Reich durch Beziehungen. Landsberg 2000.

Löwisch, Dieter-Jürgen: Kompetentes Handeln. Handlungskompetenz als zentrale Bildungsaufgabe. Darmstadt 2000.

Margraf, Jürgen/Rudolf, Katharina (Hrsg.): Training sozialer Kompetenz. Baltmannsweiler 1995.

Mummendey, Hans Dieter: Psychologie der Selbstdarstellung. Göttingen 1995 (2. Aufl.), und in: Psychologie heute, 3/1996., S. 20-29.

Was wir morgen können müssen! (Heiko Ernst und D. Goleman). In: Psychologie heute 4/99, S. 21-25 und 25-31.

Kreativität

Brodbeck, Karl-Heinz: Entscheidung zur Kreativität. Darmstadt 1999 (2. Aufl.).

Burow, Olaf-Axel: Die Individualisierungsfalle. Kreativität gibt es nur im Plural. Stuttgart 2000: Kreativität durch geschickte Teamorganisation und -arbeit.

Gardner, Howard: Kreative Intelligenz. Frankfurt/M. 1999.

Krause, Reinhard: Unternehmensressource Kreativität. Köln 1996.

Zimmer, Dieter: Wenn Kreativität zur Innovation führen soll. In: Harvard Business Manager, 1/01, S. 42-56.

Zur kognitiven Rigidität – Komplexität:
Sammelreferat hierzu: Petzold, Matthias: In: Psychologie in Erziehung und Unterricht. 32. Jg. (1985); S. 161-177: Der Grund für dieses Konzept besteht darin, daß seit der »kognitiven Wende« der Strukturbezug vor dem Inhaltsbezug rangiert. Es wird eine Wechselwirkung angenommen zwischen der Person/Persönlichkeit und ihrer kognitiven Organisation (oder Struktur).

Erziehung/Sozialisation
Beckmann, Herbert: Die Elternfalle. Zürich 2000.
Gaschke, Susanne: Die Erziehungskatastrophe. Kinder brauchen starke Eltern. Stuttgart/München 2001.
Harris, Judith Rich: Ist Erziehung sinnlos? Reinbek 2000.
Juul, Jesper: Das kompetente Kind. Reinbek 2000.
Rogge, Jan-Uwe: Ohne Chaos geht es nicht. Reinbek 2000: Der aktuelle »Erziehungsguru« (im guten Sinne).
Der Trend: Fördern durch Fordern. Grenzen setzen. Vorbilder bieten. Werte vermitteln – weg von Antiautoritärem.
Zur Entmythologisierung der alten Pädagogik: Bruer, John T.: Der Mythos der ersten drei Jahre. Weinheim/Basel 2000: Warum wir lebenslang lernen. Die »emotionale Gewißheit« als knappe Ressource!

Medienkompetenz
Merten, Klaus/Schmidt, Siegfried J./Weischenberg, Siegfried (Hrsg.): Die Wirklichkeit der Medien. Eine Einführung in die Kommunikationswissenschaft. Wiesbaden 1994.
Wertheimer, Jürgen/Peter V. Zima (Hrsg.): Strategien der Verdummung. Infantilisierung in der Fun-Gesellschaft: Über die vielen Aspekte der Mediengesellschaft (»Sie [die Medien] argumentieren uns in die Steinzeit zurück!«). Eine amüsante, leicht lesbare Gesamtdarstellung der massenmedialen Schattenseiten einer Wissensgesellschaft.

Kapitel 4: Emotional-sozial intelligentes Führungsverhalten

Führungspsychologie und Management allgemein
Gebert, Diether/Rosenstiel, Lutz von: Organisationspsychologie. Stuttgart usw. 1996 (4. Aufl.).
Goleman; Daniel: Durch flexibles Führen mehr erreichen. In: Harvard Business Manager, 5/00, S. 9-22: Sechs unterschiedliche Führungsstile, die mit verschiedenen Komponenten von emotionaler Intelligenz zusammenhängen. Und: Emotionale Intelligenz – zum Führen unerläßlich. In: Harvard Business Manager, 3/99, S. 27-36.

Malik, Fredmund: Führen, Leisten, Leben. München 2000.
Scheuch, Erwin K./Scheuch, Ute: Deutsche Pleiten. Manager im Größenwahn. Der irrationale Faktor. Berlin, Reinbek 2001.
Sprenger, Reinhard K.: Aufstand des Individuums. Frankfurt/M. 2000.
Straak, Rainer/Franke, Jutta /Derting, Stephen: Workonomics. Der Faktor Mensch im Wertemanagement. In: zfo, 5/00, S. 283-388.
Walter, Henry: Die Führungsfalle – Von der Sucht, erfolgreich zu sein. Frankfurt/M. 1995.
Gesamtdarstellungen finden sich in den zahlreichen Darstellungen der Organisations- und Arbeitspsychologie sowie in der Organisationssoziologie.
Vgl. auch Semler, Ricardo: Das Semco-System. Management ohne Manager. München 1993: Nur Mitarbeiter, die man wie Kunden behandelt, können Kunden wie Kunden behandeln!
Die Ursprungsquelle für die verhaltensorientierte Betriebswirtschaftslehre: Ulrich, Hans: Die Unternehmung als produktives soziales System. Bern, Stuttgart 1968.

Autorität im Management
Über das Thema Autorität wurden wesentliche Bücher in der Zeit der Autoritätskrise (in den siebziger Jahren) geschrieben.
Bochenski, J. M. Was ist Autorität? Freiburg 1974.
Bragg, Mary: Auf leisen Sohlen zum Erfolg. Der diskrete Charme der Einflußnahme. Stuttgart 2000.
Eschenburg, Theodor: Über Autorität. Frankfurt/M. 1976.
Claessens, Dieter: In: Handwörterbuch der Führung (Enzyklopädie der Betriebswirtschaftslehre. Band X). Stuttgart 1987, Spalten 91-96.
Hakelberger, Sebastian: Vom Teen-Ager zum Man-Ager. Wiesbaden 1997: Die Autorität von Managern beruht heute vor allem auf dem selbstverständlichen Umgang mit amerikanischen Begriffen!
Hartmann, Heinz: Funktionale Autorität. Stuttgart 1964.

Zur Elitebildung mit den schädlichen Folgen für die Führungsqualität:
von Arnim, Hans Herbert: Fetter Bauch regiert nicht gern. München 1997, und: Vom schönen Schein der Demokratie. München 2000 sowie
Scheuch, Erwin K. und Ute: Cliquen. Klüngel. Karrieren. Reinbek 1992.

Charismatische Führung
Hauser, Markus: Theorien charismatischer Führung. Kritische Literaturübersicht und Forschungsansatz. In: ZfP 9/99, S. 1003-1024.
Einen Überblick über die aktuelle Bedeutung von Charisma in Führungssituationen gibt: Johannes Steyrer: Die Archetypen der Führung. Empirische Überprüfung eines Erklärungsmodells. In: Die Unternehmung, 6/00, S. 475-490.

Mikropolitik im Management

Heinrich, Peter/Schulz zur Wiesch (Hrsg.): Wörterbuch zur Mikropolitik. Opladen 1998 (Festschrift für Horst Bosetzky, in dessen Buch: Bosetzky/Heinrich: Mensch und Organisation. Köln 1980, dieses Phänomen zum ersten Mal gründlich beschrieben wurde.

Neuberger, Oswald: Mikropolitik. Stuttgart 1995: Eine wichtige Quelle zu diesem Phänomen.

Zeitschriftenaufsätze: S. vor allem ZfP, 1/1994, S. 4-24: Soziale Einflußprozesse in Organisationen.

(Ursprung: Argyris, Chris: Organization and Innovation. Homewood Ill. 1965, S. 59f.)

Mobbing im Management

Leymann, Heinz: Mobbing. Reinbek 1993: Die Ursprungsquelle. L. (1932-1999) Arbeitspsychologe.

Beckers, C./Mertz, H.: Mobbing-Opfer sind nicht wehrlos. Freiburg 1997.

Esser, Axel/Wolmerath, Martin: Mobbing. Ein Ratgeber für Betroffene und Interessenvertretungen. Köln 1996.

Kollenz, Wolfgang: Willkommen in der Mobbinghölle. Wiesbaden 1999: Tips für die Führung.

Zuschlag, B.: Mobbing. Göttingen 1997 (2. Aufl.).

Coaching als Managementmethode

Eichhorn, Christoph: Souverän durch Self-Coaching. Göttingen 1999.

Kochanek, Bernd/Holtbernd, Thomas: Coaching. Köln 1998.

Landsberg, Max: Das Tao des Coaching. Frankfurt/M., New York 1998.

Lenz, Gerd/Ellebracht, Heiner /Osterhold, Gisela: Vom Chef zum Coach. Wiesbaden 1998.

Regouin, Wilhelmine: Supervision. Frankfurt/Berlin/Wien 1999.

Schreyögg, Astrid: Coaching. Eine Einführung für Praxis und Ausbildung. Frankfurt/M., New York 1996 (2. Aufl.): Ein umfassendes Buch.

Zeitschriftenaufsätze: Siehe vor allem: Waldroop, J./Butler, T.: Der Vorgesetzte als Coach. In: Harvard Business Manager, 2/1997, S. 9-17, und: Stahl, Günter /Marlinghaus, Rob.: Coaching von Führungskräften: Anlässe, Methoden, Erfolg. In: zfo, 2/00, S. 199-207.

Mediation im Management

Dulabaum, Nina L.: Mediation. Das ABC. Weinheim 1998.

Strempel, Dieter (Hrsg): Mediation für die Praxis. Tübingen 1998.

Zeitschriftenaufsätze: OE, 4/1997, S. 543ff.; Gablers Magazin, 6-7/1997, S. 34-37.

Motivation im Management

Buzan, Tony/Dottino, Tony/Israel, Richard: Gehirngerecht führen! Landsberg 2000.

Comelli, Geerhard/Rosenstiel, Lutz von: Führung durch Motivation. München 1995.

Eckert, Claudius Joh.: Dienen statt Herrschen. Unternehmenskultur und Ordensspiritualität: Begegnungen, Herausforderungen, Anregungen. Stuttgart 2000.

Kehr, Hugo M./Bles, Petra /Rosenstiel, Lutz von: Motivation von Führungskräften: Wirkungen, Defizite, Methoden. In: zfo, 1/1999, S. 4-9 (und Weiterentwicklung).

Kollenz, Wolfgang: Die Kunst der Demotivation – Führungsfehlern auf die Schliche kommen. Wiesbaden 1999.

Kleinbeck, Uwe: Arbeitsmotivation. Weinheim 1996.

Sprenger, Reinhard K.: Mythos Motivation. Frankfurt/M. 1991 mit vielen Neuauflagen.

Wenzel, Matiaske/Mellevigt, Thomas: Arbeitszufriedenheit: Quo vadis? In: DBW, 1/01, S. 7-24.

Führung

Edition Harvard Business Manager. »The best of Motivation«. Hamburg/ Frankfurt/M. 1998: Hierin sind entsprechende Beiträge aus dieser Managementzeitschrift zusammengefaßt.

Eine klassische Quelle: Bartölke, K./Kapple, E./Laske, S./Nieder, P.: Arbeitsqualität in Organisationen. Wiesbaden 1978.

Loyalität

Reichheld, Frederick F.: Der Loyalitäts-Effekt. Frankfurt/M., New York 1997.

Stroh, Linda K./Reilly, Anne H.: Zählt für Manager noch die Treue zur Firma? In: Harvard Business Manager, 2/98, S. 9ff.

Vertrauen

Hartmann, Martin/Offe, Claus (Hrsg.): Vertrauen. Die Grundlagen des sozialen Zusammenhalts. Frankfurt/M. 2001.

Krystek, Ulrich/Zumbrock, Stephan: Planung und Vertrauen, Stuttgart 1993.

Kieser, Alfred: List und Tücken in der Vertrauens-Organisation. In: Die Betriebswirtschaft 1997 (57), S. 597-599.

Luhmann, Niklas: Vertrauen. Stuttgart 1989 (3. Auflage).

Steinle, Claus/Ahlers, Friedel /Gradtke, Britta: Vertrauensorientiertes Management. In: zfo, 4/00, S. 208-217: Vertrauen als Potentialschlüssel und Schlüsselfaktor innovativer Managementorganisation.

Wurche, Sven: Vertrauen. In: Sydow, Jörg/Windeler, Arnold (Hrsg.): Management interorganisatorischer Beziehungen. Vertrauen, Kontrolle, Informationstechnik. Opladen 1994, S. 142-159.

Konfliktmanagement

Glasl, Friedrich: Konfliktmanagement. Ein Handbuch für Führungskräfte und Berater. Bern, Wien 1997 (5. Aufl.).

Hugo-Becker, Annegret/Becker, Heinz: Psychologisches Konfliktmanagement. München 2000 (3. Aufl.).

Linkenner, Bobbi: Der professionelle Umgang mit schwierigen Menschen. Landsberg 2000.

Innere Kündigung im Management

Zusammenfassend: Nachbagauer, Andreas/Riedl, Gabriele: Innere Kündigung – Leistungszurückhaltung zwischen individuellen Motivationsblockaden und organisatorischer Normsetzung. In: zfo, 1/1999, S. 10-15.

Modellernen

Bandura, Albert: Lernen am Modell. Ansätze zu einer sozial-kognitiven Lerntheorie. Stuttgart 1977, und: Sozial-kognitive Lerntheorie. Stuttgart 1979 (Konzepte der Humanwissenschaften).

Christmann, Fred: Mentales Training. Göttingen 1996 (2. Aufl.).

Hampden-Turner, Charles: Modelle des Menschen. Weinheim 1996 (4. Aufl.).

Kim, W. Chan/Mauborgne, Renee: Warum rücksichtsvollere Chefs erfolgreicher sind. In: Harvard Business Manager, 1/1998, S. 60ff.

Personalentwicklung

Becker, Manfred L.: Personalentwicklung (PE). Stuttgart 1999 (2. Aufl.).

Rickhof, Hans-Christian (Hrsg.): Strategien der Personalentwicklung. Wiesbaden 1997 (4. Aufl.).

Sonntag, K. (Hrsg.): PE in Organisationen. Göttingen 1999 (2. Aufl.).

Bildungsmanagement

Aebli, Hans: Denken: Das Ordnen des Tuns. Eine Grundlegung didaktischer Prinzipien. 2 Bände. Stuttgart 1980.

Faulstich, Peter: Strategien der betrieblichen Weiterbildung. München 1998: Ein Gesamtkonzept der betrieblichen Didaktik.

Friedrich, Helmut, Felix/Eigler/Mandl/Schnotz/Schott/Seel (Hrsg.): Multimediale Lernumgebungen in der betrieblichen Weiterbildung. Neuwied 1997: Über den Nutzen moderner Mediensysteme.

Gairing, Fritz: Organisationsentwicklung als Lernprozeß von Menschen und

Systemen.Weinheim 1996: Die didaktischen Prinzipien für ein modernes didaktisches Praxismodell.

Greif, Siegfried/Kurtz, H.-J. (Hrsg.): Handbuch selbstorganisiertes Lernen. Göttingen 1996 und

Dr. Wieselhuber & Partner: Handbuch Lernende Organisation. Wiesbaden 1998: Das Konzept Bildungsmanagement als lernende Organisation.

Zum aktuellen Ausbildungssystem: Arnold, Rolf/Münch, Joachim: 120 Fragen und Antworten zum Dualen System der deutschen Berufsausbildung. Hohengehren 2000.

Zum internationalen Vergleich: Münch, Joachim: Qualifikation als Standortfaktor. Deutschland – USA – Japan im Vergleich. Hochheim 1999.

Intrapreneuring

Pinchot, Gifford: Intrapreneuring. New York 1985, deutsch Wiesbaden 1988: Die Ursprungsquelle.

Faltin, Günter/Ripsas, Sven /Zimmer, Jürgen: Entrepreneuring. München 1998.

Göbel, Markus: Wandel im mittleren Management. Vom Organverwalter zum Verwaltungs-Intrapreneur. Das neue Verwaltungsmanagement unter betriebswirtschaftlichen und emotional-sozialen Prinzipien. In: Zeitschrift für Personalforschung, 3/00, S. 242-269: Ein Überblick über den Stand der Entwicklung und der Perspektiven im emotional-sozialen Verwaltungsmanagementansatz.

Change Management

Becht, Monika: Reif für den Wechsel. Frankfurt/M. 2000.

Beurteilungen

Binder, Wolfgang/Wieder, Petra C.: Management Audit auf der Basis eines 360° Feedback. In: Personalwirtschaft, 4/1998, S. 20-29.

Neuberger, Oswald: Das 360°-Feedback. Alles fragen? Alles sehen? Alles sagen? München und Mering 2000.

Sammelbesprechung: Becker, Fred, G./Fallgatter, Michael J.: Betriebliche Leistungsbeurteilungen. Lohnt die Lektüre der Fachbücher? In: DBW, 2/1998, S. 225-241.

Einen Überblick über den Stand der Beurteilungs- und Rückmeldeverfahren mit genauen Literaturverweisen bei U. und N. Gonschorrek: Managementpraxis von A bis Z. Leitfaden durch die aktuellen Managementkonzepte. Frankfurt/M. 1999 und Zürich 2000, S. 422.

Kapitel 5: Zeitgemäße Persönlichkeitsmodelle

Allgemeines

Neue Denkweisen (zur Person, Persönlichkeitspsychologie, aktuelle Gehirnwissenschaft)

Brasser, Martin (Hrsg.): Person. Philosophische Texte von der Antike bis zur Gegenwart. Stuttgart 1999 (Reclam) und

Calvin, William: Einsicht ins Gehirn. München, Wien 1995.

Churchland, Patricia M.: Die Seelenmacher. Heidelberg 1997: Die biologistische Extremposition.

Crick, Francis: Was die Seele wirklich ist. München, Zürich 1994

Damasio, Antonio R.: Descartes' Irrtum. Fühlen, Denken und das menschliche Gehirn. München, Leipzig 1995.

Dawkin, Richard: Das egoistische Gen. 1976. Grundthese: Wir sind Überlebensmaschinen. Diese verengte (biologistische Sicht) entfaltete in den siebziger und achtziger Jahren eine paradigmenbildende Kraft.

Elsner, Norbert/Lüer, Gerd: Das Gehirn und sein Geist. Göttingen 2000: 13 Vorträge einer interdisziplinären Ringvorlesung, die das Bewußtsein umfassend beschreiben.

Gerhardt, Volker: »Individualität«. Das Element der Welt. München 2000: Eine philosophische Untersuchung aller Weltbezüge der Individualität.

Hacking, Ian: Multiple Persönlichkeit. Zur Geschichte der Seele in der Moderne. Frankfurt/M. 2001: Überblick über das Krankheitsbild »multiple Persönlichkeit«, das z.Zt. stark zunimmt, was sicher mit der wachsenden Komplexität zusammenhängt.

Hagner, Michael (Hrsg.): Ecce Cortex. Beiträge zur Geschichte des modernen Gehirns. Darmstadt 1999.

Hoffmann, Laila M./Linneweh, Klaus /Streich, Richard K. (Hrsg.): Erfolgsfaktor Persönlichkeit. München 1997.

Horn, Klaus: Kritische Theorie des Subjekts. Gießen 1998, und: Psychologie heute, 11/1999, S. 77ff.

Keupp, Heiner (Hrsg.): Zugänge zum Subjekt. Frankfurt/M. 1994 (suhrkamp-wiss).

Lenk, Hans: Kleine Philosophie des Gehirns. Darmstadt 2001.

Metzinger, Thomas (Hrsg.): Bewußtsein. Paderborn 1995.

Roth, Gerhard: Das Gehirn und seine Wirklichkeit. Frankfurt/M. 1994, und: Die emotionale Wende. In: Psychologie heute, 9/1998, S. 70-73.

Singer, Wolf: Gehirn und Kognition. Heidelberg 1990, und: Gehirn und Bewußtsein. Heidelberg 1994.

Sonntag, Michael: Das Verborgene des Herzens. Zur Geschichte der Individualität. Reinbek 1999.

Turkle, Sherry: Leben im Netz. Identität in Zeiten des Internet. Reinbek 1998.
Young, J. Z.: Philosophie des Gehirns. Basel 1989.

Persönlichkeit

Horn, Klaus: Kritische Theorie des Subjekts. Gießen 1998 und Psychologie heute, 11/99, S. 77.
Krappmann, Lothar: Soziologische Dimensionen der Identität. 2000 (9. Aufl.): Subjektivität (Identität) bedeutet »die Leistung eines Individuums, seine Normalität zu demonstrieren, ohne auf seine Einzigartigkeit zu verzichten« (Wolf Lepenies).

Besonderheiten der Persönlichkeitsforschung

Eccles, John C.: Wie das Selbst sein Gehirn steuert. München 1994.
Seifert, Josef: Das Leib-Seele-Problem in der gegenwärtigen philosophischen Diskussion. Darmstadt 1979 (Wiss. Buchges.): Ein anspruchsvoller Gesamtüberblick.
Wiesse, Jörg (Hrsg.): Identität und Einsamkeit. Zur Psychoanalyse von Narzißmus und Beziehung. Göttingen 1994

Zum aktuellen Phänomen Aufmerksamkeitsökonomie

Franck, Georg: Ökonomie der Aufmerksamkeit. München 1998: Das Standardwerk.
Laux, Lothar: Hannelore Weber: Emotionsbewältigung und Selbstdarstellung. Stuttgart 1993.
Mummendey, Hans Dieter: Psychologie der Selbstdarstellung. Göttingen 1995.
Schütz, Astrid: Psychologie des Selbstwertgefühls. Stuttgart 2000.
Tarr Krüger, Irmtraut: Die magische Kraft der Beachtung. Sehen und gesehen werden. Freiburg 2001.
Psychologie heute 7/01: Selbstdarstellung.

Stand der Kognitionswissenschaft

Elsner, Norbert/Lüer, Gerd (Hrsg.): Das Gehirn und sein Geist. Göttingen 2000: 13 Vorträge einer interdisziplinären Ringvorlesung, die das Bewußtsein umfassend beschreiben.
Jütte, Robert: Geschichte der Sinne. Von der Antike bis zum Cyberspace. München 2000.
Linke, Detlef: Einsteins Doppelgänger. Das Gehirn und sein Ich. München 2000: Vgl. die Gegenthese: Das Ich und sein Gehirn von Eccles.
Thagard, Paul: Kognitionswissenschaft. Stuttgart 1999.
Themenheft: »Neuro-Psychologie« (Gilbert Mohr, Hrsg.). In: Psychologische Rundschau, 3/1998.

Kapitel 6: Das Prinzip Ganzheitlichkeit

Neue Denkweisen im Management

Brodbeck, Karl-Heinz: Die fragwürdigen Grundlagen der Ökonomie. Darmstadt 1998.

Haken, Hermann: Erfolgsgeheimnisse der Natur. Synergetik: Die Lehre vom Zusammenwirken. Reinbek 1995: Das grundlegende Buch zur Synergetik.

Vollmer, Gerhard: Evolutionäre Erkennntnistheorie. Leipzig, Stuttgart 1998.

Eine frühe Quelle, die bereits alle Grundgedanken enthält: Vester, F./Probst, G./Gomez, P. in: Management Wissen, 6/1989, S. 99 – 111.

Gierer, Alfred: Im Spiegel der Natur erkennen wir uns selbst. Reinbek 1998: Kritisch gegenüber den neuen Ansätzen und vereinfachenden Annahmen der evolutionären Erkennntnistheorie.

Kriz, Jürgen: Chaos und Struktur. Weinheim 1992: Grundlegend für das Verständnis der Chaostheorie.

Küppers, Günter (Hrsg.): Chaos und Ordnung. Stuttgart 1996: Anschaulich und praxisnah.

Prigogine, Ilya: Die Gesetze des Chaos. Frankfurt/M und Leipzig 1998: Eine Primärquelle zur Chaostheorie.

Schubert, Alexander: Das virtuelle Kapital. Frankfurt/M. 2001.

Altes Management – neues Management

Das alte Weltbild des Managements wird vor allem von dem Ingenieur Frederic Winslow Taylor geprägt. Das Ursprungswerk ist: The Principles of Scientific Management. New York 1911.

Die neue Sicht wird vor allem initiiert durch:

Bleicher, Knut: Integriertes Management. In: Office Management, Heft 11/90, S. 6-13; Das Konzept Integriertes Management. Frankfurt/M., New York 1996 (4. Aufl.); Normatives Management. Frankfurt/M. 1994.

Buckingham, Marcus/Coffmann, Curt: Erfolgreiche Führung gegen alle Regeln. Frankfurt/M. 2001: Wie Sie wertvolle Mitarbeiter gewinnen und fördern.

Chandler, A.: Strategy and Structur. Cambridge/London 1966.

Pinchot, C.: Intrapreneuring. New York 1983.

Westenbaum, Alexander: Das Berufsbild des Wissensmanagers. In: zfo, 6/00, S. 362-367: Vier neue Managementrollen (nach Probst, G./Raub/Romhardt).

Eine *Gesamtdarstellung der neuen Managementkonzepte* mit einer Bibliographie zu allen Konzepten bei: Gonschorrek, Ulrich und Norbert: Management-Praxis von A bis Z. Frankfurt/M. 1999/Zürich 2000. S. 447f.: Gesamtüberblick über die einschlägige Literatur zu den neuen Ansätzen und Konzepten.

Ganzheitlichkeitsdenken

– allgemein:

Einen guten Einstieg in das ganzheitliche Denken der Philosophie (mit dem Schwerpunkt Ethik) bietet Michael Hauskeller: Auf der Suche nach Gründen. Wege und Abwege der Ethik. Kusterdingen (Schweiz) 1999. Reihe: Die Graue Edition.

Gloy, Karen: Das Verständnis der Natur. Bd. 2: Die Geschichte des ganzheitlichen Denkens. München 1996: Im 2. Band findet man eine vollständige Übersicht über den Weg des ganzheitlichen Denkens von den Griechen über Leibniz, den Deutschen Idealismus, die Weimarer Klassik, den Vitalismus, den Holismus und Nicolai Hartmann (1882-1950), der eine Synthese lieferte, bis zu den aktuellen Ansätzen im Management.

– organisationsbezogen:

Mann, Rudolf: Das ganzheitliche Unternehmen. Stuttgart 1995 (5. Aufl).

Ulrich, Hans/Probst, Gilbert J. B.: Ganzheitliches Denken und Handeln. Bern, Stuttgart 1988:

Der Ursprung des ganzheitlichen Denkens im Management.

Ulrich, Hans/Probst, Gilbert J. B. Probst: Anleitung zum ganzheitlichen Denken und Handeln. Bern usw. 1995 (4. Aufl.).

Seghezzi, Hans D. (Hrsg.): Ganzheitliche Unternehmensführung. Stuttgart 1997.

Kapital

Bourdieu, Pierre: Sozialer Raum und Klassen. Frankfurt/M. 1995. Bourdieu, P./Wacquant, L. J. D.: Reflexive Anthropologie. Frankfurt/M. 1996; Bourdieu: Sozialer Sinn. Frankfurt/M. 1987; Praktische Vernunft. Frankfurt/M. 1998.

Brian, S. Friedmann/Hatch, James A. /Walker, David M. (Arthur Andersen): Mehr-Wert durch Mitarbeiter. Neuwied 1999: Mitarbeiter als Teile des immateriellen Vermögens eines Unternehmens. Human Capital (global) statt Human Ressources (lokal). Methode des Human Capital Apraisal (systematische Bewertung von H. C.)

Putnam, Robert D.: Bowling alone. The Collapse and Revival of America Country. New York 2000: Soziales Kapital ist die Basisressource der Zivilgesellschaft. Nur dessen Ausbau kann die sozialen Übel vermindern und die »soziale Umweltkatastrophe« verhindern, die uns droht.

Schubert, Alexander: Das virtuelle Kapital. Frankfurt/M. 2001.

Strack, Rainer/Franke, Jutta /Derting, Stephan: Workonomics. Der Faktor Mensch im Wertmanagement. In: zfo, 5/00, S. 283-288: Wertsteigerung und personalrelevante Aspekte in Bilanzen.

Sinn
Luhmann, Niklas: Sinn als Grundbegriff der Soziologie. In: Habermas, Jürgen/ Luhman, N.: Theorie der Gesellschaft oder Gesellschaftstheorie. Frankfurt/ M. 1971, S. 25-100.

Wissenschaftstheorie
Kocka, Jürgen: Interdisziplinarität. Frankfurt/M. 1987.
Vester, Frederic: Die Kunst, vernetzt zu denken. Ein neuer Umgang mit Komplexität. Stuttgart 2000.
Seiffert, Helmut/Radnitzky, Gerard: Handlexikon zur Wissenschaftstheorie. München 1989.
Seiffert, Helmut: Einführung in die Wissenschaftstheorie. München 1983-1985: Eine leicht verständliche Wissenschaftstheorie. Gemeint ist die Philosophie der Wissenschaft, also die grundlegende Betrachtung von Reichweite, Methodologie und Reflexion wissenschaftlichen Arbeitens. Vgl. hierzu auch die aktuelle Sicht bei Peter Weingart: Die Stunde der Wahrheit. Weilerswist 2001.

Qualitative Forschung (siehe auch *Qualitative Methoden*, Kapitel 2)
Bude, Heinz: Lebenskonstruktionen. Für eine neue Sozialforschung. Frankfurt/ M. 2001.
Corsten, Michael: Interpretative Verfahren in der Arbeits-, Berufs- und Organisationssoziologie. Leske + Budrich 2000 (Reihe: Qualitative Sozialforschung).
Flick, Uwe: Qualitative Sozialforschung – Stand der Dinge. In Forum Soziologie, 2/2001, S. 53-66: Ein Gesamtüberblick mit einer Bibliographie.

Kapitel 7: Zeitgemäße ganzheitliche Wirklichkeitsmodelle

Einführungen
Gebauer, Gunter: Die Konstruktion der Gesellschaft aus dem Geist? Searle versus Bourdieu. In: Kölner Zeitschrift für Soziologie und Sozialpsychologie, 3/00, S. 428-450: Hierin werden zwei der maßgebenden Modelle vorgestellt, so daß sich die Problematik dieser Wirklichkeitssicht einleuchtend erschließt.
Hacking, Ian: Was heißt »soziale Konstruktion«? Zur Konjunktur einer Kampfvokabel in den Wissenschaften. Frankfurt/M. 1999: Eine leicht lesbare kritische Gesamtdarstellung.
Mohr, Gilbert: Bewußtseinsphänomene in der Neuropsychologie und der experimentellen Allgemeinen Psychologie. In: Psychologische Rundschau 1997, 48, S. 125-140.

Konstruktivismus

Dennett, Daniel C.: Spielarten des Geistes. Wie erkennen wir die Welt? München 1999.

Kautzmann, Gabriele: Das Wunder im Kopf. München 2000: Eine leicht verständliche (journalistische) Einführung, an Geschichten orientiert.

Rödler, Ernst/Rödler, Richard: Strukturen betrieblichen Handelns. Systemansätze für die Praxis. Köln 1997.

Varela, Francisco J./Thompson, Evan /Roch, Eleanor: Der Mittlere Weg der Erkenntnis. Die Beziehungen von Ich und Welt in der Kognitionswissenschaft – der Brückenschlag zwischen Wissenschaftstheorie und menschlicher Erfahrung. München 1992

Der konstruktivistische Ansatz

Janich, Peter: Konstruktivismus und Naturerkenntnis. Auf dem Weg zum Kulturalismus. Frankfurt/M. 1996: Hierin wird der Konstruktivismus in all seinen Apekten und Zweigen differenziert dargestellt; ferner:

Berger, P. L./Luckmann, Th.: Die gesellschaftliche Konstruktion der Wirklichkeit. Frankfurt/M. 1980: Die populärste Ursprungsquelle in Deutschland.

Roth, Gerhard: Das Gehirn und seine Wirklichkeit. Frankfurt/M. 1994: Der Konstruktivismus aus der Sicht der Gehirnforschung (Neurologie und Neurobiologie).

Searle, John R.: Die Konstruktion der sozialen Wirklichkeit. Reinbek 1997: Gesellschaften und Gruppen sind Gefüge kollektiver Symbolisierungen. Es sind »Kulturtatsachen«.

Erzählungen als Identitätsgrundlage

Thomä, Dieter: Erzähl Dich selbst. Lebensgeschichte als philosophisches Problem. München 1998.

Thema Persönlichkeit. Wir Selbstdarsteller. Band 509. Psychologie heute. Weinheim

Vgl. auch zu den wichtigsten Gesellschaftsmodellen: Gamm, Gerhard/Hetzel/Lilienthal: Interpretationen. Hauptwerke der Sozialphilosophie. Stuttgart 2001: Die wichtigsten Sichtweisen auf die Gesellschaft.

Kapitel 8: Ganzheitliche Bedingungsfelder für das Reifen emotional-sozialer Kompetenzen

Die Ursprungsquelle:

McGregor, Douglas: Der Mensch im Unternehmen. Düsseldorf 1970: Dieses Buch führte zur Human Relations-Bewegung und sensibilisierte für die vielfältigen Bedingungsprobleme am Arbeitsplatz.

Kommunikation

Saul, Siegmar: Führung durch Kommunikation. Weinheim 1999 (3. Aufl.): Eine Praxisanleitung mit vielen Anregungen zur bestmöglichen Gestaltung betrieblicher Kommunikationsprozesse.

Schulz von Thun, Friedemann: Miteinander reden: Störungen und Klärungen. Reinbek 1981ff. und

Watzlawick, Paul/Beawin/Jackson: Menschliche Kommunikation. Bern usw. 1996 (9. Aufl.):

Die beiden Standardwerke zur Kommunikationstheorie für den Praktiker.

Unternehmenskultur

Bridges, William: Der Charakter von Organisationen. Göttingen 1998: Organisationstypologien.

Goffee, Rob/Jones, Gareth: Kultur – der Stoff, der Unternehmen zusammenhält. In: Harvard Business Manager, 2/1997, S. 41-54.

Heinen, Edmund: Unternehmenskultur. Perspektiven für Wissenschaft und Praxis. München, Wien 1997 (2. Aufl.): Eine Ursprungsquelle.

Heinrich, Werner/Klein, Armin: Kulturmanagement von A – Z. München 2000: Die Praxis der Organisationskultur.

Schein, Edgar: Comming to a new Awareness of Organizational Culture. 1984.

Kapitel 9: Ganzheitliches Qualitätsmanagement

TQM

Specht, D./Berger, K./Scheithauer, K.: Qualitätslernen. Leitfaden für die Arbeitssystemgestaltung. Berlin 1997.

Wildemann, H.: Controlling im TQM. Methoden und Instrumente. Heidelberg 1996.

Führungsqualität als zentraler Gegenstand im TQM

Gardner, Howard: Das Geheimnis des Führens. In: Psychologie heute, (24) Heft 5, 1997, und: Die Zukunft der Vorbilder (aus dem der Text in Psychologie heute stammt). Stuttgart 1997.

Kapitel 10: Ganzheitliche Analyse: Das systemische Vorgehen

Barthelmeß, Manuel: Systemische Beratung. Einführung für psychisch-soziale Berufe. Weinheim 1999.

Diekmann, Andreas: Empirische Sozialforschung. Reinbek 2000: Die herkömmliche klassische Möglichkeit der Systemanalyse.

Königswieser, Roswita: Systemische Intervention. Stuttgart 2000 (4. Aufl.).
Manteufel, Andreas/Schiepek, Günter: Systeme spielen. Göttingen. 1998.
Pongratz, Hans J.: System- und Subjektperspektive in der Organisationsberatung. In: Arbeit, 1/00, S. 54-65.
Rödler, Erwin/Rödler, Richard: Systemansätze für die Praxis. Köln 1997.
Schiepek, Günter (Hrsg. Arbeitsgemeinschaft für Systemische Therapie – AGST): Die Grundlagen der systemischen Therapie: Theorie, Praxis, Forschung. Göttingen 1999.
Schlippe, Arist von/Schweitzer, Jochen: Lehrbuch der systemischen Therapie und Beratung. Göttingen 1997 (3. Aufl.): Eine leicht verständliche Anleitung zum Führen systemischer Gespräche.
Stierlin, Helm: Haltsuche in Haltlosigkeit. Grundfragen der systemischen Therapie. Frankfurt/M. 1997.
Volmer, Eckard und Gerda: Systemische Organisationsberatung. Grundlagen und Methoden. Weinheim 1996 (4. Aufl.), und: Praxis der Systemischen Organisationsberatung. Weinheim 1997.
Zwingmann, Elke/Schwertl, Walter/Staubach, Maria L./Emlein, Günther: Management von Dissens. Die Kunst systemischer Beratung von Organisatoren. Frankfurt/M, New York 2000.

Stichwortverzeichnis

Namenverzeichnis

Die Autoren

Ulrich Gonschorrek, geb. 1929 in Ostpreußen. Arbeitete bei der Deutschen Bundespost in verschiedenen Praxisfeldern, zuletzt Referatsleiter für berufliche Bildung im Posttechnischen Zentralamt, Darmstadt (Bildungskonzeptentwicklung und -Implementierung, Managementweiterbildung); Redakteur zweier Fachzeitschriften für Ausbildung und Management; didaktische Beratung von Projektgruppen, Projektgruppenleitung usw.

1979 bis 1994 Professor für Sozialwissenschaften mit den Schwerpunkten Management, Betriebsdidaktik, Methodenlehre (Angewandte Wissenschaftstheorie) und Kommunikationslehre an der Fachhochschule des Bundes für öffentliche Verwaltung.

Buch- und Zeitschriftenveröffentlichungen vor allem zum Personalmanagement, zur Betriebsdidaktik, Prüfungsdidaktik und zur Politischen Bildung; Herausgeber der Sammelwerke »Ausbildung der Ausbilder« und »Kontaktstudium Management« sowie von Fernlehrbriefreihen.

Seit 1994 im »Ruhestand«: Leitung von Intensivkursen im Personalmanagement sowie pädagogisch-didaktischer Seminarveranstaltungen und Workshops für Manager und Lehrende, für Manager aus osteuropäischen Ländern (im Phare-Programm der EU); Managemententwicklungsberatung.

Esther Berg, geb 1966. Studium der Sozialpädagogik/Sozialarbeit, Zusatzausbildung in Systemischer Therapie und Beratung. Arbeitet als Sozialpädagogin beim Deutschen Caritas-Verband in Pforzheim (Wohngruppenbetreuung, Einzelberatung). Sie ist für den systemischen Teil zuständig.